조선시대 궁궐 운영 연구

● 조선시대 궁궐 운영 연구

● 찍은날 / 2014년 6월 27일
● 펴낸날 / 2014년 6월 30일
● 지은이 / 장영기
● 펴낸이 / 김경현

● 펴낸곳 / 도서출판 **역사문화**
● 서울시 종로구 신영동 103-1 현대빌리지 101호
● 등록번호 / 제 6-297호

● 전　화 / 02) 942-9717
● 팩　스 / 02) 942-9716
● 홈페이지 / http://www.ihc21.com
● 사진 / 강임산, 장영기

ISBN 978-89-88096-71-0

조선시대
궁궐 운영 연구

장영기 지음

朝鮮時代 宮闕 運營 研究

도서출판 역사문화

일러두기

▶ 다음과 같은 부호를 사용하였다
  〔 〕 : 음은 다르나 뜻이 같은 한자를 묶는다
  " " : 대화 등의 인용문을 묶는다
  ' ' : 재인용이나 강조 부분을 묶는다
  「 」 : 작품명이나 논문을 묶는다
  『 』 : 책명을 묶는다

▶ 조선 국왕 연대는 왕명과 연대를 병기하는 것을 원칙으로 하였다
  예) 선조 8년(1575)
  국왕들의(중국 황제 포함) 재위년도는 즉위년부터 산정하였다

▶ 이 책에 나오는 『조선왕조실록』 인용문의 출전은 국사편찬위원회
  (http://sillok.history.go.kr)에서 제공하는 번역본이다

▶ 이 책에 나오는 『승정원일기』 인용문의 출전은 국사편찬위원회
  (http://sjw.history.go.kr)에서 제공하는 자료이다

▶ 이 책에 나오는 『궁궐지』는 헌종대 자료를 뜻하며 융희년간에 간
  행된 『궁궐지』는 별도로 표기하여 구분하였다.

▶ 『조선왕조실록』은 『실록』으로, 『국조속오례의』는 『속오례의』로 표기
  하였다

▌서 문

　조선의 궁궐은 매력이 많은 곳이다. 세계유산인 창덕궁을 비롯해서 경복궁, 창경궁, 덕수궁 등이 우리 문화를 대표하는 문화유산으로 그 역사문화적 가치를 인정받고 있으며 국내외 관광객의 필수 관람 코스가 되었다. 건축, 조경, 공예, 미술 등으로 나타나는 아름다운 궁궐의 전통미와 양식뿐만 아니라 눈에 보이지 않지만 여러 자료를 통해 궁궐 안에서 펼쳐진 다양한 역사문화적 사실과 흔적 등을 상상해 볼 수 있다. 국왕을 중심으로 신하들과 함께 국가의 주요 정책들이 논의되고 집행되면서 정치적 갈등과 조정, 합의가 이루어지는 공간이었으며, 예치를 지향하는 국가이념에 따라 다양한 의례가 정비되면서 궁궐 안에서는 주요 의례들이 국가와 왕실의 위엄을 담아 일정한 형식으로 표현되고 있었다. 그리고 자연과 어우러져 조성된 후원의 정자, 현판 글귀, 연못, 조형물들은 자연미와 함께 서정적인 감수성과 풍류, 여유 등을 공유할 수 있는 공간이기도 하다. 이외에도 실록과 승정원일기, 의궤, 편지류 등 다양한 기록물에서 나타나는 역사와 문화적 요소들은 학술적인 가치를 더하면서 다양하고 풍부한 이야기를 많은 사람들에게 전달하고 있다. 이렇듯 궁궐은 정치, 경제, 사회, 문화 등이 핵심적으로 응축된 공간이면서 당대의 역사문화를 대변하는 총체적 상징성을 지닌 시공간의 현장이라고 말할 수 있다.

궁궐의 매력, 가치에 대해 이야기하였지만 필자가 아는 궁궐의 모습은 아주 제한적이다. 다만 궁궐과 맺어진 우연과 필연의 연속 선상에서 보고 느껴왔던 정도라고 할 수 있다. 학부 때 역사를 배우면서 답사를 중시한 교육 덕분에 현장감 있는 역사공간에 대한 호감이 있었고, 지도교수님이 왕실문화의 중요성을 자주 언급하시면서 더 자주 기웃거렸던 분야가 궁궐이었다. 때로는 카메라를 들고 무작정 궁궐 동영상을 만들어 보기도 하고 번잡한 도심의 거리를 피해 넓고 한적한 궁궐에서 산책을 하기도 하였다. 그리고 기회가 되어 궁궐지킴이로서 궁궐에서 안내자원봉사활동도 경험해 보았다.

자주 보고 듣고 체험하면서 익숙해진 궁궐은 자연스럽게 공부의 인연도 궁궐로 이어지게 했다. 철없는 관심과 호기심에서 출발한 궁궐공부는 선학들의 연구와 다양한 자료 덕분에 궁궐을 둘러싼 역사의 폭과 틀을 이해할 수 있었고 그 안에 담겨진 의미와 내용을 채워나갈 수 있었다. 하지만 시간이 지날수록 처음에 명확한 듯 보였던 것들이 부족한 이해도에 따른 것인지, 경계와 틀이 혼동되고 의미와 내용도 채우지 못한채 갈증과 미련 그리고 높은 벽만이 느껴졌다. 미흡함을 채우고 막연한 갈증을 해소하려는 마음에서 시작하였지만 시간이 갈수록 한계와 답답함은 더 커져가기만 했다. 다행히도 지도교수님과 많은 분들의 도움으로 계속 궁궐에 대한 공부를 지속할 수 있었고 조선시대 궁궐의 정전과 편전을 주제로 박사논문을 어렵게 마무리 지을 수 있었다.

궁궐의 중심적인 공간이 정전과 편전이었기에 주제를 잡았지만 중심적 공간이라는 말에서도 알 수 있듯이 알아야 할 것도 풀어야 할 것도 너무 많았다. 박사논문으로 정리된 내용은 그 한계와 부족함을 확인시켜 주었으며 조금이나마 보완을 하지 않으면 계속 마음의 짐으로 남을 것이 염려되었다. 그래서 다시 수정·보완을 거쳐 한 권의 책으로 정리해 보았다. 미련과 아쉬움, 부족함이 더 크지만 배움의 과정이며 시작의 작은 마무리를 지었다는 의미로서 그나마 위안을 삼고 있다.

　이 책의 주제는 정전과 편전을 중심으로 궁궐의 운영양상과 함께 그 변화와 의미를 살펴보는 내용이다. 궁궐 이해의 기본이 되는 궁궐의 조성과정과 공간구성, 특징들을 살펴보고 정전과 편전에 대한 기능과 운영상의 변화를 검토해 보았다. 기능적으로 정전은 의식을 행하는 공간이며 편전은 국왕의 집무실로서 신하들과 국정을 논의하고 결정하는 정치활동의 공간이다. 이렇게 정전과 편전은 정형화된 기능과 성격으로 구분하여 말할 수 있지만, 그 기능과 성격이 정착되기까지 운영상의 조정과 합의, 제도적인 정비과정을 거치게 되었고 규정화된 틀은 대내외적인 영향과 새로운 기능의 적용, 운영상의 변화로 기능과 성격이 재조정되고 새롭게 정립되는 변화양상을 보이고 있다.
　예를 들어, 정전은 초기에 의식과 정무활동을 병행하였다가 의식공간으로 전용되었고 특이하게 영조대에는 왕권강화의 목적과 부합하여 경연, 인견 등의 편전기능이 변칙적으로 운영되었다. 편전의 경우에는 국왕의 사적공간으로 인식되었다가 상참과 사관의 입시 등으로 공적인 성격 부여와 함께 공적인 편전기능을 수행하였다. 또한 편전의 변화로 본 편전과 침전 사이에 편의적인 정무활동을 위한 또다른 편전공간이 등장하면서 본 편전과 또 다른 편전과의 기능적 분담과 위계적인 차이를 보여주고 있었다.
　또 다른 사례로 중국과의 국제관계 속에서 중국 사신을 맞이하는 의례는 중요한 의식이었다. 조선전기 명나라와의 관계에서는 정전에서 사신접견 의례를 행하되 반드시 법궁인 경복궁에서 행하였으며 국왕이 다른 궁궐에 임어하면 경복궁으로 이어하여 사신접견례를 행하고 시어소로 돌아갔다. 반면에 조선후기 청나라 사신을 접견하는 의례는 동일한 대중국관계 의식이었지만 차별적인 운영양상을 보이고 있다. 법궁이 아닌 이궁의 정전에서도 행해지고 심지어는 편전이 의례장소로 이용되기도 하였다. 명·청 교체에 따른 대중국 관계의 변화가 궁궐 운영과 의례 적용에서도 나타나며 역사적 보편성의 한 흐름을 보여주는 모습이라고 할 수 있을 것이다.

이 책을 정리하면서, 처음에 가졌던 의욕적인 도전은 부족함을 채우려는 마음으로 바뀌었지만 이마저도 쉽지않다는 것을 깨닫게 되었다. 궁궐을 조금 더 이해하고 보다 많은 매력을 알게 된 것에 만족하고 있다. 다만 이 책을 통해 궁궐의 운영양상과 특징, 변화와 그 배경을 이해하는데 조금이나마 도움이 되기를 바란다. 그리고 이렇게나마 마무리할 수 있었던 것은 주위에 많은 분들의 도움이 있어서 가능하였다. 역사에 대한 이해와 왕실문화의 중요성을 깨닫게 해주신 지도교수 지두환 선생님, 학부시절부터 역사적 소양을 채워주시고 학위심사에서도 조언을 아끼지 않으셨던 정만조 선생님과 박종기 선생님, 그리고 학위심사에서 꼼꼼한 지도로 도움을 주셨던 김문식 선생님, 정재훈 선생님께 감사드린다. 이외에 궁궐지킴이 시기부터 조언과 격려로 응해주신 홍순민 선생님, 항상 맘편하게 묻고 그때마다 도움주신 이근호 선생님, 어진 벗의 마음을 나눌 수 있는 정민용 선생님, 함께 공부한 양웅렬·김혁수·이형규 선생님, 또한 여러 참고자료를 통해 도움을 받았던 연구자 선생님들에게도 감사드리며 궁궐을 사랑하는 궁궐지킴이들과 선배·동료·후배 등 모든 분께 감사드린다.

그리고 언제나 따뜻한 마음을 담아 조언과 격려로 응원해주시는 부모님과 장인·장모님께도 이 자리를 빌어 감사의 마음을 전하고 싶다. 무엇보다 삶의 가장 가까이에서 이해해주고 인생의 길을 함께 걷고 있는 아내 김명은과 예쁘게 성장해가는 하윤이에게도 고마움을 전한다.

2014년 봄 대전 갈마동에서

▌차 례

제3편 정전의 운영과 변화

제4편 편전의 운영과 변화

▌표차례

▌그림 목차

▌부표 목차

제 **1** 편
:
서 론

1. 주제 선정과 목적

역사적 현장에는 그 공간 속에서 다양한 주체들이 삶의 터전을 가꾸고 지켜간다. 그 안에서 역사문화적 관계를 맺고 상호간의 화합과 갈등 그리고 이상적 사회를 지향하면서 자연적自然的·인적人的·사회적社會的 관계의 과제를 해결해 나가기 위한 끊임없는 과정이 지속되고 있다. 다양한 역사적 현장이 시공간상에 존재하며 그 가운데 시대를 대표하는 역사적 공간으로서 전통사회의 중심공간이었던 궁궐宮闕이 있다. 궁궐은 국왕을 중심으로 사적私的으로는 왕실가족이 함께 거처하는 생활의 공간이다. 그리고 공적公的으로는 국정운영의 중추적 역할을 하던 국왕과 관료집단이 함께 국가를 경영하는 정치적 공간이기도 하다. 궁궐의 기능적 측면에서 정치·생활문화의 중심공간이기도 하지만 국왕은 국정國政의 책임자이며 국가의 상징적 존재이기에 국왕이 거처하는 궁궐은 그 자체적으로 국가를 대표하는 상징적 공간이기도 하다.

국가 상징체인 궁궐은 국왕과 관료집단을 중심으로 국가 경영의 방향성을 세우고 효율적인 사회운영을 위해 제도와 규범을 만들어 가는 중심지 역할을 하였다. 조선시대는 성리학性理學을 국시國是로 삼아 사회전반을 이끌어가는 국가이념으로 정착시키고자 하였고, 구체적 실현을 위해 정치제도와 법제法制, 의례儀禮 등을 정비해 나갔다. 조선시대 궁궐은 당대의 법제 및 의례적 정비와 함께 실제적인 구현具現과 모범적 전례典例를 보여주기 위해 우선적으로 구현되거나 그에 따르는 논쟁과 갈등이 표출되고 해결되는 공간이기도 하였다.

조선시대의 국정운영과 사회적 변화양상을 이해하기 위해서는 그 중심공간이었던 궁궐에 대한 명확한 이해가 필요할 것이다. 아울러 궁궐 안에서 의례 시행과 국정운영의 중심공간인 정전正殿과 편전便殿이 주요한 대상이 될 것이다. 궁궐은 공간적으로 일정한 틀을 구성하면서 유교적 이상사회로 상정되었던 주대周代의 궁실宮 室개념에서 영향을 받았지만 조선만의 특징적인 궁궐운영체제를 형성해 나아갔다. 그리고 정전에서는 의식儀式의 공간으로서 성리학적 규범으로 정비된 의례가 시행되고, 왕도정치王道政治의 구현을 위해 군신간의 접견接見과 경연經筵이 중시되면서 국정논의의 공간인 편전이 발달하여 갔다.

궁궐의 개념과 역사적 전개과정을 이해하기 위해서는 궁궐의 조성造成이념과 영건營建 및 중건重建과정, 궁궐의 공간구조와 배치, 궁궐 또는 궁궐 상호간의 운영방식에서 나타나는 보편성 및 특수성, 궁궐 내 전각의 운영과정, 궁궐과 전각의 의례 적용, 국정운영의 공간이용 등 사상과 정치·문화·건축 등 다양한 측면에서 접근해야 올바른 궁궐의 운영양상을 이해할 수 있을 것이다. 아울러 이러한 결과로 얻어진 궁궐의 개념과 운영방식 등을 통해 궁궐을 매개체로 하는 일반화된 역사적 변화와 특성을 증명하는 계기도 마련할 수 있을 것이다.

조선건국 후 한양으로 새 도읍지를 건설하면서 경복궁을 처음 조성하였다. 궁궐 공간구성의 이념적 배경에는 외조外朝·치조治朝· 연조燕朝에 연원한 고대 중국의 궁실개념을 수용하였지만 실제적인 공간구성은 왕실가족의 생활공간인 내전內殿과 정전正殿을 중심으로 하는 외전外殿 영역으로 구분되었다. 경복궁景福宮 창건에 이어 태종대 개경에서 한양으로 환도還都하면서 이궁離宮인 창덕궁昌德宮을 지어 조선시대 궁궐의 운영체제인 법궁法宮-이궁離宮체제의 기틀을 마련하였다.1) 궁궐을 구성하는 전각은 외전의 중심이며 의식 공간

---

1) 홍순민, 1996, 『朝鮮王朝 宮闕 經營과 "兩闕體制"의 변천』, 서울대박사논문.

인 정전과, 국정논의의 공간인 편전, 왕과 왕비가 거처하는 침전, 세자와 세자빈의 동궁東宮, 왕대비·대비 등의 웃어른을 모시는 대비전大妃殿을 중심으로 왕실생활과 국정업무를 지원하는 각종 관서官署가 궁궐 내에 존재하였다. 그리고 정자 등이 마련된 휴식공간인 후원後苑이 조성되었다. 궁궐의 공간적 배치는 정전-편전-침전을 중심으로 구성되고 각각의 전각들은 일정한 기능을 담당하면서도 상호 유기적으로 연계성을 가지고 효율적인 운영이 이루어지도록 운영되고 있었다.2)

조선전기 경복궁과 창덕궁을 법궁-이궁체제로서 운영하던 양상은 성종대 대비의 공간으로 새롭게 조성된 창경궁昌慶宮이 창건되어 궁궐운영의 확장된 모습을 보여주었다. 하지만 임진왜란으로 궁궐이 모두 소실되면서 조선후기의 궁궐운영양상은 새로운 방향으로 전개되었다. 선조는 임시로 정릉동貞陵洞 행궁行宮을 시어소時御所로 삼고 소실된 궁궐의 중건에 들어갔지만 법궁인 경복궁 대신에 이궁인 창덕궁을 중건하였다. 광해군대에 창덕궁 중건이 완공되었지만 광해군은 왕위 계승의 정통성이 미약한 점을 극복하기 위한 대안적 공간으로 무리하게 인경궁仁慶宮, 경덕궁慶德宮〔경희궁慶熙宮〕등의 중건 사업을 일으켜 인조반정仁祖反正의 계기를 제공하기도 하였다.3)

인조반정 이후에 창덕궁이 법궁의 기능을 담당하게 되고 경덕궁이 이궁의 기능을 담당하여 조선후기 법궁-이궁의 체제가 변화하게 되었다. 이때에 경복궁은 복구되지 않았지만 조종祖宗의 법궁으로서 인식되었고 영조대에는 경복궁에서 다양한 행사를 통해 경복궁의 위상을 부각시키고 있었다.4) 후기에 이궁이었던 경희궁은 광해

---

2) 조재모, 2004, 『朝鮮時代 宮闕의 儀禮運營과 建築型式』, 서울대박사논문.
3) 장지연, 1997, 「광해군대 궁궐영건-인경궁과 경덕궁(경희궁)을 중심으로」 『한국학보』 86.
4) 윤 정, 2005, 「18세기 景福宮 遺址의 행사와 의례-영조대를 중심으로-」 『서울학연구』 25.

군대 폐정廢政의 산물이기도 하였지만 인조의 부친父親인 정원군定遠君의 옛 집터에 조성되었기에 왕통王統의 상징적 공간이기도 하였다. 영조대에는 경희궁이 인조와 원종元宗〔정원군定遠君〕의 사적史蹟으로 전면화되고, 숙종비 인원왕후와의 매개체로서 연계되어 삼종혈맥론三宗血脈論을 입증하는 공간으로 의미가 부여되기도 하였다.[5]

궁궐 내 운영양상은 정전과 편전, 침전을 중심으로 대내외적인 의례가 거행되고 국정운영과 왕실생활의 공간으로 사용되었다. 정전에서는 세종대 조회제朝會制의 정비로 조하朝賀·조참朝參·상참常參이 정전과 편전으로 구분되어 정례화된 의례로서 운영되었다.[6] 그리고 세종~성종대 오례五禮체제에 기반한 국가의례가 정비되면서 『세종 오례의五禮儀』와 『국조오례의國朝五禮儀』가 편찬되고 가례嘉禮와 흉례凶禮를 중심으로 정전에서 망궐례望闕禮, 조하朝賀, 혼례婚禮, 관례冠禮, 사신접견使臣接見, 연회宴會, 과거科擧 등이 설행되어 성리학적 규범을 구현하는 의식공간으로서 다양한 의례가 시행되었다.[7]

편전은 상참·경연·시사·윤대輪對·인견引見 등 국정운영을 중심으로 군신간의 접견과 업무보고, 현안논의, 자문 등이 행해지거나 상참과 같이 군신간의 질서를 예로서 표현한 의례와 국왕의 빈소로서 빈전을 설치하여 의례적 공간으로 운영되기도 하였다. 편전의 기

5) 윤 정, 2008, 「영조의 경희궁 改號와 移御의 정치사적 의미」 『2008 서울학심포지엄 역사도시 서울과 조선궁궐Ⅲ, 조선후기 서궐(경희궁)』, 서울시립대 서울학연구소.
6) 강제훈, 2004, 「조선 초기의 朝會의식」 『조선시대사학보』 28.
7) 『국조오례의』의 편찬과정에 대해서는 다음 논문 참조. 지두환, 1985, 「『國朝五禮儀』 編纂 過程-吉禮 宗廟, 社稷 祭儀를 중심으로-」 『釜山史學』 9; 이범직, 1991, 『韓國中世 禮思想硏究』, 일조각; 한형주, 2004, 「15세기 사전체제의 성립과 추이-'국조오례의' 편찬과정을 중심으로-」 『역사교육』 89; 김문식, 2009, 「조선시대 國家典禮書의 편찬양상」 『장서각』 21; 김해영, 2010, 「조선 초기 禮制 연구와 『국조오례의』의 편찬」 『조선시대사학보』 55.

능과 성격은 시기별로 변화를 보이며 의례 중심의 편전과 시사 중심의 편전으로 공간적 기능적인 분화의 과정을 거치게 되었다.8) 변화의 배경은 정치적 이념과 운영, 의례 등이 국왕을 중심으로 한 공간적인 활용과 제도적 정비과정의 영향으로 나타나게 되었다. 침전은 국왕과 중궁中宮의 일상생활공간으로 운영되면서 중궁이 주관하는 잔치 등이 열리고 대비전은 대왕대비·왕대비·대비가 거처하는 공간으로 성종대 창경궁을 창건하여 대비의 공간이 별도로 마련되기도 하였다. 조선후기에는 창경궁을 이용하면서도 효를 실천하며 대비의 존숭을 표현하고자 했던 것이 궁궐 영건에서도 나타나 국왕의 침전인 창덕궁 대조전 뒤편에 대비전을 조성하여 웃어른을 모시는 공간배치가 조성되기도 하였다.9) 그리고 세자가 거처하는 동궁은 조선초기에는 궁궐 밖에 조성되었다가 세종대 궁궐 내에 조성되어 독립적인 공간으로서 국왕의 정전-편전-침전과 유사하게 정당正堂-편당便堂-내당內堂의 구조를 갖추게 되었다.10)

궁궐 개념, 영건과정에서의 특징과 정치적 배경 그리고 운영체제와 의례 등을 통해 궁궐운영의 전반적인 이해를 넓힐 수 있었다. 궁궐운영의 이해는 건축, 공간적인 이해와 함께 운영의 주체와 목적, 변화를 통해 궁궐의 운영방식뿐만 아니라 국가 상징체인 궁궐에서 나타나는 시대적인 특징과 의미를 파악하는 것이 주요할 것이다.

---

8) 편전의 기능 및 성격의 변화에 대해서는 다음 논문 참조. 김동욱, 1994,「朝鮮時代 昌德宮 熙政堂의 便殿 轉用에 대하여」『건축역사연구』3권 1호(통권 5호); 윤정현, 2000,「朝鮮時代 原廟制 정비와 便殿의 魂殿 및 殯殿 설치」, 한국건축역사학회 춘계학술발표대회 논문집; 장영기, 2009,「朝鮮時代 宮闕 便殿의 성격과 체제변화」『조선시대사학보』48.

9) 양웅렬, 2011,「조선시대 대비전각의 변천」『창덕궁, 아름다운 덕을 펼치다』, 국립고궁박물관.

10) 이강근, 2008,「조선왕조의 궁궐건축과 정치-세자궁의 변천을 중심으로」『미술사학』22.

이러한 주제의식을 통해 이 책에서는 궁궐의 운영양상과 주요 공간인 정전과 편전을 중심으로 기능, 특성, 변화와 그 배경 등을 검토하여 궁궐 운영방식의 역사적 보편성과 특수성을 살펴보는데 그 목적이 있다. 궁궐의 기본적인 운영방식과 기능, 성격, 특징 등의 연구성과에 더해 구체적인 역사적 사례를 적용해보고 특징적 요소들을 강화시키고자 한다. 또한 정전의 편전기능 수행, 편전기능의 장소적 다양화 및 기능적 차별성과 위계성, 명·청 교체와 연계된 대중국의례의 궁궐 운영방식 변화, 상례의 졸곡과 이어와의 관계성 등에 주목해 보았다. 이를 위해 궁궐과 주요 전각에 대한 인식, 운영주체, 운영목적, 기능적 분담과 전이·보조·대체적 운영, 정치적 상황 및 내외적인 역사적 영향 등을 고려하여 시간적인 변화 속에서 시대성, 운영주체와 공간운영과의 상호관계가 궁궐의 운영방식에 어떠한 특징과 의미를 갖는지 살펴보고자 한다.

2. 연구사 검토

지금까지 조선시대의 궁궐 연구는 역사학과 건축학을 중심으로 다양한 접근과 함께 많은 연구성과를 얻었다. 최근에는 왕실문화의 관심 증대와 문화유산의 복원 및 의례 재현 등이 활성화되면서 관련 연구, 서적 및 보고서 등 많은 성과물들 또한 지속적으로 나오고 있다. 역사학 분야에서는 60년대 『향토서울』에서 개별 궁궐의 연혁을 중심으로 기본적인 사항을 이해하는 단계의 연구가 있었다.11) 이후 1990년대부터 홍순민의 궁궐경영과 양궐兩闕체제

11) 『향토서울』에서 발표된 궁궐 연구 주제는 다음과 같다. 김영상, 1959, 「仁慶宮의 位置」; 한성국, 1962, 「昌慶宮考」; 장대원, 1963, 「景福宮重建에 對한 小考」; 최영희, 1963, 「瑞葱臺에 對하여」; 한상국, 1964,

연구를 통해 정치사적 의미와 연계된 궁궐운영 및 변화과정을 체계적으로 이해할 수 있었고[12] 궁궐 운영과 정치사적인 의미를 밝히는 연구가 계속되었다.[13] 그리고 궁궐에서의 의례 시행,[14] 궁궐과 궐내각사 운영방식의 변화,[15] 궁궐 편전의 운영양상과 변화를 살핀 연구도 있다.[16] 이외에도 조선왕실의 행사와 의례 연구를

「仁慶宮考」; 김승무, 1966,「世宗朝의 離宮設置」; 김용국, 1966,「慈壽宮과 仁壽宮」.

12) 홍순민, 1996,『朝鮮王朝 宮闕 經營과 "兩闕體制"의 변천』, 서울대박사논문.

13) 김 호, 2003,「효종대 조귀인 저주사건과 東闕 改修」『인하사학』10; 나영훈, 2011,「조선 초기 창덕궁의 경영과 위상 변화」, 한국학중앙연구원석사논문; 나영훈, 2011,「조선 단종대 궁궐 경영과 그 정치적 의미」『역사와 현실』82; 장지연, 1997,「광해군대 궁궐영건-인경궁과 경덕궁(경희궁)을 중심으로」『한국학보』86; 장지연, 2002,「17세기 경덕궁(경희궁)의 수리와 그 정치적 의미」『한국학보』107; 윤 정, 2005,「18세기 景福宮 遺址의 행사와 의례-영조대를 중심으로-」『서울학연구』25; 윤 정, 2009,「영조의 경희궁 改號와 移御의 정치적 의미-思悼世子 賜死와의 상관성에 대한 분석-」『서울학연구』34; 윤 정, 2010,「세종 초 上王(太宗)의 궁궐경영과 그 정치적 의미-壽康宮·豊壤離宮을 중심으로-」『서울학연구』41; 윤 정, 2011,「仁祖 전반기의 舊闕(昌慶宮)의 중건과 궁궐경영-『承政院日記』인조 임어 기사의 분석」『한국문화』55, 서울대 규장각한국학연구원; 윤 정, 2011,「선조 후반~광해군 초반 궁궐 경영과 '경운궁'의 성립」『서울학연구』42; 윤 정, 2011,「광해군대 궁궐 경영과 '新闕'의 영건」『서울학연구』43; 이민아, 2008,「효명세자·헌종대 궁궐 영건의 정치사적 의미」『한국사론』54; 홍순민, 2007,「고종대 경복궁 중건의 정치적 의미」『서울학연구』29.

14) 궁궐의 의례 관련 연구는 조회(朝會)의식이 주를 이루고 있다. 조회제도 연구는 다음 참조. 강제훈, 2004,「조선 초기의 朝會의식」『조선시대사학보』28; 강제훈, 2005,「조선 세종대의 조회」『한국사연구』128, 강제훈, 2005b,「조선 세조대의 조회와 왕권」『사총』61; 강제훈, 2007, 「조선 성종대 조회의식과 조회 운영」『한국사학보』27; 심승구 외, 2003,『조선 세종조의 조회의식, 상참의 고증연구』, 한국문화재보호재단.

15) 홍순민, 2011,「조선후기 동궐 궐내각사 배치 체제의 변동-『어제 궁궐지』 및 『궁궐지』의 분석을 중심으로-」『서울학연구』44; 홍순민, 2012,「조선후기 동궐 궐내각사의 구성과 職掌」『서울학연구』46.

16) 장영기, 2009,「조선시대 궁궐 편전의 성격과 체제변화」『조선시대사학보』48; 장영기, 2010,「조선후기 輪對 정례화와 궁궐전각 운영-숙종~정조대를 중심으로-」『한국학논총』34.

통해 궁궐 운영의 이해를 돕는 연구서와 대중서들도 많아지고 있다.[17]

　건축학 분야 또한 활발히 궁궐 관련 연구를 진행하고 있다. 궁궐 건축의 기법과 형식을 근본으로 궁궐별 또는 시기별 궁궐조영의 특징을 연구하거나[18] 궁궐의 운영체제와 영역별 건축구성 및 운영양상[19], 의례와의 상관성[20], 영건의궤 연구[21] 등 다양한 방면에서 접근방법이 이루어지고 있다.

　궁궐의 개념 및 역사성과 정치사적 의미, 그리고 궁궐의 조성과 운영 및 의례 시행과의 공간이용에 대한 연구성과로 궁궐의 전반

---

17) 심재우 외, 2012,『조선의 왕비로 살아가기』, 돌베개; 심재우 외, 2013, 『조선의 세자로 살아가기』, 돌베개; 김지영 외, 2013,『즉위식, 국왕의 탄생』, 돌베개; 권오영 외, 2008,『조선 왕실의 嘉禮』1, 한국학중앙연구원; 강제훈 외, 2010,『조선 왕실의 가례』2, 한국학중앙연구원 등.

18) 김동욱, 1986,「인조조의 창경궁 창덕궁 조영」『문화재』19, 문화재연구소; 김동욱, 1992,「17세기의 창덕궁 내전 조영」『임진왜란 이후의 조영 활동에 대한 연구』; 김동욱, 1998,「조선초기 창건 경복궁의 공간구성-고려궁궐과의 관계에 대해서」『건축역사연구』15; 홍석주, 2001,「조선조 광해군대의 궁궐건축에 관한 연구:인경궁과 경덕궁을 중심으로」, 홍익대박사논문; 홍석주, 1999,「광해군대의 궁궐 영건에 관한 연구」『건축역사연구』21; 조재모·전봉희, 2000,「고종조 경복궁 중건에 관한 연구」『대한건축학회논문집』(통권138호); 우동선, 1991,「창덕궁의 변천에 관한 연구」, 서울대석사논문; 곽순조, 2000,「궁궐운영을 통하여 본 조선전기 경복궁의 배치특성에 관한 연구」, 성균관대석사논문.

19) 김동욱, 1994,「조선시대 창덕궁 희정당의 편전 전용에 대하여」『건축역사연구』5; 윤정현, 2000,「朝鮮時代 宮闕 中心空間의 構造와 變化」, 서울대박사논문; 박희용, 2007,「창덕궁 정전 영역의 구성과 운영」, 서울시립대박사논문; 조옥연, 2008,「조선 궁궐의 동조건축에 관한 연구-17~18세기 동궐을 중심으로-」, 경기대박사논문.

20) 조재모, 2004,「朝鮮時代 宮闕의 儀禮運營과 建築型式」, 서울대박사논문; 조재모, 2008,「『춘관통고』를 통해 살펴본 경희궁의 의례공간」『대한건축학회논문집』, (계획계)24권5호; 정유미, 2000,「조선시대 궁궐의 상·장례공간에 관한 연구」, 고려대석사논문; 조재모, 2005,「영·정조대 국가의례 재정비와 궁궐건축」『대한건축학회논문집』(계획계)21권12호.

21) 영건의궤연구회, 2010,『영건의궤』, 동녘.

적인 이해의 폭을 넓히고 기본적인 기능과 성격, 궁궐과 연계된 정치·의례적 내용의 이해도를 심화시킬 수 있었다.22) 아울러, 이 책의 중심 주제와 연관된 정전과 편전에 대한 연구도 진전된 연구성과가 나오게 되었다.

정전의 의례연구는 조회朝會를 중심으로 한 가례嘉禮 시행에 대한 연구로 정전에서의 의례절차와 역사적 의미 등이 구체적으로 밝혀지게 되었다.23) 의례 이외에 정전의 전반적인 운영체계에 대해서는 윤정현의 연구에 의해서 시도된 바가 있다. 윤정현은 정전의 운영에 대해 경복궁 근정전勤政殿은 성종대까지 의식과 외교중심에서 중종대 이후 신권臣權강화로 의례보다 인사人事, 연회宴會의 이용이 증가하였고, 창덕궁 인정전仁政殿은 성종대까지 의식과 외교중심에서 임진왜란 이후 의식·외교·인사 기능이 중심이 되는 공간운영 변화로 정리하였다.24) 정전별로 의식, 외교, 정사政事, 경연, 인사, 연회, 기타 등으로 구분하여 운영실태를 검토하고 정전의 기능적 특징과 시기적인 성격변화를 파악할 수 있었다. 하지만 정전의 각 기능을 운영실태의 수치數値적 증감을 중심으로 기능적 변화와 특징을 파악하다보니 각 기능의 증감 원인과 배경 및 특징을 세부적으로 이해하는데 어려움이 있다. 또한 기능간의 상대적 우위에 따라 단편적으로 정전의 성격을 특징짓고 있기 때문에 세부적으로

---

22) 궁궐 연구 분야 중에서 궁궐 후원의 조경 등과 관련된 분야 연구도 활성화되고 있지만 이 책의 검토 범위를 역사와 건축분야로 한정시켜 살펴보았다.

23) 조회제 연구 이외에 조선 왕실의 가례(嘉禮)를 연구하여 관례(冠禮), 책봉례(冊封禮), 친영례(親迎禮), 정지회의(正至會儀), 전시의(殿試儀)·방방의(放榜儀) 등에 대한 역사적 의미를 밝히고 있으며 본 성과를 통해 정전에서 시행된 의례절차와 공간이용에 대한 내용을 확인할 수 있다(강제훈 외, 2010, 『조선 왕실의 가례』1, 한국학중앙연구원; 권오영 외, 2008, 『조선 왕실의 가례』2, 한국학중앙연구원).

24) 윤정현, 2000, 『朝鮮時代 宮闕 中心空間의 構造와 變化』, 서울대박사논문, 107~115쪽.

정전의 운영방식과 성격을 규명하기 위해서는 법궁-이궁간의 정전 운영 비교, 각 기능들의 지속·추가·변화적 특징 및 기능변화의 배경과 목적 등을 다양하게 검토할 필요가 있을 것이다.

다음으로 정전에서 시행된 의례儀禮에 대해, 궁궐 공간과 의례 설행設行과의 상관관계를 밝히고 의례가 궁궐 공간의 성격을 결정하는 중요한 요소임을 밝힌 연구가 있다.25) 이 연구는 『국조오례의』와 『국조속오례의國朝續五禮儀』의 각종 의례가 정전, 편전, 침전에서 시행된 내용을 살피고 의례 시행이 주요 전각의 공간 활용과 상호 연계되어 있음을 주목하였다. 그런데 정전 영역에서의 의례 시행은 주로 조의朝儀를 대상으로 삼고 운영은 의례절차와 배치를 중심으로 정전과 의례의 적용 및 운영양상과 특징에 대해 설명하여 정전운영의 변화상을 이해하기에는 더 많은 운영양상을 검토해 볼 필요가 있다고 생각된다. 정전의 성격과 특징을 세부적으로 파악하기 위해서는 추가적인 운영사례를 분석하는 것이 필요하며 대표적으로 사신접견使臣接見을 들 수 있다. 조선시대 의례 중에서 대중국의식은 중요하게 다루어졌고 명·청 교체와 같은 국제적 정세와 연관되어 의례에 대한 인식과 적용방법이 동일한 공간에서도 차이점을 보여줄 수 있기에 정전에서의 사신접견례 검토는 정전 운영방식의 규명에 주요한 사례가 될 것이다. 그리고 이외에 예전禮典 등에 기록된 다양한 정전 시행 의례를 파악함으로서 정전의 성격과 특징을 보다 세부적으로 규명하는데 도움이 될 것이다.

편전은 상참·시사·인견·경연·윤대 등 다양한 형식을 통해 군신간의 만남과 국정운영의 실질적인 기능이 이루어지는 공간이었다. 궁궐의 배치구조 측면에서 편전은 정전과 침전 사이에 위치하여 의식의 공간인 정전과 국왕의 일상생활 공간인 내전을 연결하면서

---

25) 조재모, 2004, 『朝鮮時代 宮闕의 儀禮運營과 建築型式』, 서울대박사 논문.

궁궐 안에서 국왕의 공사公私를 구분하는 시작이기도 하였다. 편전 연구로는 편전의 기능이 창덕궁에서 선정전宣政殿과 희정당熙政堂으로 크게 양분되어 운영되는 현상에 주목하면서26) 빈전殯殿·혼전魂殿이 선정전에 주로 설치되고 시사기능은 희정당의 주 기능이 되었다며 1편전-2편전체제로 설명하고 있다.27) 편전의 빈전·혼전 설치와 편전기능의 전용轉用에 대한 연구는 편전 건축구조와 상·장례 喪·葬禮와의 상관성으로 연계되어 연구가 지속되었다.28) 이러한 편전 연구를 통해 편전의 성격과 기능적 특징 및 분화과정을 이해하는데 많은 도움을 받을 수 있었다.

하지만 여러 전각을 같은 용도로 쓸 수 있다는 문제제기를 감안해보면29) 빈전·혼전의 설치, 시사 기능의 축소 및 확대에 주안점

---

26) 김동욱은 『궁궐지』에서 선정전은 '옛 편전', 희정당은 '시사공간'으로 언급된 점, 연산군대 희정당이 숭문당(崇文堂; 학문공간)에서 희정당(熙政堂; 정치공간)으로 숭문당의 문(文)에서 희정당의 정(政)으로 명칭이 바뀐 점, 건축구조가 선정전은 전돌이며(추정), 희정당은 온돌과 마루로 구성되어 신하 접견과 경연 등에서 좌식(坐式)에 편리한 점 등을 들어 19세기 초에는 선정전 대신에 희정당이 편전 기능으로 전용되었다고 하였다(김동욱, 1994, 「朝鮮時代 昌德宮 熙政堂의 便殿 轉用에 대하여」 『건축역사연구』 3권 1호(통권 5호) 참조).

27) 윤정현, 2000, 『朝鮮時代 宮闕 中心空間의 構造와 變化』, 서울대박사논문. 윤정현의 논문은 궁궐의 중심공간인 정전·편전·침전의 이용형태를 분석하여 궁궐의 공간활용을 기능상의 변화와 연결시켜 궁궐운영의 변화를 보여주고 있다. 편전 분화를 크게 3단계로 구분하여 1편전체제(태조~성종)에서는 상참과 경연 시행으로 편전의 공공화, 2편전 혼용체제(연산군~현종)에서는 편전의 혼전·빈전 설치로 편전-1의 기능 약화와 국왕의 학문소로 지은 편전-2가 편전기능 강화, 2편전 분화체제(숙종~고종)에서는 편전-1의 혼전·빈전설치 보편화로 편전기능 상실과 편전-2의 공식 편전화로 연구하였다.

28) 윤정현, 2000, 「조선시대 원묘제 정비와 편전의 혼전 및 빈전 설치」, 한국건축역사학회 춘계학술발표대회 논문집 ; 정유미, 2000, 「조선시대 궁궐의 상·장례공간에 관한 연구」, 고려대석사논문 등이 있다.

29) 홍순민, 1996, 『朝鮮王朝 宮闕 經營과 "兩闕體制"의 변천』, 서울대박사논문, 145쪽.

을 두어 편전의 성격과 기능을 정형적으로 파악하는 것은 좀 더 세심한 검토가 필요하다고 생각된다. 예를 들어 분화된 편전 중에서 기존 편전은 빈전·혼전의 보편화로 시사기능이 상실되고 희정당과 같은 새로운 편전은 공식적인 편전으로 변화한다고 하지만, 두 편전은 모두 편전기능을 수행하여 경연·윤대·인견 등이 행해지고 있었다. 다만 본 편전은 시사기능을 수행하면서 정규적인 경연의 법강만을 시행하며 공식성이 더욱 강화되고 빈전·혼전 및 상참 등의 의식기능 중심으로 편제되었다. 그리고 분화된 편전은 경연 중에서 야대·소대와 독대, 수렴청정, 승지 인견 등 기존 편전과는 상대적으로 비정례적이며 실질적인 정무활동 중심으로 운영되고 점차 기존 편전보다 시사기능이 강화되는 경향을 보이고 있다. 아울러 분화된 편전 이외에도 성정각·중희당·경현당·공묵합 및 동궁 영역의 시민당·진수당 등을 대상으로 왕실의 상례, 국왕의 정섭靜攝, 정치적 상관관계, 편전 공사工事 등의 배경에서 정기적·일시적으로 편전기능을 수행하는 전각이 다양해지고 있다. 따라서 편전기능의 운영적 측면에서 편전성격과 특징을 세부적으로 살펴보고 편전 운영의 주체인 국왕의 활동을 중심으로 검토해 보는 것이 보다 편전의 성격을 규명화하는데 도움이 될 것으로 여겨진다.

3. 연구방법 및 구성

이 책은 선행연구의 도움을 받으면서, 조선시대 궁궐 운영양상을 살펴보기 위해 정전과 편전을 중심으로 궁궐과 궁궐의 공간적 요소인 전각들이 어떠한 성격을 가지며 어떠한 방식으로 운영되는지 검토해 보았다. 또한 정형화된 성격과 기능에 대한 이해와 함께 시기적으로 궁궐의 운영방식이 변화하는 것에 주목하면서 운영주체의 인식과 운영목적, 궁궐과 전각들 사이의 관계 및 기능적 분담과 전이·대체, 대내외적 역사문화환경의 영향 등 다양한 배경과 상호연계성 속에서 궁궐 운영방식의 역사적 보편성과 특수성을 살펴보고자 하였다. 이러한 목적에서 궁궐의 조성과정과 공간구성의 특징, 정전·편전의 기능 및 운영방식의 변화와 의미, 중국 사신접견과 궁궐 운영 등으로 구분하여 접근해 보았다. 이외에 별도로 주제를 구성하지 않았지만 국왕 이어의 주요 원인 중에 하나가 상례와 연관되어 졸곡 이후에 이어가 시행되고, 정전과 편전이 유기적으로 기능적 분담과 대체·보조적 기능을 수행하는 모습을 각 주제 안에서 연계하여 설명하였다.

2편에서는 궁궐의 기본적인 운영양상을 살피고자 궁궐의 공간구성이 내전과 외전으로 구분되는 특성과 함께 경복궁, 창덕궁, 창경궁, 경희궁의 조성과정과 운영양상, 배치구조, 특징 등을 정리해 보았다. 그리고 궁궐의 중심 전각인 정전과 편전을 대상으로 개념, 건축구조, 주요기능과 공간적 운영양상을 살펴보았다. 정전 영역의 전각과 다양한 구조적 시설물들이 갖는 개별적 기능과 함께 유기적인 관계성도 살펴보았다. 특히 정전에서 시행되는 의례의 목적과 대상에 따라 정전 영역의 차별적 공간운영을 검토해 보았다. 편전에서는 개념과 건축구조, 기능 외에 궐내각사와의 공간적 연계성 등을 기초적으로 살펴보았다.

3편은 정전의 운영방식이 시기적으로 어떠한 특징과 변화를 보이는지 살펴보았다. 정전이 갖는 의례공간적 성격과 기능이 처음부터 정형성을 갖고 있었는지 그리고 영조대 정전에서 상참, 경연, 인견 등 편전기능이 수행되는 점에 주목하였다. 이외에 국왕을 대상으로 한 정전에서의 연회가 축소되는 모습과 조선후기 국왕의 친행 의례가 활성화되면서 정전에서 시행된 대표적인 사례로 서계의와 전향축의를 살펴보았다. 이러한 운영상의 특징과 변화는 조선전기 유교적 의례공간화의 정착과정, 조선후기 정전의 상징성과 대표성을 활용한 정치적 공간화의 독특한 운영방식을 이해하는데 도움이 될 것으로 생각된다.

4편은 편전의 운영과 변화에 대해 살펴보았다. 편전은 국정을 보고받고 신하들과 국정을 논의하며 결정하는 곳이다. 상참, 경연, 윤대, 소대 등 다양한 기능이 행해지고 있었다. 위치는 정전의 뒤에 배치되어있다. 그런데 편전 이외에 다양한 공간에서 편전의 기능들이 나타나고 있었다. 편전과 함께 주로 편전기능을 수행하는 곳과 일시적·한시적으로 운영되는 곳도 나타난다. 편전기능 수행과 관련하여 장소적 다양성과 기능적 차별성 및 위계성 그리고 상례, 국왕의 병환, 정치적 목적 등 편전기능 수행의 다양한 배경에 대해서 주목해 보았다. 편전 공간의 구조와 성격, 인식과 함께 침전에서의 기능분담, 소위 대편전과 소편전의 구분 및 그에 따른 기능적 차별성 및 위계성, 소편전의 발달과 배경에 대해 시기적인 편전(기능)의 변화와 배경, 특징을 설명하고자 한다. 구체적인 사례검토를 위해 상참, 빈전·혼전, 야대, 소대, 윤대, 수렴청정 등 기능적 측면과 기묘사화, 무신란, 비변사체제, 산림정치 등과 연계된 운영상의 특징 등을 살펴보았다.

5편에서는 중국 사신접견과 궁궐 운영양상과의 상관성 및 변화, 특징을 살펴보았다. 중국 사신접견은 국제질서의 상징성을 보여주면서 사신을 통한 실질적인 외교창구였다. 중국 사신접견 의례는 국가적으로 주요한 의례이기에 대중국 인식과 함께 의례를 거행하는 궁궐의 표준적인 운영방식을 보여준다고 생각된다. 또한 명에서 청으로 교체되는 국제관계의 변화와 연계된 역사적 보편성이 어떻게 궁궐운영과 연결되고 있는지도 살펴보았다. 조선전기 명나라와의 사신접견례에서는 조서詔書와 칙서勅書로 구분되는 의례와 정전운영과의 차이 및 특성, 법궁-이궁체계에서 사신접견례가 법궁에서 준수되는 점, 이외 조문·책봉 등의 목적에 따라 의례의 장소가 정전·편전 등으로 분담되는 모습, 참고로 일본의 사신파견 주체에 따라 정전·편전의 차별적 장소 이용 등을 살펴보았다. 조선후기 청과의 사신접견례에 대해서는 편전에서의 의례와 시행에 주목하면서 사신과 관련된 각각의 의례를 살펴보고 명 사신접견과 차이를 보이는 궁궐운영상의 특징을 검토해 보았다. 명대 사신접견의례의 법궁 준수가 청 사신접견례에서 법궁과 이궁이 병행된 점, 창경궁 임어 시에 창덕궁 정전을 이용하는 점, 조문사신의 경우에 혼전이 설치된 궁궐 정전에서 의례가 시행된 점, 전부傳訃사신의 접견의례가 경희궁으로 정례화되는 모습, 그리고 반청反淸의식이 반영되어 한시적으로 사신접견의례가 정전·편전으로 이원화되거나 편전에서 간소화된 형식으로 운영되는 점 등을 정리해 보았다.

제 **2** 편

궁궐의 조성과 기능

1. 궁궐의 조성과 공간구성

고대 중국의 궁궐 구조와 배치는 오문삼조五門三朝와 삼문삼조三門三朝의 개념을 원형으로 삼고 있다. 조朝와 문門으로 구분되는 궁궐의 구조는 문에 의해서 구획된 영역에 조의 공간과 역할을 부여하는 배치방식이었다. 조는 문과 문사이에 공간이 마련되고 의식을 거행하는 곳이었다. 조는 외조外朝, 치조治朝, 연조燕朝로 구분한다.〔[그림 2-1]참조〉 조문제朝門制에 대한 이해는 『주례周禮』고공기考工記에 단편적으로 나타나는 기록과 함께 예서禮書와 경전經典에서 분산된 내용을 통해 개념화된 고대 중국의 이상적인 궁실宮室제도로 이해되고 있다. 이러한 배경에서 조선시대 궁궐조성의 이념적 기반에는 고대 중국의 궁궐제도를 모범으로 삼아 이상적인 궁궐운영을 지향하려는 생각이 담겨져 있었을 것이다. 하지만, 이상적 궁궐제도의 구현과 실제적인 조선의 궁궐조성과 운영에는 차이를 보이고 있었다. 형식적인 면에서 삼문삼조의 형식보다는 내전內殿과 외전外殿으로 구분되는 궁궐의 구조와 배치상의 특징을 보여주고 있다.30)

---

30) 홍순민, 1996,『朝鮮王朝 宮闕 經營과 "兩闕體制"의 변천』, 서울대박사논문; 조재모, 2004, 『朝鮮時代 宮闕의 儀禮運營과 建築型式』, 서울대박사논문.

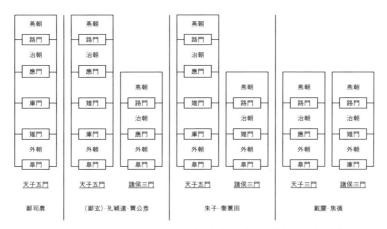

그림 2-1. 조(朝)와 문(門)의 수 및 위치에 관한 경학(經學)적 해석
(『조선시대 궁궐용어 해설』, 문화재청, 2009, 66쪽에서 재인용)

조선시대 궁궐의 공간구조는 삼문삼조의 형식이 아닌 내전, 외전, 기타 전각으로 구분되고 있다. 조선 초기에 경복궁과 창덕궁이 창건되면서 궁궐의 규모를 기록한 『실록』의 내용을 살펴보면, 연침燕寢〔정침正寢〕을 중심으로 내전영역을 구분하고 있으며 이외에 정전正殿, 편전便殿 등을 서술하고 있다. 외전의 용어적 표현은 창건관련 궁궐조성 기록에는 나타나지 않지만 내전의 상대적인 용어로 내전 밖을 외전으로 볼 수 있으며 『실록』의 기사에서도 궁궐의 영역을 내외內外로 구분하여 내전의 상대적인 개념으로 외전을 표현하기도 하였다. 대개 외전의 영역은 정전을 중심으로 한 영역을 말하며 이외에 국정운영과 왕실을 지원하기 위해 궁궐 내에 정치와 행정을 담당하고 있는 관서官署들이 있고 이들을 궐내각사闕內各司라고 한다.[31] 그리고 내전의 동쪽에 세자의 거처로서 동궁東宮이

---

31) 조선후기 궐내각사 구성 및 배치와 변화에 대해서는 다음 논문 참조(홍순민, 2011, 「조선후기 동궐 궐내각사 배치 체제의 변동-『어제 궁궐지』 및 『궁궐지』의 분석을 중심으로-」 『서울학연구』 44; 홍순민, 2012, 「조선후기 동궐 궐내각사의 구성과 職掌」 『서울학연구』 46).

있고 휴식의 공간으로 궁궐 뒤편에 후원後苑이 있다.32)

조선시대 궁궐의 공간구성을 크게 내전과 외전으로 구분하고 있지만 구체적으로 내외의 기준과 제도적인 정비에 대한 명확한 기록은 확인할 수 없다. 다만 조선초기 경복궁과 창덕궁을 조성한 기록에 보면, 내전 영역에 포함된 전각들이 무엇인지 살펴볼 수 있다. 그런데, 특이한 점으로 편전·보평청報平廳 등의 편전류 전각을 경복궁에서는 내전33), 창덕궁에서는 외전으로34) 구분하고 있다. 편전류의 전각이 창덕궁 조성 단계에서 외전으로 구분되는 차이점을 보이고 있다. 편전을 대상으로 내외의 기준이 바뀌는 것은 의문점이 생기게 된다. 편전이 내전영역에서 외전영역으로 재분류된 배경에는 태종대부터 편전에서 사관史官입시가 가능해지고35) 경연과 상참 등의 공적公的 기능이 강화되면서 사적私的인 공간에서 공적인 공간으로 변화하여 외전으로 분류되었다고 여겨진다. 또한 세종대 의례정비 과정을 거쳐 편전은 정전과 구분되면서 그 성격

---

32) 궁궐의 내전, 외전, 궐내각사 등의 공간구조에 대해서는 다음 논문에서 자세히 살필 수 있다(홍순민, 1996, 『朝鮮王朝 宮闕 經營과 "兩闕體制"의 변천』, 서울대박사논문, 71~84쪽).

33) 『太祖實錄』 卷8, 太祖 4年 9月 29日(庚申), "是月 太廟及新宮告成.…新宮燕寢七間.…東小寢三間…西小寢三間…報平廳五間 視事之所…以上爲內殿.…".

34) 『太宗實錄』 卷10, 太宗 5年 10月 19日(辛巳), "離宮告成 正寢廳三間 東西寢殿各二間…東樓三間 廂庫三間. 其餘兩殿水剌間司饔房及湯子洗手間等 雜間閣摠一百十八間. 以上內殿. 便殿三間 報平廳三間 正殿三間.…大門三間…承政院廳三間…外樓三間".

35) 조선시대 사관은 태조대 행행(行幸)의 호종과 정전(正殿)에서 입시가 가능하였다가 태종대 편전으로 사관의 입시가 확대되었다. 사관의 편전 입시 과정에서 처음에 태종은 편전을 연처(燕處)로 생각했고 승지도 사관을 겸하고 있기에, 사관의 참여가 가능한 공간은 정전과 경연 입시 정도면 충분하다고 생각하였다. 하지만 점차 사관이 업무적인 독립성과 위상을 인정받으며 활동 영역의 확대와 사관직의 정체성이 확립되어 근시(近侍)로서 자리잡아가면서 활동이 편전으로 확대되었다(오항녕, 2009, 『한국 사관제도 성립사』, 일지사, 252~261쪽).

과 기능이 명확해지기 시작한 것으로 보여진다. 편전이 외전 영역으로 편입됨으로서 내외의 구분은 정침과 정전·편전으로 구분되는 공간구조의 성격과 변화로 이해할 수 있을 것이다.36)

한편, 제도적인 정비과정과 개념이 명확히 제시되지 않아서 제한적일 수 있지만 당시의 국왕과 신하들이 가진 내전·외전의 인식을 통해서 대략적인 내전과 외전의 개념 및 공간적인 구분에 대해 일정한 접근이 가능할 것으로 생각된다. 우선, 내전과 외전을 언급하는 기록 중에서 가장 많이 논란이 되는 부분은 국왕이 삼년상三年喪 동안 외전에 거처함으로서 국왕의 옥체를 염려하여 내전에서 거처할 것을 요청하는 내용에서 살펴볼 수 있다.

> 삼공 및 좌참찬 조원기가 아뢰기를,
> "상께서 외처(外處)에 계신 것이 미안하다는 일은 전에 이미 아뢰었습니다만, 반복하여 생각을 해보니 오래도록 외전(外殿)에 거처하셔서는 안 되겠습니다. 내전(內殿)으로 환처(還處)하소서."…(중략)… 전교하였다.
> "내가 별처(別處)하는 일은 이미 말하였다. 옛날 성종조 때는 수문당(修文堂)에 별처했었는데 지금의 비현각(丕顯閣)이 이 당(堂)과 다를 것이 없다. 안에서 보면 곧 외처(外處)이나 밖에서 보면 곧 내처(內處)이다. 그러므로 내가 여기에 거처한 것이다.37)

중종은 성종 계비 정현왕후의 상례기간에 야대夜對장소로 주로 이용하던 편전인 비현각丕顯閣에서 거처하고 있었다. 이에 대해 신

---

36) 편전의 운영양상과 변화에 대해서는 이 책의 4편 1~2장에서 자세히 설명.
37) 『中宗實錄』 卷70, 中宗 26年 2月 25日(庚辰), "三公及左參贊趙元紀啓曰 自上外處未安事 前已啓之 反覆計之 不可久處於外殿. 請還處於內殿. … 傳曰 予之別處事 已言之矣. 昔在成宗朝 別處於修文堂. 今之丕顯閣 與此堂無異. 自內觀之 則乃外處 自外見之 則乃內處 故予處於此耳".

하들이 내전에서 거처하기를 요청하자 중종은 성종이 수문당修文堂에서 거려居廬하였던 전례에 따라 비현각에서 거처하기를 희망하였다. 이외에도 문종은 삼년상 동안 외전에서 거처하였는데[38] 외전으로 지칭된 곳은 경복궁 후원의 충순당忠順堂이었다.[39] 또한 명종이 문정왕후 승하 후에 여휘당麗輝堂[40]에서 거처하자 내전으로 환거還居하기를 요청하였고 명종은 중종의 전례에 따라 여소廬所를 침소寢所로 삼아야한다고 하였다.[41]

이러한 내용으로 볼 때, 내전의 기준은 침전寢殿을 그 대상으로 삼았으며, 국왕의 입장에서는 거상居喪 중에 거처를 검약하게 하고 슬퍼하면서 정성을 다하기 위해 침전에서 편안하게 거처하는 것은 도리가 아니라며 왕실의 가법家法이라고까지 생각했기 때문에, 침전 밖 외전 또는 내전의 침소 이외 전각을 이용한 것으로 여겨진다. 반대로 신료들의 입장은 국왕이 외전에서 오래 머물면 건강을 손상시키므로 종사宗社를 맡은 중임을 내세워 옥체를 온전히하기 위

---

38)『文宗實錄』卷13, 文宗 2年 5月 14日(丙午), "上性至孝 兩宮少有不安 親侍藥餌 寢不解帶 憂形於色. 昭憲王后之病也 欲嘗沙糖 後人有進之者 上見之流涕 薦之輝德殿. 及世宗寢疾 憂勞成病 遭喪哀毁. 每朔望節祭 獻爵幣 悲淚執汎瀾 左右莫能仰視. 終三年居外殿 蓋亦我朝家法也".

39)『文宗實錄』卷2, 文宗 卽位年 6月 25日(丁酉), "上還景福富 御忠順堂. 堂在宮墻外 與大內相隔 自此至終喪 不入宮中 恒御此堂".

40) 여휘당(麗輝堂)[麗暉堂]은 창경궁 통명전(通明殿) 서쪽에 있었는데, 정조 14년에 통명전과 함께 소실된 후 순조 33년에 창덕궁 중희당 북쪽에 있는 건인문(建仁門) 아래로 옮겨 세웠다(『宮闕志(영인본)』卷2, 昌慶宮志, 麗暉堂).

41)『明宗實錄』卷31, 明宗 20年 7月 29日(癸亥), "大臣等啓曰 人主遭大恤 居廬於別堂. 此雖喪禮之常 如有疾病 亦或有權變之道. 昔者貞熹王妃之喪 成廟久處于寶敬堂. 其時廷臣請還大內 蒙允 已有前例. 今者殿下出居于麗輝堂淺薄之所 時値秋涼 風露易透 大妨調攝之候 臣等不勝悶慮. 頃日王大妃殿 傳教于臣等 使臣等啓請. 伏望仰念王大妃之教 俯從臣民之懇 移處內殿 任便調保. 答曰 予於近日 有上熱證 然久調 則自當快安. 喪禮至重 當遵古禮. 中廟朝 晝則雖或有時出入於大內 而寢處則終居廬所. 予當依此例爲之 豈有還大內之理乎 予所居廬 予豈不擇 雖麗輝堂 尙不妨也. 不允. 大臣等至三請. 答曰卿等累啓 予當觀氣候善處".

해 내전에서 간호看護와 조섭調攝이 필요하다는 의견의 차이를 보였다. 삼년상과 관련한 국왕 거려처의 내용을 통해 침전을 기준으로 내외가 구분되는 모습을 살펴볼 수 있다.

또한 조선시대에는 성리학에 기반한 성학군주의 요구와 기대가 꾸준히 제기되고 있었다. 국왕이 안에서 환관·궁녀들과 지내기보다는 밖으로 나와서 군신간의 인견과 정무활동에 충실하기를 바라는 내용이다. 국왕의 올바른 정치활동을 위한 기준도 궁궐의 영역으로 보면 내외로 구분되고 있었다.

이외에도 궁궐에서의 의례 시행과 관련하여 국왕의 입장과 퇴장을 보면, 국왕의 대기장소는 사정전에서 의복을 갖추고 대기하였다가 출어出御하여 정전에서 의식을 거행하고 의식을 마치면 내전으로 환어還御하였다. 의식의 시행이 공적公的 영역인 정전과 편전에서 시행되고 의식이 종료되면 사적 공간인 내전으로 돌아가게 되어있다. 의례 시행의 공간적 이해를 통해 간접적으로 내외의 구분이 적용되는 것을 가늠해 볼 수 있으며 의례가 정비되면서 의례의 주요공간인 정전과 편전은 외전 영역의 공적 장소로서 규정화되고 있었다.

1) 경복궁의 조성과 특징

경복궁은 태조 3년(1394) 9월 신도궁궐조성도감新都宮闕造成都監을 설치하고 12월부터 공사를 시작하여 태조 4년(1395) 9월 29일에 완공하였다. 창건 초기의 경복궁 구조는 태조대 창건과정 기사를 통해 조성된 경복궁의 규모를 확인할 수 있다.42) 경복궁 초기의

---

42) 『太祖實錄』卷8, 太祖 4年 9月 29日(庚申), "是月 太廟及新宮告成. 太廟太室七間 同堂異室. 內作石室五間 左右翼室各二間 功臣堂五間 神門三間 東門三間 西門一間 繚以周垣. 外有神廚七間 享官廳五間 左右行廊各五間 南行廊九間 齋宮五間. 新宮燕寢七間. 東西耳房各二間 北穿廊七間 北行廊二十五間. 東隅有連排三間 西隅有連排樓五間 南穿廊五間. 東小寢三間 穿廊七間接于燕

규모와 전각구성을 정리한 연구자료를 참고해 보면,43) 내전이 173칸, 외전이 212칸, 궐내각사가 390여칸으로 총 755여칸의 규모를 갖추고 있었다. 연침燕寢, 동소침東小寢, 서소침西小寢, 보평청報平廳을 중심으로 구성된 내전 영역은 침전과 편전[보평청]이 속하였다. 편전이 내전영역에 속한 것은 앞서 내전·외전영역 구분에서 검토한 바와 같이 편전이 초기에는 사적 공간으로 이해되고 운영되었던 점이 반영된 것으로 여겨진다. 그리고 외전이라고 표기되어 있지 않지만 내전의 상대적인 개념으로 정전과 동루東樓·서루西樓, 전문殿門, 오문午門 등이 외전 영역을 이루고 있다. 이외에 승지방承旨房, 내시다방內侍茶房, 경흥부敬興府, 중추원中樞院, 삼군부三軍府 등의 궐내각사와 건춘문建春門, 영추문迎秋門, 광화문光化門 등의 궁성문宮城門이 경복궁을 구성하고 광화문 밖에 좌우로 나뉘어 의정부, 삼군부, 육조, 사헌부 등이 있었다. 경복궁 창건 초기의

寢之南穿廊 又穿廊五間接于燕寢之東行廊. 西小寢三間 穿廊七間接于燕寢之南穿廊 又穿廊五間接于燕寢之西行廊. 報平廳五間 視事之所 在燕寢之南. 東西耳房各一間 南穿廊七間 東穿廊十五間 始自南穿廊第五間 接于東行廊. 西穿廊十五間 亦起南穿廊第五間 接于西行廊. 自燕寢北行廊東隅 止于正殿北行廊之東隅二十三間 爲東行廊. 自西樓止正殿北行廊之西隅二十間 爲西行廊. 以上爲內殿. 正殿五間 受朝之所 在報平廳之南. 有上下層越臺 入深五十尺 廣一百十二尺五寸. 東西北階廣各十五尺. 上層階高四尺 石橋五級. 中階四面廣各十五尺 下層階高四尺 石橋五級. 北行廊二十九間 穿廊五間 起自北行廊 接于正殿之北. 水剌間四間. 東樓三間 有上下層 其北行廊十九間接于正殿之北行廊東隅 與內東廊連. 其南九間接于殿門之東角樓. 西樓三間 有上下層. 其北行廊十九間接于正殿之北行廊西隅 與內西廊連. 其南九間接于殿門之西角樓. 殿庭廣東西各八十尺 南一百七十八尺 北四十三尺. 殿門三間 在殿之南. 左右行廊各十一間 東西角樓各二間. 午門三間 在殿門之南 東西行廊各十七間. 水閣三間 庭中有石橋御溝 水所流處也. 門之左右行廊 各十七間 東西角樓 各二間. 東門曰日華 西曰月華. 其餘廚房 燈燭 引者房 尙衣院 兩殿司饔房 尙書司 承旨房 內侍茶房 敬興府 中樞院 三軍府 東西樓庫之類 總三百九十餘間也. 後築宮城 東門曰建春 西曰迎秋 南曰光化門. 樓三間有上下層 樓上懸鍾鼓 以限晨夕警中嚴. 門南左右 分列議政府 三軍府 六曹 司憲府等各司公廨".

43) 경복궁 창건 초기 전각 구성에 대해서는 다음 논문 참조(홍순민, 1996, 『朝鮮王朝 宮闕 經營과 "兩闕體制"의 변천』, 서울대박사논문, 77~78쪽).

배치를 추정하여 작성된 그림을 참고하면서 내전과 외전영역을 구분해 보면 다음〔그림2-2〕와 같다.

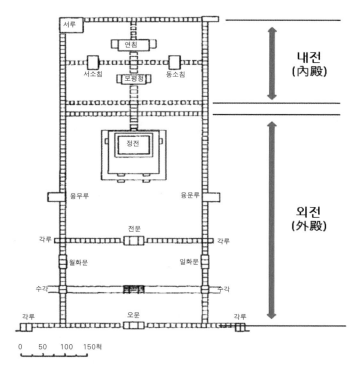

그림 2-2. 경복궁 창건 시기 배치 추정도 및 내·외전 영역 구분
(김동욱, 「조선초기 창건 경복궁의 공간구성」 에서 추정도를 재인용 및
내전·외전 구분 표기)

경복궁의 공간구성은 고대 중국의 궁궐제도인 『주례』의 오문삼조를 기본적인 원칙으로 이해하였지만 현실적으로는 내전, 외전, 기타구역으로 구분하고 있었다.44) 다만, 조선시대 궁궐의 공간구

---

44) 홍순민, 1996, 『朝鮮王朝 宮闕 經營과 "兩闕體制"의 변천』, 서울대박사논문, 71~76쪽.

조와 기능적 측면에서 당唐·송대宋代의 제도적 영향을 받은 것으로 이해되고 있다. 경복궁의 공간구조가 정전-보평청-연침을 중심으로 남북 직선축을 이루고 있는데, 이러한 주요전각의 종적배치는 당의 태극궁太極宮과 대명궁大明宮의 종적배치에 연원하고 있으며, 송대에는 삼조三朝(대조大朝·일조日朝·상조常朝)의 의식이 각각의 전각에서 시행되어 조선시대 정전-편전-침전의 기능적 구분에 영향을 주기도 하였다.45) 한편, 고려말의 궁궐체제에 영향을 받아 보평청의 등장과 내전영역의 발달도 주요 특징으로 볼 수 있다.46)

태조대 경복궁 창건 후 태종대 경복궁의 수리와 함께 경회루와 주위 연못을 조성하였고 세종대 광화문光化門·홍례문弘禮門의 궁성문과 근정전 행각의 일화문日華門·월화문月華門·영제교永濟橋의 명칭 부여 그리고 동궁의 궐내闕內 창건, 교태전交泰殿·함원전咸元殿·자미당紫薇堂·인지당麟趾堂·청연루淸燕樓 등의 전각과 간의대簡儀臺·흠경각欽敬閣 등 천문기기의 설치 등을 통해 법궁法宮의 위상에 걸맞는 경복궁 공간구성이 이루어지게 되었다. 세종대 경복궁의 중수과정에서는 사정전 영역의 공간구조 변화가 있었다. 사정전은 강녕전 및 동서침東西寢과 함께 내전 영역으로 구성되었는데 세종대 상참의가 정비가 되면서 상참의를 운영하기 위한 공간을 확보하고자 사정전 남쪽의 천랑穿廊과 근정전 북행랑北行廊 위에 설치된 행랑行廊이 사라지게 되었다.〈[그림2-3] 참조〉47)

---

45) 중국 궁궐건축의 역사적 전개과정과 조선시대 궁궐의 연계성에 대해서는 다음 논문 참조(조재모, 2004, 『朝鮮時代 宮闕의 儀禮運營과 建築型式』, 서울대박사논문, 37~46쪽).
46) 김동욱, 1998, 「조선초기 창건 경복궁의 공간구성-고려 궁궐과의 관계에 대해서」 『건축역사연구』 제7권 2호(통권 15호).
47) 상참의와 사정전 공간의 변화에 대해서는 다음 논문 참조(장재혁, 2004, 「朝鮮前期 景福宮의 建築型式에 관한 硏究」, 한양대석사논문, 92~97쪽).

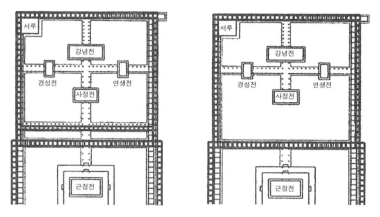

그림 2-3. 경복궁 사정전 영역 비교-창건 당시(좌), 세종대(우)
(장재혁, 「조선전기 경복궁의 건축형식에 관한 연구」, 96쪽, 그림 5-11 재인용)

세종대 이후 경복궁의 공간구성이 유지되면서 수리와 중수가 지속되었는데, 명종 8년(1553) 9월의 대화재로 편전과 침전 등이 소실된 후에 중건과정을 거치게 되었고 임진왜란으로 경복궁이 완전히 소실되었다가 고종대 중건되는 과정을 거치게 된다. 고종대 중건된 경복궁의 공간구조는 임진왜란 이전의 경복궁 구조를 유지하였다. 다만 경복궁 북문인 신무문神武門 밖에 후원後苑영역이 추가되고 후원을 제외한 경복궁 궁역 내의 건물들이 중건 이전의 전각들보다 증가되어 경복궁 궁역의 집적도가 높은 구조로 변화하였다. 융희년간에 작성된 『궁궐지』에 따르면 경복궁 궁성 안의 전각은 7,200여칸으로 창건 초기의 775칸에 비해 같은 면적 내에서 10배 가까운 건물들이 들어선 것으로 볼 수 있다.48) 경복궁 궁역의 집적도가 증가한 모습을 자료를 통해 비교해보면, 임진왜란 이전에 작성된 것으로 추정된 「경복궁전도景福宮全圖」와 고종대 중건된

---

48) 고종대 중건된 경복궁의 공간구조에 대해 다음 논문 참조(홍순민, 1996, 『朝鮮王朝 宮闕 經營과 "兩闕體制"의 변천』, 서울대박사논문, 195~201쪽).

후 경복궁의 모습을 보여주는 「북궐도형北闕圖形」49)에서 공간구
조의 변화를 볼 수 있다. 「경복궁전도」와 비교하여 「북궐도형」을
보면 교태전을 중심으로 북쪽으로 향원정香遠亭과 건청궁乾淸宮 영역이
새로이 조성되고 서북쪽으로 태원전泰元殿 및 집옥재集玉齋 영역이
추가되었다. 그리고 동쪽·동북쪽에 자경전慈慶殿, 내소주방內燒廚房
등 많은 전각들이 조성된 것을 확인할 수 있다.〈[그림2-4, 2-5]참조〉

---

49)「북궐도형」은 고종대 경복궁 궁역 안의 건물들을 기록한 평면배치도이다.
  국립문화재연구소와 규장각 소장본이 있으며 편자(編者), 기년(紀年) 등이
  기록되지 않았지만 1905~1908년 사이에 제작된 것으로 추정되고 있다. 북
  궐도형의 서지(書誌)현황과 제작시기 등에 대해서는 다음 논문 참조(이강근,
  2006, 「북궐도형 해제」『북궐도형』, 국립문화재연구소).

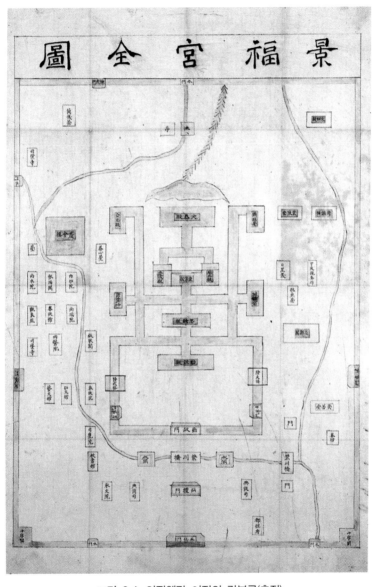

그림 2-4. 임진왜란 이전의 경복궁(추정)
(「경복궁전도(景福宮全圖)」, 삼성출판박물관 소장)

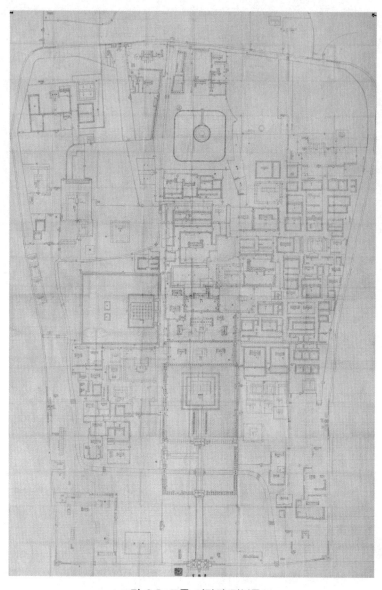

그림 2-5. 고종 연간의 경복궁
(「북궐도형(北闕圖形)」, 서울대 규장각 소장)

2) 창덕궁의 조성과 특징

창덕궁은 태종이 개경에서 한양으로 환도還都하면서 창건된 이궁離宮이다. 태종 5년(1405) 10월 19일에 완공되었으며 규모는 정침正寢 등의 내전이 195칸, 편전·보평청·정전 등의 외전이 83칸으로 총 278칸이었다.[50] 경복궁 창건 시의 규모와 비교하면 규모면에서 1/3정도이며 정전은 3칸으로 근정전 5칸보다 축소된 형태이다. 경복궁에 비해 축소된 규모였지만 정전·편전·침전을 중심으로 기본적인 공간구조를 갖추고 있었다.

태종대 창덕궁 창건 후, 태종 6년(1406)에 광연루廣延樓와[51] 해온정解溫亭을[52] 지었고 태종 11년(1411)에 금천교, 태종 12년(1412)에 창덕궁 정문인 돈화문敦化門을 건립하였다.[53] 창덕궁의 공간확충은 지속되어 세종대에 경연청·집현전·장서각을 새로 지었고 단종대에는 대대적인 수리작업을 한 후에 세조 7년(1461) 12월에는 편전과 별실別室, 침실寢室, 루樓 등의 이름을 새로이 지었다.[54]

---

50) 『太宗實錄』卷10, 太宗 5年 10月 19日(辛巳), "離宮告成 正寢廳三間 東西寢殿各二間 東西穿廊各二間 南穿廊六間. 東西小橫廊各五間 接于東西行廊 北行廊十一間 連排西別室三間. 東西行廊各十五間 東樓三間 廂庫三間. 其餘兩殿水剌間司饔房及湯子洗手間等 雜間閣摠一百十八間. 以上內殿. 便殿三間 報平廳三間 正殿三間. 越臺東西廣六十三尺九寸 南北高三十三尺. 上層階高三尺五寸 中層廣五尺 階高四尺一寸. 殿庭南北廣一百十七尺有奇 東西廣一百五十六尺有奇. 東邊上層三間 中層五間 行廊九間 西邊上層三間 中層四間 行廊九間. 大門三間 左右行廊各九間. 承政院廳三間 東行廊十間 南行廊四間 北行廊四間 外行廊五間 外樓三間".

51) 『太宗實錄』卷11, 太宗 6年 4月 1日(辛酉).

52) 『太宗實錄』卷11, 太宗 6年 4月 9日(己巳).

53) 『太宗實錄』卷23, 太宗 12年 5月 22日(乙巳).

54) 『世祖實錄』卷26, 世祖 7年 12月 19日(乙酉), "傳于禮曹曰 昌德宮朝啓廳稱宣政殿 後東別室稱昭德堂 後西別室稱寶慶堂 正殿稱兩儀殿 東寢室稱麗日殿 西寢室稱淨月殿 樓稱澄光樓 東別室稱凝福亭 西別室稱玉華堂 樓下稱光世殿廣延殿 別室稱求賢殿".

임진왜란으로 창덕궁을 비롯한 한양의 궁궐들이 모두 소실되었
는데, 법궁인 경복궁은 중건 비용의 어려움과 함께 풍수지리적인
문제로 중건되지 못하고 대신에 창덕궁이 먼저 복구되었다. 선조
말년부터 시작된 복구공사는 광해군 즉위년(1608) 8월에 주요 전
각들이 대부분 완공되었고[55] 광해군 3년 10월에 창덕궁으로 이어하
게 되었다. 인조대에는 인조반정으로 인정전仁政殿과 수정당壽靜堂을
제외한 대부분의 중요 전각들이 소실되었는데 이괄의 난, 정묘·병
자호란 등의 전란으로 창덕궁 복구의 여력이 없어 대신에 경덕궁慶
德宮을 임시로 사용하였고 인조 11년(1633)에는 피해가 적었던 창
경궁을 수리하여 인조가 창경궁에서 주로 거처하였다. 이후 인조
25년(1647)에 대대적인 창덕궁 공사에 들어가 인경궁仁慶宮의 자재
를 옮겨 복구하면서 인정전 월랑, 선정전, 대조전, 희정당 등 817
칸의 전각들을 중건하여 옛 모습을 되찾게 되었다. 창덕궁 중건과
정은 『창덕궁수리도감의궤昌德宮修理都監儀軌』를 통해 복구된 과정
과 규모를 알 수 있으며 창덕궁의 내전 영역은 순조대까지 이어져
『동궐도東闕圖』와 유사한 공간구조를 형성하게 되었다.[56]

인조대 창덕궁 중건 이후 효종~경종대 침전인 대조전 뒤편에
대비들을 위한 공간으로 새로이 대비전이 조성되었다. 그리고 인
조·숙종대 후원에 정자가 많이 세워지고 정비되는 과정을 거치는
데 『궁궐지』에 기록된 내용을 보면 인조대에 심추정深秋亭·청연
각淸讌閣·관덕정觀德亭·존덕정尊德亭 등이, 숙종대에는 애련정愛蓮亭·
능허정凌虛亭·청심정淸心亭·척뇌당滌惱堂 등이 새롭게 지어졌다.[57]
숙종 30년(1704)에는 재조지공再造之功의 대상으로서 임진왜란의
국가적 위기상황에 파병으로 도움을 준 명나라 신종神宗과 마지막

---

55) 『光海君日記』卷7, 光海君 卽位年 8月 17日(辛未).
56) 영건의궤연구회, 2010, 『영건의궤』, 동녘, 1051~1055쪽.
57) 서울학연구소, 1994, 『(국역)궁궐지』1, 창덕궁지.

황제인 의종毅宗의 제사를 위한 제단이 후원 영역 서쪽에 설치되어 창덕궁 후원 영역이 존주론尊周論과 조선소중화朝鮮小中華의 상징적 공간으로 조성되었다.58) 정조대에는 규장각奎章閣을 중심으로 봉모당奉謨堂·개유와皆有窩·열고관閱古觀 등에 역대 국왕들의 글과 글씨, 국내외 도서류 등을 보관하여 후원 영역이 학문과 정치적 중심공간으로 강화되는 양상을 보여주고 있었다.59) 이후 공간적인 구조를 유지하면서 순조 3년(1803)과 1917년의 대화재로 소실과 복구의 과정을 거치게 되었다.

창덕궁의 공간구성 특징을 살펴보면 다음과 같다. 우선 경복궁은 평지에 남북을 축으로 정전·편전·침전의 중심전각이 배치되어 근정전-사정전-강녕전이 남북으로 놓여져 있다. 반면에 창덕궁은 응봉鷹峰에서 내려오는 산세에 맞추어 정전·편전·침전의 주요 전각이 동서를 축으로 배치된 구조이며 동서로 인정전-선정전·희정당-대조전이 자리잡고 있다.〈[그림2-6, 2-7]참조〉.60)

---

58) 대보단의 창설과 역사적 의의에 대해서는 다음 도서 참조(정옥자, 1998, 『조선후기 조선중화사상 연구』, 일지사).

59) 정조 이후에 규장각의 기능은 쇠퇴하여 규장각신은 국왕들의 물품과 서적을 관리하는 업무만 유지되고 명예직 정도의 의미만 남게 되었다. 규장각 이외에 후원 영역에 있던 봉모당도 인정전 서편의 대유재(大有齋)로 옮겨 정조대 이후에 창덕궁의 후원영역이 지닌 학문과 정치적 공간의 중심이 쇠퇴하는 것과 그 궤를 같이하게 되었다. 규장각의 기능과 의의에 대해서는 다음 글 참조(김문식, 2009, 「정조시대의 규장각」 『규장각』, 서울대학교출판문화원).

60) 창덕궁과 창경궁의 중심공간 배치에 대해서는 다음 논문 참조(윤정현, 2000, 『朝鮮時代 宮闕 中心空間의 構造와 變化』, 서울대박사논문, 54~60쪽). 윤정현의 논거는 창덕궁의 동서축 배치에 대해 중국 전한대(前漢代) 장안성(長安城)의 장락궁(長樂宮)과 미앙궁(未央宮)의 예를 들어 설명하고 있다. 서쪽의 미앙궁은 왕이 거처하는 공간이고 동쪽의 장락궁은 대비가 거처하는 배치형식을 근거하여 대비의 공간이 동쪽에 조성되고 이에 대비의 공간을 동조(東朝)라고 불리게 되었다는 것이다. 더불어 창덕궁의 공간구성도 동조의 동쪽 조성과 연계하여 동쪽에 내전공

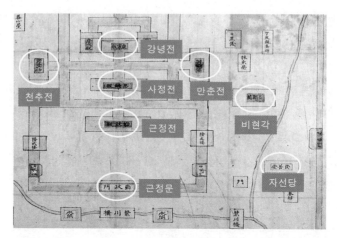

그림 2-6. 「경복궁전도」부분과 경복궁 중심전각(삼성출판박물관)

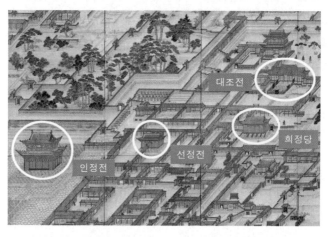

그림 2-7. 「동궐도」부분과 창덕궁 중심전각(고려대 박물관)

간이 조성되고 서쪽에 정전, 편전 영역이 조성되었다고 설명하고 있다. 그런데 동조의 개념은 창덕궁-창경궁의 관계에서는 적용될 수 있지만 창덕궁 중심전각의 동서축 구성까지 연결시키기에는 좀 더 검토가 필요할 것으로 생각된다. 한편, 김동욱은 창덕궁 전각의 동서배치가 정전에서의 의례 시행에 따른 국왕의 이동 동선을 편리하게 해 준다고 보기도 하였다(김동욱, 2011, 「창덕궁의 건축」『창덕궁, 아름다운 덕을 펼치다』, 국립고궁박물관).

창덕궁의 공간구조는 크게 내전과 외전으로 구분되고 있다. 창덕궁 창건과 관련하여 『실록』의 기사를 보면 경복궁과 동일하게 내전·외전으로 구분되지만 내전·외전을 나누는 기준에서 경복궁과 다른 점을 보이고 있다. 정전·편전·침전의 중심전각을 통해 내전과 외전의 구분을 비교해보면, 경복궁은 외전에 정전, 내전에 보평청과 연침燕寢이 속하지만 창덕궁의 경우에는 외전에 정전·보평청·편전이 속하고 정침은 내전 영역에 포함되고 있다.61) 결국 시사공간인 보평청이 경복궁에서는 내전에 속하고 창덕궁에서는 외전에 포함되는 차이점을 보여주고 있다. 그리고 창덕궁에는 편전이 추가되어 2개의 시사공간이 존재하기도 하였다. 보평청·편전을 기준으로 내전과 외전이 경복궁과 창덕궁 창건 기록에서 차이점을 보여주고 있는데, 이는 조선 초기 궁궐 운영과정에서 정전이 의식공간화되며 편전이 점차 공적 영역으로 변하면서 정전과 편전이 외전 영역으로 구분되고 정침이 내전으로 구분되는 것을 반영한 것으로 볼 수 있다. 정전과 편전의 기능이 정형화되는 과정에서 시기적으로 경복궁과 창덕궁의 창건 시기가 시간상 차이가 나기 때문에 후대에 지어진 창덕궁의 창건 기록에서는 정전과 편전이 외전 영역으로 분류되었다고 볼 수 있다. 한편 창덕궁의 편전류 전각은 보평청과 편전 이외에 조계청朝啓廳이 등장하여 각 편전류의 전각이 기능과 배치면에서 변화상으로 보여주기도 하였다. 우선 조계청은 선정전이 되고 편전은 숭문당崇文堂[희정당]이 되었으며, 보평청은 휘덕전輝德殿[혼전]으로 사용되다가 사라지는 과정을 거치게 된다.62)

---

61) 보평청과 편전은 모두 편전 기능의 전각이며 태종~세종대 공적 성격이 강화되면서 창덕궁 초기의 내전, 외전 영역 구분 시에 외전으로 분류되었다고 여겨진다. 본 내용에 대해서는 이 책의 4편 1장에서 자세히 설명하겠다.

62) 창덕궁 편전류의 전각인 보평청, 편전, 조계청이 변화하는 과정에 대해서는 다음 논문 참조(윤정현, 2000, 『朝鮮時代 宮闕 中心空間의 構造와 變化』, 서울대박사논문, 87~92쪽).

창덕궁 공간구조의 또 다른 특징은 침전인 대조전大造殿 뒤편으로 대비전을 조성한 것이었다. 조선전기에는 대비전의 공간으로 창경궁이나 경복궁의 동궁 영역이 이용되었지만, 조선후기에는 효孝를 다하는 사회적 분위기 및 대비에 대한 존숭이 강화되는 상황과 연계되어 침전 뒤편에 대비전이 조성되었다.63) 예를 들어 효종은 창경궁 통명전에서 거처하던 왕대비(인조비 장렬왕후莊烈王后)를 창덕궁 수정당壽靜堂으로 모셔와 거처토록 하였지만 수정당도 협소하고 불편하여64) 별도로 대조전 서북쪽에 만수전萬壽殿을 지었다.65) 이후 현종대에도 왕대비(효종비 인선왕후仁宣王后)를 위해 대조전 동북쪽에 집상전集祥殿을 짓고66) 경종대에는 왕대비(숙종비 인원왕후仁元王后)를 모시고자 옛 만수전 터에 지어진 경복당의 당호를 경복전景福殿으로 높이고 왕대비가 거처하도록 하였다.67)「동궐도」를 참조하여 효종~경종대 조성된 대비전의 모습과 위치를 살펴보면 다음〔그림2-8〕과 같다. 만수전〔경복전〕·집상전·수정전 등 대비전이 왕과 왕비의 침전인 대조전 주변에 배치되면서 조선후기에 대비 존숭과 효를 다하는 사회적 분위기가 궁궐 조성에 영향을 주어 창덕궁 영역 내에 별도의 대비전이 조성되었고 이러한 변화로 인해 조선후기에 창덕궁 공간구조의 특징으로 나타나고 있었다.

이외에 창덕궁 북동쪽에 후원이 조성되어 정조대 학문과 인재양

---

63) 조선시대 궁궐의 대비전 변천 과정은 다음 논문 참조(양웅렬, 2011, 「조선시대 대비전각의 변천」『창덕궁, 아름다운 덕을 펼치다』, 국립고궁박물관).

64) 수정당은 효종 5년(1654)에 효종이 인조 계비 장렬왕후를 위해 지은 전각이다. 이후 정조 18년(1794)에 왕대비 정순왕후가 51세가 되고 어머니 혜경궁 홍씨가 환갑이 되는 기념행사를 열고자 수정전으로 격을 높이고 전각을 수리하였다(『正祖實錄』卷41, 正祖 18年 12月 18日(辛亥); 국립고궁박물관, 2011,『창덕궁, 아름다운 덕을 펼치다』, 140쪽 참조)

65)『孝宗實錄』卷15, 孝宗 6年 11月 17日(丁酉).

66)『顯宗實錄』卷14, 顯宗 8年 11月 11日(辛亥);『顯宗實錄』卷22, 顯宗大王行狀.

67)『景宗實錄』卷15, 景宗大王誌文.

성의 중심공간으로 규장각과 함께 서고·개유와·열고관 등 도서보
관 장소들이 있고 그 뒤로는 인조·숙종대 새로이 조성된 많은 정
자들이 자리잡고 있다. 후원은 창경궁과 공유되면서 다양한 행사
와 휴식의 공간을 제공하고 있었다. 그리고 창덕궁 북서쪽에는 조
선중화주의의 상징적 공간으로 대보단이 조성되었다.

그림 2-8. 창덕궁 영역 내 대비전과 주요 전각(「동궐도」부분, 고려대 박물관)

3) 창경궁의 조성과 특징

창경궁昌慶宮은 창덕궁 동쪽에 연접해 있는 궁궐로서 성종대에
대비를 위한 공간으로 창경궁을 창건하였다.68) 성종 즉위 후에 생

---

68)『成宗實錄』卷170, 成宗 15年 9月 30日(甲寅), "傳曰 太祖作太廟 爲祖宗
也 宮室爲萬世之基也. 是皆大事 其論賞 豈止於此乎 史臣失之 而不書耳. 昌慶

존한 대비들은 세조비 정희왕후貞熹王后, 예종비 안순왕후安順王后, 덕종비 소혜왕후昭惠王后 등 모두 세 분이 계셨으며, 선왕대先王代와 다르게 대비가 세분이나 생존하고 계셔서 별도의 공간이 필요한 상황이었다.〈[표2-1]참조〉 그리고 정종~태종대에는 상왕과 대비가 국왕과 떨어져 다른 궁궐에서 생활하고 있었고 이러한 상왕·대비의 개별 궁궐 운영양상이 창경궁과 같은 대비를 위한 별도의 궁궐 조성에 배경이 되기도 하였다.[69]

[표 2-1] 태종~성종대 국왕 재위기간 중 생존한 대비 현황[70]

구분	국왕 재위기간 중 생존 대비(大妃)			비고
	대비명	책봉일	승하일	
세종	(태종비)원경왕후	태종1.1.10	세종2.7.10	퇴위 후 태종과 함께 수강궁 거처
문종	없 음			
단종	없 음			
세조	없 음			
예종	(세조비)정희왕후	단종3.7.20	성종14.3.30	예종 수렴청정
성종	(세조비)정희왕후	단종3.7.20	성종14.3.30	성종 수렴청정 *창경궁 조성
	(덕종비)소혜왕후	단종3.7.26(세자빈) 성종1.1.22(왕비)	연산10.4.27	
	(예종비)안순왕후	세조14.9.8	연산4.12.23	

<hr>

宮 專爲兩殿 且非予侵虐百姓而作也. 良由提調等勤謹董役耳”;『成宗實錄』卷 179, 成宗 16年 5月 7日(丙辰), “兩大妃移御昌慶宮 上迎于弘化門內. 御書下 承政院曰新建昌慶宮 本爲三殿也”.

69) 정종 즉위 후에 태조와 정종은 경복궁에서 함께 거처하였지만 정종이 개성으로 옮기면서 태조는 개경의 수창궁(壽昌宮) 밖 사저(私邸)에서 생활하였다. 태종 즉위 후에는 태조는 덕수궁(德壽宮), 정종은 인덕궁(仁德宮)에서 별도의 궁궐생활을 하고 있었다(양응렬, 2011,「조선시대 대비전각의 변천」『창덕궁, 아름다운 덕을 펼치다』, 국립고궁박물관, 260~261쪽).

70) 본 현황표는 조옥연의 다음 논문 중 [표2-1]을 참조하여 보충하였다(조옥연, 2008,『조선 궁궐의 동조건축에 관한 연구-17~18세기 동궐을 중심으로-』, 경기대박사논문, 50쪽).

세종~예종대까지는 대비가 생존하지 않거나 1명만 존재하였는데 성종대에는 세 분을 모시게 되었고 대비를 위한 창경궁 조성까지의 상황을 살펴보면 다음과 같다. 성종은 경복궁 근정문에서 즉위하고[71] 국상을 지내다가 한달여만인 성종 즉위년(1470) 12월 26일에 창덕궁으로 거처를 옮겼는데, 이때에 대왕대비와 함께 수빈粹嬪〔소혜왕후〕이 창덕궁으로 이어하였다. 다만, 성종비 공혜왕후恭惠王后는 친정인 한명회 집으로 가고 예종비 안순왕후는 경복궁에서 남아 있었다.[72] 안순왕후는 졸곡제를 마친 후인 2월 29일에 창덕궁 구현전求賢殿으로 이어하였는데[73] 안순왕후가 경복궁에 남았다가 뒤늦게 창덕궁으로 이어한 배경은 예종의 졸곡제와 연관성이 있다고 여겨진다. 예종은 경복궁 자미당에서 승하한 후에 충순당에 빈소가 마련되었다. 우제虞祭 후의 졸곡제 시행은 상제喪祭에서 길제吉祭로 전환되는 기준이 되었기에 안순왕후는 예종의 왕비로서 졸곡제(성종 1년 2월 19일)를 마치고 경복궁에서 창덕궁으로 이어하였다고 볼 수 있다.[74] 안순왕후가 창덕궁에 이어하면서 성종과 세 분의 대비들이 창덕궁에서 함께 거처하게 되었다.

성종 초기는 대왕대비가 국정을 주도하는 수렴청정垂簾聽政이 실시되고 있었는데,[75] 대왕대비는 성종 7년(1476) 정월에 수렴청정을 거두고 10년(1479) 5월에는 수강궁으로 이어할 것을 전교하여[76]

---

71) 『成宗實錄』 卷1, 成宗 卽位年 11月 28日(戊申).

72) 『成宗實錄』 卷1, 成宗 卽位年 12月 26日(乙亥), "上移御于昌德宮 大王大妃亦移御于昌德宮 粹嬪從之. 中宮移御于上黨君韓明澮第 王大妃移御景福宮".

73) 『成宗實錄』 卷3, 成宗 1年 2月 29日(戊寅), "王大妃自景福宮移御于昌德宮求賢殿".

74) 졸곡제에 대해서는 다음 도서 참조(지두환, 1994, 『조선전기 의례연구-성리학 정통론을 중심으로-』, 서울대학교출판부).

75) 崔承熙, 2002, 『朝鮮初期 政治史硏究』, 지식산업사, 381~385쪽.

76) 『成宗實錄』 卷104, 成宗 10年 5月 20日(乙亥), "大王大妃 傳于承政院曰 大殿寢處 卑濕汚壞. 人主一身 所係至重 予將移御壽康宮 請大殿移御上殿 其諭此意于政丞等".

5월 29일에 대왕대비와 인수왕대비가 수강궁으로 거처를 옮겼다.[77) 그런데 성종은 좁고 누추한 수강궁에 거처하도록 하는 것이 미안하여 경복궁으로 옮기려고 하다가 다시 수보修補를 중지하고[78) 창덕궁과 수강궁을 수리하는 쪽으로 선회하였다.[79) 성종이 법궁인 경복궁에서 대비와 함께 거처하지 않고 창덕궁과 수강궁 수리를 선택한 배경에는 경복궁의 규모가 크고 화려하여 싫다는 이유가 있었다.[80) 한편, 대비들은 수강궁에 거처하면서 한증汗蒸 때문에 경복궁에 이어하기도 하였다.[81)

수강궁의 확장 공사는 성종 14년(1483) 초부터 이미 시작되었고[82) 3월에는 김종직金宗直이 「창경궁상량문昌慶宮上樑文」을 지어

---

77) 『成宗實錄』卷104, 成宗 10年 5月 29日(甲申), "大王大妃 仁粹王大妃殿 移御壽康宮".

78) 『成宗實錄』卷104, 成宗 10年 5月 20日(乙亥), "傳曰 大王大妃 今欲移御 壽康宮 然壽康宮 亦陋陋難居 況母后欲移御 於人子之心安乎 卿等 何無一言以 啓乎 承政院啓曰 上之所御 至於如此 臣等不勝駭愕. 雖田野匹夫 窮居環堵 其 所居處 尙避下濕 況至尊所御 如此可乎 殊無一國奉戴之意. 今欲移御景福宮 則陰陽拘忌 已承懿敎 大妃 若移御壽康宮 則誠如上敎未安 臣等計無所出 未知 所啓. 懿敎曰 今年 予移御景福宮 待明春 殿下亦移御何如 傳曰 今將移御景福 宮 宜趁時修理. 其擇日以啓. 頃之傳曰 今年不可移御 姑停修補".

79) 『成宗實錄』卷104, 成宗 10年 5月 26日(辛巳), "繕工提調韓繼純鄭文炯等 啓曰 今因兩宮修葺 方將燔瓦鳩材 元子漸長 宜預構東宮. 幷鳩材卜地何如 傳 曰 可".

80) 『成宗實錄』卷118, 成宗 11年 6月 22日(辛未), "御經筵. 講訖 大司憲鄭佸啓 曰 臣等聞修理都監 大興土本之役. 宣政殿不至傾危 幷使改構 則其弊豈小哉 上 曰 大內湫隘 夏月無納涼之所, 不得已稍廣其制. 然豈至丹楹刻桶 以爲侈麗也 佸 曰 臣等固知大內之狹隘 上亦不喜侈麗 但此殿堅固 遽毁而修之 爲不可也 正言 尹碩輔啓曰 殿宇不至傾頹 而增廣其制 以困民力可乎 上曰 臺諫之言 是也. 然 卿等豈知大內之爲甚湫隘也 欲移御景福宮 惡其屋宇宏壯 欲修此宮 以居之耳".

81) 한증(汗蒸)으로 경복궁에 이어(移御)한 일자는 다음과 같다(성종 12년 2월 27일, 성종 12년 5월 12일, 성종 13년 2월 7일).

82) 『成宗實錄』卷150, 成宗 14年 1月 27日(庚申), "執義金秀光啓曰 宗廟祭執 事多 而齋室甚窄 又墻外間閭甚逼. 如有火災 則臣恐或驚動神靈矣. 旁近民舍 撤去何如 詩云 於穆淸廟. 穆者 深遠之意. 今宗廟無深遠之勢 又南墻門路 絶 主山來脈 甚不可也. 山川之氣不虧 則子孫靈長 萬世之業 可占矣. 又宗廟位甚

수강궁의 새 이름이 창경궁으로 지어졌음을 알 수 있다.83) 공사
기간 중, 세 대비가 온양溫陽에 온천을 갔다가 4월에 정희왕후가
승하하면서84) 잠시 공사가 중단되었다가 재개되었다. 마침내 성종
15년(1484) 2월에는 서거정徐居正에 의해 명정전·문정전·수녕전壽寧
殿·환경전歡慶殿·경춘전景春殿 등 전각들의 이름이 정해지고85) 3월
20일에는 김종직이 「창경궁기昌慶宮記」를 지었다.86) 창경궁 공
사는 4월부터 마무리되기 시작하여 담장을 쌓으면서87) 6월에는
성종이 직접 공사현장의 음식을 내려주고 편액扁額을 걸도록 지시
하였다.88) 15년 9월에 공사가 마무리되었다.89) 창경궁 초기의 궁
역은 4,325척尺의 규모에 외장外墻의 높이가 1신반身半이고 내장內
墻의 높이는 1신身으로 조성되었다.90) 성종 16년(1485) 봄부터는
미진한 곳을 보완하면서 세자궁도 함께 영건하였다. 이후 정희왕
후의 부묘祔廟를 마치고91) 16년 5월 소혜왕후와 안순왕후가 창경

卑 而仁政殿位甚高 御此殿 而受朝 則鍾 皷 管 篆之聲 皆聞於宗廟 大體未穩.
今修繕壽康宮. 臣願移御于此 以昌德宮爲離宮 永不復御 何如 上曰 仁政殿 先
王朝豈不酌量而處之 又民舍不可輕易撤去也. 若以鍾皷之聲爲不可聞 則都城鷄
犬之聲 安能盡禁乎 司諫柳自漢啓曰 三殿溫陽行幸 司憲府不隨駕. 如有守令不
法之事 誰能糾治 請令一員隨駕. 上曰 臺諫一員 可遣矣".

83) 『成宗實錄』卷152, 成宗 14年 3月 3日(乙未).
84) 『成宗實錄』卷153, 成宗 14年 4月 1日(癸亥).
85) 『成宗實錄』卷163, 成宗 15年 2月 11日(戊辰), "議政府左贊成徐居正承命
擬新宮諸殿閣之名以進. 殿曰明政 文政 壽寧 觀慶 景春 仁陽 通明 堂曰養和
麗暉 閣曰思誠".
86) 『成宗實錄』卷164, 成宗 15年 3月 20日(丁未).
87) 『成宗實錄』卷164, 成宗 15年 3月 23日(庚戌).
88) 『成宗實錄』卷167, 成宗 15年 6月 28日(癸未).
89) 『成宗實錄』卷170, 成宗 15年 9月 27日(辛亥), "昌慶宮成. 命六承旨 饋修
理都監堂上郎廳 仍命弘文館員參宴. 是日竝饋匠人軍人".
90) 『成宗實錄』卷164, 成宗 15年 3月 23日(庚戌), "漢城府右尹成俊來啓曰 昌
慶宮墻基 周圍四千三百二十五尺 其高當幾尺而可 傳曰 外墻高一身有半 內墻
高一身 可也".
91) 『成宗實錄』卷179, 成宗 16年 5月 12日(辛酉).

궁으로 이어하게 되었다.92)

성종대에 조성된 창경궁은 임진왜란으로 전체적인 궁궐의 모습을 잃어버리게 되었다. 이후 창경궁의 재건은 광해군대부터 시작된다. 광해군은 자전慈殿[인목대비]을 저승전儲承殿 대신에 양화당養和堂으로 모시고자 하면서 양화당 남쪽에 있는 환경전을 어재실로 사용하기 위해 환경전의 재건을 시도하였다. 이 때의 언급된 기사를 보면 창경궁의 전각으로 양화당·저승전·여휘당·사정합思政閤 등이 현존하고 있었다.93) 환경전은 신료들의 반대로 중단되었지만 자전의 거처를 명분으로 환경전 대신에 통명전을 수리하도록 하고94) 후에 통명전에서 대비전을 위한 진풍정進豊呈이 행해졌다.95) 이와같이 광해군 초기의 창경궁 재건은 대비인 인목대비의 거처를 위해 대비전 재건을 중심으로 이루어지고 있었다.

창경궁의 재건이 다시 추진된 것은 광해군 7년(1615)이었고 이 때는 명정전·문정전 등 외전 영역 중심으로 전개되었다. 창경궁 재건에 앞서, 광해군은 새로이 조성된 창덕궁으로 3년(1611) 10월에 이어하였다.96) 그런데 창덕궁 이어는 신료들의 창덕궁 거처 요청과 더불어 왕세자 혼례를 위한 임시적인 이어였으며, 광해군은 대비와 함께 경운궁으로 옮겼다가 연말에 창경궁으로 다시 이어하겠다고 언급하면서97) 그 해 12월에 경운궁으로 환어하였다.98) 이

---

92) 『成宗實錄』卷179, 成宗 16年 5月 7日(丙辰), "兩大妃移御昌慶宮 上迎于弘化門內. 御書下承政院曰新建昌慶宮 本爲三殿也. 以予薄福 獲罪于天 天降大禍 永抱終天之痛. 然三年之制不敢過 今旣服闋 迎奉兩殿. 今日隨駕宗宰 駙馬 一應臣僚 皆饋于賓廳. 承旨等今日爲近臣 明日爲宰相 予將命中官皆賜酒 以三爵爲度. 若非齋戒 宜賜大宴 其知此意".

93) 『光海君日記』卷14, 光海君 1年 3月 19日(庚子). 광해군대 창경궁 재건에 대해서는 다음 도서 참조(문화재청, 2008, 『창경궁의 건축과 인물』, 눌와, 35~47쪽).

94) 『光海君日記』卷18, 光海君 1年 7月 13日(壬辰).

95) 『光海君日記』卷47, 光海君 3年 11月 8日(癸卯).

96) 『光海君日記』卷46, 光海君 3年 10月 22日(戊子).

후 3년 3개월 후인 7년(1615) 4월에 다시 창덕궁으로 이어하였는데99) 광해군은 창덕궁이 법궁의 지위를 가지고 있었지만 단종과 연산군이 폐위되었던 장소이기에 기피하는 경향을 보이며100) 창덕궁으로 이어하자마자 명정전·문정전·환경전 등을 수리하도록 하여 창경궁 외전 영역이 재건되었다.101)

광해군대에 재건된 창경궁은 인조대의 인조반정과 이괄의 난 등으로 창덕궁과 함께 거의 소실되었다. 이후 인조는 창덕궁·창경궁 대신에 광해군이 지은 경덕궁[경희궁]을 거처로 삼아 2년(1624) 2월부터 10년(1632) 10월까지 이용하였다. 이후 궁중의 흉물 등을 이유로 10년 10월 27일 잠시 이현궁梨峴宮으로 거처를 옮겼다가 10년 11월 9일에 창덕궁으로 이어하였다. 창덕궁 이어를 전후하여 창덕궁을 수리하고 이어하자는 요청이 많았지만 피해가 적은 창경궁을 먼저 수리하는 방향으로 정해지게 되었다. 창경궁 수리

---

97) 『光海君日記』卷47, 光海君 3年 11月 7日(壬寅), "傳曰 慈殿當於正月 移御 昌慶宮 予不當先移 而重違群下之望 又緣大婚之迫 不得已來御矣. 今者慈殿 將還御慶運宮 而予獨留此 非但問安等事 多有難便之節 揆以事理 極爲未安. 來十八日奉大妃殿 一時還移慶運宮 歲末更爲擇吉永移 如各司文書 除緊關者外 勿爲搬運".

98) 『光海君日記』卷48, 光海君 3年 12月 20日(乙酉).

99) 『光海君日記』卷89, 光海君 7年 4月 2日(戊寅), "王移御昌德宮【先是 王聞 慶運行宮有吉氣 昌德宮曾經內變 重建而不肯居 臺臣屢請不允. 及是大內多 妖變 卽擇日移御 而其擇日行道 多用辟鬼法 都人大駭】".

100) 『光海君日記』卷62, 光海君 5年 1月 1日(己未), "禮曹啓 請以三月十二日 移御昌德宮 王曰 法宮永移 不可不極擇吉日. 各殿皆協日月 更爲另擇以啓【王 嘗密問地官李懿信曰 昌德宮再經大事 余不欲居之. 蓋指魯山燕山廢置事也. 懿 信曰 此古今帝王家所不免之變 不繫於宮殿吉凶 惟都城氣歇 宜速遷卜. 王由是 不居昌德宮 群臣累請移御 王不從. 其後行宮見怪 始居昌德 而益加修飾花石之 供 而然無久志. 乃促治昌慶宮 而宮成又不居 遂營兩新宮. 欲畢成後居之 故慶 德宮先成 仁慶宮未成而王廢 皆懿信啓之】".

101) 『光海君日記』卷89, 光海君 7年 4月 6日(壬午), "繕修廳啓曰 闕內營造 工 役浩大 體面亦重. 號令各司 招集工匠 固非繕修廳數三秩卑之員 所能堪任. 請 令廟堂 別爲議處. 傳曰 允. 料理措置之事 問于該曹. 以三曹判書 爲例兼提調 勤幹提調郎廳監役官 詳議廟堂 量數擇定 歡慶文政明政殿慶運宮修理".

는 인경궁의 전각을 철거하여 짓는 방법을 택하면서 광해군대의 무리한 궁궐 공역의 폐해를 줄일 수가 있고 비용절감과 시간단축 외에 정치적인 효과도 있었다. 인조 11년(1633)에 재건된 창경궁 수리에 대한 내용은『창경궁수리소의궤昌慶宮修理所儀軌』를 통해서 확인할 수 있는데, 이때에 통명전·연희당延禧堂·연경당延慶堂·환경전 ·경춘전·함인정涵仁亭 등 주요 전각들은 인경궁仁慶宮의 전각을 옮겨와 다시 지었고 명정전, 문정전 및 동궁 처소의 일부를 수리하면서 주요 전각의 행랑 등을 새로 지었다.102) 인조 11년에 새로 이 조성된 창경궁은 순조대 화재 이전까지 큰 변화없이 유지되고 있었다.103) 순조 30년(1830) 환경전에서 시작된 화재로 함인정·공묵각恭默閣·경춘전·숭문당·영춘헌迎春軒 등이 소실되었는데104) 창경궁 화재를 전후로 29년(1829) 10월에 경희궁, 33년(1833) 10월에 창덕궁에서도 화재가 일어나고105) 흉년으로 인해 창경궁 영건

---

102)『창경궁수리소의궤』는 현존하는 건축 관련 의궤 중에서 가장 오래된 것이며, 인조 11년 8월에 간행하고 11년 4월 3일~7월 20일 동안의 창경궁 수리에 대한 공사내용을 담고 있다. 공사를 담당하는 도감은 별도로 두지 않고 인경궁수리소가 공사를 겸하게 하였다. 『창경궁수리소의궤』의 자세한 내용은 다음 도서 참조(영건의궤연구회, 2010,『영건의궤』, 동녘, 1046~1050쪽). 이외에 인조대 궁궐의 조성과 운영에 대해서는 다음 논문 참조(김동욱, 1986,「仁祖朝의 昌慶宮 昌德宮 造營」『문화재』19 ; 홍순민, 1996,『朝鮮王朝 宮闕 經營과 "兩闕體制"의 변천』, 서울대박사논문; 윤 정, 2011,「仁祖 전반기의 舊闕(昌慶宮)의 중건과 궁궐경영-『承政院日記』인조 임어 기사의 분석」『한국문화』55).

103) 순조 30년 창경궁 화재 이전까지 창경궁 조성의 커다란 변화는 없었지만, 효종 3년 귀인 조씨의 저주사건으로 흉물 매립 등과 관련된 전각들의 해체와 수리가 진행되기도 하였다. 창덕궁의 전각들과 함께 창경궁의 명정전, 환경전, 경춘전, 통명전 등을 대상으로 온돌, 마루, 박석 등을 해체하고 교체하면서 새 흙을 깔고 단청과 양상도회 등을 보수하였다. 조귀인 사건으로 인한 창덕궁과 창경궁의 수리에 대해서는 『창덕궁창경궁수리도감의궤』가 제작되어 현존하고 있으며, 자세한 의궤 해제에 대해서는 다음 도서 참조(영건의궤연구회, 2010, 『영건의궤』, 동녘, 1061~1063쪽).

104)『純祖實錄』卷31, 純祖 30年 8月 1日(丙戌).

105)『純祖實錄』卷33, 純祖 33年 10月 17日(甲寅).

은 33년 10월~34년 4월까지 진행되었다.106)

창경궁은 대비를 위한 공간으로 조성되어 경복궁, 창덕궁과는 공간구조면에서도 여러 가지 차이점을 보이고 있다. 우선 가장 커다란 특징은 정전[명정전], 정문正門[홍화문弘化門] 등 주요전각의 좌향이 동향東向인 점이다. 국왕은 남면南面을 하기에 궁궐의 공간 배치는 남향南向을 하는 것이 원칙이다. 하지만 창경궁 조성과 관련해서 성종은 '창경궁이 동향하여 인군人君이 정치하는 곳이 아니다'라고 하여 창경궁은 대비를 위한 공간이기에 남면의 원칙과 무관하게 조성되었다고 볼 수 있다.107) 동향으로 지어진 창경궁은 광해군대 새로이 영건되면서 명정전과 문정전에 대한 방위 문제가 논란이 되기도 하였다. 광해군은 술관術官의 말에 따라 정전인 명정전의 좌향坐向을 동향에서 남향으로, 편전인 문정전은 남향에서 동향으로 고쳐짓고자 하였다. 하지만 지세에 맞지 않고 옛 제도를 함부로 변경할 수 없다는 의견에 따라 예전 방향대로 지어졌다.108)

---

106) 순조 33년의 창경궁 영건은 화재로 소실된 전각들 외에 피해를 입지않은 중희당·양성재 등의 보수와 함께 정조대 소실된 통명전도 공사대상으로 진행되었다. 순조 30년 창경궁 영건에 대해서는 다음 도서 참조(영건의궤 연구회, 2010, 『영건의궤』, 동녘, 1084~1087쪽; 문화재청, 2008, 『창경궁의 건축과 인물』, 눌와, 82~84쪽).

107) 『成宗實錄』 卷171, 成宗 15年 10月 11日(乙丑), "傳曰 予所居昌德宮, 陋陋傾危, 欲繕修. 貞熹王后嘗敎曰 若修理昌慶宮 當先修壽康宮移御 漸次修理耳. 且聞 世宗嘗謂文宗曰 景福宮 雖壯麗 然此都正明堂 乃昌德宮也. 予意 人君必須南面出治 昌慶宮東向也 非人君出治之所. 但昌德宮修理間 暫移御耳 政丞以自處言之 是專以此宮爲予居處也 且前日經筵李瓊仝言 考實錄時 洪應云 太祖以景福宮過壯麗 不論賞. 太祖若以(社)[壯]麗而不賞 則此實美事 史闕而不書. 以此觀之 史官之錄 亦不足盡信. 予以故不依實錄論賞 今以自處言之 何也 應曰 先王先后陵寢論賞 尙不如此 而今則奉養兩殿自處之宮 褒典過中 臣以此啓之耳 更無他意. 傳曰 知道."

108) 광해군은 술관에게 의지하는 경향이 강하였는데, 이의신·김일룡 등의 술관들은 창경궁 영건 이외에도 인경궁, 경덕궁 등의 창건과 궁궐 이어, 천도 등 다양한 의견을 제시하여 영향력을 행사하였다. 궁궐 조성에 미친 술관

광해군대 명정전·문정전의 좌향坐向 논란, 명정전 공간의 확대 등은 광해군이 창덕궁 대신에 창경궁을 거처로 삼고자 하면서 국왕의 거처에 부합하는 궁궐의 격식과 규모를 갖추기 위한 시도로 여겨진다. 하지만 광해군은 명정전 좌향 및 확대109), 편전인 문정전의 좌향과 둥근기둥 사용110) 등의 논란을 본인의 뜻대로 관철시키지 못하고 지세의 협소함과 옛 제도의 준수에 따를 수밖에 없었다. 결국 기피의 대상인 창덕궁, 그리고 격식과 규모에서 시어소 이용의 한계를 보여주는 창경궁은 더 이상 광해군에게 관심의 대상이 되지 않았을 것이다. 창덕궁과 창경궁 이외에 다른 대안이 필요했을 것이고 당시 궁궐 조성에 영향력을 미친 술관의 인경궁, 경덕궁 조성 제안은 광해군에게 새로운 대안으로 여겨졌기 때문에 창경궁 중건을 마치기 전에 인경궁과 경덕궁 창건이 이루어진 것으로 생각된다.

창경궁은 다른 궁궐과 비교해 볼 때, 정문에서 정전까지의 거리와 규모에서도 차이점을 보이고 있다. 예를 들어 창덕궁의 경우에 정문인 돈화문을 거쳐 다리를 건너면 중문인 진선문進善門이 있고 정전의 정문〔내문內門〕인 인정문으로 이어지고 있다.111) 경복궁과 경희궁 역시 외문外門-중문中門-내문內門의 진입로를 가지고 있다. 하지만 창경궁은 홍화문〔외문〕과 명정문〔내문〕 사이에 중문이 없다. 지세에 따라 중문을 세울 공간적인 여유가 없다는 현실적인 이유도 있겠지만 창경궁의 좌향이 인군의 정치적 공간이 아니라는

에 대해서는 다음 논문 참조(홍순민, 1996, 『朝鮮王朝 宮闕 經營과 "兩闕體制"의 변천』, 서울대박사논문, 98~121쪽).

109) 『光海君日記』 卷106, 光海君 8年 8月 27日(乙丑).

110) 『光海君日記』 卷97, 光海君 7年 11月 11日(癸未);『光海君日記』 卷100, 光海君 8年 2月 18日(己未).

111) 『世宗實錄』, 地理志, 京都漢城府, "昌德宮〔在貞善坊 太宗五年乙酉 始建以爲離宮〕 仁政殿〔受朝之所〕 內門曰仁政 中門曰進善 外門曰敦化. 廣延樓〔在宮東〕".

배경에서 동향이 가능한 것처럼 궁궐 규모의 격식에서도 중문이 생략되었다고 여겨진다. 한편, 정전의 규모를 보면 근정전, 인정전은 중층重層인데 반해 명정전은 단층이다. 이외에 공간적 특징으로 동궁이 창경궁 영역 내에 포함되어 있다. 정전 남서쪽에 동궁 영역이 조성되었는데 동궁은 창경궁 공역 후에 시작하여 성종 18년 (1487) 7월에 완공하였다.112) 동궁을 구성하는 저승전, 시민당時敏堂 등의 전각이 『궁궐지』 창경궁 편에 기재되어있다.113) 내전 뒤로는 후원이 있는데, 창덕궁과 함께 후원을 공유할 수 있는 지형적 조건을 갖추고 있으며 창덕궁과는 별개의 궁궐이면서도 후원의 공유를 통해 동궐東闕이라고 하는 하나의 궁역으로 포함시킬 수 있기에 양면적인 모습을 보여주기도 한다.114)

4) 경희궁의 조성과 특징

경희궁慶熙宮은 광해군대 지어진 궁궐로서, 처음에는 경덕궁慶德宮으로 불리다가 영조대 원종元宗의 시호諡號와 음이 같다고 하여 경희궁으로 궁호宮號가 변경되었다. 법궁이었던 경복궁이 임진왜란으로 소실된 후에 중건되지 못한 상황에서 창덕궁이 법궁의 위상을 갖게 되었고 경희궁이 새로운 국왕의 거처로 이용되어 이궁의 기능을 담당하게 되었다. 이로서 조선후기에 창덕궁·창경궁(동궐)과 경희궁(서궐)을 축으로 법궁-이궁의 궁궐체제가 새롭게 정비되고 운영되는 양상을 보이게 되었다.115)

---

112) 『成宗實錄』 卷205, 成宗 18年 7月 4日(辛丑), "春宮都監啓功訖".
113) 『宮闕志(영인본)』 卷3, 昌慶宮志, 時敏堂; 儲承殿.
114) 홍순민, 1996, 『朝鮮王朝 宮闕 經營과 "兩闕體制"의 변천』, 서울대박사논문, 143쪽.
115) 경희궁의 조성과정과 역사적 의의에 대해서는 다음 논문 참조. 홍순민, 1996, 『朝鮮王朝 宮闕 經營과 "兩闕體制"의 변천』, 서울대박사논문; 장지

광해군은 즉위 후 창덕궁 중건을 마치고 창경궁 공사를 다시 진행
하는 가운데 광해군 9년(1617) 인왕산仁王山 아래에 이궁離宮으로서
인경궁仁慶宮 영건을 시작하였다. 그런데 얼마 후에 새문동塞門洞에
별궁別宮으로 경덕궁 공역을 강행하여 인경궁보다 앞서 창건되었다.
인경궁·경덕궁의 창건 배경에는 기존 궁궐을 대신할 새로운 시어
소의 필요성과 함께 왕권의 위엄 및 정치적 지지기반의 취약성을
극복하기 위한 광해군의 의도가 담겨져 있다고 볼 수 있다. 우선
법궁인 창덕궁을 중건하였지만 과거 단종과 연산군이 폐위된 궁궐
이고 술관들의 길흉설이 더해져 기피의 대상이었다.116) 그리고 창
경궁은 중건과 관련하여 정전인 명정전의 좌향 및 확장, 편전인
문정전의 좌향과 둥근 기둥 사용 등에서 신하들의 반대로 무산되어
국왕이 기거하는 궁궐로서의 권위를 담아내지 못하는 상황이었다.
이러한 상황 속에서 술인術人 성지性智와 시문용施文龍에 의해 인경
궁, 김일룡金馹龍에 의해서 경덕궁 창건의 계기를 마련하게 되었다.
특히 경덕궁 자리는 인조의 사친私親 정원군定遠君의 집이 있던 곳
으로 왕기王氣가 있다고 하여 정원군의 집이 몰수되기도 하였
고117) 광해군 5년(1613) 인목대비의 부친인 김제남金悌男이 영창
대군을 추대하여 역모를 도모하였다는 계축옥사癸丑獄事가 일어나
영창대군을 죽음에 이르게 하였을 만큼 왕권의 위협적인 요인에

연, 1997,「광해군대 궁궐영건-인경궁과 경덕궁(경희궁)을 중심으로」
『한국학보』86; 장지연, 2002,「17세기 경덕궁(경희궁)의 수리와 그 정치
적 의미」,『한국학보』107; 서울시, 2004,『경희궁 영조 훼철관련 사료
조사 및 활용방안 연구』, 명지대학교 국제한국학연구소; 윤 정, 2009,
「영조의 경희궁 改號와 移御의 정치사적 의미-思悼世子 賜死와의 상관성
에 대한 분석-」『서울학연구』34; 홍석주, 2009,「광해군 대의 경덕궁
(경희궁) 창건」『서울학연구』34; 윤 정, 2011,「광해군대 궁궐 경영과
'新闕'의 영건-慶德宮의 영건과 성격 변화를 중심으로-」『서울학연구』43.
116)『光海君日記』卷62, 光海君 5年 1月 1日(己未).
117)『光海君日記』卷116, 光海君 9年 6月 11日(甲辰); 서울학연구소, 1994,
『(국역)궁궐지』2, 경희궁지, 81쪽.

대해서 광해군이 강하게 대처하였던 점으로 미루어 새문동 정원군의 집터에 경덕궁을 짓는 사업은 왕권수호 차원에서 중요할 수 있었다.118) 경덕궁은 별궁형태의 작은 규모로 인경궁보다 늦게 공역에 착수하였다. 그런데 창덕궁·창경궁·경운궁에서 요괴가 출현하여 편히 기거하지 못한다는 점과 인경궁은 공사 규모가 크기 때문에 우선 대피할 수 있는 작은 궁궐[小闕]이 필요하다는 논리 등을 내세워 새문동에 궁궐 공사를 강행하여 인경궁보다 앞서 경덕궁의 창건이 이루어지게 되었다.119) 경덕궁이 먼저 창건된 것은 기존 궁궐의 중건과 함께 인경궁·경덕궁의 공역이 이어지면서 과중된 영건사업으로 재정적·정치적 부담이 커지고, 정원군 집터의 왕기 논란을 잠재우기 위해 작은 규모로서 조기 창건이 가능한 경덕궁을 우선적으로 창건하고 이후에 계속 인경궁 영건을 진행한 것으로 여겨진다. 광해군대 왕권의 정통성과 권위를 강화하기 위한 대규모 궁궐 조성

---

118) 인경궁과 경덕궁의 창건 배경에 대해서 다음과 같은 선행연구가 있다. 홍순민은 왕위의 정통성 보완과 정치적 지지기반의 취약성을 극복하기 위해 술사의 불합리한 의견을 반영하여 영건사업을 강행하였고(홍순민, 1996, 『朝鮮王朝 宮闕 經營과 兩闕體制의 변천』, 서울대박사논문, 107~121쪽), 장지연은 교하(交河)천도를 대신하여 새로운 왕권상징의 공간으로 인경궁이 조성되었고 경복궁과 연결하여 거대한 공간으로 운영하고자 먼저 인경궁을 창건하였다고 보았다. 그리고 경덕궁은 풍수설의 영향으로 정원군 사저의 왕기설을 제압하기 위해 창건한 것으로 보았다(장지연, 1997, 「광해군대 궁궐영건-인경궁과 경덕궁(경희궁)을 중심으로」, 『한국학보』 86). 윤 정은 인목대비 등의 정치적 반대세력의 위협에서 벗어나고 명 사신으로부터 국왕의 동정과 인목대비의 경운궁 유폐를 노출시키지 않을 목적이 있다는 견해를 가지고 있다(윤 정, 2011, 「광해군대 궁궐 경영과 '新闕'의 영건-慶德宮의 영건과 성격 변화를 중심으로-」 『서울학연구』 43). 그리고 홍석주는 왕권 강화의 목적과 함께 창덕궁·창경궁의 궁역확장의 한계와 경복궁을 중심으로 공간적으로 한양의 서쪽을 사용할 수 있게 되어 궁역의 유동성 확대와 한양도성의 서북쪽 지역이 험준한 지형으로 궁궐 방어에 유리하다는 견해를 밝히고 있다(홍석주, 2009, 「광해군 대의 경덕궁(경희궁) 창건」 『서울학연구』 34).

119) 『光海君日記』卷128, 光海君 10年 5月 16日(癸卯).

토목사업은 막대한 재정부담과 함께 비합리적인 궁궐 조성으로 정권 기반을 심각하게 흔드는 요인으로 작용하게 되었다.120)

광해군대에 시작된 인경궁과 경덕궁의 공사는 완공되지 못한 상태에서 인조반정이 일어나 광해군은 인경궁과 경덕궁을 이용할 수 없었다. 인조반정의 과정에서 화재가 발생하여 창덕궁은 인정전 외에 거의 소실되었고 인조는 창경궁에 거처하면서 창덕궁을 간헐적으로 이용하고 있었다. 이후 인조 2년(1624) 1월 이괄의 난으로 창경궁과 창덕궁마저 소실되자 인조는 2년 2월 22일부터 광해군이 지은 경덕궁에 거처하기 시작하였다.121) 이후 10년(1632) 10월까지 9년 동안 인조는 경덕궁을 거처로 삼았는데, 경덕궁이 광해군대 잘못된 국가정책의 폐단으로 지목된 공역의 산물이었지만 인조의 사친인 정원군의 집터에 창건된 궁궐이었기에 인조의 시어소로서 사용이 가능하였다. 이로써 경덕궁은 이궁의 지위를 확보하게 되었고 조선후기에 소실된 경복궁을 대신하여 창덕궁과 창경궁이 법궁의 기능을 담당함으로서 창덕궁·창경궁-경덕궁으로 운영되는 새로운 양궐체제를 형성하게 되었다.122)

이후 인조는 10년 10월 경덕궁에 저주의 변고로 궁중에 흉물이 많다는 요청이 있게 되자, 경덕궁 서연청과 인조의 잠저인 이현궁 梨峴宮을 거쳐 창덕궁으로 옮기게 되었고 11년 7월에 창경궁 이어,

---

120) 광해군대 궁궐조성 사업은 당시 국가예산의 15~25%정도를 차지하였다. 임진왜란 후 국가재정이 어려운 상황에서 비정상적인 국가예산운영이었고 또한 부족한 재정충당을 위해서 매관매직, 세금 증세, 강제 기부, 벌금 징수강화 등 비정상적인 방법으로 운영되고 있었다. 궁궐 조성의 재정조달과 문제점에 대해서는 다음 도서 참조(오항녕, 2012,『광해군, 그 위험한 거울』, 너머북스, 263~311쪽).

121)『仁祖實錄』卷4, 仁祖 2年 2月 22日(丙午).

122) 홍순민, 1996,『朝鮮王朝 宮闕 經營과 "兩闕體制"의 변천』, 서울대박사논문, 123~139쪽; 서울시, 2004,『경희궁 영조 훼철관련 사료조사 및 활용방안 연구』, 명지대학교 국제한국학연구소, 11~15쪽.

24년부터 경덕궁에서 거처하다가 25년부터 인경궁 전각을 이용하여 창덕궁 중건공사가 진행되고 25년(1647) 11월에 창덕궁으로 옮기게 된다. 이후 인조는 27년(1649) 5월에 창덕궁 대조전 동침東寢에서 승하하였다.

인조대 이궁의 지위를 확보한 경덕궁은 효종~현종대 법궁인 창덕궁과 함께 보조적인 이궁의 역할을 지속하였다. 이 시기 국왕의 궁궐 임어현황을 정리해 보면 다음 [표2-2]와 같다. 효종과 현종은 주로 창덕궁에 거처하면서 창덕궁 저주 사건에 의한 흉물매설이나 재변, 천연두에 의한 감염 차단, 궁궐 수리 등의 배경에서 피어避御의 목적으로 경덕궁을 이용하고 있었다. 예를 들어 효종대 조귀인趙貴人의 저주 사건으로 흉물이 묻혀진 창덕궁을 떠나 경덕궁으로 이어하였다가 나중에 창덕궁으로 환어하였다.

그리고 현종대에 창경궁과 어의동 본궁으로 잠시 거처를 옮긴 것 이외에는 재변과 질병 등의 이유로 경덕궁을 이용하고 있었다. 이러한 모습은 인조대에 확보된 경덕궁의 이궁 지위가 효종~현종대에 안정적으로 이궁의 기능을 담당하는 모습이며, 재변·질병·궁궐 수리 등으로 국왕이 거처를 옮겨야 할 때 법궁을 대신하여 국왕의 시어소로 이용할 수 있는 이궁의 역할을 다하고 있었다. 한편, 경덕궁의 전각을 이용하여 창덕궁의 왕대비전을 지었는데, 효종 6년(1655) 왕대비인 인조 계비 자의대비를 위해 창덕궁에 만수전萬壽殿을 지었고, 만수전은 경덕궁의 승휘전·어조당·만상루·흠경각·제정당·비승각·관문각·협화루를 철거하여 옮겨지었다.[123] 현종 8년(1667) 왕대비인 효종비 인선왕후를 위해 창덕궁 집상전集祥殿을 개수하면서 경덕궁의 집희전集禧殿을 철거하여 옮겨지었다.[124]

---

123) 창덕궁 만수전 수리에 대해서는 『창덕궁만수전수리도감의궤(昌德宮萬壽殿修理都監儀軌)』(장서각 소장본)에서 확인할 수 있으며 이에 대한 해제는 다음 도서 참조(영건의궤연구회, 2010, 『영건의궤』, 동녘, 1064~1067쪽).

[표 2-2] 효종~현종대 궁궐별 임어(臨御) 기간125)

구분	창덕궁	창경궁	경덕궁	기 타	비 고 (이어,환어 배경)
효종	(1)즉.5.13 ~2.12.27				
			(2)2.12.27 ~4.2.27		→(2)조귀인(흉물매설)
	(3)4.2.27 ~10.5.4				→(3)환어
현종	(1)즉.5.9 ~즉.12.22				
			(2)즉.12.22 ~3.2.11		→(2)궁중 재변
	(3)3.2.11 ~7.8.2				→(3)환어
			(4)7.8.2 ~7.9.24		→(4)慈殿의 鬼魅
	(5)7.9.24 ~8.5.17				→(5)자전 환어요청
		(6)8.5.17 ~8.6.18			→(6)宮人의 마마
	(7)8.6.18 ~12.2.2				→(7)환어
			(8)12.2.22 ~12.4.28		→(8)災變
	(9)12.4.28 ~14.7.23				→(9)환어
			(10)14.7.23 ~14.7.30		→(10)明善公主 천연두
				(11)14.7.30 ~14.8.9 *어의동본궁	→(11)세자빈 천연두
			(12)14.8.9 ~15.5.30		
	(13)15.5.30 ~15.8.18				

124) 창덕궁 집상전 개수에 대해서는 『집상전수개도감의궤(集祥殿修改都監儀軌)』(파리국립도서관 소장본)에서 확인할 수 있으며 이에 대한 해제는 다음 도서 참조(영건의궤연구회, 2010, 『영건의궤』, 동녘, 1068~1071쪽).

125) 홍순민, 1996, 『朝鮮王朝 宮闕 經營과 "兩闕體制"의 변천』, 서울대박사논문, 〔표3]과 함께 『실록』, 『승정원일기』를 참조하여 작성하였다.

숙종대의 경덕궁 운영은 재난·재변·수리 등의 피어避御적 성격 이외에 정치적 목적으로도 적극 활용되고 경덕궁에서의 이어 기간도 장기간 사용됨으로서, 조선후기 양궐체제 속에서 경덕궁의 이궁離宮적 위상과 역할이 커지게 되었다. 정치적 운영 양상은 국왕 주도로 급격히 정국변화가 일어나는 환국換局과 연계되어 있었다.126) 숙종 6년(1680), 즉위 초부터 정권을 잡았던 남인南人이 물러나고 서인西人이 정국을 주도하게 되는 경신환국庚申換局이 일어났다. 경신환국의 진행 과정에서 6년 8월 11일 경덕궁으로 이어한 후에 환국을 마무리하는 공신회맹제功臣會盟祭를 경복궁 옛터에서 행하고 2개월만인 10월 19일 창경궁으로 환어하였다. 그리고 숙종 15년(1689) 2월에는 희빈 장씨 소생의 원자元子 정호定號 문제를 계기로 서인이 물러나고 남인이 다시 정국을 장악하는 기사환국己巳換局이 있었다. 기사환국 후 서인의 영수인 송시열 사사, 인현왕후·영빈 김씨의 폐출 등 정치적 급변속에서127) 숙종은 15년 4월 창경궁으로 이어하였다가 8월에 창덕궁으로 환어하였다.

이와같이 경신·기사환국을 통해 급격한 정국 변화와 관련하여 정치적 목적의 궁궐 이어가 진행되는 양상을 보여주기도 하였다.128)

---

126) 숙종초기 환국에 대해서는 다음 논문 참조(홍순민, 1986,「肅宗初期의 政治構造와 『換局』」『한국사론』15).

127) 우암 송시열은 숙종 15년 2월 1일 세자의 정호(定號)가 빠르다는 상소를 올린 후에 2월 4일 제주도로 위배되어 3월 6일 위리안치(圍籬安置)되었다. 4월 21일 서울로 압송하라는 명으로 6월 7일 정읍에 도착하였다가 6월 8일 정읍에서 사약을 받고 사사되었다. 서인 김창국의 딸인 후궁 영빈 김씨는 4월 24일 비망기를 내려 폐출시켰다. 그리고 인현왕후에 대해서는 4월 23일 인현왕후 탄신일의 문안을 중지시키고 국모(國母)의 자격이 없다고 구전(舊典)을 조사하라고 하였다. 이후 4월 28일 인현왕후 유사(有司)에게 공진(供進)하는 물품을 중지시키고 5월 2일에 서인(庶人)으로 폐하여 인현왕후는 창덕궁 요금문(曜金門)을 통해 안국동의 본제(本第)로 돌아갔다. 5월 4일에는 왕비 민씨를 폐하여 서인으로 삼는다는 교서를 중외(中外)에 반포하였다.

128) 홍순민, 1996,『朝鮮王朝 宮闕 經營과 "兩闕體制"의 변천』, 서울대박사논

참고로 숙종대 궁궐 이어 현황은 [표2-3]으로 정리하였다.

숙종 19년(1693)에는 경덕궁의 수리가 있었다. 『경덕궁수리소 의궤慶德宮修理所儀軌』에 따르면 경덕궁의 대전大殿과 광명전光明殿 구역 중심으로 이루어졌으며 대전 구역은 무일합無逸閣129), 융무당 隆武堂 동행각, 사현합四賢閣 퇴칸, 수라별감水剌別監·대전별감大殿別監 입접처入接處 등을 새롭게 짓고 숭정전·자정전·흥정당·경현당·회상 전 등의 현판을 금칠로 보수하는 작업 등이 진행되었다. 그리고 광명전 구역은 세자궁의 수라간水剌間·등촉방燈燭房·사약방司鑰房 등 부속공간과 세자궁 차비문差備門·채선당綵線堂 측간·첨선당添線堂 행 각 등이 새로이 지어지고130) 장락전長樂殿 영역의 어조당魚藻堂·용 비루龍飛樓·봉상루鳳祥樓와 영취정·광명전·채선당·첨선당 등의 단청 과 칠漆 등이 이루어졌다.131) 이때의 경덕궁 수리는 대전大殿과 대 비전인 장락전 영역, 세자궁과 그 부속공간을 중심으로 전각의 개 보수와 단청·칠, 정전·편전 등 주요전각의 현판의 금칠 보수 등이 이루어져 대대적인 전각의 중수는 아니지만 경덕궁을 전반적으로 정비하는 차원에서 수리가 진행된 것으로 여겨진다.132)

문, 135~136쪽.

129) 무일합은 「서궐도안(西闕圖案)」에서 참조해 보면, 대내(大內)의 정전(正 殿)인 회상전(會祥殿) 서쪽에 연접해 있고 남쪽으로 집경당(集慶堂)이 연 접해 있다.

130) 채선당은 어조당 남쪽에 있으며 세자가 지내던 곳으로 숙종 20년에 집희 당(緝熙堂)으로 고쳤다. 첨선당은 복수당(福綏堂)의 동남쪽에 있다(서울학 연구소, 1994, 『(국역)궁궐지』 2, 집희당·첨선당, 148~152쪽 참조).

131) 숙종 19년 경덕궁수리의궤를 공사 영역은 다음 자료 참조(장지연, 2002, 「17세기 慶德宮(慶熙宮)의 수리와 그 정치적 의미」『한국학보』 107, 42~48쪽; 영건의궤연구회, 2010, 『영건의궤』, 동녘, 1072~ 1076쪽).

132) 숙종 19년의 경덕궁 수리가 20년에 단행된 갑술환국(甲戌換局)과 관련하 여 인현왕후 복위를 경덕궁에서 시행하고자 사전에 수리가 이루어지고, 수 리된 전각이 중궁전인 승휘전(承暉殿)을 중심으로 이루어졌다는 견해가 있다(장지연, 2002, 「17세기 慶德宮(慶熙宮)의 수리와 그 정치적 의미」,

『한국학보』107). 그런데, 숙종대 갑술환국과 관련하여 인현왕후의 거처로 삼기 위해 숙종 19년 경덕궁을 수리하였다는 견해는 제고의 여지가 있다고 본다. 장지연은 우선 경덕궁 수리가 중궁 시어소인 승휘전을 중심으로 이루어졌다고 하는데, 승휘전의 수리는 담장의 일종인 판장(板墻;3면), 후판장(後板墻;10칸)과 현판의 금칠 보수만이 나타나고 있다. 전체적인 공역 중에서 승휘전 공사는 작은 공역에 불가한 것으로 여겨진다. 그리고 승휘전은 『궁궐지』에 춘궁(春宮)으로 표기하고 있으며 숙종 24년 화재 때 인현왕후가 승휘전에 거처한 것은 병환으로 인해 피어(避御) 목적의 일시적인 거처였기에 승휘전을 중궁전으로 보기에는 한계가 있다(서울학연구소, 1994, 『(국역)궁궐지』2, 경희궁지, 승휘전; 『肅宗實錄』卷32, 肅宗 24年 11月 22日(癸巳)). 한편, 장지연은 인현왕후 복위 과정에서 숙종이 처음에는 경덕궁에서 맞이하려고 하였지만 복위과정이 강조되면 숙종의 정치적 부담이 커지게 되어 경덕궁 대신에 경운궁[서궁(西宮)] 경복당을 이용하였다고 언급하고 있다. 그런데 『실록』의 기사를 검토해 보면, 복위과정에서 숙종은 별궁[어의궁]에 옮기도록 하였지만 인현왕후는 별궁 거처가 과분한 처사로 여겼으며 이러한 모습은 이후의 공진(供進), 의대(衣帶), 옥교(玉轎) 등에서도 분수에 넘쳐 황공한 것으로 말하는 경향을 보이고 있었다. 인현왕후는 결국에 별궁이 아닌 서궁(西宮) 경복당(景福堂)으로 입어(入御)하게 된다(『肅宗實錄』卷26, 肅宗 20年 4月 12日(己卯)). 이때의 경복당은 경운궁의 전각이 아닌 창덕궁의 경복당이다. 경복당 입어가 창덕궁의 문중 하나인 요금문(曜金門)을 통해서 들어오게 되었고 인현왕후는 계속된 자신의 불찰과 황송함을 이유로 대비전인 경복당에 거처하고자 한 것으로 생각된다. 참고로 경복당은 효종대 장렬왕후를 위해 지어진 대비전으로 만수전(萬壽殿)으로 불리다가 숙종 13년 화재로 인해 중건된 후에 경복당으로 불리다가 경종대 경복전(景福殿)으로 바뀌었다. 숙종은 인현왕후의 경복당 입어 이후에 희빈 장씨를 별당(別堂)으로 물러나게 하고 대조전 남쪽의 양심합(養心閤)에 침장(寢帳)을 마련하여 궁인(宮人)에게 인현왕후를 침전으로 들어오게 하지 못하면 중죄를 내리겠다고 하였다. 결국 이튿날 대내 정전에서 숙종과 인현왕후가 다시 만나게 되었다. 이후 4월 21일 복위를 태묘에 고하고 6월 1일에는 창덕궁 인정전에서 왕비 책봉례를 거행하였다. 이러한 내용으로 볼 때, 인현왕후의 복위과정은 본제(本第)→창덕궁 경복당 입어→양심합 이어→인정전 책봉식 등으로 창덕궁의 전각이 이용되었음을 알 수 있으며 갑술환국이라는 정치적 변화와 경덕궁과의 상관성은 보다 세심한 검토가 필요한 것으로 여겨진다.

[표 2-3] 숙종대 궁궐별 임어(臨御) 기간[133]

구분	창덕궁(昌德宮)	창경궁(昌慶宮)	경덕궁(慶德宮)	비 고
숙 종	1)0.8.23~1.5.12			
			2)1.5.12~1.11.13	
	3)1.11.13~2.12.7			
	4)2.12.7~4.4.15			
		5)4.4.15~5.11.22		
	6)5.11.22~6.8.11			*경신환국(6년3월)
			7)6.8.11~6.10.19	
		8)6.10.19~7.7.24		
	9)7.7.24~9.7.25			
		10)9.7.25~9.12.28		
	11)10.1.3~10.12.15			
		12)10.12.16~11.11.21		
	13)11.11.22~15.4.25			*기사환국(15년2월)
		14)15.4.25~15.8.21		
	15)15.8.21~17.2.8			
			16)17.2.8~18.8.7	
	17)18.8.7~21.8.10			*갑술환국(20년4월)
		18)21.8.10~24.9.5		
			19)24.9.5~25.4.16	
	20)25.4.16~25.윤7.4			
		21)25.윤7.4~27.12.25		
			22)27.12.25~28.12.21	
	23)28.12.21~33.7.26			
			24)33.7.26~34.8.27	
	25)34.8.27~36.1.16			
			26)36.1.16~38.4.13	
	27)38.4.13~38.10.12			
			28)38.10.12~41.4.29	
	29)41.4.29~44.2.20			
			30)44.2.20~46.6.8	

133) 홍순민, 1996, 『朝鮮王朝 宮闕 經營과 "兩闕體制"의 변천』, 서울대박사논문, 〔표3〕과 함께 『실록』, 『승정원일기』를 참조하여 작성하였다.

영조대 경덕궁은 선왕대와 동일하게 이궁의 역할을 다하였는데, 영조 36년(1760) 경덕궁의 궁호宮號가 원종의 시호와 음이 동일하다고 하여 경희궁慶熙宮으로 궁의 이름을 바꾸었고 영조 후반기에는 경희궁만을 장기적으로 이용하고 있었다. 영조대 경희궁의 명칭 변경과 장기적 시어소로 이용된 배경에는 경덕궁이 원종·인조 및 인원왕후와 연계된 역사적 공간으로 부각되어 영조의 왕위계승 정통성을 높이고 사도세자와의 정치적 단절을 공간적으로 표출하기 위한 것이었다.134) 경희궁의 적극적인 이궁 역할과 장기적인 시어소로 이용하였지만, 경희궁 전각의 수리는 보이지 않고 있다. 다만 영조 8년(1732) 홍정당 동쪽의 오래된 행각에 규정각揆政閣을 지어 창덕궁의 제정각齊政閣과 같이 선기옥형璇璣玉衡을 두고 정치에 힘쓰고자 하였다는 기록만이 나타나고 있다.135)

순조 29년(1829) 경희궁의 차비문에서 화재가 발생하여 회상전會祥殿·융복전隆福殿·홍정당興政堂·정시합正始閤·집경당集慶堂·사현합 등 주요 전각들이 소실되었다.136) 경희궁 화재로 인한 복구과정은 『서궐영건도감의궤西闕營建都監儀軌』에서 확인할 수 있는데, 당시 대리청정을 하던 효명세자가 경희궁의 복구를 위해 목재와 석재를 준비토록 하였고 다음해인 순조 30년(1830) 3월부터 공사를 시작하였다. 하지만 그해 5월에 효명세자가 창덕궁 희정당에서 승하하자137) 공사가 중단되었다. 9월 15일에 공사가 재개된 후 12월에 서궐영건도감을 설치하고 순조 31년(1831) 4월에 경희궁 공역을 마쳤다.138) 철종대에는 경희궁 주요 전각의 주변 행각과 궐내각사

---

134) 윤 정, 2009, 「영조의 경희궁 改號와 移御의 정치사적 의미-思悼世子 賜死와의 상관성에 대한 분석-」 『서울학연구』 34.

135) 서울학연구소, 1994, 『(국역)궁궐지』 2, 경희궁지, 규정각, 109~110쪽.

136) 『純祖實錄』 卷30, 純祖 29年 10月 3日(甲子).

137) 『純祖實錄』 卷31, 純祖 30年 5月 6日(壬戌).

138) 순조대 경희궁 영건 공사에 대해서는 다음 도서 참조(영건의궤연구회,

중 일부를 중건하는 것으로 논의되어 철종 11년(1860) 봄부터 공사를 시작하여 8월에 공사를 마쳤다.139)

경희궁의 공간구조는 경복궁, 창덕궁, 창경궁과는 다른 모습을 보여주고 있다. 경희궁의 현재 모습은 숭정전·자정전·태녕전 등 일부 전각만이 복원되고 경희궁 정문인 홍화문興化門이 원래의 위치와 다르게 복원되어 경희궁의 구체적인 모습을 확인하기 어렵다. 다만 순조대 화재 이전의 모습을 그린 것으로 추정된 「서궐도안西闕圖案」과 궁궐 연혁, 위치, 관련 사료 등을 담은 『궁궐지』등을 통해서 경희궁의 공간구조와 전각별 특징을 파악할 수 있다. 경희궁의 정문인 홍화문은 동쪽 끝에 위치하고 있으며, 정문에서 서쪽으로 금천교와 중문을 거쳐 긴 진입로를 지나 북쪽으로 꺾어지면 정전인 숭정전崇政殿과 대편전인 자정전資政殿이 일직선으로 배치되어 있다. 정문 홍화문에서 외전의 중심인 정전 숭정전까지 'ㄴ'자형의 진입구조를 가지고 있는 셈이다. 경복궁·창덕궁의 정문이 남쪽에 위치한 것과는 차이를 보이며 창경궁의 홍화문과는 동일하게 동쪽에 위치한 것이다. 정문이 동쪽에 위치한 것은 경희궁이 광해군대 별궁으로 지어진 궁궐의 위상과 함께 지형적으로 경희궁 서쪽과 북쪽의 지대가 높고 동쪽은 낮은 자연조건에서 기인한 것으로 여겨진다.140) 그리고 정문에서 숭정전 남문인 숭정문 앞까지 긴 진입로를 기준으로 진입로 남쪽에 빈청賓廳·정원政院·옥당玉堂·

　　　　2010,『영건의궤』, 동녘, 1080~1083쪽).
139) 서울시, 2004,『경희궁 영조 훼철관련 사료조사 및 활용방안 연구』, 명지대학교 국제한국학연구소, 15쪽 참조.
140) 경희궁은 한양도성의 서쪽 경계에 연접해 있어 군사적 이점이 있다고 보아 광해군대 임진왜란의 피해를 입었던 직전 상황과 연계하여 경덕궁의 위치를 설명하기도 한다(홍석주, 2009,「광해군 대의 경덕궁(경희궁) 창건」『서울학연구』34, 13쪽).

도총부都摠府·전설사典設司·약방藥房 등 주요 궐내각사가 배치되어 있다. 반대로 숭정전·자정전의 동쪽과 진입로 북쪽으로는 홍정당·회상전·융복전·경현당·청한정 등의 소편전, 침전, 동궁, 별당 등이 위치하고 있으며 정전, 편전, 침전의 북쪽구역에는 광명전光明殿·장락전長樂殿 등의 대비전이 경희궁의 공간을 구성하고 있다. 또한 진전眞殿인 태녕전泰寧殿이 숭정전 서쪽에 위치하고 있는데, 창덕궁 인정전 서쪽의 선원전과 경복궁 근정전 북서쪽의 태원전처럼 정전을 기준으로 서편에 진전이 위치한 것과 유사한 배치구조를 가지고 있다. 「서궐도안」을 참고하여 주요전각들을 살펴보면 다음 〔그림2-9〕와 같다.

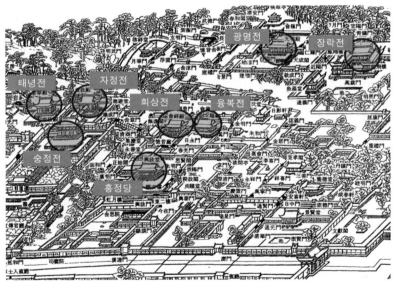

그림 2-9. 경희궁 주요 전각(「서궐도안」도면 부분, 서울역사박물관)

경희궁의 공간구조가 위치상으로 명확하게 정전-편전-침전-대비전의 축을 이루고 있지 않지만 개념적으로는 정전(숭정전)-대편전

(자정전)…소편전(홍정당)-침전(회상전·융복전)-대비전(광명전…장락전)으로 구성되고 궁궐의 동쪽에 경현당 등의 동궁이 위치하고 있어 경복궁과 같이 정형적인 틀에서 배치된 것이 아니라 자연지세에 따라 개념적인 공간구조를 적절하게 배치한 공간구성이라고 볼 수 있다. 이러한 배치구조는 창덕궁에서도 나타나 개념적인 위치상의 순차적인 배치구조가 정전(인정전)-대편전(선정전)-소편전(희정당)-침전(대조전)-대비전(집상전·수정전·경복전)으로 구성되는 모습을 확인할 수 있다.

정리해보면, 경희궁의 정문이 동향을 하고 정문에서 정전까지 'ㄴ'자형의 긴 진입로를 가지고 있으며 남쪽에는 궐내각사, 서쪽에는 진전·정전·대편전, 중앙에는 소편전·침전·별당, 동쪽에는 동궁, 북쪽에는 대비전으로 구성되어 있다. 이러한 공간구조는 외형적으로 주요 전각의 배치구조가 다른 궁궐과 차이점을 보여주지만 정전, 편전, 침전, 동궁, 대비전 등의 구성요소는 동일한 범주 내에서 유사하게 일정한 공간구성의 틀을 갖추고 있다고 할 수 있다.

2. 정전의 구조와 기능

1) 정전의 구조와 특징

정전正殿은 법전法殿으로도 불리며 일반적으로 수조지소受朝之所로서 궁궐 외전영역의 중심전각을 말한다.141) 군신君臣간의 만남을 예禮

---

141) 궁궐의 정전(正殿)에 대해서 크게 두 가지 개념으로 구분하고 있다. 먼저 '보편적 의미'에서 조회, 조하 등의 의식적인 공간으로서 특정 전각을 지칭하며 궁궐을 대표하는 상징적 공간을 말한다. 경복궁의 근정전, 창덕궁의 인정전, 경희궁의 숭정전, 창경궁의 명정전 등 보편적 의미에서 정전이라

로 행하는 조회朝會를 비롯하여 하례賀禮·즉위卽位·책봉冊封·수조칙受詔勅·과거科擧 등 국왕을 중심으로 국가와 왕실의 주요 의식을 거행하는 공간으로 이용되었다. 정전은 기능적인 측면에서 국가의례의 주요 장소로 이용되고 규모면에서 궁궐 안에서 가장 큰 규모의 전각과 전정殿庭을 갖추고 있기에 궁궐을 대표하는 상징적인 공간이기도 하다.

조선시대의 정전은 경복궁 근정전, 창덕궁 인정전, 경희궁 숭정전, 창경궁 명정전, 경운궁 중화전이 있다. 정전은 전각 이외에 정전을 중심으로 전면부에 돌출되어 의식공간으로 이용할 수 있는 월대月臺, 정전을 둘러싼 회랑, 정전의 마당, 정전으로 출입하는 문, 정전 전문에서 월대에 이르기까지 조성된 길로서 중도中道, 품계석品階石 등이 포괄적인 의미에서 정전의 범주에 포함되며 유기적으로 각 기능이 연계되는 공간이기도 하다.

정전 전각의 규모를 비교해 보면 다음과 같다. 조선시대 정전 전각의 정면 규모는 모두 5칸이다. 조선시대 이전의 정전과 비교하면, 고구려 안학궁安鶴宮의 외전이 11칸, 발해의 상경용천부 궁궐의 금란전金鑾殿이 11칸, 고려의 회경전會慶殿이 9칸이었는데, 조선시대 궁궐 정전의 규모가 상대적으로 축소된 형태를 보이고 있다. 그리고 정전의 배치도 차이점을 보이고 있다. 고구려 안학궁과 발해 궁궐은 정전 좌우로 부속건물이나 행각을 연결시켜 정전이 전정 북쪽면의 일부로 구성되었고 고려의 회경전에서는 정전과 북

고 한다. 다음은 '포괄적 의미'로서 '정(正)'이 담고 있는 중심·중앙이라는 의미와 결부되어 왕, 왕비, 대비 등이 거처하는 중심공간을 뜻하며 편전과 침전도 포괄적인 의미에서 정전으로 지칭하고 있다. 정전의 개념적 분류에 대해서는 다음 논문에서 자세하다(윤정현, 1999, 『朝鮮時代 宮闕 中心空間의 構造와 變化』 서울대박사논문, 22~36쪽 참조). 이 책에서는 보편적인 의미에서 궁궐을 대표하며 하례, 즉위, 책봉, 사신맞이 등 의식적인 공간으로 특정 장소를 나타내는 '정전'의 의미로서 정전의 구조와 기능을 살펴보도록 하겠다.

행랑이 분리되어 전각이 전정의 중심을 차지하는 방식으로 변화하였다. 조선초기 경복궁은 고려시대와 유사하며 전각의 독립성이 더욱 강화되는 모습으로 보여주고 있다. 한편, 정전과 편전을 연결하는 천랑穿廊은 고구려 안학궁과 고려의 회경전에서 영향을 받은 조영기법이기도 하다.142)

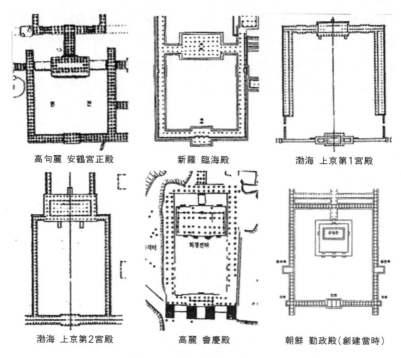

高句麗 安鶴宮正殿 　　　 新羅 臨海殿 　　　 渤海 上京第1宮殿

渤海 上京第2宮殿 　　　 高麗 會慶殿 　　　 朝鮮 勤政殿(創建當時)

그림 2-10. 정전(正殿) 일곽(一廓)의 배치법(配置法) 변화
(조재모, 『朝鮮時代 宮闕의 儀禮運營과 建築型式』,
서울대박사논문, 2004, 207쪽 재인용).

---

142) 조선시대 이전의 정전의 규모와 구조에 대해서는 다음 논문 참조(조재모, 2004, 『朝鮮時代 宮闕의 儀禮運營과 建築型式』, 서울대박사논문, 206～208쪽).

조선시대 각 궁궐 정전을 비교해보면, 창덕궁 인정전이 창건 초기에 3칸이었다가 5칸 규모로 바뀌었는데,143) 초기 인정전을 제외하고 모든 정전의 규모가 5칸으로 구성되어 5칸 규모의 정전이 조선시대 정전의 일반적인 모습으로 볼 수 있다. 반면에 정전의 측면 규모와 구조에서 궁궐별로 차이점을 보이고 있다. 측면 규모로 근정전은 5칸, 인정전은 4칸, 명정전은 3칸, 숭정전은 4칸, 중화전은 4칸이며 구조적인 측면에서 근정전·인정전·(창건)중화전은 중층重層구조, 명정전·숭정전·(재건)중화전은 단층구조로 되어있다. 각 궁궐의 정전현황에 대해서는 다음의 〔그림2-11〕을 참조할 수 있다. 또한 내부구조는 모두 북벽 중앙에 어좌를 설치하고 중심부의 기둥열을 1열 또는 2열 감주減柱하여 내부공간을 확보하는 구조로 되어있다.144)

---

143) 태종대 창덕궁을 창건하면서 조성된 인정전은 3칸 규모의 정전이었는데, 이후 인정전이 협소하여 태종 18년 7월에 개영(改營)하였다(『太宗實錄』卷36, 太宗 18年 7月 7日(乙卯)). 이 때의 『실록』기사 내용이 3칸 규모에서 확장한 5칸 규모로 명시되어 있지 않지만 이후 인정전의 모습이 5칸 규모로 유지되는 것으로 볼 때 태종대에 5칸 규모를 갖추었다. 정전의 개영(改營)에 대해서는 다음 논문 참조(조재모, 1997, 「창덕궁의 성장과정과 배치 특성에 관한 연구」, 서울대석사논문).

144) 조재모, 2004, 『朝鮮時代 宮闕의 儀禮運營과 建築型式』, 서울대박사논문, 208~210쪽.

| 경복궁 근정전 | 창덕궁 인정전 |
| 창경궁 명정전 | 경희궁 숭정전 |

그림 2-11. 궁궐별 정전 모습(현재)

정전 전각과 함께 주변에 다양한 구조적 시설물이 있으며, 정전의
공간적인 격식과 함께 효율적인 운영과 연계되어 정전기능의 활용
도를 높여주고 있다. 전각 앞에는 정전의 권위적인 위계성을 보여
주면서 의식의 효율적인 진행을 위해 내부공간을 기능적으로 확장
시켜주는 월대가 설치되어 있다.[145] '월대'는 전각 앞에 위치하며
상하의 2층으로 구성되어 상월대·하월대로 구분되며 상월대는 의
례서에서 위치상 전계상殿階上으로 표기되고 있다. 월대에는 의식
거행 시에 의식 참여자와 의례물품들이 배치되는데, 「정아조회지
도正衙朝會之圖」를 참조해 보면 인의引儀·찬의贊儀·전의典儀 등 의식

---

145) 홍석주·이은정, 2007,「조선조 궁궐의 월대에 관한 연구」『지역사회발전
    학회논문집』제32집3호(통권67호).

진행자와 음악을 지휘하는 협율랑協律郎 등이 위치하거나 전안箋案·
예물안禮物案 및 독纛·홍개紅蓋·청개靑蓋 등의 의물儀物이 설치되고
내금위 등의 호위군사들이 도열해 있다.〈〔그림2-12〕참조〉 그리고
대중국對中國의식 중 망궐례望闕禮에서는 국왕의 배위拜位가 상월대
〔殿階上〕에 설치되고 중국 사신이 가져온 조서詔書의 선포宣布도 상
월대에서 시행되었다. 이는 월대가 의식참여자와 의물의 설치 외
에 의식의 주요 장소로도 이용되는 모습을 보여준다.

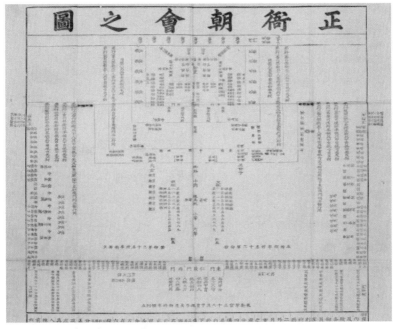

그림 2-12. 「정아조회지도(正衙朝會之圖)」부분, 서울대 규장각

정전의 마당인 '전정殿庭'은 정전 전각 및 월대와 함께 의식에서
주요한 공간으로 이용되었다. 국왕이 의례를 받는 수례자受禮者가
아니면 전정에서 욕위褥位를 설치하여 의식에 참여하거나, 의례에

참여하는 왕세자와 종친·문무백관들이 열을 이루고 의식에 참여하는 등 의례 참여자와 각종 의례물품들이 진열되어 의례를 행하는 공간으로 이용되었다. 전정에는 박석이 깔려있으며146) 중도와 품계석 등이 갖추어져 행례 진행의 기준과 보조적인 기능을 담당하고 있었다.

'중도中道'는 정전 남쪽의 정문에서 월대의 중계中階로 이어지는 길을 말하며, 의식 거행 시에 여輿와 연輦을 진열하고 중도 좌우에 어마御馬를 두었다. 중도는 또한 의식에 참여하는 왕세자, 종친·문무백관의 위치를 구분하는 기준이 되어 중도 우측으로 왕세자 및 문관이 서고 좌측으로 종친과 무관이 위치하였다. 그리고 조서詔書와 칙서勅書를 정전에서 맞이할 때 중도에 국왕이 배례하는 배위拜位를 설치하여 사배四拜의 위치로도 이용되었다.

'품계석品階石'은 정전 마당에 중도를 중심으로 좌우에 설치하여 의식에 참여하는 관원들이 품계에 따라 반열班列할 수 있도록 설치한 것이다. 정조대에 처음 생긴 것으로 조하朝賀에서 반차班次가 문란하여 품계에 따라 돌을 세워 반열班列의 줄을 세우도록 하였다.147) 품계석이 설치된 배경에는 당시 청나라의 영향으로 북학北學을 받아들이던 정조대의 시대적 분위기가 반영되어 청조의 품계석 설치가 영향을 준 것으로 여겨진다.148) 한편, 영조·정조대는 조선전기

---

146) 전정(殿庭)에는 얇은 돌로 마감한 박석이 깔려있다. 박석은 빗물로 땅이 질어지는 것을 막아주어 정전에서 의례를 행하는데 도움이 되는 기능을 갖고 있었다(『明宗實錄』卷1, 明宗 卽位年 8月 15日(乙巳), "左贊成李彦迪啓曰 百官自前月望祭 至于今日 以下雨庭濕 不得陪祭 至爲痛悶. 景思殿庭無駁石 遇雨則泥濕 難於陪祭 勤政殿庭則有駁石 雨若止則可以鋪草席入陪 小雨雖灑 衰服之濕 不至不得行禮. 自今以後 令百官皆會 臨時觀雨勢爲之何如. 答曰 啓意至當. 如啓.【史臣曰 自成殯之後 百官不得哭於殯殿之庭 雖曰庭濕 於其不可已而已者 豈非誠意之薄乎 宜彦迪之有是啓也】").

147)『正祖實錄』卷4, 正祖 1年 9月 6日(戊辰), "立品石于仁政殿庭 朝賀班次 每致紊亂 命隨品立標 以定班行".

148) 숙종 45년에 북경을 다녀온 조영복(趙營福)의 『연행일록(燕行日錄)』에

82

『국조오례의』이후에 변화된 의례를 정비하기 위해 추가·보완하여 『국조속오례의』와 『춘관통고春官通考』등의 의례서를 간행하였으며, 의례 시행과 부합하는 공간적 정비를 위해 정조대 조하의식에 필요한 품계석을 설치하거나 조하의 참여자와 의장 등의 배치를 상세히 기재한 「정아조회지도」도 간행하게 되었다.149) 품계석 설치와 「정아조회지도」의 간행 등은 의례 시행을 공간적으로 정비한다는 의미와 함께 영조·정조대 정치적으로 탕평정치를 통해 국왕이 국정을 주도하는 정치형태를 보이는 것과 그 궤를 같이하여 의례시행을 위한 운영과 규정을 국왕이 주도적으로 개입하면서 국왕의 권한을 높이는 결과로도 이해할 수 있을 것이다.

정전을 둘러싼 '회랑回廊'은150) 행랑行廊이라고도 하며, 기본적으로 정전의 영역을 구획하여 공간을 구성하는 기능을 가지고 있다. 회랑은 공간구성 이외에 궁궐에서의 행사를 공간적으로 보조하는 기능을 수행하여 잔치와 음식을 베푸는 장소로도 이용되었다. 예를 들어, 세종 20년 정월 초하루에 망궐례·하례 후에 국왕이 편전인 사정전에서 종친에게 잔치를 베풀고 이외 다른 참석자들은 빈청·의정부·예조 등 각각 일정한 장소에서 별도로 잔치를 열고 있었는데 이때 야인野人·왜인倭人의 공궤供饋 장소로 근정전 남행랑을 이용하고 있었다.151) 그리고 사신의 일행으로 먼저 도착한 두목頭目

서 '품계 푯말이란 것은 구운 벽돌인 그 모양새가 마치 산 형태를 이루고 있었다'고 하여(조영복, 1998, 『燕行日錄』, 경기도박물관), 청조(淸朝)의 품계석을 신기하게 여겼으며 북경에 다녀온 사람들에 의해 알려지고 북학을 받아들이던 정조대에 설치되었다. 본 내용에 대해서는 다음 논문 참조 (지두환, 2005,「朝鮮후기 進宴 儀禮의 變遷-仁祖代에서 高宗代까지」 『조선후기 궁중연향문화』2, 민속원, 18~19쪽).

149) 조재모, 2005,「英·正祖代 國家儀禮 再整備와 宮闕建築-朝賀儀式을 中心으로-」『대한건축학회논문집』21권 12호(통권206호), 220~224쪽.

150) '낭(廊)'은 건물과 건물을 연결하거나 감싸고 있는 좁고 긴 건물을 말하며, 궁궐 정전과 같이 사방을 감싸고 있는 낭을 '회랑(回廊)'이라고 한다(김왕직, 2007, 『알기쉬운 한국건축 용어사전』, 동녘, 441쪽).

등에게 근정전에서 인견하고 행랑에서 음식을 대접하거나152) 성
종대 인정전에서 음복례를 행한 후에 집사관執事官들에게 남쪽 행
랑에서 술과 음식을 베풀어 주기도 하였다.153)

그림 2-13. 경복궁 근정전과 전정(殿庭)

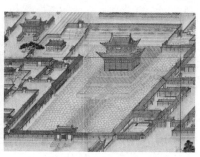

그림 2-14. 창덕궁 인정전 영역
(「동궐도」 부분, 고려대 박물관)

정전의 주 출입문인 '전문殿門'은 정전의 앞쪽에 위치하며 중앙의
정문正門과 좌우의 편문偏門으로 구성되었다.154) 그리고 출입문으

---

151) 『世宗實錄』 卷80, 世宗 20年 1月 1日(丙戌), "上御思政殿設宴 宗親諸君以
　　上侍宴. 賜宴元尹以下宗親于賓廳 二品以上于議政府 集賢殿副提學以上于禮
　　曹 前銜宰樞于朝房. 又饋野人倭人於勤政殿南廊".
152) 『世宗實錄』 卷62, 世宗 15年 10月 9日(戊午), "使臣昌盛先遣頭目陳富曰
　　所捕海靑 勿送平安道 待吾行也. 上引見陳富于勤政殿 命饋于東廊".
153) 『成宗實錄』 卷182, 成宗 16年 8月 10日(戊子); 『成宗實錄』 卷215, 成
　　宗 19年 4月 4日(丁酉).
154) 『궁궐지』에서는 각 궁궐별 정전의 소개 중에서 정전의 문을 표기하고 있
　　다. 경복궁 근정전은 남쪽 근정문(勤政門), 근정문 남쪽 홍례문(弘禮門),
　　동쪽 일화문(日華門), 서쪽 월화문(月華門)이며, 창덕궁 인정전은 남쪽 인
　　정문(仁政門), 동쪽 광범문(光範門), 서쪽 숭범문(崇範門)이며, 창경궁 명
　　정전은 동쪽 명정문(明政門), 남쪽 광정문(光政門), 북쪽 영청문(永淸門)
　　이며, 경희궁 숭정전은 남쪽 숭정문(崇政門), 동남쪽 건명문(建明門), 동
　　쪽 여춘문(麗春門), 서쪽 의추문(宜秋門)으로 표기하고 있다. 각 궁궐 정
　　전의 문은 공통적으로 정전의 앞쪽 문과, 좌우의 문을 표기하고 있다. 다
　　만, 정전 뒤쪽에 편전 또는 내전으로 연계되는 문은 표기를 하고 있지 않
　　다.

로서의 성격 이외에 전체적인 궁궐 구조 안에서 내문內門으로 구분되기도 하다. 예를 들어 창덕궁의 정문인 돈화문은 외문外門, 진선문은 중문中門, 인정문은 내문內門으로 구분되어 정전 정문正門이라는 위상과 함께 궁궐에서 내문의 위상을 갖고 있다.155) 전문에서는 즉위식·조참·사신접견 등의 각종 의식이 전문에서 단독적으로 시행되거나 정전과 연계된 행사 공간으로 이용되기도 하였다. 전문에서 행해진 대표적인 의식은 즉위식이다.

국왕의 즉위식은 개국開國·사위嗣位·선위禪位·반정反正의 형식을 통해 왕위에 오르는 절차를 말하며, 그 중에서 사위는 선왕先王 사후에 정치권력을 획득하는 과정이면서 선왕의 죽음을 슬퍼하는 흉례 절차 중에 성왕聖王의 덕을 잇는 도덕적 정치계승을 표방하는 의식이기도 하였다.156) 선왕의 사후에 즉위의례를 정전이 아닌 전문에서 행한 것은 사위 의례가 선왕이 승하한 상태에서 새 왕이 즉위하는 것을 흉례로 이해하였기 때문이며, 선왕의 죽음을 슬퍼하면서 정전에서의 큰 행사로 거행하는데 부담이 되고 선왕의 위업을 겸허히 받아들여 국가 상징체인 정전의 문에서 새롭게 출발한다는 의미가 담겨져 있다고 볼 수 있다.157) 또한 의례의 주체와 위계 등에 따라 의례의 격식이 차등적으로 적용되는 것과 같이 장소적인 측면에서도 선왕에 대해 위계를 낮추어 정전이 아닌 문에서 시

---

155) 『世宗實錄』, 地理志, 京都漢城府, "…景福宮【在白嶽山南】 燕寢曰康寧殿 東小寢曰延生殿 西小寢曰慶成殿 又其南曰思政殿【視事之所】 又其南曰勤 政殿【受朝之所】 內門曰勤政內 東門曰日華 東閣樓曰隆文 西閣曰隆武…昌 德宮【在貞善坊. 太宗五年乙酉 始建以爲離宮】 仁政殿【受朝之所】 內門 曰仁政 中門曰進善 外門曰敦化…".

156) 조선시대 즉위의식에 대해서는 다음 논문 및 도서 참조(민현구 외, 1996, 『조선시대 즉위례와 조하의례의 연구』, 고려대학교민족문화연구소; 안희 재, 2009, 『조선시대 국상의례 연구-국왕국장을 중심으로-』, 국민대박사 논문; 김지영, 2012, 「조선시대 사위의례에 대한 연구」 『조선시대사학 보』 61; 김지영 외, 2013, 『즉위식, 국왕의 탄생』, 돌베개).

157) 김지영 외, 2013, 『즉위식, 국왕의 탄생』, 돌베개, 108~110쪽.

행한 것으로도 볼 수 있다. 유사한 사례로 조회의 조하(정전)·조참 (정전 전문)·상참(편전)이 의례의 위계에 따라 장소가 차등적으로 적용되는 운영방식을 참고할 수 있다.

즉위의 종류는 왕조 개창·사위·선위·반정 등으로 구분하며, 그 중에 사위의 즉위의례 절차는 첫째 선왕의 명령인 유교遺教를 받들어 왕권을 상징하는 대보大寶를 받는 절차, 둘째 왕위에 나아가 앉는 절차, 셋째 신하들이 새 왕에게 하례를 올리고 국왕이 교서를 반포하는 절차의 세단계로 구성되었다. 유교를 받들어 대보를 받는 절차는 새 국왕으로서의 정통성과 권위를 확보하는 의식이며, 둘째의 즉위 절차는 왕이 되었음을 확인하는 의식, 셋째의 하례를 받고 교서를 반포하는 절차는 새 왕이 즉위한 사실을 온 천하에 알리는 의식이다.158) 사위에 의한 즉위식은 성복成服을 마친 후에 국왕이 면복冕服으로 갈아입고 빈전의 찬궁欑宮 앞에서 유교와 대보를 받는다. 그리고 이어서 정전 전문에서 국왕이 전문 중앙에 설치된 어좌에 올라 백관의 하례를 받는 의식이었다. 사위례를 마치면 국왕은 여차廬次로 돌아와 면복에서 다시 상복喪服으로 갈아입는다.159) 이후에 다시 정전 전문에서는 교서를 반포하는 반교서頒教書 의례가 행해졌다. 국왕은 참석하지 않은 채 전문 중앙에 어좌〔허위虛位〕만 설치하고 종친과 문무백관이 참여한 가운데 전교관傳教官·전교관展教官·선교관宣教官에 의해서 교서를 선포하였다.160)

이외에 전문의 운영을 보면, 세종대 조회제가 정비되면서 조회 장소의 규정도 마련되었는데161) 조하는 근정전, 조참은 근정문,

---

158) 문화재관리국, 1996, 『조선시대 즉위의례와 조하의례의 연구』, 고려대학교 민족문화연구소, 12∼13쪽.
159) 『世宗實錄』, 五禮, 嗣位; 『國朝五禮儀』卷7, 凶禮, 嗣位; 『國朝喪禮補編』卷1, 嗣位.
160) 『世宗實錄』, 五禮, 頒教書; 『國朝五禮儀』卷7, 凶禮, 頒教書; 『國朝喪禮補編』卷1, 頒教書.

상참은 사정전으로 결정되어 의례의 차등적인 요인으로서 장소성이 가미되어 조참의 행례 장소로 정전 전문이 이용되었다. 또한 정전에서 행하는 각종 의례 시행과 관련하여 참여자들과 의물들의 대기장소로 이용되어 정전 시행의례의 참여와 퇴장의 공간적 경계이기도 하였다. 이러한 공간적 경계의 특성 때문에 중국 사신을 영접하기 위해 모화관으로 거둥할 때에 여與를 타고 나오다가 전문 밖에서 연輦으로 갈아타고 출궁하는 사례와, 정전에서 중국사신접견례가 끝나면 정전 전문에서 국왕이 사신을 전송하고 내전으로 돌아갔다. 한편 공개적으로 죄인을 심문하는 친국親鞫이 전문에서 행해지기도 하였다.

2) 정전의 기능

정전은 궁궐을 대표하는 공간으로서 궁궐에서 가장 규모가 크며 국가와 왕실의 주요의식들이 거행되어 궁궐은 물론 왕실과 국가의 상징적인 공간이기도 하였다. 정전에서 거행된 각종 의식과 행사 등은 국가와 왕실을 대변하는 것으로 쉽없이 다양한 행사들이 이루어졌다. 정전의 주요 기능은 대중국의식對中國儀式·조하朝賀·관례冠禮·혼례婚禮·과거科擧·연회宴會 등이 있었으며 정전에서의 의식은 『국조오례의』·『국조속오례의』·『춘관통고』 등의 의례서儀禮書로서 정비되기도 하였다. 정전의 기능을 살펴보는 것은 정전에서 운영된 각종 의식 등의 내용을 이해하면서도 궁궐의 상징적 공간에서 행해지는 의례에 담겨진 정치·사회적 규범과 지향점을 읽을 수 있다는 점에서 중요할 것이다. 『국조오례의』「가례」를 중심으로 정전의 기능을 살펴보고 정전에서 시행된 의례별 운영방식의 특징과 차이점을 검토해 보겠다.

---

161)『世宗實錄』卷90, 世宗 22年 8月 19日 (戊子).

(1) 망궐례·영조칙·배표의

정전의 주요 기능 중에서 우선 망궐례望闕禮·영조칙迎詔勅·배표의
拜表儀로 이루어진 대중국의식이 있다. 망궐례는 정지正至에 중국
황제에게 예禮를 표하는 의례이며 중국 황태자의 생일에 예를 표하
는 것은 망궁례望宮禮라고 한다.162) 황제의 조서詔書와 칙서勅書를
가지고 입경入京하는 사신접견의식으로 영조서의迎詔書儀와 영칙서
의迎勅書儀가 있다. 그리고 조선에서 중국으로 전문箋文을 배송하는
배표의拜表儀가 있다.

이러한 대중국의식은 예를 받는 수례受禮 대상이 중국의 황제·황
태자이기에 정전 안의 정중앙에 궐정闕庭·궁정宮庭을 설치하며, 국
왕은 행례자行禮者로서 상월대〔殿階上〕 또는 전정殿庭에서 참여한다.
망궐례의 경우에, 황제를 상징하는 궐정闕庭〔황제〕을 근정전 전내殿
內의 정중앙에 남향하여 배치하며, 국왕의 배위拜位는 근정전 건물
밖 상월대〔殿階上〕의 정중앙〔當中〕에서 북향하여 '사배四拜-삼상향三上香
-사배-삼무도三舞蹈-산호山呼-사배'의 순서로 절차가 진행된다. 망궁
례는 궁정宮庭〔황태자〕과 국왕의 배위를 황제의 망궐례와 동일하게
배치한다. 다만 절차상 삼무도와 산호를 제외한 '사배-삼상향-사배'
만 거행한다. 영조칙 의례도 역시 궐정闕庭을 전내殿內 정중앙에 두
고 국왕의 배위는 전정의 중도中道에, 입위立位는 전정에서 중도 서
편의 북쪽 가까이〔道西近北〕에 위치하였다.163) 배표위의 경우, 궐정

---

162) 망궐례는 원(元) 황실(皇室)의 친족이었던 고려왕실의 유제로서 성격이
　　　강하며 조선의 경우에는 명 황실과 혈연적 유대는 없었으나, 조선이 수용
　　　하였던 성리학의 이데올로기적 규정성에 의해 망궐례가 시행되었다. 현존
　　　하고 실제적인 조선의 왕조 질서는 천명(天命)에 의해 성립된 것이며 그
　　　러한 천명을 인정하고 보장해 주는 지상에 구현된 보다 광범위한 천(天)의
　　　질서로 명(明) 황실이 인정되었던 것이다. 그러므로 망궐례의 시행에는
　　　실제 명 황제를 향한 의식이라는 측면보다는 조선의 신민(臣民)을 향한
　　　정치적 효용성이 한층 강조되는 측면이 있다(강제훈, 2010, 「조선시대 정
　　　지회의(正至會儀) 연구」 『조선 왕실의 가례』 2, 한국학중앙연구원, 16쪽).

의 위치는 동일하며 국왕의 배위가 상월대〔殿階上〕 정중앙에서 약간 서쪽에 위치한 곳에서 재배再拜하도록 되어 있다. 대중국 의례와 관련하여 장소와 위치에 대해서 정리하면 다음 〔표2-4〕와 같다.

[표 2-4] 대중국의례와 수례(受禮)·행례(行禮) 참여자 비교〈『국조오례의』 참조〉

구분	장소	수례(受禮)			행례(行禮)		
		대상	위치	방향	대상	위치	방향
正至及聖節望闕行禮儀	勤政殿	闕庭	正中	南向	殿階上當中	北向
					王世子位	殿庭道東	北向
皇太子千秋節望宮行禮儀	勤政殿	宮庭	正中	南向	殿下拜位	殿階上當中	北向
					王世子位	殿庭道東	北向
迎詔書儀	勤政殿	闕庭	正中	南向	殿下立位	殿庭道西近北	北向
					殿下拜位	中道	北向
					王世子位	殿庭道東	北向
迎勅書儀	勤政殿	闕庭	正中	南向	殿下受勅位	香案之前	北向
					殿下立位	殿庭道西近北	北向
					殿下拜位	中道	北向
					王世子位	殿庭道東	北向
拜表儀	勤政殿	闕庭	正中	南向	殿下拜位	殿階上當中小西	北向
					王世子位	殿庭道東	北向

* 문관 1품 이하 왕세자 뒤, 종친·무관 1품 이하 중도 서편〔道西〕

궐정·궁정을 정전 안의 중앙에 두는 것은 평상시 이용하는 어좌御座가 북벽에 고정되어 정중앙에 위치한 것으로 여겨지며, 국왕은 위계상 차이를 두어 전내殿內가 아닌 전외殿外의 상월대〔殿階上〕에 위치한 것으로 볼 수 있다. 또한 사정전에 거둥하였다가 삼엄三嚴 후 여를 타고 정전에 도착할 때 다른 정전의례는 전문殿門으로 이

---

163) 사신접견에 관한 영조서의(迎詔書儀), 영칙서의(迎勅書儀)의 세부적인 의례절차와 특징은 이 책의 5편에서 자세히 설명.

동하여 정전으로 입장하지만 영조칙의를 제외한 망궐례·망궁례, 배
표례는 사정전에서 여를 타고 출발하여 근정전 서쪽 가에서 내리
는 것으로 나타나고 있다.164) 결국 대중국의례는 수례 대상인 황
제(황태자)와 행례 대상인 국왕과의 위치, 동선 등에서 차이점을
보이며 이를 통해 조공책봉관계의 위계적 질서가 의례상에서 정전
운영과 연계되어 특징적인 모습을 보여주고 있다.

  (2) 조회

  조회의식은 조하朝賀·조참朝參·상참常參으로 구분되며 천도天道의
변화에 반응하면서 이상적인 전일제全日制 조회체제를 갖추도록 정
비되었다. 조하는 정삭正朔·동지冬至와 삭망일朔望日에 거행하는 축
하의식으로 정전인 근정전에서 시행하고, 조참은 아일조회衙日朝會
에 연원하여 월 6회165) 정전의 전문인 근정문에서 시행하도록 규
정되었다. 조하와 조참은 군신간의 만남에 형식을 중시한 행례적
성격이 강하였으며, 조하와 조참을 제외한 날에 시행하는 상참은
아일조회에서 분리된 조계朝啓에 예도禮度를 마련하여 편전인 사정
전에서 실시하도록 정비되었다.166)

---

164) 『國朝五禮儀』卷3, 嘉禮, 正至及聖節望闕行禮儀, "三嚴…外辦殿下乘輿以出
   徹扇侍衛如常儀 至勤政殿西邊降輿…", 이하 「황태자천추절망궁행례의」와
   「배표의」도 동일하다.
165) 조참은 아일조회에 연유하여 매5일마다 시행하는 조회인데, 일자는 시기별
   로 조금씩 차이를 보이고 있다. 세종대에는 고제(古制)에 따라
   1,5,11,15,21,25일에 시행하였는데 문종대 설행일자가 일정하지 않아서
   논의가 있었고 단종 2년에 중국제도에 맞춘다며 세종대와 동일한 일자로
   개정하였다. 성종대 『경국대전』「조의」에 5,11,21,25일로 규정되었고
   1,15일이 빠진 것은 조하(朝賀)가 설행되는 삭(朔)·망(望)이 중복되기에
   누락된 것으로 보고 있으며 실제로 1,15일에도 조참을 행하였다. 조참 설
   행일자에 대해서는 다음 논문 참조(이근호, 2006, 「朝鮮時代 朝參儀禮 設
   行의 推移와 政治的 意義」『호서사학』43, 78~79쪽).
166) 조선초기 조회제도의 정비과정에 대해서는 다음 논문 참조(강제훈, 2004,
   「조선 초기의 朝會 의식」『조선시대사학보』28).

정전에서 행해진 조하의 종류에는 정지왕세자조하의正至王世子朝賀儀, 삭망왕세자백관조하의朔望王世子百官朝賀儀가 있으며 망궐례와 조하가 끝나면 회연會宴하는 정지회의正至會儀가 정전에서 거행되었다. 정지·삭망에 국왕에게 행하는 의례는 정지왕세자조하의正至王世子朝賀儀, 삭망왕세자백관조하의朔望王世子百官朝賀儀이며 국왕이 수례자受禮者의 위상을 가지고 있기에 근정전 북벽에 위치한 어좌에서 남향하고 왕세자, 종친·문무관 등이 전정殿庭에서 국왕에게 큰 복[경복景福]을 기원하는 치사致詞를 올려 하례賀禮를 거행하도록 하였다. 『세종오례의』에서는 정지正至에 거행하는 조하의가 정지왕세자조하의正至王世子朝賀儀와 정지백관조하의正至百官朝賀儀로 구분되어 왕세자가 조하한 후에 순차적으로 다음에 백관이 조하하는 것으로 되어 있다.167) 『국조오례의』단계에서 왕세자와 백관이 별도로 시행하던 조하의를 통합하여 정비한 것을 알 수 있다. 그리고 망궐례와 조하가 끝나면 국왕·왕세자·백관이 정전에 모여 헌수치사獻壽致詞와 함께 행주行酒하는 정지회의正至會儀가 거행된다. 정지회의는 어좌의 위치가 설정되어 있지 않지만 근정전 안에 왕세자, 문무 2품이상, 종친·의빈儀賓 2품이상, 승지가 참석하고 문무 3품 이하 등은 월대와 전정에 배치되어 회연會宴이 거행된다.168)

한편, 정지왕세자빈조하의正至王世子嬪朝賀儀는 왕세자빈이 국왕에게 치사를 올려 하례하는 의례인데, 왕세자백관조하의와 다르게 국왕이 하례를 받지만 정전이 아닌 내전에 어좌를 설치하여 조하의를 거행한다. 왕세자빈은 국왕에게 하례를 마치면 중궁에게 별의別儀로서 하례를 거행한다. 국왕에게 하례하는 의식과 함께 중궁에게도

---

167) 『世宗五禮儀』, 嘉禮, 正至王世子朝賀儀, "副知通禮引王世子出 宗親及文武 二品以上入就位 朝賀如別儀".

168) 정지회의에 대해서는 강제훈의 다음 논문에 자세하다(강제훈, 2010, 「조선시대 정지회의(正至會儀) 연구」『조선 왕실의 가례』 2, 한국학중앙연구원).

내외명부內外命婦, 왕세자·왕세자빈, 백관이 하례하는 조하의가 실시된다. 중궁전中宮殿의 정전正殿 안에 왕비좌王妃座를 설치하고 명부命婦, 왕세자·왕세자빈은 전정에서 하례하고 백관은 정문正門 밖에서 조하의를 거행한다. 조회의식의 어좌 설치 현황은 다음 〔표 2-5〕와 같이 정리하였다.

[표 2-5] 조회의식의 종류와 어좌(御座) 설치〈『국조오례의』 참조〉

구분	설치	장소	위치	방향	비고
正至王世子朝賀儀	御座	勤政殿	北壁	南向	
正至王世子嬪朝賀儀	御座	內 殿	北壁	南向	
正至會儀	御座	(勤政殿)	*	*	*어좌설치 상세기술 없음
朔望王世子百官朝賀儀	御座	勤政殿	北壁	南向	
朝參儀	御座	勤政門	正中	南向	
常參朝啓儀	御座	思政殿	北壁	南向	

(3) 왕세자관례

왕세자관례王世子冠禮 의식은 동궁東宮에서 관례冠禮를 행하지만 관례에 앞서 국왕이 정전에서 세자에게 관冠을 씌우도록 전교傳敎를 내리는 절차가 시행되었다. 관례는 성년에 이른 사람의 머리에 관을 씌우는 의식을 말하며 일명 원복元服〔관冠〕을 가加하는 의식이라도 한다. 관의冠儀의 의미는 갓을 쓰면서 복장과 몸가짐, 얼굴빛, 말씨 등이 차례대로 올바르게 갖추어져 예禮의 시작이라는 뜻을 담고 있으며, 관자冠者가 삼가三加의 절차를 거쳐 성인이 됨은 물론 가족의 일원이 된다는 뜻도 담고 있다.169) 조선전기에는 예와 가

---

169) 관례(冠禮)에 대해서는 다음 도서 참조(지두환, 2004, 『조선왕실 통과의례 관혼상제』, 한국문화콘텐츠진흥원, 16~41쪽; 권오영, 2008, 「조선

족공동체의 출발점인 관례의 실제적인 시행이 잘 지켜지지 않았다. 왕세자관례의 첫 시행은 중종 17년(1522) 경복궁 동궁에서 세자 (인종)에게 행한 것이며 인조대 이후부터 왕세자 관례가 일반화되기 시작하였다.170) 의례서에서 관의는 『세종 오례의』에 없다가171) 『국조오례의』에서 새로이 추가되어 왕세자관의王世子冠儀, 문무관 관의文武官冠儀 2개의 항목으로 정비되었다.

왕세자관의는 먼저 종묘에 관의를 고하는 의식을 거행한 후에 궁궐에서 ①임헌명빈찬臨軒命賓贊→②관冠→③회빈객會賓客→④조알朝 謁의 순으로 진행된다. ①임헌명빈찬은 국왕이 정전에 임하여 빈賓· 찬贊으로 하여금 세자에게 관을 씌우도록 전교를 내리는 절차이다. 그리고 진행은 '전하입장[승좌陞座]→백관 사배四拜→빈·찬 및 안案 입장과 사배→전교관傳教官 교서教書 선포→전교관 교서 전달→빈· 찬이 교서를 받고 사배→빈·찬 퇴장 및 교서함을 채여綵輿에 싣고 →예를 마침[禮畢]→전하 퇴장→빈·찬 및 백관이 동궁에 취위就位'의 순서로 진행된다. ②관 의식은 빈·찬과 백관이 동궁 정당正堂에 취 위하여 빈·찬이 교서를 선포하고 왕세자에게 전달한 후에 삼가관三 加冠을 행하고 단술[예醴]을 전하였다. 그리고 조계阼階 밑에서 사 부·이사·빈객과 서로 재배再拜하고 조계로 올라가 2품이상 관원과 서로 재배하는 과정으로 이루어졌다. ③회빈객은 후에 주인主人이 빈賓·찬贊을 초대하여 잔치를 베풀고172) ④조알은 국왕과 왕비가

　　　왕실 冠禮의 역사적 추이와 그 의미」 『조선왕실의 嘉禮』 1, 한국학중앙 연구원).
170) 지두환, 2004, 『조선왕실 통과의례 관혼상제』, 한국문화콘텐츠진흥원, 17쪽.
171) 관례가 의례로서 제정되지 않았지만 「오례의」 길례서례(吉禮序例)의 관 면도(冠冕圖)에 왕세자관복 그림과 간략한 설명이 기록되어 있다(『世宗 實錄』 卷128, 五禮, 吉禮序例, 冠冕圖).
172) 『국조오례의』에는 회빈객(會賓客)의 장소가 기록되어 있지 않다. 다만, 동궁의 뜰로 추정할 수 있거나 효종 2년 현종의 관례에서는 동궁의 집영 문(集英門) 밖에 장막을 치고 회례를 행한 기록이 있다(지두환, 2004,

임어하고 있는 소어전所御殿에서 각각 차례로 찾아뵙는 절차로 진
행된다.173)〈[표2-6] 참조〉

[표 2-6] 관의(冠儀) 절차와 행례 장소〈『국조오례의』 참조〉

구분	절차	장소	비고
王世子 冠儀	告宗廟	宗廟	
	臨軒命賓贊	景福宮 勤政殿	殿內 御座(北壁南向) 설치
	冠	東宮 正堂	
	會賓客		
	朝謁	殿下 所御殿→王妃 所御殿	

(4) 혼례

혼례婚禮는 남녀간에 두 성姓이 결합하여 위로는 종묘宗廟를 모시
고 아래로는 후세를 잇는 의미를 가지고 있기에 인륜人倫의 시작이
고 만화萬化의 근본이었다.174) 왕실에서는 인륜의 대사大事로서 혼
례가 지닌 기본적인 의미 이외에 국모國母를 모시고 국가를 이끌어
갈 후계자를 생산하는 시초가 되기에 중요한 국가의례로서 인식되
었다. 조선시대의 혼례는 이전의 혼례풍습인 서류부가제壻留婦家制
와 다르게 성리학에 기반하여 신랑 집에서 결혼하고 살아야하는
친영례親迎禮가 중시되었다. 그리고 성리학의 이념에 따라 가묘家廟
를 중심으로 종가宗家집이 형성되고 종가를 이끌어가는 종부宗婦로
서 중시되어 사당祠堂에 알현謁見하는 묘현례廟見禮도 중요하게 인식

『조선왕실 통과의례 관혼상제』, 한국문화콘텐츠진흥원, 31쪽).
173) 중종 17년 인종의 관례를 행하면서 대비에게 조알(朝謁)하는 의식이 없어
『대명회전(大明會典)』을 참고하여 「오례의주(五禮儀注)」를 개정하였
다(『中宗實錄』卷46, 中宗 17年 10月 6日(戊寅)).
174)『禮記』, 昏義, "昏禮者 將合二姓之好 上以事宗廟 而下以繼後世也 故君子
重之";『童蒙先習』, 夫婦有別, "夫婦 二姓之合 生民之始 萬福之原 行媒議
婚 納幣親迎者 厚其別也".

되었다.175)

조선초에는 서류부가제의 관습 등으로 인해 친영과 묘현례가 정착하는데에 어려움이 있었으며 왕실에서 먼저 혼례의 변화가 시작되었다. 왕실에서의 친영례의 도입은 태종대 세자 양녕대군讓寧大君과 넷째 성녕대군誠寧大君이 친영하여 유교식 예제禮制의 모범을 보이기 시작하였다. 그리고 세종 9년(1427) 왕세자의 친영의親迎儀가 정비되고 세종 17년(1435)부터 왕실의 왕자와 왕녀가 모두 친영례를 행하였다. 하지만 국왕의 혼례는 친영례가 아닌 명사봉영命使奉迎으로 진행되어 국왕의 명령을 받은 사자使者가 왕비를 봉영奉迎하여 궁궐로 모시는 절차로 진행되었다. 국왕의 친영은 중종대부터 처음 거행하였는데 별도의 관소館所〔태평관太平館〕를 마련하여 왕비를 친영하였다. 이후에 친영례가 지속되는 가운데 인조대부터 친영의 장소가 어의동於義洞 별궁別宮으로 바뀌게 되었고 숙종대에는 왕비의 묘현례廟見禮가 시행되었다.176)

왕실의 혼례 절차는 국왕의 경우에 육례六禮의 절차에 따라 '납채納采-납징納徵-고기告期-책비冊妃-명사봉영命使奉迎〔친영親迎〕-동뢰同牢' 순으로 진행된다. 혼례의 장소는 납채-납징-고기-책비의 단계까지 궁궐의 정전과 비씨제妃氏第에서 거행되었는데,177) 궁궐 정전에서는 어좌가 근정전 북벽北壁에 남향하여 설치되고 종친·백관·사자가 전

---

175) 지두환, 2004, 『조선왕실 통과의례 관혼상제』, 한국문화콘텐츠진흥원, 44~48쪽.
176) 조선시대 왕실혼례에 대해서는 다음 논문 참조(심승구, 2007, 「조선시대 왕실혼례의 추이와 특성-숙종·인현왕후 가례를 중심으로-」 『조선시대사학보』 41; 김문식, 2008, 「조선 왕실의 親迎禮 연구」 『조선 왕실의 嘉禮』 1, 한국학중앙연구원).
177) 책비 단계의 장소를 보면 『국조오례의』 수책의(受冊儀)를 행하는 장소가 정확히 표기되어 있지 않다. 다만 사자가 궁문(宮門) 밖에서 도착하여 수책의가 시작되는 것으로 보아 '궁(宮)'이라는 장소성만 확인할 수 있을 뿐이다. 그리고 『춘관통고』 왕비책례의(王妃冊禮儀)에는 수책의 장소로 '왕비전(王妃殿)'으로 표기되어 있다.

정殿庭에 위치한 가운데, 국왕이 궁궐의 정전에 친림하여 사자使者에게 각 단계의 절차를 차례대로 시행하도록 명령한다. 이때의 절차는 전교관傳敎官[승지承旨]에 의해 교서敎書 전달과 반포가 이어지고 교서와 비물備物·전책典冊이 사자에게 전해지면 사자는 명을 받아 왕비의 집으로 가서 전교와 비물·전책을 전달하고 궁궐로 돌아와 정전에서 복명復命하는 절차로 진행된다.

납채~책비 단계까지 국왕이 직접 정전에 임어하여 각 혼례의 명을 내려 사자가 대행하는 방법으로 운영되었는데, 명사봉영 역시 사자가 정전에서 명을 받고 예를 마친 후에 돌아와 복명하는 순서로 진행된다. 하지만 다른 점은 국왕이 직접 정전에 임어하지 않는 점이다. 명사봉영 절차에서 국왕은 정전이 아닌 소어전에서 임어하고 사정전 합문 밖에서 상전尙傳을 통해 전교관에게 교서함을 전달하고 전교관이 근정전으로 가서 교서를 선포한 후 사자에게 전달하여 명사봉영을 행하게 된다.[178] 소어전所御殿은 국왕이 임어하는 전각이라는 의미로 여겨지며, 동뢰를 위해 마련된 임의의 장소에 국왕이 임어하여서 이와같이 표현한 것으로 여겨진다. 이후 왕비를 모셔오면 사정전 합문을 거쳐 동뢰 장소로 이동하여 동뢰를 시행하는데 명사봉영과 동뢰가 연속적인 절차로 이어져 국왕이 미리 동뢰장소로 임어하고 명사봉영 후 왕비를 만나서 동뢰를 시행하는 것으로 볼 수 있다. 명사봉영을 대신한 친영례의 경우에 『국조속오례의』에서 출궁과 환궁의 예를 따르고 친영례를 행하는 것으로 보아 동뢰 장소에 대기하는 것이 아니라 국왕이 친영한 후 동뢰장소로 이동하는 것으로 볼 수 있다. 『국조오례의』에 나타난 납비의 納妃儀 절차와 장소에 대해서는 다음 [표2-7]과 같이 정리하였다.

---

178) 『國朝五禮儀』 卷3, 嘉禮, 納妃儀, "其日尙寢帥其屬 設御座於所御殿北壁南向 設敎書案於座前近東".

[표 2-7] 납비의 절차와 장소 〈『국조오례의』 참조〉

구 분	절 차		장 소	어좌(御座)	비 고
納妃儀	納采	納采(命)	景福宮 勤政殿	勤政殿北壁南向	使者受命位 (殿庭道東)
		受納采	妃氏第		
		復命	景福宮 勤政殿 殿庭		
	納徵	納徵(命)	景福宮 勤政殿	勤政殿北壁南向	
		受納徵	妃氏第		
		復命	景福宮 勤政殿 殿庭		
	告期	告期(命)	景福宮 勤政殿	勤政殿北壁南向	
		受告期	妃氏第 堂庭		
		復命	景福宮 勤政殿 殿庭		
	冊妃	冊妃(命)	景福宮 勤政殿	勤政殿北壁南向	
		受冊	妃氏第		
		復命	景福宮 勤政殿 殿庭		
	命使奉迎	奉迎(命)	景福宮 所御殿 →勤政殿 殿庭	所御殿北壁南向	使者受命位 (殿庭道東)
		奉迎	妃氏第		
		復命	景福宮 勤政殿 殿庭		
	同牢		景福宮 所御殿		所御殿室內 (殿下_東/ 王妃_西)

왕세자와 왕세자빈의 혼례인 '왕세자납빈의'는 납채-납징-고기-책빈-임헌초계臨軒醮戒-친영-동뢰-빈조현嬪朝見-전하회백관殿下會百官 순으로 거행되었다. 납비의와 비교해보면, 육례에서 『국조오례의』 단계부터 친영을 행하고 임헌초계는 납빈의에만 있다. 식후의 식에서는 납비의가 왕비수백관하王妃受百官賀-전하회백관殿下會百官-왕비수외명부조회王妃受外命婦朝會로 진행되지만179) 납빈의에는 빈

---

179) 『세종 오례의』 단계에서는 납비의의 식후 의식이 왕비조왕대비(王妃朝王大妃)-왕비수백관하(王妃受百官賀)-전하회백관(殿下會百官)-왕비수외명부

조현-전하회백관만으로 구성되어 있다. 세종대에 친영례가 도입되어 왕세자와 왕자·왕녀의 의주가 정비되면서 납빈의에는 친영이 반영되었지만 국왕의 친영은 중종대부터 시작되어 이전까지 명사봉영의식으로 운영됨으로서 절차상으로 차이가 난다.[180)

왕세자납빈의와 정전운영과의 상관성을 보면, 육례 중에서 납채~임헌초계, 식후 의식에서 전하회백관은 정전에서 진행되었는데 납채·납징·고기·책빈은 정전인 근정전 내에 어좌를 설치한 후 전정에서 종친·백관·사자가 참여하고 사자는 교서와 비물備物·전책典冊을 세자빈궁에 전달하고서 돌아와 전정에서 복명하였다.

그런데 책빈 후의 임헌초계는 국왕 및 세자의 위치가 다르게 설치되어 진행되었다. 임헌초계는 왕세자가 친영을 하기 전에 국왕이 왕세자에게 세자빈을 맞이하여 종묘를 잇도록 교명을 내리는 의식이다. 일반적인 의례에서는 국왕의 어좌가 정전 내 북벽에 남향南向하여 설치하지만, 임헌초계의 경우에는 어좌를 정전 안 북벽이

조회(王妃受外命婦朝會)로 구성되어 『국조오례의』에서 '왕비조왕대비'가 제외되었다. 왕대비에게 조현하는 의례가 생략된 부분에 대해서 의례로서 명문화하지 않았지만 당연히 치루는 의식이기에 생략한 것으로 여기기도 한다(심승구, 2007, 「조선시대 왕실혼례의 추이와 특성-숙종·인현왕후 가례를 중심으로-」 『조선시대사학보』41, 103~104쪽).

180) 유교적 혼례의식의 육례 중 하나인 친영은 조선초기부터 고례(古禮)의 정례(正禮)로서 인식되었고 『의례(儀禮)』, 『예기(禮記)』, 『주자가례(朱子家禮)』에도 규정되어 친영례 시행에 필요성을 인정하였지만 당시의 풍습인 서류부가제으로 인해 잘 시행되지 않았다. 왕실에서는 유교 예제의 보급을 위해 태종대부터 왕세자의 친영이 시작되고 세종대 왕세자 친영의 의주 정비와 왕자·왕녀 및 사대부를 대상으로 친영례가 도입된 의주를 정비하면서 왕실에서는 왕세자·왕자·왕녀가 모두 친영례를 행하였다. 하지만 국왕의 친영은 한·당대(漢·唐代)의 봉영례 거행과 지존(至尊)으로서 신하의 집에 친영하는 문제 등으로 거행되지 못하고 중종대에 별도의 관소(館所)[태평관(太平館)]에서 친영을 행하게 된다. 이러한 친영례의 정착과정을 통해 『국조오례의』 단계에서는 납비의에만 친영의 절차가 있다(김문식, 2008, 「조선 왕실의 親迎禮 연구」 『조선 왕실의 嘉禮』 1, 한국학중앙연구원).

98 .....

아닌 동쪽에 설치하는데 조계阼階 가까이에 서향西向한다.181) 그리고 왕세자는 어좌의 서북쪽에 위치하였다가 어좌 앞에 나아가 동향東向하고 초계醮戒의 교명을 받는다. 국왕이 임헌초계에서 남면하지 않고 서향하는 이유에 대해 『세종 오례의』와 『국조오례의』에는 언급된 내용이 없지만 다음과 같이 참고할만한 기록이 있다.

> "임금이 사현합에 나아가니, 약방의 세 제조가 탕제를 가지고 입진하였다. 임금이 말하기를, "임금이 법전(法殿)에 있을 때는 모두 남면(南面)을 하지만 초계(醮戒) 때에는 전중(殿中)에서 동쪽에 앉아 서쪽을 향하였으니, 이는 종사(宗事)를 소중히 여겨서이다. 명사命使〕할 때는 비록 북쪽에 앉으나 초2일에는 마땅히 동쪽에 앉아 서쪽을 향할 것이니, 이렇게 의조(儀曹)에 분부하라." 하였다.182)

영조가 왕세손의 가례를 앞두고 초계에 대해서 분부를 내리고 있는데, 법전法殿〔정전正殿〕에서는 모두 남면南面하지만 초계醮戒만은 서향하여 앉으며 그 이유가 종사宗事를 소중히 여기기 때문이라고 하였다. 혼례는 인륜人倫의 시작이면서 어버이를 이어서 세대가 바뀌는 것으로 인식하였기에 음악을 연주하지 않을 만큼 추모追慕의 정과 세대 계승의 기쁨이 교차하는 의식이기도 하였다.183) 그리고 국왕이 의례를 행하면서 남면하지 않는 경우를 보면, 중국 관련 의례와 대왕대비께 존호의 책보를 올리는 의식과 같이 의례를 받는 대상의 위계가 높은 경우에 나타난다.

이러한 배경에서 초계는 왕실을 계승해왔던 국왕이 다음 세대에

---

181) 『國朝五禮儀』, 王世子納嬪儀, "臨軒醮戒 前一日 掖庭署設御座於勤政殿阼階上西向 【設座於勤政殿內近東當阼階上 非謂設座於阼階上也】".

182) 『英祖實錄』卷99, 英祖 38年 1月 28日(壬戌), "上御思賢閤 藥房三提調持湯劑入診. 上曰 人君在法殿 皆南面 於醮戒時 殿中坐東西向 此重宗事也. 命使時雖坐北 於初二日 當爲坐東西向 以此分付儀曹".

183) 『禮記』, 曾子問, "孔子曰 嫁女之家 三夜不息燭 思相離也 取婦之家 三日不擧樂 思嗣親".

게 종사를 부탁하는 의식으로서, 현재적 시점에서는 초계 의례의
주관자이지만 종사 계승의 연장선에서 볼 때에는 선왕들을 모시고
초계 의례를 행하는 행례자로 볼 수 있다. 결국 왕실을 계승해왔
던 선조들을 존숭하여 국왕의 의례적 위계를 낮춤으로서 국왕이
남면하지 않고 서향한 것으로 여겨진다.

(5) 책봉

왕실의 왕비와 왕세자·왕세자빈 등을 책봉冊封하는 것은 국가의
종통宗統을 세우고 대외적으로 위호位號를 바르게 하여 왕실의 정통
성과 권위를 드러내면서 국가와 사회의 안정된 질서를 확립하는 의
식이었다. 책봉의식은 의례의 상징적 의미에 걸맞게 궁궐의 정전
을 이용하였다. 책봉의식의 형태는 대상에 따라 차이가 났는데, 왕
세자 책봉은 국왕이 정전에서 친림하여 세자에게 직접 책봉을 하
는 임헌책명臨軒冊命이고 왕비와 왕세자빈은 국왕이 정전에서 사자
使者에게 명하여 왕비와 세자빈의 궁내宮內에서 책봉 교명을 받는
내책의內冊儀 형태로 운영되었다.

'왕세자 책봉'은 『국조오례의』에서184) 국왕이 친히 임어한 가운
데 세자가 정전에서 책봉을 받는 임헌책명의 형태로 나타난다. 책
봉의 연령은 대개 7~9세에 행하는 것으로 인식되었다.185) 그런
데 7~9세의 어린 나이에 관복冠服을 갖추고 넓은 정전에서 만인萬
人이 보는 가운데 책봉례를 행하는 것은 감당하기 어려운 일로 생

---

184) 왕세자 책례의 경우에 『세종 오례의』와 비교해 보면, 참여자의 관직·직
    책 명칭이 변하고 의주의 절차가 세밀하게 기재된 점, 주(註)를 상당부분
    본문의 의식절차에 포함시킨 점, 제후국에 준하여 예의 차등적 질서의식이
    철저해진 점(장마(仗馬)의 8필→6필로 감(減)), 준비가 되었음을 알리는
    외판(外辦)이 외비(外備)로 바뀐 점 등이 있다(임민혁, 2008, 「조선시대
    왕세자 冊封禮의 제도화와 의례의 성격」 『조선왕실의 嘉禮』 1, 한국학중
    앙연구원, 74~78쪽).
185) 『燕山君日記』 卷42, 燕山君 8年 1月 20日(癸巳).

각되어 책례 장소의 논란이 있었다. 실제로 책봉례는 성종대부터 나이가 어릴 경우에 견사책명遺使冊命, 즉 사자를 보내어 편전에서 책봉하는 방식으로 운영되었으며 임헌책명이 의례상 원칙이지만 예외적으로 견사책명을 병행하는 모습이었다.186)

정전에서의 책봉절차를 살펴보면, '책왕세자의冊王世子儀'는 우선 종친·문무백관 등은 근정전 뜰[庭]에 위치하고 왕세자는 근정문 밖 막차幕次에서 나와 서향하여 대기하고 있다. 국왕이 근정전 북벽에 설치한 어좌에 오르고 왕세자가 입장하여 사배하면 왕세자에게 교명함敎命函·책함冊函·인수印綬를 전한다. 왕세자가 막차로 나아가면 종친·문무백관이 사배를 하고 예를 마치게 된다. 이후 왕세자는 왕비의 정전에서 왕비를 뵙고 예를 올리는 '조왕비朝王妃' 의식을 거행한다. 종친·문무백관은 책봉 하루 뒤에 조복朝服을 갖추고 국왕과 왕비에게 각각 하례를 행하며 종친·문무백관이 공복公服으로 갈아 입고 동궁에서 왕세자에게 하례를 행한다.

다음으로 왕비 책봉은 앞서 살펴본 바와 같이 혼례의 육례 중, 책비冊妃 단계에서 국왕이 정전에 임하여 사자에게 책비의 명령을 행한 후에 비씨제妃氏第에서 행하는 방식이었다. '왕세자빈 책봉'은 왕비책봉과 동일하게 사자를 보내어 책봉을 행하는 견사수책遺使受冊 방식으로 운영되어, 정전에서 사자에게 책봉을 명령하는 절차 후에 빈궁嬪宮의 내당內堂에서 수책受冊, 그리고 양제良娣 이하의 하례를 받는 의식으로 진행된다. 책비의와 유사하게 견사수책으로 진행되지만 몇 가지 차이점을 보이기도 한다. 우선 근정전에서 국왕이 빈의 책봉을 명령할 때, 왕비와 왕세자 책봉시에는 국왕이 면복冕服을 입지만 세자빈 책봉에서는 원유관遠遊冠·강사포絳紗袍를 착용한다. 다음으로 수책위受冊位가 왕비는 전정의 섬돌 사이[殿庭階

---

186) 임민혁, 2008, 「조선시대 왕세자 冊封禮의 제도화와 의례의 성격」 『조선 왕실의 가례』 1, 한국학중앙연구원, 79~82쪽.

間]에 북향하지만 세자빈은 내당[內堂] 뜰 가운데[庭中]의 북향인 점, 그리고 왕비가 교서와 비물[備物]·전책[典冊]을 받고 내외명부의 하례를 받을 때 내외명부의 배위[拜位]가 전정[殿庭]이며 치사[致詞]와 사배를 받지만, 세자빈의 경우에는 양제[良娣](내당[內堂] 안)와 양원[良媛] 이하(당정[堂庭])의 절하는 위치가 내당과 당정으로 서로 다르며 양제·양원이 재배[再拜]하고 세자빈이 답배[答拜]하고 있다. 또한 수책비[受冊妃] 후에 왕비가 예조에서 사전[謝箋]을 받는 예가 있지만 세자빈의 경우에는 사전을 받는 예가 없기에 근정전에 전함[箋函]을 전하는 예도 없다.

책봉례와 궁궐의 정전운영과의 상관성을 살펴보면, 왕비와 왕세자·빈을 책봉하는 주체로서 국왕이 직접 광명정대하며 국가와 왕실의 상징적 공간인 정전에서 책봉례를 행하고 있었다. 왕세자는 직접 정전에서의 책봉례에 참여하여 대외적으로 종통[宗統]을 이어가며 위호[位號]를 바르게 하는 의례의 중심에 설 수 있었다. 그리고 혼례 절차의 과정 속에서 왕비와 세자빈이 책봉되는데, 비록 정전에서 직접 책봉되지는 않지만 국왕의 책봉 명령이 정전에서 격식을 갖추어 사자를 통해 왕비와 세자빈에게 전달됨으로서 왕실 가족으로서의 자격과 권위를 부여받게 된다고 여겨진다. 이러한 책봉의 의례성과 정전의 장소성이 결합되어 그 의미와 상징성이 더욱 효과를 발한다고 볼 수 있다. 『국조오례의』를 참고하여 책봉례의 절차와 장소에 대해 다음 [표2-8]과 같이 정리하였다.

[표 2-8] 책봉례 절차와 장소〈『국조오례의』 참조〉

구분	절차		장소	수례(受禮)	행례(行禮)
冊妃儀	命冊封		勤政殿	國王_勤政殿北壁南向	종친문무관1품이하/使者
	妃受冊	受冊	妃氏第	王妃_殿庭階間北向	內外命婦 / 使者
		賀禮	妃氏第	王妃_正殿北壁南向	內外命婦
		復命	勤政殿(庭)	傳教官	使者_勤政殿庭道東北向
			(王妃)宮	※尙傳은 勤政殿에서 傳敎官에게 箋函을 전달 후 환궁하여 復命	
	百官朝賀				*陳賀如常儀
	會百官				*禮如正至會儀
	王妃會命婦				*禮如正至會儀
冊王世子儀	命冊封		勤政殿	國王_勤政殿北壁南向	王世子,종친문무관1품이하
	朝王妃		王妃 正殿	王妃_正殿北壁南向	王世子
	百官朝賀				*陳賀如常
	百官賀王世子		東宮		
	謁宗廟		宗廟		
	殿下會百官				*其禮如正至會儀
	王妃會命婦				*其禮如正至會儀
冊王世子嬪儀	命冊封		勤政殿	國王_勤政殿北壁南向	종친문무관 / 使者
	嬪受冊	受冊	嬪 內堂	嬪_內堂庭中北向	良娣이하 / 使者
		賀禮	嬪 內堂	嬪座_內堂東壁西向	良娣以下*拜位(良娣_堂內, 良媛以下_堂庭)
		復命	勤政殿(庭)		使者
	嬪朝見				*其禮如納嬪儀唯無禮嬪

(6) 전시 및 방방

정전의 주요 기능 중 하나로 과거科擧와 관련된 전시殿試, 방방放榜이 있다. 과거는 인재선발과 관리 충원을 위해 시행되고 문과文科·무과武科·잡과雜科로 나뉘어 시행되었다. 문과와 무과는 초시初試-복시覆試-전시殿試의 3단계로 진행되며 생원진사시와 잡과는 초시-복시 2단계로 진행되었다. 이러한 과거 절차 중에서 문무과의 전시는 복시에 합격한 33인을 대상으로 과차科次를 매기는 단계로서 국왕이 친림하는 가운데 시행되었다. 문과는 궁궐의 정전에서 시행되었고 무과는 정전이 아닌 모화관慕華館, 경회루慶會樓, 춘당대春塘臺 등에서 거행되었다. 국왕이 과거 시험의 마지막 단계인 전시에 친림하여 시험 출제와 합격자들의 증서를 전달하는 것은 인재 선발을 통해 국왕의 책무를 다하고 관료와 국왕과의 밀접한 관계를 형성하여 통치력을 강화하는 제도적 의미를 담고 있었다.187)

문과전시의는 교지敎旨를 받아 시제試題를 적어 시제판試題板에 붙인 후에 과거 참여자[거인擧人]들은 시제를 베껴 각각의 위치에서 시제에 답하는 글을 쓰고 시험답안지[시권試券]를 바치며 나가는 절차로 진행된다.188) 전시殿試 후에 승지에게서 방榜을 받아 방방관이 문과와 무과 순으로 합격자를 호명하여 거인이 정전 마당에 들어서면 이조吏曹·병조정랑兵曹正郎이 승지에게서 홍패함紅牌函을 받아 거인에게 각각 나누어주고 꽃과 주과酒果, 개개蓋를 내려준다. 그리고 거인이 사배하고 종친과 문무백관이 치사致詞와 사배四拜를 올리는 예로 진행된다.189)

문과전시와 문무과방방은 시험을 치루고 합격자를 선발하는 과정에서 의례 시행의 목적과 내용상에서 차이점을 보이고 있다. 그런데 시행 목적과 내용 이외에 의례상의 격식에서도 차이점이 나타나고 있다. 예를 들어 복식 부분에서 전시의는 국왕이 상복常服인 익선관翼善冠과 곤룡포袞龍袍를 입지만 방방의에서는 조복朝服인 원유관遠遊冠과 강사포絳紗袍를 착용하고 있다. 또한 전시의에서 시신侍臣·독권관讀券官·대독관對讀官은 상복常服, 거인은 청의靑衣·연두건軟頭巾을 입고 방방의에서는 종친·문무백관이 조복朝服, 거인이 공

---

187) 조선시대 전시의와 방방의의 성립과 절차, 의미 등에 대해서는 다음 글을 참조(최진옥, 2010, 「조선시대 전시의와 방방의 연구」『조선 왕실의 가례』2, 한국학중앙연구원).
188) 『國朝五禮儀』卷4, 嘉禮, 文科殿試儀.
189) 『國朝五禮儀』卷4, 嘉禮, 文武科放榜儀.

복公服을 갖춘다. 다음으로 국왕과 의례의 위엄을 더하는 보안寶案·향안香案의 설치를 보면, 전시의는 향안만을 전외殿外의 좌우에 2개를 두지만 방방의에는 어좌 앞 동쪽 가까이에 국왕을 상징하는 보안을 둔다. 전시와 방방에서 의복衣服, 의물儀物 등의 예제禮制적 차이가 나는 것은 양자 모두 인재를 선발하여 국정운영의 효율성을 높이고 국왕이 친히 주재하여 국왕의 권위를 드러내는 성격을 지니고 있지만, 의례적 측면에서 선발과정인 전시보다는 인재선발의 최종결정을 축하하는 의식적 측면과 함께 예비관료를 예우하는 차원에서 방방의의 격식을 높여주었다고 생각된다. 전시의와 방방의에서 의복과 의물을 비교해보면 다음 〔표2-9〕와 같다.

[표 2-9] 전시의와 방방의 의복 및 의물 비교〈『국조오례의』참조〉

구분	의 복			보안	향안
	국 왕	관 료	거 인		
殿試儀	常服 -翼善冠·袞龍袍	常服 -侍臣·讀券官·對讀官	靑衣·軟頭巾	×	○ (2개)
放榜儀	朝服 -遠遊冠·絳紗袍	朝服 -宗親·文武百官	公服	○	×

(7) 하의 및 교서반강의

'하의賀儀'는 친행대사親行大祀·대경大慶·상서祥瑞·출사出師·승첩勝捷을 축하하기 위해 왕세자와 종친·문무백관이 정전에서 치사致詞를 국왕에게 올리는 의례이다. 종친과 문무백관의 3품 이하가 전정殿庭에 위치하고 국왕이 입장하면 왕세자가 먼저 전정에 들어와 사배四拜하고 대치사관代致詞官이 치사를 올리고 나가며, 다음으로 종친과 문무관 2품 이상이 전정에 나아가 사배하고 대치사관이 치사하는 절차로 이루어진다.

반면에 '교서반강의敎書頒降儀'는 국왕이 정전에서 교서를 반포하

는 의례로서 종친·문무관 3품 이하가 자리에 나아가고 전하가 어
좌에 오른 후에 종친·문무관 2품 이상과 왕세자가 차례로 자리에
나가면 선교관宣敎官을 통해 교서를 반포하는 절차로 진행된다. '하
의'와 '교서반강의'는 모두 대치사관과 선교관이 관료와 국왕을 대
신하여 치사를 올리고 교서를 반포하고 있으며 국왕·왕세자·백관
등 참여자의 위치는 동일하다. 다만 왕세자와 문무백관이 올리는
하사賀詞는 어좌 앞에서 올리고 있으며 교서 반포는 개독開讀 위치
가 상월대 위[殿階上]로 설정되어 있다. 하례의 대상인 국왕 앞에서
하사를 전달하는 모습이며 교서는 만백성에게 전달될 수 있도록
정전 앞 월대의 열린 공간에서 행해져 의례 대상에 따라 정전 공
간의 운영에서 차이가 나고 있음을 알 수 있다.〈[표2-10] 참조〉

[표 2-10] 하의와 교서반강의 비교〈『국조오례의』 참조〉

구분	하의	교서반강의	비고
御座	勤政殿北壁南向 (遠遊冠, 絳紗袍)	勤政殿北壁南向 (遠遊冠, 絳紗袍)	(寶案_座前近東) (敎書案_寶案之南)
王世子次	勤政門外道東近北西向	勤政門外道東近北西向	
王世子位	殿庭道東北向	殿庭道東北向	禮服/?
문관 1품이하	王世子之後近東	王世子之後近東	朝服
종친무관 1품이하	道西	道西	朝服
代致詞官 /宣敎官	代致詞官位 (東階下近東西向)	宣敎官位 (東階下近東西向)	
賀詞 /開讀	賀詞位_御座 前	開讀位 (殿階上近東西向)	

3. 편전의 구조와 기능

1) 편전의 구조와 특징

조선시대 궁궐의 편전便殿은 시사공간〔視事之所〕으로 일컬어지며, 국왕의 정무활동 공간으로서 군신간의 만남을 통해 국정의 업무보고와 논의 및 결정 등이 이루어지는 곳이다. 편전에서의 국정운영은 상참·시사·경연·사조辭朝 등 다양한 방식으로 행해지며 실무적인 업무보고와 처결 이외에 상참과 같이 군신접견의 의례를 시행하거나 경연처럼 국왕의 교육과 함께 국가정책을 논하는 공간으로도 이용되었다. 편전은 국정운영의 공간적 이용 이외에 국상의례와 관련하여 빈전과 혼전 공간으로도 사용되고 상참, 전향축 등의 의식이 행해지거나 정전 의식과 연계하여 국왕의 대기 및 퇴장 공간으로서 연결되기도 하였다.

조선시대 궁궐의 편전은 기능적 변화와 분화 과정을 통해 편전의 성격 변화와 공간적 분화를 거치게 된다. 편전의 기능 및 성격의 변화에 대해서는 후술하겠지만 간략히 편전의 변화를 특징적으로 살펴보면 다음과 같다.190) 편전은 태종대까지 연처燕處로서 내전적內殿的 성격이 강하였다. 세종대부터 경연의 활성화와 사관·대간의 편전 입시가 가능해지고 상참을 통해 정청政廳의식을 수행하는 의례적 공간이 되면서 공적公的인 성격으로 변모하기 시작하였다. 편전의 공공적 성격 전환과 함께 편전 이외에 국왕의 정무활동과 군신간의 접견이 용이하도록 별도의 편전기능을 수행하는 별전別殿이 등장하면서 편전기능을 분담하는 공간적 기능 분화도 병행되었다.

---

190) 편전의 운영체제와 변화에 대해서는 이 책의 4편에서 자세히 설명.

본 편전과 별전은 편전의 기능을 분담하면서도 일정한 기능적 차이와 위계상의 질서를 가지고 있었다. 이러한 편전의 기능과 위계의 분화로 편전을 대편전大便殿·소편전小便殿으로 구분할 수 있으며 대편전은 시사기능을 수행하면서 상참, 빈전·혼전, 책봉, 전향축 등의 의례적 공간운영 성격이 강화되고 시사기능 역시 경연 중에서 법강과 같은 공식적인 업무 중심으로 운영되고 있었다. 그리고 소편전은 군신접견, 경연 등의 시사기능이 활성화되면서 경연에서는 야대·소대와 같이 편의적이고 실무적인 시사기능 중심으로 포괄적인 편전기능을 수행하고 있었다. 한편 소편전의 정무적 기능 강화와 함께 국왕의 임어에 따라 시사기능을 분담하는 다양한 전각이 증가하고 있었다. 대편전은 경복궁 사정전, 창덕궁 선정전, 경희궁 자정전, 창경궁 문정전 등이 있으며 소편전은 대표적으로 경복궁 비현각, 창덕궁 희정당, 경희궁 흥정당 등이 있다.

궁궐 내에서 편전의 위치는 정전과 침전 사이에 위치하고 있다. 궁궐 공간구성은 크게 정전-편전-침전-대비전 구역으로 구성되어 있으며 경복궁과 같이 남북축으로 중심 전각들이 배치된 경우에는 공간구성을 쉽게 이해할 수 있을 것이다. 경복궁의 근정전과 사정전과 같이 대편전은 정전과 연접連接하여 배치되었는데 기능적으로 의식과 청정공간을 구분하여 정전과 편전으로 구분되지만, 편전의 고유 기능이외에 정전에서 행하는 의식을 보조·대체하는 기능까지도 수행하고 있다. 예를 들어 정전에서 의례를 시행하면 국왕이 사정전에서 거둥하였다가 출발하는 장소로 이용되거나, 어린 세자가 책봉례를 정전에서 감당하기 어려워 책봉례 대체장소로 이용되고 있었다.

창덕궁의 인정전-선정전, 경희궁의 숭정전-자정전, 창경궁의 명정전-문정전도 정전과 대편전이 연속적인 배치구조를 이루고 있다. 소편전의 배치는 정전-편전-침전의 전체적인 공간구성의 틀 안에서 일정한 위치를 점하는데, 대편전과 침전 사이에서 침전과는 내외의 구분을 지키면서도 대편전과 비교해서 보다 편의적으로 시사 기능을 수행할 수 있도록 침전 가까이에 배치되고 있었다. 그리고 소편전의 기능을 분담하는 다양한 전각들은 국왕의 임어에 따라 가변적으로 전각을 이용하여 고정적인 배치구조를 이루지 않지만 대개 편전과 침전 사이 영역에 위치하고 있다.

창덕궁의 주요 전각은 인정전〔정전〕-선정전〔대편전〕-희정당〔소편전〕-대조전〔침전〕의 배치구조를 가지며 창덕궁의 동서축 공간구조에 따라 중심 전각도 동서축으로 배치되어 있다. 정전-편전-침전의 구성 속에서 소편전은 대편전과 침전 사이에 배치되어 내외의 구분이 되면서 국왕이 보다 편의적으로 이용할 수 있는 배치구조를 보여주고 있다. 경복궁의 경우에 근정전〔정전〕-사정전〔대편전〕-강녕전·교태전〔침전〕이 남북축으로 일원화된 배치구조를 갖고 있는데 소편전인 비현각은 남북축에서 벗어나지만 남북축 배치상 대편전과 유사한 위치선을 점하고 있다. 경희궁은 지형적 특성으로 정전-대편전이 배치상 연속성을 보여주고 또 다른 축으로 소편전-침전의 배치구조를 보여주고 있다. 지형적으로 단락된 구성이지만 전체적으로 볼 때, 정전-대편전…소편전-침전의 형태로 구성된 것으로 볼 수 있으며 지리적으로 비연속적인 배치구조를 보이지만 정전 다음에 대편전이 이어지고 소편전이 침전 남쪽에 위치하여 전체적으로 정전-편전-침전의 구조 속에서 공간구성의 일관성을 보여준다고 볼 수 있을 것이다. 참고로 창덕궁과 경희궁의 배치구조를 다음 〔그림2-15〕와 같이 도식화해 보았다.

창덕궁의 배치구조 도식화
(인정전-선정전-희정당-대조전)

경희궁의 배치구조 도식화
(숭정전-자정전-흥정당-회상전·융복전)

그림 2-15. 창덕궁과 경희궁의 정전-편전-침전 배치구조 도식화
(상_「동궐도」 부분, 고려대 박물관/하_「서궐도안」 도면 부분, 서울역사박물관)

편전의 건축구성은 몇 가지 특징을 가지고 있다. 우선 대편전의 건축구조를 살펴보면, 사정전, 선정전, 문정전, 자정전 등은 대개 정면 3칸과 측면 3칸의 기본적인 구조를 가지고 있다. 예외적으로 현재의 사정전은 정면 5칸으로 구성되었는데 경복궁 창건 초기에 사정전〔보평청〕은 총 5칸 규모에 중앙의 3칸과 좌우의 이방耳房이 각 1칸으로 결합된 형태였다. 사정전의 구조는 중앙 3칸의 기본적인

편전 구성으로 볼 수 있으며 이후 창덕궁 선정전, 문정전, 자정전 등은 3×3칸 구조로 건립되었다. 이외에 전각 내부에 전면부 내고주內高柱인 전영前楹을 확보하고 바닥면을 마루로 구성하여 좌식행례에 유용하게 하였다.191)

소편전의 구조를 살펴보면, 창덕궁 희정당은 「동궐도」에서 정면 5칸에 측면 3칸의 규모이고 중앙에 마루와 좌우에 온돌을 갖추며192) 팔작지붕에 고상식高床式으로193) 구성되었다.194) 경희궁의 홍정당은 현재 남아있지 않지만 『서궐영건도감의궤西闕營建都監儀軌』에서 보면195) 정면 4칸 구조에 기단부는 고상식이며 팔작지붕으로 되어있다. 그리고 창경궁 숭문당은 정면 4칸과 측면 4칸의 규모이며 이 역시 고상식으로 구성되어 있다.196) 이와 같이 주요 소편전들은 대개 정면 4~5칸의 규모이며 건축형식 중 기단부가 고상식 구조로서 건물에 진입할 수 있는 사다리를 갖춘 특징을 보인

---

191) 편전의 건축구조에 대해서는 다음 논문 참조(조재모, 2004, 『朝鮮時代 宮闕의 儀禮運營과 建築型式』, 서울대박사논문, 211~220쪽).

192) 『昌德宮修理都監儀軌』, 造成秩, "熙政堂十五間八雀內 東西溫突六間 抹樓九間 鳳班子紙班子等具…".

193) 조재모, 2004, 『朝鮮時代 宮闕의 儀禮運營과 建築型式』, 서울대박사논문, 122쪽.

194) 희정당은 일제강점기인 1917년 화재로 소실된 후에 1920년에 재건되었는데, 경복궁의 강녕전을 옮겨와 다시 지었다. 재건된 희정당은 변형되어 정면 11칸, 측면 5칸의 거대한 규모로 지어졌고 희정당 동편의 연못은 사라진 구조이다.

195) 『서궐영건도감의궤』는 순조 32년(1832)에 간행되었으며 효명세자가 대리청정을 하던 순조 29년(1829)에 서궐인 경희궁에서 화재가 발생하여 홍정당, 회상전 등 주요 전각들이 소실되면서 복구되는 과정을 기록한 의궤이다. 공사는 순조 30년 3월~순조 31년 4월이며, 공역(工役) 중 순조 30년 5월에 효명세자가 갑자기 승하하여 일시 중단되었다가 9월부터 재개되었다(영건의궤연구회, 2010, 『영건의궤』, 동녘, 1080쪽 참조).

196) 「동궐도형(東闕圖形)」에 북측 3칸의 방, 중앙 3칸의 대청, 남쪽이 방이라고 표시되었는데 현재의 구조와 일치하고 있다. 숭문당의 건립시기를 정확히 알 수 없지만 『창경궁수리소의궤』에 '숭문당 12칸을 수리하다' 라는 기록이 있고 순조 30년에 화재로 소실되었다가 34년에 재건되어 현재에 이르고 있다(문화재청, 2009, 『조선시대 궁궐 용어해설』, 257쪽).

다. 대편전의 경우에 기단부를 조성하면서 월대를 갖추고 있지만 소편전의 경우에는 고상식의 기단부만 갖추어 전각의 위엄을 보이면서 월대의 계단이 아니라 별도의 사다리 형태의 계단을 갖춘 것으로 여겨진다. 각 궁궐별 소편전의 건축현황은 〔그림2-16〕과 같다.

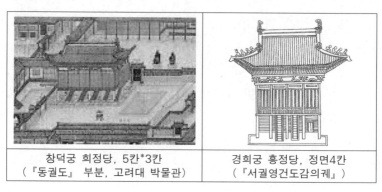

| 창덕궁 희정당, 5칸*3칸 (『동궐도』 부분, 고려대 박물관) | 경희궁 흥정당, 정면4칸 (『서궐영건도감의궤』) |

그림 2-16. 궁궐의 주요 소편전 건축현황

편전은 시사·인견·경연 등 국정운영의 공간으로 신하들과의 접견이 중시되었기에 국정업무에 참여하는 관청과의 연계성이 중요하다. 특히 국왕을 가까이에서 보좌하는 승정원承政院, 선전관청宣傳官廳 등과 편전과의 공간적 연계성을 살피는 것은 의미가 있을 것이다. 궁궐 내에 국정업무를 보조하는 관청 즉 궐내각사의 운영을 총체적으로 파악하는 것은 궐내각사뿐만 아니라 편전과의 유기적인 상관성을 밝힐 수 있을 것이다. 다만 이 글에서는 승정원·빈청·옥당 등의 주요 관서만을 대상으로 「경복궁전도」, 「북궐도형」, 「동궐도」, 「서궐도안」 등의 옛 지도를 검토하여 편전과 주요 관청과의 공간적인 관계만을 대략적으로 언급하고자 한다.

우선 경복궁은 남북으로 근정전~강녕전이 종적인 중심축을 이루며, 그 서쪽으로 궐내각사가 조성되어 있다. 조선전기 경복궁의 모습으로 추정되는 「경복궁전도景福宮全圖」를 보면, 승정원·홍문관·예문관 등이 근정전 서루西樓인 융무루隆武樓와 경복궁 서문인 영추문迎秋門 사이에 배치되어 있다. 경복궁을 가로지르는 내수內水〔어구御溝〕 안쪽에 승정원만이 있고 나머지 궐내각사들은 내수 바깥에 위치하고 있다. 전기의 궁궐 배치도는 개략적으로만 표기되어 자세히 알 수 없지만 고종대 중건된 경복궁의 평면도인 『북궐도형』을 참고해 보면 위치와 규모가 더욱 상세하다. 고종대 경복궁에서는 궐내각사가 조선전기와 비슷한 영역에 자리하고 있지만 내수와 경복궁 사이에 주로 전각들이 자리잡아 승정원·빈청賓廳·당후堂后〔승정원 주서注書〕·선혜관청이 하나의 영역을 이루고 있고 당후 북쪽으로 옥당玉堂이 배치되어 있다. 고종대 경복궁을 복원하면서 내수의 위치가 영추문 방면으로 이동하여 궐내각사가 정전·편전 등과 유기적으로 운영될 수 있도록 일정한 영역 안에 통합배치되었다고 추정된다.〈〔그림2-17, 2-18〕참조〉

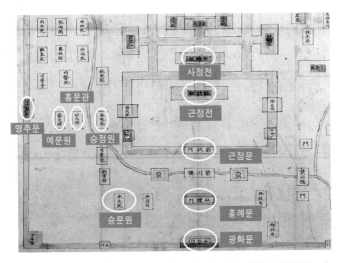

그림 2-17. 조선전기(추정) 경복궁 편전과 주요 궐내각사(闕內各司)
(「경복궁전도」 부분, 삼성출판박물관)

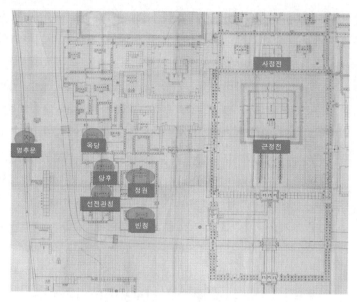

그림 2-18. 고종대 중건된 경복궁의 편전과 주요 궐내각사
(「북궐도형」 부분, 서울대 규장각)

창덕궁의 경우에 1820년대에 제작된 「동궐도」를 통해 살펴보면, 정전인 인정전과 대편전인 선정전, 소편전 희정당이 동서축으로 배치되어 있다. 선정전 앞으로 선정문宣政門과 연영문延英門으로 연결되는 주 출입로가 있는데, 그 서편과 인정전 영역 사이에 주요 궐내각사가 배치되어 있는 모습이다. 국왕의 시위와 왕명출납을 담당하는 선전관청이 선정문과 연접해 있다. 선전관청 남쪽으로 기록을 담당하는 당후堂后와 우사右史〔예문관藝文館 사관史官〕가 있으며, 더 아래에는 문서고文書庫 및 은대銀臺〔승정원〕와 상서성尚書省, 대청臺廳 등이 자리하고 있다. 그리고 연영문 앞에 대신들의 회의공간인 빈청賓廳이 있다. 편전 앞 영역에 국왕의 명령을 전달하고 국정을 기록하는 주요 관서들이 배치되어 국왕의 정무활동을 보좌할 수 있도록 유기적인 공간구조를 갖추었다고 볼 수 있다.

편전과 거리감이 있지만 인정전 서편에도 홍문관, 내의원 등의 궐내각사가 배치되어 있다.〈[그림2-19]참조〉

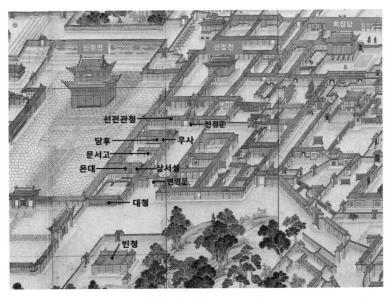

그림 2-19. 조선후기 창덕궁의 편전과 주요 궐내각사
(「동궐도」부분, 고려대 박물관)

경희궁 주요 궐내각사는 「서궐도안」을 통해 살펴보겠다. 경희궁은 정문인 흥화문興化門을 통해 동쪽에서 진입하도록 되어 있고 금천교를 지나 숭정전 정문인 숭정문 앞까지 긴 진입로가 조성되었다. 경희궁 서쪽 끝에 남북으로 정전인 숭정전과 대편전인 자정전이 조성되었고 정문인 흥화문에서 숭정전 앞까지 조성된 긴 진입로 북쪽으로 편전, 침전, 동궁, 대비전 등 주요 전각들이 배치되었다. 숭정전까지의 진입로 남쪽에는 빈청, 승정원, 옥당 등 주요 궐내각사들이 조성되었다. 주요 궐내각사는 대편전인 자정전과는 거리상으로 떨어져 있지만 소편전인 흥정당과는 거리상으로 가까워

흥정당의 주 출입문인 광달문廣達門을 통해 왕명출납과 국정자문 등의 국정업무를 보조하는데 편의적인 배치를 갖추고 있다고 볼 수 있다.〈[그림2-20] 참조〉

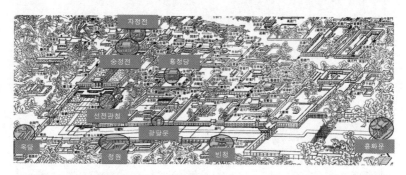

그림 2-20. 경희궁의 편전과 주요 궐내각사(「서궐도안」 도면 부분, 서울역사박물관)

이상과 같이 궁궐의 궐내각사는 경복궁에서 정전 서편과 서문인 영추문 사이에 내수 안쪽으로 궐내각사가 조성되고, 창덕궁은 인정전 좌우로 궐내각사가 조성되었는데 대편전인 선정전 앞쪽에 주요 각사가 배치되었다. 그리고 경희궁은 동서축의 주 진입로 남쪽에 주요 관서가 조성되었다. 각 궁궐의 공간구성상 특징으로 다른 배치구조를 보여주고 있지만 정전과 편전 주위에 조성되고 편전의 출입에 편의적인 배치구조를 공통적으로 보여주어 국정업무를 보조하는 궐내각사의 기능과 유기적으로 운영될 수 있는 공간구성을 갖추었다고 볼 수 있을 것이다.

2) 편전의 기능

편전은 국정운영을 위한 시사공간으로서 군신간의 만남과 국정 업무의 보고, 논의 및 결정이 이루어지는 장소였다. 국정운영과 관련하여 편전에서 행해진 기능으로는 상참·시사·윤대·경연·배사拜辭 등 정례적인 업무 이외에 비정례적으로 야대·소대召對·청대請對 등이 행해졌다. 편전에서 시행된 주요기능을 살펴보면 다음과 같다.

(1) 상참

상참常參은 조선초기 조회제 정비과정 속에서 편전이 수행하는 기능이었다. 조회제는 군신간의 접견과 함께 청정聽政을 활성화시키고 군신간의 예도禮度를 마련하고자 정비되었으며, 세종대 조하·조참·상참으로 이상적인 전일제全日制 조회체제를 갖추게 되었다. 정삭正朔·동지冬至와 삭망일朔望日에 거행하는 조하는 축하의식으로 정전인 근정전에서 시행하고, 아일조회에 연원한 조참은 정전의 정문인 근정문에서 시행하도록 규정되었다. 조하와 조참은 군신간의 만남에 형식을 중시한 행례行禮적 성격이 강하였으며 조하와 조참을 제외한 날에 시행하는 상참은 아일조회에서 분리된 조계朝啓에 예도를 마련하여 편전인 사정전에서 실시하도록 정비되었다.197)

상참의식은 조하·조참에 비해 약식으로 진행되며 『국조오례의』의 상참례를 살펴보면 다음과 같다. 국왕의 어좌를 사정전 북쪽 벽에 남향하여 설치하고 향안을 어좌 앞에 설치한다. 상참관의 절하는 위치를 전정殿庭의 동서로 구분하여 설치한다. 동쪽에는 의정부, 이조·호조·예조의 당상관 및 당하관, 한성부 당상관, 사헌부·사간원의 감찰·사관 각 1명씩 참여하며 서쪽에 종친부宗親府·의빈부儀賓府·충훈부忠勳府·중추부中樞府·돈녕부敦寧府의 당상관과 병조·형조·공조의 당상관 및 당하관과 사관 각 1명씩 참여한다. 충훈부 당상관, 의정부·육조의 당하관과 감찰은 당직원當直員만 참여하였다. 참여한 상참관들은 북쪽을 향하고 있다. 계사관啓事官의 2품 이상 위

---

197) 조선초기 조회제도의 정비과정에 대해서는 다음 논문 참조(강제훈, 2004, 「조선 초기의 朝會 의식」 『조선시대사학보』 28).

치는 사정전 안 동쪽과 서쪽에 마련하며 서로 마주보게 하고 북쪽을 윗자리로 하였다. 계사관 3품 이하의 위치는 사정전 안 앞 기둥〔전영前楹〕 사이에 북쪽을 향하는 자리이며 승지는 앞 기둥 사이 중앙, 사관은 기둥 밖 동서로 나뉜다. 북이 3번 울리면 상참관들은 상복 차림으로 합문閤門 밖에 위치하며 국왕은 익선관과 곤룡포 차림으로 어좌에 오른다. 승지와 찬의가 먼저 서쪽 합문을 거쳐 전정에 들어가서 사배 후에 위치하며 이어서 상참관이 동쪽과 서쪽 합문을 거쳐 들어와 서면 배례로서 국궁鞠躬-사배-흥興-평신平身의 절차를 거친다. 사배례를 마친 후 계사啓事할 관원은 사정전 안으로 들어가 위치하며 계사하지 않는 관원은 차례로 퇴장한다. 계사를 마치면 상참관이 나가고 국왕이 내전으로 돌아가게 된다.198)

(2) 윤대

윤대輪對는 편전에서 대신大臣·시종侍從 이외 중간관료와의 인견을 통해 국정운영의 잘잘못을 논의하고 관리의 능력과 자질을 검증하거나, 각 관청의 문제점 등을 진언進言하는 기능을 하였다. 조회·경연과 함께 국왕의 일상적 국정운영으로서 국왕의 근면함과 국정운영에 대한 의견 수렴을 확대한다는 의미, 그리고 중하급 관리를 통한 각사各司의 문제점을 국정운영의 최고 책임자인 국왕이 직접 이해하고 관리할 수 있는 기회이기도 하였다. 또한 군신 간의 질서 확립이라는 의례적인 측면보다 국정운영의 의견수렴을 확대하려는 실질적인 정치적 기능에 주안점을 두었고 이러한 정치적 기능의 중요성으로 윤대는 국왕의 중요한 일정 중에 하나로 이해되고 있었다.

『경국대전』「조의朝儀」에 동반6품과 서반4품의 아문衙門이 차례

---

198) 『國朝五禮儀』 卷3, 嘉禮, 常參朝啓儀.

대로 5인이 넘지 않게 매일 시행하는 것으로 규정되었다. 이후 중종대 매월 3회에 걸쳐 수점受點된 5사司의 관원이 참여하는 것으로 재정비되었으며 이러한 윤대체제는 조선후기까지 이어져 조선시대 윤대제의 항식을 마련하는 계기가 되었다. 그런데, 윤대제의 취지와 목적은 비효율성과 폐단으로 인해 점차 부정적인 인식과 함께 형식적인 시행과 정지가 거듭되었다. 이후 숙종대부터 왕권강화와 연계되어 국왕이 국정을 주도적으로 운영하기 위한 하나의 방안으로서 윤대가 정례화되었다. 숙종대 이후 편전에서 시행된 윤대를 살펴보면 창덕궁의 희정당과 성정각, 경희궁의 홍정당과 경현당 등 소편전에서 주로 시행되어, 조선후기 시사기능이 발달한 소편전이 윤대의 주요 수행장소로 이용되었음을 알 수 있다.199)

(3) 경연

경연經筵은 유교경전과 역사서를 중심으로 국왕에게 성인聖人의 학문을 교육하는 제도이다. 요순堯舜 시대와 같은 사회를 이룩하기 위해 홍문관弘文館 관료와 산림山林이 경연관으로 참여하여 성학聖學의 강론講論이 진행되고 강론과 관련하여 구체적인 국가정책과 현안에 대해서 토론도 이루어졌다. 경연에는 법연法筵[법강法講]인 조강朝講·주강晝講·석강夕講이 있고 수시로 편하게 소규모 형태로 진행되는 소대召對·야대夜對가 있다.200)

경연을 행하는 장소는 실질적 정무활동의 공간인 편전을 이용하였다. 경연은 경연의 종류에 따라 전각 이용의 차이를 보이며 시기적으로 경연 시행과 편전과의 관계도 변하게 되었다. 편전을 의

---

199) 편전에서의 윤대 시행에 대해서는 이 책의 4편 3장에서 자세히 설명.
200) 지두환, 1998, 「조선전기 경연관의 직제의 변천」 『한국학논총』20; 지두환, 2005, 「朝鮮後期 經筵官의 職制의 變遷-山林 經筵官 贊善 進善을 중심으로」 『韓國學論叢』28.

례적이며 공식적 성격이 강한 대편전과 실무적인 시사기능의 성향이 강한 소편전으로 구분해 볼 수 있는데, 경연의 종류에 따라 명확하게 구분되기도 한다. 예를 들어 조선전기에는 법연法筵인 조강·주강·석강이 대편전에서 진행되고 소편전에서는 편의적으로 경연을 행할 수 있는 소대·야대를 시행하는 것으로 경연과 전각의 기능적 분담이 이루어지고 있었다. 이후 후기에는 대편전의 의식기능이 강화되고 소편전의 시사기능이 활성화되면서 대편전에서만 시행되던 조강·주강·석강이 소편전에서도 병행되고 있었다.201)

(4) 기타

편전기능과 관련하여 앞서 상참, 윤대, 경연 등 다양한 시사기능이 수행되었고 이외에 의식 또는 정전에서의 의식과 연계된 보조적 기능을 수행하기도 하였다. 우선 국상國喪과 관련하여 빈전과 혼전이 편전에 설치되었는데 『국조오례의』와 『국조상례보편國朝喪禮補編』에 국왕의 빈전으로 각 궁궐의 대편전이 빈전장소로 명문화되었다. 그리고 창경궁의 문정전은 혼전의 주요 장소로 이용되었다. 친전향축親傳香祝도 편전에서 시행되었는데, 전향축傳香祝은 『세종 오례의』에서 대사大祀와 중사中祀 가운데 주요 의례는 정전에서 행하고 그 외에는 내전內殿에서 전하도록 되었다가, 성종대 『국조오례의』에서 사정전이 전향傳香 장소로 규정되었다. 이후 영조대 『속오례의』에서는 전향 장소가 정전〔인정전〕으로 바뀌게 되고 영조대 이후 정전의 주요 기능으로 자리잡게 되었다. 하지만 전향축이 영조대에 정전에서만 시행되지 않고 상대적으로 적지만 편전에서도 전향축이 진행되었다.202) 이외에 조알朝謁·망곡례望哭禮·거애擧哀·작헌례酌獻禮·동가고유제動駕告由祭 등이 다른 장소에서

---

201) 경연과 편전이용과의 관계에 대해서는 이 책의 4편에서 자세히 설명.
202) 정전에서의 전향축 의례에 대해서는 이 책의 3편 2장에서 자세히 설명.

시행되면서 편전도 이용하였다.

이외에 정전에서 거행되는 의식을 보조하는 기능이 있다. 우선 국왕은 정전에서 의식이 거행되기에 앞서 대기 장소로서 편전을 이용하였다. 예를 들어 조하 절차를 간략히 살펴보겠다. 초엄初嚴을 알리면 정전 내에 군사軍士·노부鹵簿·여연輿輦 등 의례 준비가 이루어 지고 이엄二嚴 후에는 종친·문무백관 등이 정전의 전문殿門 밖에서 그리고 객사客使는 홍례문 밖에서 대기하며 왕세자는 근정문 밖 막차로 나아간다. 그리고 여러 호위 관원과 사금司禁은 기복器服을 갖추고 상서원尙瑞院 관원은 어보御寶를 받들고 모두 사정전 합문閤門 밖에서 기다린다. 중엄中嚴을 알리면 국왕은 면복을 갖추고 사정전에 거둥한다. 삼엄三嚴 후에 먼저 종친·문무 3품 이하가 전정殿庭에 위치하며 외판外辦[외비外備]을 아뢰면 국왕은 사정전 문 앞에 대기한 여輿를 타고 정전으로 나아간다. 그리고 왕세자가 하례賀禮를 하고 나가면 종친과 2품 이상 문무백관, 객사가 하례하는 절차를 거치게 된다.203) 조하의식에서 왕세자가 근정문 밖 막차, 종친·문무백관이 정전 전문 밖 등에서 의식 전에 대기 장소로 이용하듯이 국왕은 의식 전에 의복을 갖추고 사정전에 나아가 대기하였다가 정전에 나가 서 의식에 참여하였다. 또한 어가御駕의 출궁과 환궁 시에 국왕의 출발 장소가 처음에 사정전 합문에서 여를 타고 근정문 앞에서 연을 타며 궁 밖으로 출궁하는데, 환궁 시에는 반대로 해서 내전으로 들어간다. 결국 편전이 정전 의식과 연계되어 국왕의 대기 및 출발장소로 이용됨으로써 의식의 보조적 기능을 수행하고 있으며, 이를 통해 정전과 연접한 대편전이 의식공간의 범주 안에서 함께 운영되고 또한 대편전의 의식공간적 특성을 엿볼 수 있는 부분이 기도 하다.

---

203) 『國朝五禮儀』 卷3, 嘉禮, 正至王世子百官朝賀儀.

그리고 의식의 보조적 기능 이외에 나이 어린 세자가 정전에서 책봉례를 행하는 것이 정신적 육체적 부담이 될 수 있어 정전 대신에 편전에서 책봉례를 행하여 정전의 대체적 기능을 수행하기도 한다. 또한 즉위한 국왕을 대신하여 왕실의 어른인 대비가 수렴청정을 하는 경우에도 대비전이 아닌 소편전을 이용하고 있었다.

제편

⋮

정전의 운영과 변화

1. 조선전기 정전의 운영과 변화

1) 청정聽政기능 분리와 유교적 의례 공간화

조선은 성리학 이념을 바탕으로 예치禮治사회를 지향하며 예제적
禮制的 실천을 위한 전범典範으로서 오례五禮체제에 기반한 국가전례
國家典禮 정비사업을 지속화하였다. 국가전례 정비는 예서禮書 편찬
과 함께 규범화된 의례를 모범적으로 실천하기 위해 궁궐과 종묘·
사직·왕릉 등 다양한 공간에서 의례를 시행하였다. 예제원리에 충
실한 실천적 주요공간으로서 왕실가족의 거처이며 국정운영의 중
심공간인 궁궐이 대표적이었다. 궁궐에서는 국정운영 측면에서 국
가이념과 원리, 실천적 과제를 현실적인 정치활동으로 구체화할
수 있었고 또한 국정운영의 본질을 체계적으로 담고 있는 의례를
통해 국정운영의 상징성과 실천성을 동시에 보여줄 수 있었다.

궁궐에서 성리학적 예제 구현의 실천성과 상징성을 보여주는 대
표적인 장소가 정전正殿이라고 할 수 있다. 정전은 법전法殿이라고
도 불리며 궁궐과 궁궐 외전의 중심적인 공간이다. 『궁궐지』에
기록된 정전의 의미를 살펴보면 수조受朝의 장소로서 조회의 공간
으로 기재되어 있다.204) 조회는 군신간의 만남을 통해 국왕과 신
하와의 질서를 의례적으로 표현하고 국정을 논의하여 상하와 만민
의 소통을 구현해내는 의식이었다. 정전의 의미를 '수조受朝'라고
표현하였지만 정전에서는 조회 이외에도 하례·책봉·사신접견·과거
등 국가와 왕실의 주요 의례를 거행하여 궁궐에서의 대표적 의식
공간으로 운영되었다.

---

204) 『宮闕志(영인본)』卷1, 勤政殿, "受朝賀正殿"; 『宮闕志(영인본)』卷2, 仁政
殿, "受朝正殿也"; 『宮闕志(영인본)』卷2, 明政殿, "卽昌慶宮法殿也"; 『宮
闕志(영인본)』卷4, 崇政殿, "受朝正殿".

그런데 정전이 조회를 비롯한 다양한 의식 등을 거행하는 의례적 공간으로 이해되고 있지만, 건국 초기에는 정전이 의식만을 거행하는 공간으로 제한되지 않았다. 초기 정전 운영의 기록을 살펴보면 국왕의 근면한 국정참여를 위해 조회를 마치거나 평소에 신하들을 접견하고 국정을 청단하도록 요청하는 사례들이 보이고 있다. 결국 정전이 의식만을 행하는 공간이 아니라 만기재결萬機裁決·치도治道·강론講論·인견引見 등을 포괄적으로 수행하는 공간으로 인식하고 있었다.205)

태조~태종대 국왕의 근면한 국정참여가 정전을 중심으로 운영되기를 요청하는 사례들은 많이 있지만 대표적으로 태종대 참찬문하부사參贊門下府事 권근權近이 상서上書한 기사를 인용해 보면 정전에 대한 전반적인 인식을 이해하는데 그 단초가 될 수 있을 것이다.

참찬문하부사(參贊門下府事) 권근(權近)이 상서(上書)하였다.....
둘째는 청정(聽政)을 부지런히 하는 것입니다. 예전에 인군(人君)이 매일 새벽에 조정에 앉아서 정사를 들었는데, 진(秦)나라 2세(二世)로부터 깊이 궁중에 있어 환자(宦者)로 하여금 명령을 전하게 하였고, 수(隋) 양제(煬帝)가 또 닷새에 한 번 조회를 보았으니, 이것이 모두 나라를 망치는 정사입니다. 전조(前朝)의 말년에 이 법을 준용(遵用)하여 닷새에 한 번씩 조회하여, 이것을 아일(衙日)이라고 하였는데, 혹은 궁중에서 나오지 아니하고 멀리서 조례(朝禮)를 받고, 혹은 예(禮)만 받고 정사는 듣지 아니하며, 혹은 그 예까지 아울러 폐하여, 한갓 그 이름만 있고 실상은 없어서, 날로 능이(陵夷)해져서 나라를 잃는 데에 이르렀으니, 이것은 은(殷)나라의 감계(鑑戒)입니다.....①
아일 새벽마다 주상께서 정전(正殿)에 나와 앉으시면, 백관들이 차

205) 정전을 만기재결, 치도, 강론, 인견 등의 청정(聽政)공간으로 인식하고 있는 태조~태종대까지 『실록』기사 내용은 다음과 같다. 太祖 1年 9月 14日 (壬辰); 太祖 3年 4月 22日(辛卯); 定宗 2年 8月 14日(丙午); 太宗 1年 1月 14日(甲戌); 太宗 2年 6月 18日(庚午); 太宗 4年 9月 16日(甲寅); 太宗 5年 5月 17日(辛亥); 太宗 5年 7月 21日(甲寅); 太宗 5年 9月 11日(癸卯); 太宗 9年 8月 9日(戊申); 太宗 12年 3月 5日(己丑); 太宗 14年 8月 27日(丁卯); 太宗 16年 6月 1日(辛酉).

례로 반열(班列)을 지어 상의(常儀)와 같이 사배(四拜)하고 나서, 동서로 상향(相向)하여 나누어 서면, 판각(判閣)이 뜰 가운데로 나아가서 북면(北面)하고 서서 말하기를, '각사(各司)에서 일을 아룁니다.'하고, 차례로 정승 이하 양부(兩府)의 관원으로서 응당 전(殿)에 오를 자를 인도하여 전상(殿上)에 나아가서 일을 아룁니다.....②비록 아일이 아니더라도 주상께서 또한 정전(正殿)에 나와 앉으시고, 무릇 일을 아뢸 자는 모두 친히 품(稟)하게 하고, 중관(中官)으로 하여금 명령을 전하게 하지 마시어, 막고 가리는 것을 방지하소서.....③세째는 조사(朝士)를 접견(接見)하는 것입니다.....이제부터는 항상 정전(正殿)에 나 앉으시어 종일토록 경사(卿士)를 접견하시고, 외임(外任)으로 나가게 되어 하직하는 자나 밖으로부터 와서 조회하는 자가 있으면, 관품(官品)의 귀천(貴賤)을 논할 것 없이 모두 접견(接見)을 허락하시어 따뜻한 말로 위로하고, 맑은 물음〔청문(淸問)〕으로 들으시오면, 여러 신하가 모두 감격한 마음이 있고, 전하께서 두루 민간의 일을 알 것이오니, 그 이익이 어찌 크지 않겠습니까.....206)

위의 내용은 국왕의 부지런한 청정聽政을 요청하면서, 옛 인군人君이 매일 조정에서 정사政事에 참여한 전례前例를 들어, 아일조회衙日朝會에서 조알朝謁의 예를 다하고 계사啓事를 들어 청정聽政의 도道를 실천하면서 아일衙日 이외에도 적극적인 청정 시행을 권하고 있다. 더 나아가 항상 정전에 임하여 관품의 귀천을 논하지 말고 접견을 확대하도록 권하고 있다. 국왕의 근면한 국정참여가 '정전'을 중심으로 언급되고 있으며 정전의 시사적 기능은 조회의 계사와 같이 의례적인 시사 이외에 만기재결·인견 등 일상적인 시사공간으로 이해되고 있었다.

또 다른 사례로서 태종대 사관입시와 관련하여 정전과 편전의 이용에 대해 언급한 기사가 있다.

---

206)『太宗實錄』卷1, 太宗 1年 1月 14日(甲戌).

춘추관(春秋館) 기사관(記事官) 등이 상서(上書)하여 편전(便殿)에 입시(入侍)하기를 청하니, 윤허(允許)하지 아니하였다. 상서(上書)는 이러하였다.

"예전에 열국(列國)에서는 각기 사관(史官)이 있어서, 무릇 군상(君上)의 일이라면 크게는 언행(言行)과 정사(政事)를, 작게는 동정(動靜)과 언동(言動)을 상세히 기록하여 후세에 보이지 않은 것이 없었으로, 권계(勸戒)하는 바가 있었습니다. 이것이 선왕(先王)이 관직(官職)을 설치한 뜻입니다. … 전하께서는 천종(天縱)의 학문으로 고금(古今)에 두루 통하고, 천조(踐祚)하신 이래, 무릇 시행하시는 바는 움직이면 옛 선철왕(先哲王)을 본받으십니다. 그 정전(正殿)에 임어(臨御)하여 대신을 접견하시고, 만기(萬機)를 청단(聽斷)하실 때에는 반드시 신 등으로 하여금 전(殿)의 섬돌에 입시(入侍)하게 하여, 신 등이 천일(天日)의 광명(光明)과 가언(嘉言)·선행(善行)의 선포(宣布)와 대신·대간(臺諫)의 계사(啓事)를 몸소 보고, 모두 견문할 수 있게 하여, 신 등의 직책을 덜 막으신다면, 옛 선철왕(先哲王)의 사관(史官)을 대우한 것이 어찌 이에 지났겠습니까? 그러나 전하께서는 봄부터 가을까지 청화정(淸和亭)에 임어하기도 하고, 혹은 편전(便殿)에 임어하기도 하여, 만기(萬機)를 청단(聽斷)하고 대신을 예(禮)로 접견하면서도, 신 등으로 하여금 입시(入侍)하게 하지 못하도록 하니, 그 사이에 언어(言語)와 정사(政事)가 가히 본받을 만하고, 가히 권계(勸戒)할 만한 것이 많을 터인데, 신 등이 바깥에 있으므로, 비록 일의 전말과 사유를 기록하고자 하더라도 그만입니다.… 원하건대 이제부터 만기(萬機)를 청단(聽斷)하고 대신을 예(禮)로 접견할 때이면, 비록 청화정이나 편전(便殿)에서라도 반드시 신 등에게 명하여 입시(入侍)하도록 하소서."[207]

위 기사는 태종 4년(1404)에 춘추관에서 글을 올려 정전에서와 같이 편전에서도 사관이 입시할 수 있도록 요청하는 내용이다. 당시는 태종이 개경의 수창궁에서 머물러 경복궁과 창덕궁에 거처한 사례가 아니지만 정전과 편전의 운영에 대해 이해할 수 있을 것으

---

207) 『太宗實錄』 卷8, 太宗 4年 9月 16日(甲寅).

로 생각되어 참고해 보았다. 내용을 확인해 보면, 국왕이 정전에서 대신을 접견하고 만기를 청단하는 국정업무를 행할 때에 사관이 입시하였지만 동일한 국정활동인 접견과 청정이 편전에서 이루어질 때에는 사관의 입시가 제한되어 사관의 직무를 다할 수도 없고 이러한 방식은 올바른 국정운영 방법이 아니라는 의견이다. 위 내용을 통해 사관의 기록 영역이 정전에서 편전으로 확대되어208) 편전의 공적 성격화 과정으로 볼 수 있으며, 또 다른 측면에서는 정전이 의식을 거행하는 주 기능 이외에 군신간의 접견과 만기처결의 청정장소로 병행하고 있음을 알 수 있다.

정전에서 의례적 행사와 함께 일반 정무활동을 병행하게 된 것은 당시 궁궐과 정전, 편전에 대한 인식에 그 배경을 두었다고 여겨진다. 정전은 어찌보면 유일한 공적公的 영역인 외전의 중심전각으로 인식되고 정전 이외에 편전과 침전 등은 사적私的 영역으로 내전적 성격이 강하여 사관의 입시를 정전에서 허용하지만 편전에서는 불허하는 태종대의 인식이 이를 반영한다고 볼 수 있다. 또한 시기적으로 궁궐의 내외 영역 구분이 달라지는데, 예를 들어 태종대 작성된 『태조실록』의 경복궁 창건 기사에는 내전 영역이 침전과 편전, 보평청 등이며 정전은 상대적으로 외전 영역으로 구분하고 있다. 이후 세종대 작성된 『태종실록』의 창덕궁 창건 기사에는 침전을 중심으로 한 내전영역과 편전, 보평청, 정전이 외적 영역으로 구분되고 있다. 편전을 중심으로 내외의 구분이 경복궁과 창덕궁에서 차이를 보이는 것은 시기별로 편전인식의 변화를 반영하였다고 볼 수 있다. 그리고 태종대까지 정전은 외전으로 공공성이 강하고 편전은 사적 영역으로 인식하여 국왕의 근면한 정무활동을 요구할 때 그 시행 장소로 정전이 언급될 수밖에 없었고,

---

208) 태종대 사관의 인식변화와 사관 입시의 영역확대에 대해서는 다음 도서 참조(오항녕, 2009, 『한국 사관제도 성립사』, 일지사, 254~261쪽).

실질적으로도 정전이 공적인 정무활동 공간으로 운영되어 의식 이외에 다양한 시사기능도 병행하였다고 여겨진다.209)

세종대에 들어와 정전은 운영방식이 변화하게 되었다. 정전이 수조受朝와 청정聽政을 병행하는 공간에서 청정 기능은 편전으로 이전되고 조회를 비롯해 각종 의례가 거행되는 의식공간적 성격과 기능이 체계를 갖추기 시작하였다. 세종대에는 유교적 이상사회를 구현하기 위해 고제古制연구와 함께 국가의 문물제도를 정비하였다. 그 과정의 일환으로 군신간의 만남을 정례화하면서 예도禮度를 갖추기 위해 전일제 조회제도가 정비되기 시작하였다.

조회제의 정비과정은 조선초기에 고려의 6아일衙日 제도의 관행에 따라 매 아일마다 수조와 청정을 병행하였지만 원활하게 시행되지 못하였으며 더욱이 매일 조회와 청정을 시행하였던 옛 선왕들의 전례에 비추어보더라도 아일조회는 이상적인 유교적 군주상과도 거리감이 있었다.210) 또한 청정을 위한 신료들의 조계는 예도의 규정이 없다는 지적이 계속되고 있었다.211) 이후 조회제도는 세종대에 조하·조참·상참으로 구분하여 천도天道의 변화에 반응하면서 이상적인 전일제 조회체제를 갖추어, 정삭正朔·동지冬至와 삭망일朔望日에 거행하는 조하는 축하의식으로 정전인 근정전에서 시행하고, 아일조회에 연원한 조참은 아일에 정전의 정문인 근정문에

---

209) 『太宗實錄』 卷23, 太宗 12年 3月 5日(己丑), "司諫院上疏 疏曰 今我殿下 日御正殿 延訪群臣 詢咨治道 其好問之美 爲政之勤 誠近古以來未有之盛也. 但於前月講武之擧 令臺諫法官不獲扈從 臣等請欲侍從 累次詣闕 一不得達 將恐言路之塞 自此而始也. 願自今 臺諫欲有言焉 輒令聞達 以昭殿下納諫之 美. 且閱兵講武 古之制也 非爲一身逸豫之計 固當整備儀衛 率禮而行. 今殿 下特從簡易 至使臺諫法官 不得隨輦 其於講武之禮何 伏望殿下 每於講武之 行 令臺諫法官 皆得侍從 以爲成憲. 上曰 所言是矣 予將改焉".

210) 『太宗實錄』 卷1, 太宗 1年 1月 14日(甲戌).

211) 『太宗實錄』 卷25, 太宗 13年 3月 16日(乙未).

서 시행하도록 규정되었다. 조하와 조참은 군신간의 만남에 형식을 중시한 행례적 성격이 강하였으며 조하와 조참을 제외한 날에 시행하는 상참은 아일조회에서 분리된 조계에 예도를 마련하여 편전인 사정전에서 실시하도록 정비되었다.212)

세종대 조회의 전일제 체제가 구축되어 조회의 의례적인 규범이 정형화되는 가운데, 공간적으로 행례적 성격의 조하·조참은 정전영역인 정전과 전문殿門에서 시행되고 계사에 의례적 요소가 가미된 상참은 시사가 주 목적이기에 편전에서 행해졌다. 조하·조참·상참의 조회체제가 의식과 청정공간으로 구분되는 것은 세종대 문물제도 정비가 장소성도 포함되어 체계를 잡아가는 모습이며 의례를 통해 궁궐의 각 공간운영이 규정화되는 과정이라고도 할 수 있다. 그리고 세종대에 오례五禮가 정비되면서 조회제를 비롯한 주요 의식의 절목과 참여대상·시기·장소 등이 규정화되는데 궁궐에서 거행하는 주요의식은 정전을 중심으로 정리되어 정전의 의식공간화는 한층 강화되었다고 볼 수 있다.

정전의 의식공간화와 그 궤를 같이하여 편전은 공적인 청정공간으로서 자리잡게 된다. 편전은 정전의 의식절차 중에서 국왕의 대기·출발장소로 이용되어 의례의 보조적 기능과 함께, 사관·대간의 입시가 가능해지고 국왕의 청정공간으로서 계사에 형식성이 더해진 상참을 비롯해 실질적이며 다양한 국정활동으로 인견, 경연, 윤대 등을 수행하여 공공장소성과 시사중심의 공간으로 그 기능과 성격이 정착되어 간다고 볼 수 있을 것이다.213)

조선은 건국이념인 성리학을 바탕으로 예치사회를 지향하여 유교

---

212) 조선초기 조회제도의 정비과정에 대해서는 다음 논문 참조(강제훈, 2004, 「조선 초기의 朝會 의식」『조선시대사학보』28).
213) 편전의 공적성격의 강화에 대해서는 4편 1장에서 자세히 설명.

적 의례를 정비하고 궁궐 정전과 각종 의례 장소에서 실천적인 의례 시행을 추진하였다. 하지만 조선초기 궁궐의 정전운영양상을 보면 유교적인 의례 이외에도 다양한 비유교적 의식이 병행되고 있었다.

> 간관(諫官)이 글을 올려 일을 말하였다…5일에 한 번씩 조회를 보는데, 다만 여러 신하가 조알(朝謁)하는 예만 있고 정사를 듣고 일을 아뢰는 절차는 없습니다. 또 근정전(勤政殿)은 실로 정사를 듣고 다스림을 내는 곳인데, 매양 승려(僧侶)〔부도(浮屠)〕로 하여금 그 가운데에서 경(經)을 외우게 하니, 특히 대궐을 이름 지은 뜻을 잃는 것이오니, 원컨대 지금부터는 조회를 받기를 마치면 백사(百司)에 명하여 관품(官品)의 고하를 물론하고 때의 마땅한 것을 들어와 아뢰게 하여 채택하여 청납(聽納)하소서…214)

위의 기사는 간관諫官이 시무에 관한 쇄신책을 올리는 내용 가운데, 궁궐 정전에서 시행되는 조회가 조알朝謁만 있고 청정의 기능을 다하지 못하고 있으며 정전인 근정전에서 불교 의식이 시행되는 폐단을 지적하고 있다. 이러한 지적은 조선 초기 정전에서의 청정 기능이 활성화되기를 바라는 의견과 함께 예치사회의 이상을 구현하는 대표적 공간인 정전이 비유교적 의식을 시행하여 정전 운영의 잘못을 언급하고 있었다.

조선초기 궁궐 정전에서는 실제적으로 다양한 불교 의식이 시행되고 있었다. 경복궁 근정전에서 승려 800명을 모아 『금강경金剛經』을 강講215)하거나 화엄삼매참華嚴三昧懺 법석法席216) 등의 불교 의식이 시행되었다. 궁궐 정전에서 불경을 강하고 법석을 여는 불

214) 『太祖實錄』卷11, 太祖 6年 4月 25日(丁未), "五日一視朝 徒有群臣朝謁之 禮 而無聽政啓事之儀. 且勤政殿 實聽政出治之所 每使浮屠 誦經其中 殊失 名殿之義. 願自今受朝訖 命百司勿論官品高下 入啓時宜 裁擇聽納".
215) 『太祖實錄』卷9, 太祖 5年 4月 29日(丙辰), "集僧八百于勤政殿 講金經".
216) 『太祖實錄』卷13, 太祖 7年 1月 7日(乙卯), "設華嚴三昧懺法席于勤政殿 命諸倉庫設供具 侈靡太甚. 宦者金師幸所爲也. 赴會緇徒百八".

교의식이 시행될 수 있었던 것은 당시의 시대적 배경과 연계될 수 있다. 조선초기에는 당시 억불정책이 시행되면서도 재난을 피하고 복을 바라는 기양소재祈禳消災와 명복기원冥福祈願의 종교적 요소와 성격으로 인해 왕실과 민간에서 공적公的으로 전승되고 있었으며217) 이러한 배경에서 유교의례 공간인 정전에서도 불교적 의식이 병행되었다고 볼 수 있다. 태조대 근정전에서 불교의식을 거행한 사례는 이후 정종대에도 이어진다. 정종은 부엉이가 울자 기양祈禳의 목적으로 수창궁 정전에서도 승려로 하여금 금강경을 읽게 하였다.218) 이러한 정전에서의 불교의식은 태종대 이후에는 사라지게 되었다. 반면에 궁궐에서 재난대응의 기양의례祈禳儀禮로서 구일식求日食과 해괴제解怪祭219)가 지속되고 있었다. 해괴제의 설행 이유로 궁궐 안에서 부엉이가 울면 시행하였지만 세종 17년(1435) 12월부터는 경복궁 근정전에서만 부엉이가 울 때 설행하는 것으로 제한하였다.220) 해괴제의 대상이 궁궐 전체에서 정전으로 한정된

---

217) 한우근, 1957,「麗末鮮初의 佛教政策」『서울大學校論文集』6.
218)『定宗實錄』卷5, 定宗 2年 8月 21日(癸丑), "邀僧二七 令讀金經於正殿 以禳僬鶹".
219) 해괴제는 자연의 기이한 현상을 해소하려는 기양의례(祈禳儀禮)이다. 해괴제의 대상은 산의 붕괴, 돌의 종소리, 지진, 해수의 적조, 들짐승과 날짐승의 출현 등 비일상적인 일이 발생할 때 설행하였다. 고려시대부터 서운관의 주관으로 시행되었으며 조선전기에 빈번하게 설행되다가 문종대부터 해괴제의 제사 대상이 사직으로 변화하였다. 조선초기의 해괴제의 주요 대상은 야조(野鳥)의 출현이며 『고려사』「오행지」에 화(火)에 속하는 재이(災異) 중 부엉이·올빼미·야학·꿩·까마귀·까치·소리개 등의 출현과 함께 특히 무리지어 궁궐에 몰려들거나 기형의 출산 등을 병화와 화재의 예견으로 해석되었다. 해괴제는 점차 지진이 발생했을 때로 좁혀져 선조대에 오면 해괴제가 지진에 설행하는 것으로 관례화되었다. 해괴제는 조선전기에 많은 종류의 자연변이를 해괴제로 대응하였으나 차츰 지진만으로 축소하면서 서운관원이 설행하던 것을 지방관이 치제토록 하고 사직을 주신으로 하는 유교식 재난대응으로 변화하여 갔다(이욱, 2009,『조선시대 재난과 국가의례』, 창비, 121~127쪽).
220)『世宗實錄』卷70, 世宗 17年 12月 21日(戊午), "上曰 今後鵂鶹鳴于勤政殿 則行解怪祭 他處則勿行".

것은 당시 기양의례를 축소·폐지하는 과정에서 상징적으로 궁궐을 대표하는 정전의 해괴제 원인을 그 대상으로 삼았다고 볼 수 있다.

이상과 같이 궁궐에서 성리학적 예제 구현의 실천성과 상징성을 보여주는 대표적인 장소가 정전正殿이었다. 정전은 조회 이외에도 하례·책봉·사신접견·과거·즉위 등 국가와 왕실의 주요 의례를 거행하여 궁궐에서의 대표적 의식 공간으로 운영되었다.

그런데 조선초기에는 의식공간 이용 이외에 군신간의 만남이 상시적으로 행해져 국정을 논의하고 군신 상하간의 소통이 이루어지는 청정聽政 공간으로도 이용되었다. 의례와 청정을 종합적으로 수행하던 정전은 청정기능이 사라지고 의식 중심으로 운영방식이 변화하였다. 유교의례가 정비되면서 의례의 장소성도 체계를 잡아가 행례 중심의 공적 공간으로 정비되었다고 여겨진다. 하나의 사례로 조회제가 정비되면서 조알과 청정이 병행되던 절차가 조하·조참에서는 행례 중심의 조회로 정전 영역에서 거행되었고 조계에 의례를 도입하여 정립된 상참은 청정의 공간인 편전에서 시행되었다. 결국 조회제의 정비과정을 통해 행례와 청정이 분리됨으로서 공간적으로는 정전과 편전의 기능적 구분이 가능하게 되었고 정전은 의례공간화의 과정을 거치게 된 것을 확인할 수 있었다.

한편 조선의 건국이념을 성리학으로 표방하였지만 초기에 기양의례로서 비유교적인 의례가 궁궐 정전에서 시행되기도 하였다. 하지만 유교식 국가의례를 정착시켜가는 과정에서 불교의식과 같은 비유교적 의례가 시행되었다가 폐지되었다.

결국, 의례 정비과정을 통해 의례시행의 장소성과 공간별 기능이 규정화되면서 정전은 의식과 청정을 병행하다가 의식만을 시행하는 단일적인 성격과 기능을 정립해 나가고, 편전은 청정 기능의 전담과 함께 의식의 보조·대체적 기능을 수행하게 되었다. 조선전기에 정전과 편전은 운영방식에서 기능적 차별성과 고유성을 확보하게 되고 공간적으로 기능상의 분리성과 의례상의 연계성을 갖는 독특한 특징을 보여주고 있었다.

2) 연회宴會 설행의 축소와 정전 활용 변화

조선시대 궁궐에서는 회례연會禮宴·풍정豊呈·진연進宴·양로연養老宴 등 다양한 연회宴會가 행해졌다. 연회는 단순히 안락宴樂을 즐기는 것이 아니라 군신 간의 화합과 왕실의 친인척 사이에서 친애親愛를 쌓아가고 노인을 공경하기 위한 의례로서 운영되었다.221) 각 연회는 예전禮典인 『세종 오례의』·『국조오례의』·『속오례의』와 법전인 『경국대전』 및 『실록』 등의 기록을 통해 연회의 의미와 참여대상, 시기, 절차 등을 파악할 수 있다.

연회는 설행의 목적과 의미, 규모 등에서 시기적으로 변화하는 모습을 보여주고 있다. 조선전기에는 국왕을 신성하게 여겨 신하들이 국왕에게 올리는 회례연·풍정 등이 행해지고 왕실 내에서는 소규모로 곡연曲宴을 행하였다. 그리고 스승 공경의 의례로서 양로연이 행해졌다. 이들 연회는 점차 사치를 막기 위해 회례연·풍정보다 규모가 작은 진연進宴으로 바뀌었다.222) 조선후기에는 진연이 회갑연, 혼인 잔치 등 특별한 날에만 행하는 것으로 변화하였다.223)

궁궐에서의 연회 장소는 그 대상과 목적에 따라 정전, 편전, 왕

---

221) 김종수, 2000, 「조선시대 궁중연향 고찰-進宴을 중심으로-」 『韶巖權五聖博士華甲紀念 音樂學論叢』, 민속원, 232쪽.
222) 진연(進宴)의 용어는 성종대부터 등장하여 연향을 올린다는 일반적 의미로만 사용되다가 효종대 이후부터 풍정(豊呈)보다 작은 규모의 연회라는 특수한 의미로 사용되기 시작하였다(김종수, 2003, 「奎章閣 所藏 연향 관련 儀軌 고찰」 『한국학보』 113, 일지사, 68쪽).
223) 지두환, 2003, 「朝鮮時代 宴會 儀禮의 변천」 『한국사상과 문화』 19.

비전, 대비전 등 다양한 곳에서 행해졌으며, 그 중에서 정전은 국가와 왕실의 주요 의식이 이루어지는 공간으로서 기념일을 축하하고 군신간의 화합과 노인공경의 국가정책을 구현하는 장소로 이용되었다. 정전에서는 회례연·풍정·진연·양로연·음복연 등 다양한 연회가 시행되었는데, 연회의 목적에 따라 축하와 화합, 공경 등의 의미를 적극적으로 표출할 수 있도록 공간적으로 광명정대한 정전을 적극 활용하여 시행되었지만 점차 연회를 받는 대상과 규모 등이 축소되면서 정전에서의 시행도 함께 축소되는 경향을 보이고 있다. 연회 설행과 관련한 정전 운영의 변화는 조선 전기부터 나타나는 것으로 보여지며, 조선전기에 나타난 정전에서의 연회 시행을 살펴보면서 정전 운영과의 상관성을 검토해보고자 한다.

우선 '회례연會禮宴'은 매년 정조正朝와 동지冬至의 조하朝賀 후에 행하며 왕세자, 문무관이 모두 잔치에 참석하고 왕비는 내전內殿에서 별도로 잔치를 베풀어 왕세자빈, 내외명부가 모두 참석하는 연회였다.224) 『세종 오례의』와 『국조오례의』에는 정지회의正至會儀, 중궁정지회명부의中宮正至會命婦儀로 그 의주가 정리되었고225) 시행 장소는 경복궁 근정전과 (중궁)정전으로 규정되어 있다.226) 회례연은 세종대 성리학 이념에 충실하기 위해 송나라 제도에 가깝게 만들어가는 문물정비 과정에서 회례연이 시작된 것으로 여겨지며, 군신간의 화합을 위해 연례적으로 행하다가 성종~명종대

---

224) 『經國大典』, 禮典, 宴享條.
225) 정지회의에 대해서는 다음 논문 참조(강제훈, 2010, 「조선시대 정지회의(正至會儀) 연구」 『조선왕실의 가례』 2, 한국학중앙연구원).
226) 회의(會儀)는 망궐례와 조하 후에 거행하는데, 별도로 어좌의 위치를 근정전으로 기술하고 있지 않다. 조하에 이어서 진행되기에 별도 기술을 하지 않은 것으로 여겨지며 회의(會儀)의 근정전 시행은 '근정전정지회백관지도(勤政殿正至會百官之圖)'에서 확인할 수 있다.(『國朝五禮儀序例』 卷2, 嘉禮, 排班圖).

흉년과 자연재해 등의 이유로 거의 행해지지 않고 왕비와 왕세자 책봉과 같은 특별한 날 위주로 행해지곤 하였다. 이마저도 선조대에는 왕비 책봉으로 왕비가 내외명부에 베푸는 연회로만 시행되었다.227) 회례연의 시행장소는 의주에 정전인 근정전으로 표기되었지만 다른 궁궐의 정전인 창덕궁 인정전, 창경궁 명정전에서도 시행되었다. 시어소時御所의 정전에서 회례연이 열리기도 하였지만 정지正至를 기념하여 대비전에 축수祝壽를 드리는 연회를 열고 대비전이 있는 창경궁 명정전에서 회례연을 개최하기도 하였다.228)

'풍정豊呈'은 『경국대전』 및 『세종 오례의』·『국조오례의』 등에 나타난 기록은 없다. 다만 세종실록에 강무講武 후에 풍정을 올리는 의주儀註만 보여진다. 풍정의 시행은 태종대~성종대까지 종친·공신, 왕비가 국왕에게 수시로 올리던 연회였지만 점차 탄일·명절에 제한적으로 올렸고 중종대에는 국왕이 대비전에게 올리는 연회로 변화하였다.229) 풍정은 태종대~숙종대까지 정전·편전·침전·대비전 및 기타 전각과 궐외 등 다양한 장소를 이용하였는데230) 정전에서 시행한 풍정은 세종과 세조대에만 나타나며 중종대부터 풍정이 대비에게 올리는 연회로 성격이 변화하면서 세조대 이후에는 정전에서 시행한 사례가 없게 되었다. 세종대에는 근정전, 사정전, 강녕전, 경회루 및 궐외에서 풍정이 올려졌는데, 근정전에서는 세종 16년(1434) 3월에 1회 시행되었다.231) 당시에는 의정부와 육조가 강무 이후에 또는 단오端午·정조正朝·탄일誕日 등의 명절에 풍정을

227) 지두환, 2003,「朝鮮時代 宴會 儀禮의 변천」『한국사상과 문화』19, 175~178쪽.
228) 『成宗實錄』卷211, 成宗 19年 1月 1日(丙申).
229) 지두환, 2003,「朝鮮時代 宴會 儀禮의 변천」『한국사상과 문화』19, 167~175쪽.
230) 지두환, 2003,「朝鮮時代 宴會 儀禮의 변천」『한국사상과 문화』19, 표-1 참조.
231) 『世宗實錄』卷63, 世宗 16年 3月 13日(庚寅).

올리는 것이 정례화되어 점차 군신간의 회례연으로 그 성격이 변하고 있었다.[232] 세종 21년(1439) 3월에는 강무 후에 궁궐〔정전〕에서[233] 올리는 풍정의 의주가 마련되었다.[234] 세조대에는 풍정의 시행이 보다 많아지는데, 총 48회 중 정전에서 시행된 횟수는 근정전(3회)과 인정전(1회)에서 4회에 걸쳐 시행되었다.[235]

'양로연養老宴'은 매년 늦가을〔계추季秋;음력9월〕에 80세 이상의 대소인원大小人員에게 베푸는 연회였다.[236] 양로연은 노인을 공경하는 잔치이지만 노인들이 많은 경험을 가졌으므로 스승과 같다는 의미에서 스승을 공경하는 사제師弟관계의 상징적 의례의 의미를 담고 있다. 양로연은 세종대에 처음 시행되었는데,[237] 세종대에 문묘文廟에서 스승 공경의 방법으로 삼로오경제三老五更制, 임옹배로臨雍拜老, 양로연 중에 첫 번째 단계인 양로연을 궁궐에서 스승 공경의 모범을 보인다는 의미에서 출발한 것이었다. 이러한 전통은 성종대에 성균관에서 알성양로謁聖養老라는 이름으로 행해지게 되었다[238] 이후에 양로연은 중종~명종대에 재해로 인해 시행이 급감하고 선조~현종대에는 양로연의 기록이 없으며 숙종대 이후에는

---

232) 지두환, 2003, 「朝鮮時代 宴會 儀禮의 변천」 『한국사상과 문화』 19, 169쪽.
233) 세종 21년 3월의 풍정의주에는 풍정의 장소가 명확히 기록되어 있지 않지만 국왕의 입장·퇴장 절차에서 전하(殿下)가 여(輿)를 타고 나오고 예(禮)를 마친 후에 여(輿)를 타고 내전(內殿)으로 돌아가는 점, 그리고 회례연 성격으로 변화한다는 점에서 『국조오례의』 정지회의(正至會儀)와 비교해 보면 유사성이 보여 풍정의주의 장소는 정전으로 볼 수 있다.
234) 『世宗實錄』 卷84, 世宗 21年 3月 2日(庚戌).
235) 지두환, 2003, 「朝鮮時代 宴會 儀禮의 변천」 『한국사상과 문화』 19, 표-1 참조.
236) 『經國大典』, 禮典, 宴享條. 『국조오례의』에는 양로연 시행시기를 중추(仲秋)로 기재.
237) 『文宗實錄』 卷4, 文宗 卽位年 11月 22日(壬戌), "而我世宗創立會禮養老宴之樂 自然復舊 重新於今日 永傳於後世 一擧而萬全矣"; 『世宗實錄』 卷61, 世宗 15年 閏8月 3日(癸丑).
238) 문화재관리국·국민대학교한국학연구소, 1997, 『朝鮮時代 養老宴儀禮와 御宴儀禮의 硏究』, 43~44쪽. 『成宗實錄』 卷91, 成宗 9年 4月 3日(甲午).

즉위식, 환갑 등 국왕과 대비 등의 기념일과 병행하여 행해지는 경향을 보이고 있다.239) 양로연의 축소 대신에 노인직老人職 제수, 세찬歲饌 지급 등의 노인우대 및 구휼정책을 시행하는 양상을 보여주고 있다.240) 양로연 의주는『세종실록』,『세종 오례의』,『국조오례의』에서 양로(연)의養老(宴)儀, 중궁양로(연)의中宮養老(宴)儀, 동궁양로(연)의東宮養老(宴)儀, 개성부급제주부군현양로(연)의開城府及諸州府郡縣養老(宴)儀로 정리되어 있고 국왕이 참여하는 양로의는 근정전, 중궁이 주관하는 중궁양로의는 (왕비)정전,241) 지방에서 수령이 여는 개성부급제주부군현양로의는 정청正廳에서 거행하는 것으로 되어 있다. 국왕이 주관하는 양로연은 정전인 근정전에서 시행하도록 되어 있으며242) 국왕의 시어소에 따라 시어소 정전에서 시행되어 근정전 외에 인정전과 명정전에서도 시행되었다. 예외적으로 세조대 제릉齊陵의 행행陵幸 후에 경덕궁 대명전大明殿에서, 황해도·평안도 순행巡幸 시에 황주黃州·송도松都에서 양로연을 베풀고243) 중종대 여주 영릉 능행 시 여주驪州·용인龍仁(양벽정漾碧亭)

239) 김종수, 2000,「조선시대 궁중연향 고찰-進宴을 중심으로-」『韶巖權五聖博士華甲紀念 音樂學論叢』, 민속원, 64~69쪽.

240) 김종수, 2000, 「조선시대 궁중연향 고찰-進宴을 중심으로-」『韶巖權五聖博士華甲紀念 音樂學論叢』, 민속원, 70쪽.

241)『世宗實錄』卷57, 世宗 14年 8月 21日(丁未), "其日 尙寢率其屬 設幄座於王妃正殿北壁 南向 鋪老婦女等之座於殿上 公主翁主於王妃座東南 重行西向 大夫人夫人王妃座西南 重行東向 設不升殿老婦女座席於東西廊下 皆如上儀 庶人老婦女座於殿庭東西重行 相向北上".

242) 국왕이 주관하는 양로연은 정전(正殿)이 아닌 곳에서도 시행되었다. 예외적으로 편전인 사정전에서 시행되기도 하였고(세종 16년 8월 22일, 세조9년 9월 9일) 홍복전(고종 30년 3월 22일)도 있다.

243) 세조는 세조 5년 2월 전국적인 호패법을 시행하여 집권 통치력을 강화하면서 세조 정권의 위세와 민심수습을 위해 여진족 정벌과 함께 6년 10월부터 황해도·평안도 순행(巡幸)에 나섰다(지두환, 2008,『세조대왕과 친인척』, 역사문화, 95~99쪽). 이러한 정치적 목적 하에서 지역의 민심을 수습하기 위해 양로연 명목으로 주요 지역에서 양로연을 시행한 것으로 볼 수 있다.

및 정조대 화성행차 시에 낙남헌落南軒에서 양로연을 베풀기도 하였다. 중궁양로연은 의주에 (왕비)정전으로 설정되었지만 실제로는 편전에서 시행되어 경복궁 사정전, 창덕궁 선정전에서 시행되고 있었다.244) 왕세자가 대행할 때에는 정전〔인정전〕에서 행하고245) 대리청정 시에는 동궁〔계조당繼照堂〕을 이용하기도 하였다246). 『실록』을 참조하여 세종~명종대 양로연과 중궁양로연의 설행 현황을 정리한 내용은 다음 〔표3-1〕과 같다.

[표 3-1] 세종~명종대 양로연 및 중궁양로연 설행(設行)

구분	양로연				
	경복궁 근정전	창덕궁 인정전	창경궁 명정전	기타	비고
세종	5			경복궁 사정전(1) 啓朝堂(1)	
세조	6	1		경복궁 사정전(1) 景福宮 慶會樓_1	黃州(刑判) 松都(吏參) 普濟院 平壤 大同館
성종		12		昌德宮 仁政殿(世子)	成均館_1
연산군		5		미상_1	
중종	4		1	昌德宮 愛蓮亭_1	京畿 驪州 龍仁 漾碧亭
명종					
구분	중궁양로연				
	경복궁 사정전		창덕궁 선정전		기타
세종	5				미상(1)
세조	7				미상(1) 平壤 大同館
성종			8		미상_1
연산군			3		
중종	4				
명종					景福宮 勤政殿_1

244) 예외적으로 명종대에 중궁양로연이 정전인 근정전에서 시행된 적도 있다 (『明宗實錄』 卷8, 明宗 3年 9月 13日(乙酉), "宴女老人于勤政殿庭〔中宮殿所行也〕. 傳曰 今日老人逢雨多苦 加賜例物").
245) 『成宗實錄』 卷294, 成宗 25年 9月 29日(甲寅).
246) 『世宗實錄』 卷121, 世宗 30年 8月 25日(戊寅).

회례연·풍정·양로연 이외에 정전에서 행해진 연회에는 국왕이 신하들에게 내리는 사연賜宴·사주락賜酒樂·사주찬賜酒饌, 그리고 어연御宴·위로연慰勞宴·노주연勞酒宴·분축연分軸宴·회맹연會盟宴·음복연飮福宴 등이 나타난다. 친경親耕 후에 시행된 노주연, 제사 후에 하의賀儀를 마치고 신명神明이 흠향歆饗한 제물을 나누는 음복연 등의 의례와 관련해서는 성종대부터 정전에서 시행되는 모습을 볼 수 있다. 성종대 진연進宴의 용어가 나타나는데 진연은 풍정과 회례연보다 작은 규모의 연회로 풍정·회례연 대신에 정전에서 시행된 것으로 여겨진다. 성종~연산군대에 진연의 용어 사용이 보이다가 조선후기 숙종, 영조대에 다시 나타나 숙종은 재위 30주년을 기념하여 인정전에서247) 영조는 기로사耆老司에 들어간 것을 기념하여 숭정전에서 연회를 열고 있었다.248) 조선후기에 정전에서의 진연은 특별한 기념일에만 열린 것으로 이해할 수 있다.

이상과 같이 궁궐에서는 회례연·양로연·풍정 등 다양한 연회가 개최되고 있었다. 회례연·양로연과 같은 의례는 예서禮書에 궁궐 정전에서 시행하는 것으로 규정되어 정례적인 설행을 보이고 이외에도 다양한 연회가 정전에서 시행되고 있었다. 그런데 회례연·양로연과 같은 정례적인 의례를 포함해서 수시로 올리던 풍정 등 각종 연회가 국왕을 신성시하여 연회를 올리거나 군신간의 화합, 스승 공경 등의 의례 목적에 충실하게 실행하다가 점차 자연재해와 사치 등의 이유로 시행하지 않는 경우가 많아지게 되었다. 그리고 시행하더라도 책봉과 같은 특별한 날에 행하거나 선조대 중궁회례연, 중종대 대비를 위한 풍정 등 그 대상과 주체가 국왕에서 왕비와 대비전으로 변화하는 경향을 보이고 있었다. 이러한 연회의 시행, 규모, 대상의 축소로 인해 정전에서 큰 규모로 국왕을 신성시하며

247) 『肅宗實錄』 卷44, 肅宗 32年 8月 27日(壬子).
248) 『英祖實錄』 卷60, 英祖 20年 10月 7日(庚戌).

시행하던 연회 역시 축소되는 모습을 보여주고 있다. 그리고 축소된 연회는 점차 진연의 형태로 특별한 날에 정전이 아닌 다른 공간에서 주로 운영되고 있었다.

2. 조선후기 정전의 운영과 변화

조선전기 궁궐의 정전 운영은 의식과 청정이 병행되었다가 의례 정비 및 의례와 청정의 기능적 분화를 통해 기능과 장소성이 재배치되고 명확화되는 과정을 거치게 되었다. 그 과정에서 정전은 의식을 거행하고 편전은 청정을 행하는 기능적 정형성을 갖추게 되었다.

성리학적 이념을 바탕으로 문물을 정비하는 과정 속에서 각종 국가적 예제禮制를 규범화하여 길례·가례·빈례·군례·흉례의 오례체제를 마련하게 되었는데, 이는 국가의례의 전범典範으로 자리를 잡았다는 의미를 가질 것이며 또한 국가의례의 대표적 행례공간인 궁궐 정전이 의식공간화의 성격과 기능을 강화해 갔다고 볼 수도 있다.

정전의 운영방식은 하례, 조회, 책봉, 사신접견 등 규범화된 의례를 충실히 시행하면서 의식공간으로서의 기능이 지속되었다. 그런데 조선후기에 들어서 새로운 운영양상을 보여주기도 하였다. 조선전기 시사분리와 같은 일정한 운영방식의 변화가 나타나지는 않지만, 조선후기 정치적 변화와 연계되어 의식 이외에 정전의 상징성을 이용하여 국왕의 권위를 높이는 일련의 정치적 활동과 연결된 다양한 운영방식을 보이기도 하였다. 그 대표적인 변화는 영조대에서 뚜렷하게 나타나고 있다.

영조대는 정치적으로 탕평정책을 추진하여 국왕의 주도로 정치세력간의 갈등과 대립을 조제·보합하면서 정국을 안정시키고 이러한 정국안정을 통해 균역법과 준천사업 등의 민생사업 추진과 함께 법전·예전의 정비 등 국가문물의 재정비와 쇄신이 이루어지던 시기였다.249) 영조대의 시대적 변화와 특징이 다양한 방면에서 보여지는 가운데, 궁궐의 운영방식에서도 이전시기와 차별화된 모습이 나타나고 있었다. 우선 『속오례의』편찬을 통해 정전에서 국왕의 친행의례가 확대되고 있으며, 또한 편전에서 시행되던 상참과 경연 및 인견 등 시사기능이 의례공간인 정전에서도 확대 시행되는 특징 등을 보이고 있었다.

조선후기 정전운영의 변화를 영조대를 중심으로 서술할 예정이며, 시기적으로 제한적일 수 있지만 영조대가 조선후기 정치·사회·문화적인 변화의 주요한 시점이라는 배경과 함께 정전운영의 변화상이 다른 시기보다 뚜렷하게 나타나기 때문이다. 이를 통해 궁궐 정전운영의 특징과 변화상을 이해할 수 있으며 당대의 정치·사회적 변화상과도 연계되어 시대적인 이해에도 도움이 될 것으로 생각된다.

1) 정전의 국왕 친행의례 활성화

(1) 국왕 친행의례 확대

영조대는 탕평정치를 통해 정국의 안정을 이끌어내면서 정치·사회·문화적인 변화를 반영하여 법전法典과 예전禮典 등 전장典章제도의 재정비가 이루지고 있었다. 이러한 전장제도의 재정비는 법제·예제 등의 제도적 비효율성과 폐단을 수정하거나 보완하여 시대적인 변화에 대응하는 방법으로 접근하였고 그 배경에는 조선왕조의 통치체제 정비를 지향하는 전통이 작용하고 있었다.250)

---

249) 정만조 외, 2012,『영조의 국가정책과 정치이념』, 한국학중앙연구원출판부.

영조대 국가문물제도의 재정비 일환으로 의례부문에서는 『세종오례의』에 기반한 『속오례의』가 편찬되었다. 영조는 이상사회인 요순시대를 지향하면서 자신은 요순과 같은 초월적인 군주가 되기를 희망하였고 삼대三代의 고제古制를 회복하려는 의지의 표현으로 국가전례를 재정비하였다. 이러한 국가의례의 재정비를 통해 국왕을 중심으로 국가의 권위가 부여되고 정치·사회적인 통합의 중심축으로서 작동될 수 있었을 것이다.251)

영조대의 의례 재정비와 시행과정에서 커다란 특징 중에 하나는 국왕이 친히 의례에 참여하는 사례가 확대되었다는 점이다.252) 『속오례의』는 『국조오례의』에서 수정·보완·추가된 의례들을 기재하였는데 『속오례의』의 항목 중에서 『국조오례의』단계와 차이를 보이는 것으로 국왕이 친히 행한다고 표기한 친림·친행·친향·친제·친경 등의 의례가 나타나고 있었다. 『속오례의』에서 국왕이 친히 참여하는 의례로 명칭상 '친親'이 표기된 의례들을 보면 서계, 전향축, 기우祈雨, 관예觀刈, 책冊·보寶·치사致詞·표리表裏의 전傳, 반교진하頒敎陳賀, 유생전강儒生殿講 등이 있으며 〔표3-2〕와 같이 정리해 볼 수 있다.253)

---

250) 이영춘, 2012, 「영조대 법전과 예제의 재정비」 『영조의 국가정책과 정치이념』, 한국학중앙연구원출판부.
251) 송지원, 2008, 「영조대 국가전례정책의 제 양상」 『공연문화연구』 17; 송지원, 2010, 「영조대 儀禮 정비와 『國朝續五禮儀』 편찬」 『한국문화』 50.
252) 송지원, 2010, 「영조대 儀禮 정비와 『國朝續五禮儀』 편찬」 『한국문화』 50, 212~214쪽.
253) 『속오례의』에는 국왕이 친히 행하는 의례로서 명칭상에 친림, 친행, 친향 등이 표기되어 있어 국왕 친행의 의례가 확대된 것으로 보이는데 명칭과 실제 의례 시행의 측면에서 몇 가지 제고의 여지가 있어 보인다. 먼저 능행의(陵幸儀), 배육상묘의(拜毓祥廟儀), 배소령묘의(拜昭寧墓儀) 등 의례명에 '친(親)'의 수식어가 표기되지 않지만 의례 내용상에는 국왕이 친히

[표 3-2] 『속오례의』 중 국왕 친행 표기 의례와 시행장소

구 분		장 소	비 고
길례 吉禮	친림서계의(親臨誓戒儀)	창덕궁 인정전	영조15년(1739)시행
	친림전향축의(親臨傳香祝儀)	창덕궁 인정전	영조16년(1740)시행
	친향영희전의(親享永禧殿儀)	영희전(永禧殿)	영조23년(1747)시행
	친제악해독기우의 (親祭嶽海瀆祈雨儀)	단(壇)	영조15년(1739)시행
	친향선농기우의 (親享先農祈雨儀)	선농단(先農壇)	숙종30년(1704)시행
	친향우사단기우의 (親享雩祀壇祈雨儀)	선농단(先農壇)	영조15년(1739)시행
	친경의(親耕儀)	적전(籍田)	영조15년(1739)시행
	친경후노주의(親耕後勞酒儀)	창덕궁 인정전	영조15년(1739)시행
	친림관예의(親臨觀刈儀)	적전(籍田)	영조23년(1747)정함
가례 嘉禮	왕대비책보친전의 (王大妃冊寶親傳儀)	창덕궁 인정전	경종2년(1722)시행
	친림기로연의(親臨耆老宴儀)	경화궁 경현당(景賢堂)	숙종
	영수각어첩친제의 (靈壽閣御帖親題儀)	기로소 영수각(靈壽閣)	영조20년(1744)시행 숙종의 고사
	대왕대비정조진하친전치사표리의 (大王大妃正朝陳賀親傳致詞表裏儀)	창덕궁 인정전	영조19년(1743)시행 탄일진하는 영조20년
	친림반교진하의(親臨頒敎陳賀儀)	창덕궁 인정전	原註に 正至陳賀 慶賀 頒敎 등 의식을 통일
	친림유생전강의(親臨儒生殿講儀)	창덕궁 선정전	-
군례 軍禮	친림구일식의(親臨救日食儀)	창덕궁 인정전	영조18년(1742)시행

* 궁궐 정전에서 시행하는 의례는 '음영'처리

위 표를 보면, 국왕의 친행 의례가 시행 공간적인 측면에서 궁궐의 정전과 기타 전각 그리고 해당 의례와 연관된 공간에서 설행

참여하는 것으로 의주가 마련되어 있다. 그리고 '친'의 명칭이 영조대에 새로이 추가된 의례만을 표기한 것도 아니어서 예를 들어 '친'의 명칭이 부여된 의례 중에서 숙종대에 시행된 것으로 나타나는 친향선농기우의(親享先農祈雨儀), 친림기로연의(親臨耆老宴儀) 등이 있다. 이러한 이유로 『속오례의』 중에서 '친'의 명칭이 부여된 의례의 목적에 대해서는 세부적인 검토가 필요한 것으로 여겨진다.

하도록 규정하였다. 궁궐의 정전에서 행해지는 의례를 항목별로
구분해 보면, 우선 길례는 서계·전향축·친경후노주의親耕後勞酒儀,
가례로는 책보와 치사·표리 및 기로연·반교진하, 군례는 구일식 등
이 있다.

위 도표의 의례 중에서 '친림반교진하의'와 '친림구일식의'는 『국
조오례의』의 '반교진하의'와 '구일식의'와 비교해 보면, 일부 내용
을 수정·보완하는 의례적 변화가 있을 뿐이며254) 공간적으로 조선
전기 법궁인 경복궁 근정전을 대신하여 조선후기 법궁인 창덕궁의
인정전에서 시행하는 작은 차이만을 보이고 있다.255)

다음으로 '왕대비책보친전의'와 '대왕대비정조진하친전치사표리의'는
조선후기에 들어와 시행되어 『속오례의』에 기재된 의례이다.256)

---

254) 『속오례의』, 가례, '친림반교진하의'의 내용 말미에 '원서(原書)에 정조(正
朝), 동지(冬至)에 진하(陳賀)하는 의식과 경하(慶賀)하는 의식, 반교(頒
敎)하는 의식이 있으나 통일되지 않은 것을 더러 발견할 수 있다. 그러므
로 이 의식에 통합하였다.'라고 하여 『국조오례의』의 진하, 경하, 반교
의식의 통일적인 부분을 정리하여 『속오례의』에 반영한 것으로 볼 수
있다. 또한 『속오례의』, 군례, '친림구일식의'의 내용 말미에는 '금상(今
上: 영조) 임술년에 옛 의식에는 관상감의 한 소관(小官)이 주달하도록
되어 있어, 사체로 보아 소홀함이 있다하여 관상감 제조에게 명하여 거행
하도록 하되 기일(期日) 하루 전에 치재하도록 정식하였다.'고 하였는데,
구일식 의례에서 해의 변화를 아뢰는 담당자를 관상감의 소관(小官)이 아
니라 관상감의 제조로 격상하는 변화를 『속오례의』에서 반영하고 있다.

255) 『국조오례의』의 하의(賀儀)와 교서반강의(敎書頒降儀)는 의례공간이 경
복궁 근정전이었고 『속오례의』의 친림반교진하의는 창덕궁 인정전으로
기록되어 원래 정전에서 시행하던 의례였으며 구일식 의례도 『국조오례
의』와 『속오례의』에서 근정전에서 인정전으로 변경되어 정전에서 거행
된 의례였다. 양 의례서를 비교해보면 다음과 같다(『國朝五禮儀』 卷6,
軍禮, 救日食儀, "其日 挨庭署 設殿下褥位於勤政殿階上近北南向"; 『續五
禮儀』 卷4, 軍禮, 親臨救日食儀, "其日 挨庭署 設殿下褥位於仁政殿階上近
北南向").

256) '왕대비책보친전의(王大妃冊寶親傳儀)'는 경종 2년(1722)에 동조(東朝)에
게 존호를 올릴 때 처음 시행하였으며, '대왕대비정조진하친전치사표리의
(大王大妃正朝陳賀親傳致詞表裏儀)'는 정조(正朝)의 진하(陳賀)를 영조
19년(1743)에 처음 행하고 탄일 진하는 영조 20년(1744)에 처음 행하

국왕이 왕대비와 대왕대비에게 친히 책·보와 치사·표리를 올리는 두 의례는 창덕궁 정전인 인정전에서 시행되었다. 두 의례는 국왕이 인정전에서 신하에게 책보와 치사·표리를 전달한 후에 신하가 이를 받아 (대)왕대비전의 상전尙傳을 통해 (대)왕대비에게 전하고 돌아와 인정전에서 복명하는 절차로 진행된다.

이러한 절차는 왕비·왕세자·왕세자빈 등의 책봉의례에서 책봉을 궁궐 정전에서 명命하며 책·보 등을 전하는 의주와 유사하다. 다만, 왕실가족을 대상으로 하는 의례가 국왕을 중심으로 공간적으로는 정전에서 행해지지만 의례를 받는 주체에 따라 정전에서 국왕의 행례 위치는 차이점을 보이고 있다. 왕비·왕세자·왕세자빈 등의 책봉의례에서는 국왕의 위상이 상대적으로 높기에 국왕의 위치가 정전 안[殿內]으로 설정되었지만 (대)왕대비와 관련된 의례는 왕실의 웃어른에게 행하는 의례이기에 인정전 전내殿內가 아닌 인정전 월대에서 거행되고 남향이 아닌 북쪽을 향하여 전하의 판위版位를 설치하였다.257) 대왕대비·왕대비에 대한 친전의례와 국왕이 중심이 된 의례와의 비교를 [표3-3]과 같이 정리하였다.

였다(『續五禮儀』卷2, 嘉禮, 王大妃冊寶親傳儀; 大王大妃正朝陳賀親傳致詞表裏儀).

257) 『續五禮儀』卷2, 嘉禮, 王大妃冊寶親傳儀, "掖庭署 設殿下版位於仁政殿階上當中北向"; 大王大妃正朝陳賀親傳致詞表裏儀, "其日 掖庭署 設殿下版位於仁政殿階上當中北向". 한편 『속오례의』의 '대왕대비상존호책보의'도 국왕이 창덕궁 인정전에서 사배(四拜)와 함께 책보를 사자(使者)에게 전달하여 대왕대비전[창경궁 통명전]에게 책·보를 올리는 절차로 진행되었다.

[표 3-3] 의례별 국왕의 위치와 방향 비교

구 분	명칭	위치	방향	비고
대왕대비정조진하친전치사표리의 (大王大妃正朝陳賀親傳致詞表裏儀)	版位	仁政殿階上當中	北向	『속오례의』
왕대비책보친전의 (王大妃冊寶親傳儀)	版位	仁政殿階上當中	北向	『속오례의』
책비의(冊妃儀)	御座	勤政殿北壁	南向	『국조오례의』
책왕세자의(冊王世子儀)	御座	勤政殿北壁	南向	『국조오례의』
책왕세자빈(冊王世子嬪儀)	御座	勤政殿北壁	南向	『국조오례의』

이외에 주목되는 의례로서 '친림서계의'와 '친림전향축의'가 있다. 두 의례는 『속오례의』에서 영조대에 처음 시행하였다고 기재된 의례이다. 서계와 전향축 이외에 『속오례의』 단계에서 추가된 국왕 친행 의례들은 이전에도 정전에서 시행되었거나 관련 의례와 유사하게 정전에서 추가 시행되었던 의례였다. 하지만 서계와 전향축은 시행장소가 정전 이외의 공간을 활용하다가 영조대 새로이 시행되면서 정전 의례로 정착된 의례이다. 서계와 전향축은 국왕이 친히 행하는 의례로 새로이 규정되고 행례 장소로서 정전을 이용하게 되어 조선후기 정전 운영의 새로운 양상을 살펴 볼 수 있는 유용한 사례로서 생각된다. 이러한 의미에서 서계와 전향축의 시행과정과 정전운영 등을 살펴보고 정전을 이용하게 된 배경과 그 의미를 검토해보고자 한다.

(2) 친림서계 및 친림전향축의 정전 시행과 의미

『국조오례의』 단계에서의 서계와 전향축 의례를 살펴보면, 우선 서계誓戒는 제사에 참여하는 집사관執事官과 배제陪祭하는 종친·문무백관이 7일전에 의정부議政府에서258) 모여 재계齋戒에 충실히

---

258) 서계는 처음에 삼사(三司)에서 시행하였다가 의정부로 변경되었다(『世宗

이행한다고 서약誓約하는 의례이다.259) 제향의 첫 의례인 서계 후에 산재散齋와 치재致齋가 시행되고 제향을 거행하였다. 이후 영조 15년(1739) 3월에 창덕궁 인정전에서 태묘하향太廟夏享의 서계를 친히 행하고 법령에 싣도록 하였는데, 『국조오례의』에 국왕이 친히 서계하는 제도가 없다는 반대의견이 있었지만 영조는 『대명 집례大明集禮』를 근거로 친향親享에 7일전 법전法殿에서 친히 백관을 서계하는 것으로 항식恒式을 삼도록 하였다.260) 이후 친림서계는 『속오례의』에 반영되어 길례의 첫 항목인 「친림서계의」로 정리 되고 의례 말미에 '금상〔今上: 영조〕이 기미己未년에 처음으로 이 의 식을 사직 및 종묘의 친제 때에 시행하였다'고261) 기재되었다. 영 조대는 친향 서계를 정전에서 행하는 규정에 따라 각 궁궐의 정전 인 인정전·숭정전·명정전 등을 이용하였다. 그리고 왕세손 대리청 정기에는 왕세손이 동궁의 정실正室인 경현당에서262) 서계를 받고

實錄』卷7, 世宗 2年 1月 10日(己酉), "上御廣延樓下視事. 上問誓戒之義 卞季良對曰 誓戒之義 專以不犯染 不縱酒 不茹葷 收放心也. 古者誓戒于三 司 今也誓戒于議政府 以政府百官之首故也").

259) 『國朝五禮儀序例』卷1, 吉禮, 齊戒, "前祭七日 應行事執事官及陪祭宗親文 武百官 俱以公服 受誓戒於議政府". 서계의 절차는 제향 7일전에 제향에 참 여하는 집사관과 문무백관, 종친이 모여 서약문〔서문〕을 대독하면서 재계 에 임하여 준수해야할 사항을 읽은 후 재배를 하고 물러나는 것으로 진행 되며 서계에 담겨진 준수사항으로는 '술을 함부로 마시지 아니하고, 파·부 추·마늘·염교를 먹지 아니하고, 조상(弔喪)과 문병을 하지 아니하고, 음악 을 듣지 아니하고, 형벌을 집행하지 아니하고, 형살 문서(刑殺文書)에 판 결 서명하지 아니하고, 더럽고 악한 일에 참예하지 하니하고, 각기 그 직 무에 충실하며 이를 어길 시에는 형벌에 처한다〔不縱酒 不食葱韭蒜薤 不 弔喪問疾 不聽樂 不行刑 不判署刑殺文書 不預穢惡事 各揚其職. 其或有違 國有常刑〕는 내용을 담고 있다.

260) 『英祖實錄』卷49, 英祖 15年 3月 25日(辛未).

261) 『國朝續五禮儀』卷2, 吉禮, 親臨誓戒儀, "今上己未始行並社稷及宗廟親祭時".

262) 『英祖實錄』卷126, 英祖 51年 12月 8日(辛亥), "議政府以王世孫聽政節目 別單入啓 一聽政節目 依傳教 以丁酉年事例磨鍊. 一聽政處所 以景賢堂爲 之 常時引接 以尊賢閣爲之".

있어263) 정전 시행의 개념이 동궁에서도 적용되고 있었다.

국왕 친향의 서계 장소로 궁궐 정전이 이용된 후에 정조대에 와서 친향 서계의 공간에 변화가 있었다. 종묘·사직의 친향 서계는 이전대로 정전을 이용하였지만, 대보단大報壇 제사의 경우에는 친향의 서계와 평상시의 망배례는 창덕궁 후원의 춘당대春塘臺에서 행하고 대보단 이의肄儀와 섭행의 서계는 대보단의 정문인 공북문拱北門에서 행하도록 하였다.264) 정조대 이후 대보단 제사의 친향 서계 장소로 춘당대가 이용되었다.265)

그리고 전향축례傳香祝禮는 제사에 사용될 향香과 축祝을 전달하는 의식으로, 국왕이 축문祝文〔축판祝版〕에 서署를 행한 후에 헌관獻官에게 향축香祝을 전달하는 절차로 구성되었다. 국왕이 향축을 친히 전달하는 기록은 조선초기부터 나타나고 있었다.266) 세종대에는 친압親押, 향실香室의 봉심奉審 등을 행하여 이후에도 준행하였고 성종이 말년에 병환으로 인해 권의權宜로서 화압花押을 만들어서 찍었던 것이 연산군대에 상례常例가 되었다가267) 중종대 이후 친전親傳이

<hr>

263) 『英祖實錄』卷127, 英祖 52年 1月 17日(己丑); 『英祖實錄』卷127, 英祖 52年 2月 27日(己巳).

264) 『正祖實錄』卷7, 正祖 3年 2月 25日(庚辰).

265) 정조대 이후 춘당대가 대보단 제사의 친향 서계 장소로 이용되었는데, 순조대 왕세자 대리청정기에는 대보단 이외에 종묘, 사직 제사까지도 왕세자 섭행 서계가 진행될 때 서계 장소로서 춘당대가 이용되고 있었다(『純祖實錄』卷28, 純祖 27年 2月 29日; 純祖 27年 4月 1日; 純祖 27年 9月 25日; 純祖 27年 12月 5日). 고종대에는 대보단의 서계가 경복궁 후원의 경무대(景武臺)에서 시행되기도 하였다(『高宗實錄』卷8, 高宗 8年 3月 3日).

266) 『定宗實錄』卷6, 定宗 2年 12月 19日(己酉); 『太宗實錄』卷18, 太宗 9年 7月 5日(乙亥); 『太宗實錄』卷27, 太宗 14年 5月 28日(庚子); 『太宗實錄』卷30, 太宗 15年 11月 5日(戊戌).

267) 『中宗實錄』卷25, 中宗 11年 7月 16日(乙未), "…臣等聞 昔在世宗朝 必親署押 時至香室 從容奉審 自後列聖 亦皆遵之. 逮至成宗 益加敬愼 至末年不豫 權宜造押以印之 燕山朝遂以爲常. 及殿下卽阼 百度一新 復遵列聖之舊

재개되었다. 중종대에 향축의 친전親傳은 재개되었지만 향실에서 직접 수결手決하지 않고 향축단자香祝單子에 계자啓字를 찍어보내면 대내大內에 들어와 수결을 받도록 하고 이를 항규恒規로 삼았다.268)

국왕이 향축을 친히 전하는 장소는 조선전기에 정전·내전에서 편전으로 변하는 모습을 보여주고 있다. 『세종 오례의』에 편제된 전향축의에서 대사大祀인 사직·종묘·영녕전, 중사中祀인 풍운뇌우風雲雷雨·선농先農·선잠先蠶·우사雩祀·문선왕文宣王은 국왕이 경복궁 정전인 근정전에서 전하고 그 외의 상사常祀는 내전內殿에서 전하는 것으로 되어 있다. 그리고 소사小祀는 외정外庭에서 승지가 대신 전하도록 규정되었다.269) 결국 대사와 중사 중에서 주요 의례는 정전에서 전하고 그 외에는 내전에서 전하여 국왕이 전향하는 대상에 따라 전달 장소가 정전과 내전으로 구분되고 있었다. 이후 문종 즉위년에 새로이 향축 의주가 마련되면서 전향축 장소가 대편전인 사정전으로 변경되었고270) 대편전의 이용은 성종대 『국조오례의』 단계에서도 이어져 사정전에서 전향의傳香儀가 거행되는 것으로 규정되었다.271) 경복궁 이외에서 전향의가 행해질 때에도

厥後遂廢手押 以襲成廟晚年權宜之事. 是 殿下奉先之誠 或有未及於列聖也 至於四時大享 亦或不親傳香 臣等竊惑焉'.

268) 『中宗實錄』 卷38, 中宗 15年 2月 12日(辛未).

269) 『世宗實錄』, 五禮儀, 傳香儀, "傳香儀【大祀 春秋仲月上戊及臘祭社稷 四時及臘享宗廟 春秋孟月享永寧殿 中祀 春秋仲月祭風雲雷雨 仲春上亥享先農 季春上巳享先蠶 孟夏雩祀 春秋仲月上丁釋奠文宣王. 其餘常祀 皆於內殿親傳 若小祀則外庭承旨代傳】".

270) 『文宗實錄』 卷2, 文宗 卽位年 7月 1日(癸卯), "承政院啓傳香祝儀 掖庭署設傳香位於思政殿月廊南階下 設香案于傳香位東南 時至 校書館進香祝掖庭署傳受入 置于案. 承旨入香祝案東南 判通禮 入於傳香位西俯伏 獻官就思政殿西門外. 殿下出位 獻官入【若諸處香竝傳 則獻官以次次入】承旨捧香祝以進 殿下跪受 以授獻官【若竝傳 則先受者 立於門內向東 以次而北】判通禮啓請鞠躬 殿下鞠躬 獻官出門. 判通禮啓請平身 殿下平身還內".

271) 『國朝五禮儀序例』 卷1, 吉禮, 傳香祝, "大祀 社稷宗廟永寧殿 中祀 風雲雷雨先農先蠶雩祀文宣王則親傳 其餘中祀以下則前一日〔外則前期〕典校署官具

각 궁궐의 대편전인 창덕궁 선정전, 경희궁 자정전에서 거행되었다.272) 향축의 친전親傳 장소가 편전인 사정전으로 바뀌어 정전에서의 전향의는 시행되지 않았지만 예외적으로 명종대 석전제釋奠祭와273) 선조대 종묘추향宗廟秋享에 대한 전향축이 정전에서 운영되기도 하였다. 한편, 선조대 전향의 장소로 근정전 혹은 홍례문弘禮門으로 혼재되어 향축을 전하는 예모禮貌가 일치하기 않기 때문에 근정문勤政門으로 변경되기도 하였다.274)

전향의는 영조대에 친림親臨하여 정전에서 향축을 전하는 의례로 재정비되어 새로운 양상을 보이기 시작하였다. 영조도 재정비 이전에는 전례에 따라 편전에서 향축을 친전하였지만,275) 처음으로 영조 16년(1740) 5월 인정전에서276) 태묘제향太廟祭享을 위해 향축친전을 시행하였다.277) 영조대에 변경된 친림전향축親臨傳香祝 의례는 영조 20년(1744)에 간행된『국조속오례의』에 반영되어 이후 전향축 의례는 주요한 정전 의식으로 자리 잡게 되었다. 이와 같이 전향축 의례는 국왕의 친전 장소가 정전→(대)편전→정전으로 변하는 모습을 살펴볼 수 있으며278) 각 시기별로 공간이용의 현

香祝以進 承旨於外庭代傳. 前祭一日未明五刻 掖庭署設殿下褥位於思政殿月廊南階下當中南向…".

272)『中宗實錄』卷46, 中宗 17年 12月 15日(丁亥);『肅宗實錄』卷45, 肅宗 33年 10月 6日(甲申);『景宗實錄』卷11, 景宗 3年 1月 7日(丁亥);『景宗實錄』卷11, 景宗 3年 1月 30日(庚戌).

273)『明宗實錄』卷20, 明宗 11年 2月 7日(丙申).

274)『宣祖實錄』卷23, 宣祖 22年 7月 10日(乙卯).

275)『英祖實錄』卷38, 英祖 10年 8月 8日(辛亥), "遣大臣祈雨于先農壇 上臨宣政殿 親傳香祝. 是日 上仍具盛服 坐殿庭 焚香露禱徹夜 翌日天乃雨".

276)『承政院日記』第912冊, 英祖 16年 5月 29日(戊辰).

277)『英祖實錄』卷51, 英祖 16年 5月 29日(戊辰).

278)『춘관통고』길례의 사직, 종묘, 영희전, 문선왕의 각 항목에서 전향의 장소로서 국왕의 욕위가 설치된 곳으로 원의(原義)에는 사정전 월랑으로 표기되었고 금의(今儀)에는 인정전 월대로 표기되어『국조오례의』단계에서 전향 장소로 편전을 이용하다가 조선후기에 전향 장소가 정전으로 변

황을 의례서별로 구분해 보면 다음 〔표3-4〕와 같이 정리해 볼 수 있다.

[표 3-4] 전향축 의례와 국왕의 위치 및 의복 비교

구 분		『세종 오례의』 전향의	『국조오례의』 전향의	『국조속오례의』 친림전향축의
殿下	位	拜位_ (勤政)殿階上當中,北向	搢位_ 思政殿月廊 南階下當中	御座_仁政殿近北,南向 傳香搢位_殿南階下當中(南向)
	衣服	遠遊冠, 絳紗袍	翼善冠, 袞龍袍	翼善冠, 袞龍袍

서계와 전향축 의례는 영조 15~16년에 국왕이 친히 행하는 의례로서 재정비된 후 『속오례의』에 각각 「친림서계의」, 「친림향축의」로 편제되었다. 서계와 전향축 의례는 영조대 처음 시행된 이후에도 정전에서 계속하여 시행되고 있었으며 영조대 이후 궁궐 정전에서 시행된 서계와 전향축 의례의 현황을 각 궁궐별로 살펴보면 다음 〔표3-5〕와 같다.

[표 3-5] 영조~고종대 궁궐 정전의 친림서계 및 친림전향축 시행

구분	경복궁 근정전		창덕궁 인정전		경희궁 숭정전		창경궁 명정전	
	誓戒	傳香祝	誓戒	傳香祝	誓戒	傳香祝	誓戒	傳香祝
영조			13	22	8	146	9	58
정조			27	41			4	4
순조			6(3)	13(8)	3	25	3	11(6)
헌종			12	75	1	5		
철종			12	75				
고종	19	77	11	24				
계	19	77	81(3)	250(8)	12	176	16	73(6)

* 『실록』 참조, 향축의 친전(親傳), 친압(親押), 지영(祇迎), 지송(祇送) 포함
** 괄호 안의 수치는 세자가 대리 시행

화한 모습이 의례별로 정리된 것을 확인할 수 있다.

다음으로 두 의례의 주요 절차를 살펴보겠다. '친림서계의'는 국왕이 내전에서 출발하여 정전 월대 위 북쪽〔階上當中近北〕에 남향하여 서면 향관·종친·백관이 사배四拜한다. 독서문관讀誓文官·형판刑判이 전정殿庭에서 상월대〔殿階上〕 동편에 위치한 독서문위讀誓文位로 나아가 서문誓文을 읽고 전정으로 내려간다. 향관 이하가 다시 사배하면 국왕은 규를 놓은 후 내전으로 환어한다. '친림전향축의'는 국왕이 내전에서 출발하여 정전 내에 설치한 어좌에 나가고 향실관香室官이 축판祝版을 올리면 국왕이 확인〔서署〕한다. 국왕은 정전 남쪽 계단 아래에 설치한 욕위에 이동하고 근시近侍가 전해 준 향축을 받아 다시 헌관에게 전달한다. 향축이 정문으로 나가면 국왕은 내전으로 환어한다.

서계와 전향은 정전 영역에서의 국왕 위치와 의복, 동선 및 참석 관원의 의복, 기물 등에서 차이점을 보이고 있다. ①국왕의 위치가 '서계의'에서는 월대의 판위에서 서문을 읽지만, '전향축의'에서는 정전 안 어좌에서 축판을 확인한 후 정전 남쪽 계단아래 욕위에서 향축을 전달한다. ②의복에서 '서계의'는 국왕이 원유관과 강사포를 착용하고 참여 관원은 4품 이상이 조복朝服, 5품 이하는 상복常服를 입는데, '전향축의'는 국왕이 익선관과 곤룡포를 착용하며 참여 관원은 상복을 입고 있다. ③의물 중에서 '서계의'는 향안, '전향축의'는 보안이 설치된다. ④'서계의'에는 서문을 읽는 절차 전후에 향관 및 종친·문무백관의 사배례四拜禮가 있지만, '전향축의'에는 사배례가 없다. 서계의와 전향축의 행례 시에 참석자 배치와 의물, 절차 등에서 나타나는 내용을 비교하여 다음 〔표3-6〕으로 정리하고 각 의례를 도식화한 것은 다음 〔그림3-1〕, 〔그림3-2〕와 같다.

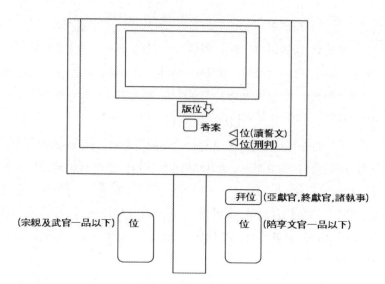

그림 3-1. 친림서계의 배치
(『국조속오례의』 참조)

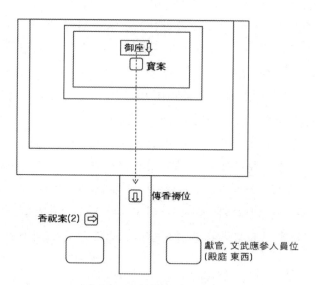

그림 3-2. 친림전향축의 배치
(『국조속오례의』 참조)

[표 3-6] 서계의와 전향축의 주요 의주(儀註) 비교 〈『속오례의』 참조〉

구 분		親臨誓戒儀_『國朝續五禮儀』	親臨傳香祝_『國朝續五禮儀』
국왕	位	版位_仁政殿階上當中近北(南向)	御座_仁政殿近北(南向) 傳香褥位_殿南階下當中(南向)
	衣服	遠遊冠, 絳紗袍	翼善冠, 袞龍袍
	動線	內殿→版位→內殿	內殿→御座→褥位→內殿
행례참석	대상	享官,陪享文官,宗親,武官,讀誓文官(冢宰),刑判	獻官[齊官],應參人員,尙瑞院, 香室官
	衣服	4품이상(朝服)/5품이하(常服)	常服 (齊官, 應參人員)
儀仗		鹵簿儀仗	鹵簿儀仗
		輿·輦(殿庭中道), 御馬(中道左右)	輿·輦(殿庭中道), 御馬(中道左右)
香祝案		×	○ (褥位 前 近西)
香案		○ (殿下版位 前)	×
寶案		×	○ (御座 前)
署		×	(三嚴 後) 仁政殿 內
拜禮		四拜(讀誓文 前後)	×
圭(執, 釋)		○	×

　이상과 같이 조선후기에 국왕의 친행의례로서 활성화된 서계와 전향축이 정전의 주요의례로 운영되는 모습을 살펴보았다. 서계는 제사에 충실히 임하기 위해 공개적인 서약을 행하는 의례이며, 전향축은 제사에 사용되는 향과 축을 전달하는 의례이다. 『속오례의』에서 국왕이 친히 참여하는 의례가 증가하였는데, 그 가운데 서계와 전향축 의례는 국왕의 친행과 궁궐 정전에서 거행하도록 재정비되어 영조대에 처음 시행되고 이후 정전의 주요 의례로서 정착되었다.

　조선후기에 들어와 제사의 중요성이 더욱 강조되면서 서계·전향축 의례에 국왕이 직접 참여하게 되어 의례의 격이 높아지게 되고 공간적으로도 그 격에 걸맞게 정전에서 시행하게 된 것으로 여겨진다. 서계·전향축 의례의 위상 변화와 장소적 변화는 조선후기 농업의 육성을 위해 기곡제祈穀祭·기우제祈雨祭가 대사大祀로 편입되고 국왕 친제의 활성화와 선농단에서 사직단으로 장소가 격상되는 변

화양상과도 그 궤를 같이한다고 볼 수 있다.279)

조선후기에 시행된 서계의와 전향축의는 고제회복을 위한 국가의례의 재정비와 함께 국왕이 직접 정전에 참여하여 제사에 임하는 경건한 자세를 보여주며 각종 제사의 중요성과 의미를 만천하와 공유하는 모습으로 볼 수 있다. 이러한 모습은 국왕이 주도적으로 국가의 풍요와 안녕을 기원하고 선왕대의 추모의식을 강화하는 것이며, 국가적 명분과 권위, 천하와 신민과의 소통을 위해 마련된 주요한 창구이자 매개체로서 운영되는 의례과정으로 여겨진다.280) 그 과정 속에서 천하와 선왕대의 권위 및 정통성이 국왕과 왕실의 정당한 명분과 권위를 부여하게 되고 국왕의 주도적인 국정운영에도 영향력을 주었을 것이다. 결국 서계와 전향축 의례는 일정한 정치성과 상징성을 담고 있으며 이를 극대화하기 위한 공간적 요소로서 궁궐의 정전을 활용하였다고 볼 수 있다.

2) 정전의 편전기능 수행과 왕권강화

조선후기 정전 운영의 특징 중 하나는 편전에서 시행되던 상참, 경연 등의 청정聽政기능이 의례 공간인 정전에서도 시행되고, 또한 정전에서 관료 이외에 유생儒生·충신자손忠臣子孫·서인庶人 등 다양한 백성들과의 만남이 이루어지는 모습이 나타나고 있었다.

조선초기에 정전은 청정과 의식을 병행하는 공간으로 이용되었다가 청정의 기능이 편전으로 이전되면서 정전은 의식을 중심으로

---

279) 조선후기 기곡제, 기우제의 변화양상에 대해서는 다음 논문 참조(한형주, 2009,「국가 제사의 추이」『조선의 국가제사』, 한국학중앙연구원, 49~60쪽; 이 욱, 2000,「朝鮮後期 祈穀祭 設行의 의미」『장서각』4).

280) 영조대 왕실의 행차를 통해 선왕대의 기억과 추모적 행위를 발굴·강화하여 국왕의 권위와 정통성으로 확장시켜가는 모습은 다음 논문 참조(김지영, 2007,「英祖代 儀禮와 行次 그리고 기억」『조선시대 문화사』(상), 일지사).

운영되는 의례공간적 정형성을 갖추게 되었다. 그런데 조선후기에 들어와 상참, 경연, 인견 등의 청정 기능이 다시 정전에서 시행되는 모습을 보여주고 있다. 의식 공간인 정전에서 편전의 주요 기능인 청정 시행은 어떠한 배경에서 이루어지게 되는지 의문점이 들게 된다. 조선초기 정전의 운영방식처럼 청정과 시사기능의 통합적 운영으로 기능적 변화가 이루어지게 된 것인지, 아니면 시사기능의 공간적 확장의 결과로서 봐야할 지 등 정전 운영의 변화가 발생하게 된 배경을 검토해 볼 필요가 있다. 이를 통해 정전운영의 특징과 성격 그리고 변화양상과 함께 시기적인 배경을 이해하는데 도움이 될 것으로 생각된다.

궁궐 편전의 주요기능인 상참, 경연 등이 정전에서 병행되는 것은 청정기능이 편전 이외에 정전으로 확장되는 공간적 변화의 결과라기보다는 일정한 목적을 가지고 정전이 지닌 상징적 권위를 활용하여 시사 기능을 정전에서 시행한 것으로 여겨진다. 정전에서 시사기능이 활성화되는 모습은 영조대에 확연하게 나타나고 있다. 영조대는 탕평정치를 통해 정치적 안정과 왕권을 강화하면서 적극적인 대민정책을 추진하였는데, 이러한 일련의 시대적 배경과 정치활동의 결과가 궁궐 운영과 연계되어 나타나는 영조대 궁궐 운영의 특징으로 생각해 볼 수 있을 것이다. 조선후기 정전 운영의 변화와 특징을 살펴보기 위해 영조대 정전에서 시행된 상참, 경연, 인견 등 다양한 청정기능의 운영양상을 살펴보고 정전운영의 변화가 나타나게 된 배경과 그 의미를 검토해 보도록 하겠다.

우선, 상참의 정전 시행부터 살펴보도록 하겠다. 상참은 조하와 조참을 제외한 나머지 일에 국왕과 신하가 서로 만나 시사를 논하는 자리로서 청정에 앞서 군신간의 예禮를 갖추는 의례이다. 상참은 정전과 정전의 전문殿門에서 시행되는 조하·조참과 구분되어 편전에서 시행하는 의례였으며 『국조오례의』에 상참례 장소가 편전인 사정전으로 규정되어있다.281) 상참은 세종대 제도화되면서 경연·윤대·시사와 함께 국정의 주요활동이었지만 점차 형식적인 의례로서 인식되어 조선후기에 국왕의 입장에서는 불필요한 의례로서 부정적인 인식이 강하였다. 그리고 신하들은 국왕의 적극적인 국정참여와 신하와의 소통 그리고 전례典禮를 밝히는 실마리로서 거의 폐지되었던 상참의 회복을 요청하는 정도였다. 그런데 영조대에 와서는 상참에 대한 의미가 강화되어갔다. 영조는 즉위 후 삼년상을 마치고 첫 국정활동으로서 상참을 시행하였고282) 영조대에도 상참에 대한 부정적인 인식이 존재하였지만 상참례가 다시 활성화되고 있었다. 영조대 상참 시행의 현황을 확인하기 위해 『실록』을 참조하여 상참 시행 공간을 다음 〔표3-7〕과 같이 정리해 보았다.

아래의 내용을 살펴보면, 상참의 시행 장소로 규정된 대편전인 창덕궁 선정전, 경희궁 자정전 이외에도 경희궁 정전인 숭정전을 비롯하여 창경궁 시민당과 경희궁 경현당景賢堂·금상문金商門·덕유당德遊堂·건명문建明門·집경당集慶堂 등 다양한 장소가 이용되고 있었다. 논의의 주제와 관련하여 정전에서 시행된 상참은283) 영조 39년

---

281) 『國朝五禮儀』卷3, 嘉禮, 常參朝啓儀, "其日掖庭署設御座於思政殿北壁南向".
282) 『英祖實錄』卷10, 英祖 2年 10月 18日(丙子); 『英祖實錄』卷10, 英祖 2年 11月 12日(庚子).
283) 영조대 이외에 상참을 정전에서 시행한 기록으로, 세조대에 인정전에서 상참을 시행한 적이 있다(『世祖實錄』卷17, 世祖 5年 9月 10日(己丑)). 당시 세조는 상참례를 조참례와 동일하게 하고 고취(鼓吹)와 사배(四拜)를 거행하도록 전교를 내렸는데, 이후에는 정전에서 상참을 거행한 기록이 없어서 시행한 모습을 확인할 수 없다. 세조대 정전에서의 상참 시행은 예외적이기는 하지만 당시 세조의 조회운영방식과 연계성을 찾을 수 있다. 세조의 조회운영방식은 군왕에 대한 예도(禮度)를 엄격히 강화하고 상참 중심으로 운영되었는데, 이러한 이유로 상참을 정전에서 시행하고 격식을 강화하고자 하였다. 세조대 조회제 운영에 대해서는 다음 논문 참조(강제훈, 2005b, 「조선 世祖代의 朝會와 王權」『사총』61).

[표 3-7] 영조대 상참 시행장소〈『실록』 참조〉

구분	창덕궁		경희궁				창경궁	미상	계
	仁政殿	宣政殿	崇政殿	資政殿	景賢堂	기타	時敏堂		
2년		1							1
3년								1	1
4년		2						1	3
5년								8	8
6년				1					1
8년								1	1
9년								5	5
10년		1						5	6
11년								10	10
12년								6	6
13년		1						7	8
14년		1							1
15년		3		1					4
16년								2	2
17년				2				2	4
18년		1							1
22년		2							2
23년		1							1
26년							(1)		(1)
28년								(1)	(1)
29년								(6)	(6)
30년							(4)		(4)
31년							(3)	(1)	(4)
32년							(2)	(5)	(7)
35년							(2)		(2)
36년					1		(2)		1/(2)
37년					4		(1)		4/(1)
38년				1	6		(2)		7/(2)
39년			1					9	10
40년		3			1			3	7
41년				2	2	興政堂_1			5
43년				1				1	1
44년			1	3		金商門_1			5
45년			1	4				1	6
46년			4	1				5	10
47년			1	1					2
48년			3	3		德遊堂_1			7
49년				2		建明門_1			3
50년				1					1
51년						延和門_1 集慶堂_1 金商門_1			3
총계	0	16	11	23	14	7	(17)	67(13)	138(30)

* 상참의 시행과 전각 이용의 현황은 『실록』을 참조하였으며, 상참을
시행하였지만 전각이 나타나지 않은 곳은 미상으로 구분하고 세자가
시행한 상참은 ′(괄호)′로 표기하였다.

(1763)부터 기록에 나타나고 있으며284) 44년부터는 정례적으로 정전에서 상참을 행하는 모습을 보이고 있다.

우선 영조대 상참이 활성화된 배경을 살펴보겠다. 당시 영조는 탕평을 통한 정치적인 안정을 도모하면서 민생사업을 추진하고 고례古禮회복과 시대적 변화를 반영한 국가제도 및 의례를 재정비하던 시기였다. 이러한 시대적 배경 속에서 예를 들어 조회의 종류인 조참朝參의 경우에 중종대 이후 축소되었다가 영조·정조대에 다시 활성화하게 되는데 그 이유는 영조를 중심으로 군신간의 질서를 재확립하고 국정논의의 장을 마련한다는 취지에서 조참이 활성화 되고 있었다.285) 상참 역시 군신간의 질서를 재확립하고 국정논의의 장을 마련한다는 차원에서 조참과 유사한 목적에서 활성화된 것으로 여겨진다.

또한 〔표3-7〕에서 보면 상참이 선정전과 자정전에서 꾸준히 시행되어 상참의 편전 시행 원칙이 지켜지고 있었다. 이어서 사도세자가 대리청정을 시행하던 25년 이후부터 임오화변까지 동궁인 시민당에서 상참이 행해지고 있었으며286) 이는 대리청정의 정치적 활동 차원에서 꾸준히 시행되었던 것으로 여겨진다. 그리고 임오화변으로 사도세자가 승하한 시점을 전후하여 영조의 주 시어소였

---

284) 『英祖實錄』卷102, 英祖 39年 6月 22日(戊申), "上御崇政殿月臺 行常參 仍行朝講 王世孫侍坐 講孟子".

285) 이근호, 2006,「朝鮮時代 朝參儀禮 設行의 推移와 政治的 意義」『호서사학』 43.

286) 사도세자의 대리청정 처소로 조하와 인접 등을 시민당에서 행하도록 하였 다(『英祖實錄』卷69, 英祖 25年 1月 23日(壬申), "…又命承旨 書節目曰 一處所依丁酉例定以時敏堂 朝賀及引接等事 皆行於此堂. 一聽政時坐向 依丁酉例 隨便東向. 一初聽政時 朝參一次爲之 常參依例逐日以稟. 群臣拜禮 依丁酉例 宗親及文武群臣一品以下再拜庭下 世子不答拜 惟宗室伯叔及師傅 先升堂再拜 世子答拜. 大臣則雖非師傅 一體先升堂再拜 賓客則朝賀時拜庭下 書筵時則依舊例. 一朝參及凡受賀時動樂 丁酉年以侍湯停止 此則禮文所重 依 禮文擧行…").

던 경희궁에서 대편전인 자정전을 중심으로 주 거처로 이용된 경현당과 정전인 숭정전 이외에 다양한 장소에서 상참이 행해지고 있었다.

그렇다면 대편전과 대리청정 공간인 시민당을 제외한 장소에서 상참을 시행하게 된 배경은 무엇인지 의문이 들게 된다. 우선 임오화변을 전후한 시기는 노론이 정국을 주도하면서 노론 내부의 분열과 갈등 양상이 나타나고 세자의 대리청정 시기 정국운영에 대해 영조와 노론의 불만이 쌓여가던 시기였다.287) 이 시기에 영조가 상참을 주 거처였던 경현당을 중심으로 시행하였던 것은 동요하는 정국을 안정시키고 주도적으로 국정을 이끌어가기 위한 방안으로 군신간의 질서를 의례적으로 표현한 상참을 활용한 것으로 볼 수 있을 것이다. 그 이후에도 상참이 지속되었는데, 영조 40~52년의 영조대 후반기는 노론척신탕평 시기로 일컬어지며 홍봉한을 중심으로 탕평정국이 운영되면서 정순왕후 외척인 김귀주파의 견제가 이루어지고 있었다. 그 과정 속에서 영조는 고령으로 인해 정치적 장악력이 약화되어 탕평은 외척간의 정권경쟁으로 변질되고 있었다. 그래서 정국의 분위기는 일반 신하들의 언로와 비판이 통제되고 무사안일주의와 민생문제의 고식적인 대책이 만연한 상황이었다.288) 이러한 상황에서 영조의 정국운영방식으로 의례적 공간인 정전에서 상참을 시행하였다고 여겨진다. 탕평파의 벌열화로 불안한 탕평정국이 운영되면서 영조는 궁궐과 왕실의 상징적 공간인 정전에서 광명정대하게 때로는 과시적인 의례로서 군신간의 질서를 재정립하기 위한 정치적 연출방식으로 정전을 활용

---

287) 정만조, 2012,「영조대 정국추이와 탕평책」『영조의 국가정책과 정치이념』, 한국학중앙연구원, 92~99쪽 참조.
288) 정만조, 2012,「영조대 정국추이와 탕평책」『영조의 국가정책과 정치이념』, 한국학중앙연구원, 100~103쪽 참조.

하였다고 생각된다.

숭정전에서 상참을 시행한 모습을 보면, 왕세손이 함께 참여하거나 상참 후에 조강·주강의 경연이 이어지고 있었으며 이에 대해 사신이 '정전正殿에서 조회朝會를 받고 법연法筵에서 개강開講하는 것은 진실로 스스로 힘쓰며 칙려飭勵하는 성의聖意에서 나왔다'고 한 점289), 그리고 정전에서 경연도 시행되는 상황은 영조가 정전에서 상참과 경연 등을 통해 노론척신탕평기에 약화된 국정장악력을 회복하고자 적극적으로 정치제도와 공간적 잇점을 활용한 사례로 볼 수 있다.

한편 편전, 동궁, 정전 이외에도 경현당·덕유당·집경당·금상문·건명문 등 다양한 장소에서 상참을 행하고 있었는데, 경현당·덕유당·집경당 등과 같이 국왕의 시사공간으로 이용되던 전각이 상참을 수행하기도 하고 특이하게 금상문·건명문과 같이 문 앞 넓은 공간을 활용하여 상참을 행하기도 하였다. 이렇게 편전 이외에 정전, 동궁, 기타 전각 등 다양한 공간에서 상참을 수행하는 모습은 편전 기능이 특정한 전각에서만 운영되는 것이 아니라 국정운영의 주체인 국왕의 임어와 정치적 의지에 따라 편전기능이 다양한 공간에서 수행될 수 있음을 보여주는 것이라고 생각된다. 영조대에 상참을 시행한 전각에 대해 다음 〔그림3-3〕과 같다.

---

289) 『英祖實錄』卷113, 英祖 45年 10月 30日(戊寅).

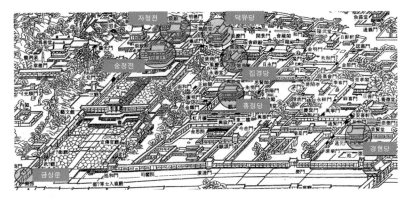

그림 3-3. 영조대 상참 시행 전각(경희궁-「서궐도안」도면 부분, 서울역사박물관)

영조대 상참을 정전에서 이용하는 사례 이외에 경연을 정전에서 이용하는 것도 또 다른 특징이다. 영조는 경연을 자주 시행한 대표적인 국왕이며 재위 52년간 3천여회 이상의 경연을 행하였다. 시기적으로는 경연 시행의 기복이 있었지만 재위 전반기와 고희古稀를 넘긴 39~41년, 46년에는 다른 시기에 비해 왕성한 경연 시행을 보여주고 있다.290)

그런데, 영조 31년(1755)부터 경연이 편전이 아니라 정전에서도 시행되고 있었다. 정전에서 경연을 시행한 궁궐로는 경희궁의 숭정전과 창경궁의 명정전에서 행한 기록이 보이며 영조대 정전에서 시행한 경연의 현황을 〔표3-8〕로 정리하였다.291) 정전에서 열린 경연은 전체 경연현황과 비교해 보면 정전에서 시행된 경연의 비율이 약 10% 정도였다. 그리고 시기적으로는 재위 후반기에 열리고 법강法講인 조강과 주강만이 시행되었다.

---

290) 권연웅, 1989, 「朝鮮 英祖代의 經筵」 『東亞研究』 17, 370~373쪽.
291) 정전에서의 조강, 주강 현황은 『승정원일기』를 참조하여 작성하였다. 전체적인 경연 현황 속에서 정전에서의 경연을 비교하고자 '경연 시행 현황'의 항목은 권연웅의 다음 논문에서 표1을 참조하여 추가 기재하였다(권연웅, 1989, 「朝鮮 英祖代의 經筵」 『東亞研究』 17, 371쪽).

[표 3-8] 영조대 정전에서의 경연 시행〈『승정원일기』참조〉

구 분		영조대 경연 현황		경희궁 숭정전		창경궁 명정전	
		朝講	晝講	朝講	晝講	朝講	晝講
영조	31년						1²⁹²⁾
	35년	3	32			1	2
	36년	2	35				1
	39년	31	97	1			
	40년	23	103		2		
	41년	9	102				
	42년		2				
	43년	1	4		1		
	44년		2		1		
	45년	6	25	3	3		
	46년	21	123	10	18		
	47년	7	38	2	14		
	48년	4	55	1	11		
	49년	3	16		4		
	50년	1	2		1		
총계		111	636	17	55	1	4

영조대에 경연이 의식의 공간인 정전에서도 열리게 된 배경에는 탕평정치를 통해 왕권강화를 지향하던 당시의 정치적 상황과 연계된다. 우선 영조대 후반의 경연과목을 보면, 『주례』강론 논의로 대표되는 것처럼 왕도정치를 왕권중심으로 하기 위한 강론을 진행하면서 이를 통해 얻은 지식을 『성학집요聖學輯要』·『절작통편節酌通編』·『심경心經』중심으로 이를 재정리하고 있었다.²⁹³⁾ 또한 영조와 탕

---

292) 권연웅의 논문에서는 영조 31년에 행한 경연이 야대(夜對)와 소대(召對)만으로 조사되었지만(「朝鮮 英祖代의 經筵」『東亞研究』17, 표1), 영조 31년에 명정전에서 주강(晝講)을 행한 기록이 있어서 명정전에만 별도로 기재를 하였다(『英祖實錄』卷83, 英祖 31年 2月 12日(丙辰), "上御明政殿 行晝講").

293) 지두환, 1996,「朝鮮後期 英祖代 經筵科目의 變遷-朝鮮性理學 확립과 관

평파들은 왕권의 확립을 위해 현실정치에서 탕평책을 추진하면서 논리적으로 합리화하기 위한 하나의 방편으로 군사론君師論을 제기하였다. 군사론은 국왕이 세속적인 권력과 함께 교화의 주체로 자리매김하는 것인데, 영조는 평소 자신이 군사君師임을 자주 강조하였고 명 태조明太祖의 맹자 출향사黜享事 시비是非와 대보단大報壇 병향사並享事를 통해 명 태조가 취했던 강력한 황제권한을 행사한 것처럼 국왕주도의 정치를 구현하려는 의지가 강하였다.294)

영조대 군사론과 관련하여 왕권강화의 노력은 경연을 궁궐의 정전에서 시행하는 모습과 연계시켜 볼 수 있다. 정전은 의례를 행하는 공간으로서 성리학적 이념을 구현하며 군신간의 질서를 예제禮制적으로 표현하는 상징적 공간이다. 이러한 상징성으로 국가와 왕실을 대표하는 장소성도 가지고 있다. 결국 정전에서 경연을 행한다는 것은 영조가 지향하던 군사론의 구체적 실현의 장이 되어, 광명정대한 정전에서 공개적으로 교화의 주체임을 드러내면서 군사로서 국왕의 권위를 높이고 국왕 주도의 탕평정치를 실천하는 정치적 활동으로 해석해 볼 수 있을 것이다.

영조대 정전운영에서 또 다른 특징은 관료·군인·유생·공신자손·백성 등 다양한 대상과의 인견이 정전에서 활성화되는 운영방식이다. 인견은 일정한 목적을 가지고 국왕이 대개 편전에서 시행하던 기능이었다. 그런데 영조대에 정전에서 인견이 활발해지고 있으며 그 대상도 관료~백성까지 다양하였다. 정전에서는 조선전기를 중심으로 정전 뜰과 행랑에서 종친·관료, 외국사신 수행자, 입직군사, 서인庶人 등에게 공궤供饋·사주賜酒·사락賜樂 등을 베풀기는 했어도

련하여-」『震檀學報』81, 144~154쪽.
294) 영조대 군사론(君師論)에 대해서는 다음 논문 참조(이근호, 2001, 『英祖代 蕩平派의 國政運營論 硏究』, 국민대박사논문, 85~115쪽).

직접 인견하는 일은 드물었다.

정전에서의 인견 사례를 보면, 국정운영의 일환으로 대신·비국당상, 지방관, 사신, 관상감, 준천당상 등을 인견하고 있으며 문무과에 합격한 유생과 신은新恩·사은謝恩 등으로 정전에서 만남이 이루어지고 있었다. 이외에도 망배례 후에 명나라 자손과 명 의종황제의 순절례殉節禮 후에 명나라와 병자·정축년의 충신 자손, 조종의 종계宗系를 바로잡은 광국공신光國功臣의 자손, 고려의 왕씨 후손 등을 인견하기도 하였다. 또한 기구耆耈·기민耆民을 만나 음식을 내려주거나 향민鄕民에게 농사의 형편을 묻고 공시인貢市人을 불러 고충을 하문하여 빚을 탕감해주기도 하며 왕릉과 준천의 공사에 참여하는 사람들을 소견하여 위무하기도 하였다.〈[표3-9] 참조〉

[표 3-9] 영조대 정전에서의 인견〈『실록』 참조〉

구 분	종친, 관료, 군인	유생	자손	기타
경희궁 숭정전	五營 將卒 入直禁軍 大臣·備局堂上 時任原任備局堂上 守令,察訪 觀象監, 三司 地方官, 外邑 冬至三使臣	文武科 出身 文武科 합격자 新恩 謝恩 太學, 四學 鄕儒 陞補被抄 유생 陞補試 입격자	光國功臣 자손 明 자손 前朝 王氏 충신 자손	耆民, 鄕民 貢市人 儒生坊民
창경궁 명정전	宗親 소견 武科一榜 소견 各司 입직낭관 都監, 郞廳 신임수령 濬川堂上 大臣, 備局堂上			양역폐단 하문 왕릉役事참여자 (濟州人) 농민 五部坊民, 自願濬川成冊者 단양·회인 백성

166 .....

정전에서 국정활동과 관련된 만남 이외에도 충절을 기리며 노인을 공경하면서 농사와 장사의 고충을 들어 해결해 주고 국가사업의 공로를 격려하는 다양한 대민활동이 나타나고 있었다. 그 배경과 의미에 대해서 살펴보면, 영조는 정치적으로는 탕평책을 통해 정치적 안정과 국왕권을 강화하고자 하였으며 대민정책으로는 균역법과 준천사업 등을 통해 백성들의 안정된 생활에 기여하고자 하였다.295) 그리고 기우제·기곡제·친경 등을 중시하면서 친히 참여하여 국가적 안정을 위한 군주로서의 관심과 헌신을 보여주었다.296) 이러한 모습은 국가의 책임자로서 국가 주요사업을 주도하고 의례 시행의 현장에 참여하여 대외적인 정치적 활동을 펼치는 모습이었다. 그리고 그 연장선에서 국정운영과 왕실의 중심공간인 정전에서 다양한 계층과의 만남과 여론수렴, 위무慰撫 등을 통해 대외적으로 국왕의 권위를 드러내면서 국가적 책무를 다하며 백성과 적극적인 소통을 주도하는 군주상을 보여주는 새로운 대민정책 방식이라고 볼 수 있을 것이다.

또한 정전에서 다양한 계층의 백성들을 만나는 모습은 영조대 백성에 대한 인식이 변화한 것과도 연계성이 있다. 영조는 탕평정국을 통해 정치적인 안정을 이룰 수 있었고 이후에는 국가적 문물제도를 정비하여 갔다. 양역변통, 균역법 등 국정과제의 해결과정은 백성에 대한 인식이 전통적 유교정치의 애민愛民사상에 머물지 않고 국가와 백성, 군주가 일체하는 공동체로 인식하여 국가제도의 정비와 백성의 생활안정을 동시에 추구해야 하는 국가 목표로 이해하고 있었다. 따라서 백성에 대한 인식과 대민정책은 애민사

---

295) 정만조, 2011, 「영조임금의 업적-'御製問業'의 6대사업을 중심으로-」 『영조대왕』, 한국학중앙연구원.

296) 영조대 기우제, 기곡제, 친경 등의 제사와 관련하여 다음 도서 참조(김문식 외, 2011, 『왕실의 천지제사』, 돌베개).

상에서 소통과 위무를 넘어서 국가정책적인 차원에서 접근해야하기 때문에 국가적 상징 공간인 정전에서 다양한 계층의 백성과의 인견이 이루어졌다고 생각된다.297)

---

297) 영조대 새로운 백성관에 대해서는 다음 도서 참조(김백철, 2010, 『조선후기 영조의 탕평정치-『속대전』의 편찬과 백성의 재인식』, 태학사, 193~296쪽).

제**4**편

∴

편전의 운영과 변화

1. 조선전기 편전 운영과 변화

1) 편전기능의 침전寢殿 분담

조선시대 국왕의 주요업무는 군신간의 만남을 통해 정무政務를 보고받고 논의를 통해 처결하는 시사視事외에도 조회·경연·인견 등 다양한 운영방식을 통해 활성화되고 있었다. 국왕의 정무활동은 공간적으로 궁궐의 편전便殿에서 주로 이루어지고 있었는데,298) 궁궐 편전으로 사용된 대표적인 전각은 경복궁의 사정전思政殿, 창덕궁의 선정전宣政殿, 경희궁의 자정전資政殿, 창경궁의 문정전文政殿 등이 있었다. 그런데, 편전에서 이루어진 국왕의 정무활동이 국정운영이라는 공적公的 성격에도 불구하고 조선초기 편전에 대한 인식은 공적인 공간으로 이해되고 있지 않았다.299) 태종대에는 편전을 연처燕處로 인식하여 사관의 입시를 금지하고300) 사신 접견 시

---

298) 고려시대에도 편전(便殿)이라는 용어가 전기부터 등장하고 정사(政事)와 형벌(刑罰) 등을 결정하는 정치활동이 이루어지고 있었다. 공민왕대부터는 편전 대신에 '보평청(報平廳)'의 용어가 빈번하게 사용되었고 『고려사(高麗史)』를 통해 보평청에서 청정(聽政)과 경연(經筵)이 행해지는 모습을 살필 수 있었다. 그리고 보평청은 조선 초기 경복궁과 창덕궁 창건 시에도 동일한 이름으로 전각이 건설되었다가 후에 사정전 등으로 이름이 바뀌었다(장지연, 2007, 「태조대 景福宮 殿閣名에 담긴 의미와 사상적 지향」, 『한국문화』 39, 76~78쪽 참조).

299) 윤정현은 조선초기 편전의 성격과 기능이 사적인 공간으로 이해되고 있었다고 하였는데, 편전과 동일한 개념으로 『고공기(考工記)』에서 나오는 '노침(路寢)'이 물리적으로는 사적영역인 내전(內殿)에 속하지만 기능적으로는 정사를 보는 공적기능을 부여받아 공(公)·사(私)를 모두 포괄하는 이중적인 성격이라고 하였다. 또한 태종대 편전의 사관입시 논쟁을 통해 편전의 성격이 점차 사적공간에서 공적 공간으로 변화하는 계기가 되었다고 밝힌 바 있다(윤정현, 2000, 「朝鮮時代 宮闕 中心空間의 構造와 變化」, 서울대박사논문, 37~41쪽 참조).

300) 『太宗實錄』 卷2, 太宗 1年 7月 8日(乙未) ; 『太宗實錄』 卷19, 太宗 10年 4月 28日(甲子) ; 『太宗實錄』 卷24, 太宗 12年 10月 24日(丙子).

에도 평상복인 설복褻服을 착용하였다.301) 그리고 세자가 광연루에서 헌수獻壽할 때에 중궁이 편전에서 후궁·궁주와 함께 시연侍宴하고302) 상왕인 정종과 함께 술자리를 베푸는 장소로 이용되어303) 편전은 연처燕處로서 사적인 성격이 강하였다.

편전은 세종대부터 공적인 공간으로 성격이 정립되어가고 있었다. 세종대에 집현전이 설립되고 경연이 활성화되면서 사관·대간 등의 입시가 가능해지고304) 문종대에는 대간臺諫·승지承旨·사관史官이 입시하는 경연체제가 갖추게 되면서305) 경연을 행하는 편전의 성

---

301) 세종 12년 7월, 황제가 하사한 허리띠 고리〔조환(條環)〕를 예복에 두르는 것을 두고 논란이 있었는데, 권도(權道)로서 편전에서 설복(褻服)〔평상복〕을 착용하도록 권하며 선왕인 태종은 정전(正殿) 이외에 모두 설복을 입고 사신접견 시에도 편전에서 설복을 입고 만났다고 하였다(『世宗實錄』卷49, 世宗 12年 7月 28日(丙寅)). 그리고 세조 14년 조선인 명(明) 사신 강옥(姜玉)이 사정전에서 예궐(詣闕)할 때 근정전과 태평관에서는 공례(公禮)로서 남향(南向)하지만 사정전을 사저(私邸)로 보고 세조에게 남향(南向)하도록 하였다(『世祖實錄』卷46, 世祖 14年 4月 13日(壬寅), "姜玉等詣闕 上出勤政殿門外階下 迎入思政殿. 玉等請曰 殿下當向南而坐. 上曰 自古待帝使 無南向之理 大人等雖終日請之 不敢依命 玉等曰 勤政殿與大平館 已行公禮 此則殿下之私邸. 況我等元是本國奴僕 一身骨肉 皆是殿下之恩 親撤御座南向設. 上不獲已南向坐 玉等拜 上答拜. 玉進櫃十一 柤籠六 馬一匹 金輔亦進櫃九 馬一匹 并進太監崔安 林貴奉所獻物件. 行茶禮後 設溫斟宴 上使朴元亨語玉等曰 朝廷自古重待朝鮮 今也征建州之事 承遼東諸大人通咨 已令調軍 適承勅旨 卽命入征. 幸乘彼賊不意 殺掠無遺 此實皇恩之致 非我之 功也. 今蒙賞賜之厚 惶恐無地. 願將此意 轉達朝廷 玉等曰 專是殿下之洪福 理當厚賞. 我等當轉達朝廷. 宴罷 上仍御思政殿 命世子與申叔舟等 以次進酒 起舞極歡乃罷).

302) 『太宗實錄』卷30, 太宗 15年 12月 12日(乙亥), "世子獻壽于廣延樓下 諸 宗親侍宴. 中宮御便殿 明嬪淑嬪及諸宮主侍宴. 上傳旨承政院曰 予欲禁設宴 而父子皆無事經年殊未易 故受之耳 卿等宜知之".

303) 『太宗實錄』卷31, 太宗 16年 6月 16日(丙子), "上王至昌德宮 上迎入便殿 置酒極懽 日暮乃罷".

304) 『世宗實錄』卷78, 世宗 19年 9月 8日(乙未).

305) 『世祖實錄』卷1, 世宗 1年 閏6月 17日(辛酉), "經筵官啓 世宗朝 集賢殿三 員進講 後除一員 文宗朝 知經筵事同知經筵事中二員則間二日 承旨一員 集 賢殿二員 司諫院一員 史官一員 則逐日進講 命只令集賢殿二員進講".

격이 공적인 활동 영역으로 변화하였다. 또한 세종대의 조회 정비로306) 편전에서의 상참 시행이 정례화됨으로서 편전의 의례적인 성격이 부가되어 공적인 성격은 더욱 강화되었다고 볼 수 있다.307) 또한 세종은 매일 사고四鼓에 일어나 조참을 받고 이후에 시사와 윤대·배사拜辭·인견·경연을 행하였고308) 문종은 '매일 아침 사정전에 나아가서 시사·윤대·경연을 차례로 행하고 특별한 일이 아니고는 일찍이 그만둔 적이 없었다'며309) 편전에서 국왕의 일과가 정례적으로 시행되고 있음을 보여주고 있었다. 경연체제 정비와 활성화, 상참례 도입을 비롯해서 시사·윤대·배사 등과 함께 편전은 정례적인 청정공간으로 이용하여 공식적인 국왕의 국정업무 공간으로 운영되었다고 이해할 수 있다. 한편, 정전에서 의례를 시행할 때 편전이 국왕의 대기장소로서 운영되어 공적 의례의 일부 기능을 분담하기도 하였다. 결국 편전은 상참과 대기장소 등의 의례적 기능을 분담하고 윤대·배사·경연·인견 등 정례적인 국정업무를 수행하는 공간으로 설정되고 운영되는 모습이며, '연처燕處'에서 청정과 관련된 공적 공간인 '시사지소視事之所'로서 그 성격과 기능이 정립되었다고 여겨진다. 이러한 변화를 반영하듯 태종대에 작성한 『태조실록』에서 경복궁의 편전[보평청]은 내전內殿영역 안에 포함되었지만310) 세종대에 작성한 『태종실록』에서는 창덕궁의 편전·보

---

306) 조회(朝會)는 일정한 예법(禮法)에 따라 국왕과 신하가 만나 국정을 의논 〔시사(視事)〕하고 조알(朝謁)하는 목적을 가지고 있었다. 조회에 대해서는 다음 논문 참조(강제훈, 2004, 「조선 초기의 朝會 의식」『조선시대사학 보』28).

307) 윤정현, 2000, 「朝鮮時代 宮闕 中心空間의 構造와 變化」, 서울대박사논문, 93~99쪽.

308) 『世宗實錄』卷127, 世宗 32年 2月 22日(丁酉), "…王每日四鼓而起 平明受 群臣朝參 然後視事 處決庶政 然後聽輪對 咨訪治道. 引見守令拜辭者 面諭 恤刑愛民之意 然後臨經筵 潛心聖學 講論古今 然後入內…".

309) 『文宗實錄』卷5, 文宗 卽位年 12月 2日(壬申), "御經筵 上每朝 御思政殿 視事 次輪臺 次經筵 非有故未嘗停也".

평청이 내전 밖, 즉 외전外殿영역으로 분류되어 기술되어 있는 것을 확인할 수 있다.311)

공적인 국왕의 국정업무 공간으로 운영된 편전은 상참을 시작으로 시사·윤대·경연 등이 이어지고 있었지만, 편전만이 유일한 정무활동 공간은 아니었다. 또 다른 정무활동의 공간으로 침전寢殿이 이용되기도 하였다.

> "강녕전(康寧殿)은 나만이 가질 것이 아니고 그것이 만대에 전할 침전(寢殿)인데, 낮고 좁고 또 어두워서 만일 늙어서까지 이 침전에 거처하면 반드시 잔글씨를 보기가 어려워서 만 가지 정무를 처결할 수가 없을 것이니, 내가 고쳐 지어서 후세에 전해 주고자 하는데 어떻겠는가." 하니, 모두 아뢰기를, "좋습니다." 하였다.312)

---

310) 『太祖實錄』卷8, 太祖 4年 9月 29日(庚申), "…新宮燕寢七間. 東西耳房各二間 北穿廊七間 北行廊二十五間. 東隅有連排三間 西隅有連排樓五間 南穿廊五間. 東小寢三間 穿廊七間接于燕寢之南穿廊 又穿廊五間接于燕寢之東行廊. 西小寢三間 穿廊七間接于燕寢之南穿廊 又穿廊五間接于燕寢之西行廊. 報平廳五間 視事之所 在燕寢之南. 東西耳房各一間 南穿廊七間 東穿廊十五間 始自南穿廊第五間 接于東行廊. 西穿廊十五間 亦起南穿廊第五間 接于西行廊. 自燕寢北行廊東隅 止于正殿北行廊之東隅二十三間 爲東行廊. 自西樓 止正殿北行廊之西隅二十間 爲西行廊. 以上爲內殿. 正殿五間 受朝之所 在報平廳之南…".

311) 『太宗實錄』卷10, 太宗 5年 10月 19日(辛巳), "離宮告成 正寢廳三間 東西寢殿各二間 東西穿廊各二間 南穿廊六間. 東西小橫廊各五間 接于東西行廊 北行廊十一間 連排西別室三間. 東西行廊各十五間 東樓三間 廂庫三間. 其餘兩殿水剌間 司饔房及湯子洗手間等 雜間閣摠一百十八間 以上內殿. 便殿三間, 報平廳三間, 正殿三間…".

312) 『世宗實錄』卷61, 世宗 15年 7月 21日(壬申), "康寧殿 非予私有 乃傳之萬世之寢殿也 而卑陜且暗 若至老耄居此殿 則必難見細札 不能處決萬機 予欲改造 傳之後世 如何 僉曰 可". 강녕전 수리 논의 후 다음달(8월)에 세종은 동궁으로 거처를 옮기고 동궁은 종학(宗學)으로 옮겼다(『世宗實錄』卷61, 世宗 15年 8月 3日(癸未)).

세종은 경복궁의 침전인 강녕전康寧殿이 낮고 좁아서 정무를 처결하기에 불편하므로 수리해서 후세에 물려주고자 하였다. 강녕전은 정침正寢 또는 연침으로 불리면서 내전영역에 속하는 공간이었는데 강녕전에서도 정무활동이 이루어지고 있는 사례를 보여주는 모습이다. 평소 국왕이 일과시간에 편전인 사정전에서 상참·시사·윤대·경연 등의 일과를 수행하면서 침전에서도 정무활동을 행한 것으로 이해할 수 있다. 또 다른 사례로 세종은 언제나 강녕전에서 대신들과 소대召對를 행하였다고 하는데313), 소대와 같이 편하게 신하와의 인견을 통해 국정을 논하는 공간으로 침전인 강녕전을 이용한 모습이다. 또한 명종대 경복궁의 화재로 강녕전·사정전 등이 소실되어314) 다음해에 중건할 때에 선수도감繕修都監이 '강녕전과 비현각은 청정의 장소〔聽政之所〕이므로 예전처럼 「억계抑戒」와 「무일편無逸篇」315)을 걸도록 요청'하여 허락된 사실에서도316)

313) 『中宗實錄』卷36, 中宗 14年 7月 17日(戊申), "瑭曰 臣聞世宗朝 皆於康寧殿 召對大臣矣. 若大事 則必御正殿 如朝啓矣 常行公事 則皆使承旨等親啓也".

314) 『明宗實錄』卷15, 明宗 8年 9月 14日(丁巳).

315) 「억계(抑戒)」는 『시경(詩經)』대아편(大雅篇)에 나오는 시(詩)이며 위(衛) 무공(武公)이 90대의 나이에 지은 시로서 스스로 경계하고 깨우치기 위해 항상 곁에 두어 외웠다고 한다. 「무일편(無逸篇)」은 『서경(書經)』주서(周書)의 편명이며 주공(周公)이 성왕(成王)에게 인군(人君)으로서 가장 경계해야할 것이 안일함이라고 훈계하고자 지은 글이다.

316) 『明宗實錄』卷17, 明宗 9年 11月 21日(戊午), "繕修都監啓曰 康寧殿 丕顯閣 聽政之所 抑戒及無逸篇 依舊書懸. 且令工曹判書 洪暹 作景福宮重新記 何如 傳曰 如啓". 다시 제작하여 설치한 「억계(抑戒)」를 비롯하여 대보잠(大寶箴), 칠월편(七月篇) 등은 이황이 쓴 것을 사용하였다(『明宗實錄』卷17, 明宗 9年 12月 14日(庚辰). 한편 선수도감의 명으로 다시 걸도록 한 「억계(抑戒)」와 「무일편(無逸篇)」은 이미 명종 1년에 국왕이 평상시에 유념하여 보는 자료로 삼기 위해서 병풍으로 만들도록 하였고 「억계(抑戒)」는 새로이 만들었지만 「무일편(無逸篇)」은 내장(內藏)의 책상에 새겨져 있어서 따로 제작하지 않았었다(『明宗實錄』卷3, 明宗 1年 4月 29日(乙卯); 『明宗實錄』卷3, 明宗 1年 5月 1日(丙辰)).

강녕전이 청정聽政공간으로 운영되었음을 알 수 있다. 결국 정례적이며 공적인 국정업무는 편전인 사정전에서 행하고 소대와 같은 편의적인 국정활동은 침전에서 병행하여, 사정전과 같이 공적인 편전과 함께 편전기능을 분담하는 또 다른 공간으로 침전이 운영되었다고 볼 수 있다.

그림 4-1. 경복궁 사정전(좌)과 강녕전(우)〈현재〉

2) 편전의 분화와 소편전小便殿 성립

국왕의 정무활동이 편전과 함께 침전에서도 병행되어졌지만 침전을 청정공간으로 운영하는 것은 국왕의 입장에서 편의적 차원에서 나타난 현상이며, 궁궐 내의 공적인 영역과 사적인 영역이 정비되는 과정 속에서 나타난 과도기적인 모습으로 여겨진다. 우선 침전은 궁궐에서 사적인 공간에 해당하는 내전영역에 속하고 또한 당시 국왕에 대한 내외內外의 구분이 중요시되는 인식 속에서 신하와의 만남이 정식으로 이루어지기에는 일정한 한계가 있었다. 이러한 한계를 극복하기 위해 편전운영에 대한 논의가 이루어지기 시작하였고 그 배경에는 이상적인 성리학적 이념을 정치·경제·사회적으로 구현하려는 당시의 역사적인 변화와 그 궤를 같이하여 궁궐운영에서도 나타나는 현상으로 볼 수 있다.

조선시대의 국왕은 전통적인 유교통치 이념에 의해 천명天命을 위임받아 인정仁政을 실천하여 왕도정치王道政治를 구현하고자 했다. 왕도정치의 지향은 사림정치의 발달과 함께 국왕의 수신修身과 군신접견 등이 중시되고 구체적으로는 경연 등이 강조되었다. 국왕을 성인聖人으로 만드는 경연은 학식과 덕망이 높은 신하와의 만남을 통해 유교경전과 역사를 배우는 과정이었으며 그 과정 속에서 정치·사회적 해결방안을 논의하는 정치운영의 한 방법이기도 하였다. 경연은 태조 즉위 초 관제官制 정비를 시작으로317) 세종대에 집현전이 경연을 전담하면서 학문연구와 함께 왕도정치를 구현하는 중요한 정치운영 체제가 되었다. 이후 세조찬탈로 집현전을 혁파하고 경연도 함께 폐지되었다.318) 하지만 성종대에 다시 경연정치가 회복되었는데 경연의 종류도 증가하여 점차 조강朝講·주강晝講에서319) 석강夕講320)과 야대夜對까지 시행하였다.321) 그리고 경연관을 직숙直宿하게322) 하여 경연을 중요한 제도로서 정착시켜 나아갔다.323) 경연의 발달과 함께 군신접견도 강조되어 경연과 인견을 수행하는 편전 운영과 성격에 대해 논의가 병행되기 시작하였다.

성종대 왕실의 종친이며 김종직의 문인이었던 주계부정朱溪副正 이심원李深源은 성종 8년(1477) 상소문을 통해 국왕이 궁궐에서 거처할 때 지켜야할 행동을 언급하고 경연·인견 등의 중요성을 강조

---

317) 『太祖實錄』卷1, 太祖 1年 7月 28日(丁未).
318) 『世祖實錄』卷4, 世祖 2年 6月 6日(甲辰).
319) 『成宗實錄』卷1, 成宗 卽位年 12月 9日(戊午).
320) 『成宗實錄』卷3, 成宗 1年 2月 14日(癸亥).
321) 『成宗實錄』卷12, 成宗 2年 閏9月 25日(甲子).
322) 『成宗實錄』卷12, 成宗 2年 閏9月 27日(丙寅).
323) 경연의 운영과 경연관제에 대해서는 다음 논문 참조(지두환, 1998, 「조선전기 경연관의 직제의 변천」, 『한국학논총』20).

하면서 편전 운영의 구체적인 방법을 제시하였다.

　　주계부정(朱溪副正) 심원(深源)이 상서(上書)하기를,
　　…… 옛날에 선왕(先王)들은 매일 새벽녘에 조당(朝堂)에 앉아서
정사를 듣다가 물러나서 소침(小寢)으로 가서 일에 종사하고 일찍이
궁중(宮中)에 깊숙이 거(居)하지 아니하였으니, 밖에서 자리를 바로잡
고서 일에 전념(專念)하려는 까닭이었습니다. 대저 자리가 바로 잡히
면 뜻이 정(定)해지고, 뜻이 정해지면 마음이 조용해지고, 마음이 조
용해지면 일에 전념하게 됩니다. 그러므로 여기에서 궁리(窮理)하고,
여기에서 본성(本性)을 기르면 장차 어디로 가든지 통(通)하지 않는
바가 없을 것이며, 여기에서 정사를 생각하고 여기에서 사람을 접(接)
하면 장차 어디에 거처(居處)하든지 마땅하지 않을 바가 없을 것입니
다. …… 후세의 인주(人主)들은 그렇지 못하여 궁중(宮中)에 깊이 거
(居)하니, 항상 더불어 거처(居處)하는 자가 환관(宦官)·궁첩(宮妾)의
무리가 아닌 바가 없으며, 항상 보고 듣는 것이 실없는 농담이나 저속
하고 야비한 일이 아닌 바가 없었습니다. …… 조회(朝會)를 보는 데
에 이르러서도 여러 신하들이 헛되이 배알(拜謁)하고 물러나며, 비록
경연(經筵)의 신하들도 또한 엄연(儼然)히 줄지어 모시고서 글 몇 줄
을 읽고 두루 말하고서는 물러나며, 혹은 진언(進言)하는 자가 있어서
또한 정색(正色)을 하여 상주(上奏)하고 끝마친 다음에 물러나지만,
군신(君臣)의 정의(情意)는 멀어져 서로 접(接)하지 못하게 됩니다.
……신(臣)은 전하께서 상참(常參)과 경연(經筵)의 여가에 항상 연거
(燕居)하시는 곳이 정전(正殿)에 있는지를 알지 못합니다. 만약 없으
시다면 곧 소침(小寢)을 선정전(宣政殿) 뒷쪽의 대내(大內) 밖에다 짓
도록 명령하시되, 2실(室)을 연달아 지어서 1실(室)은 따뜻하게 만들
고 1실(室)은 서늘하게 만들어서 겨울철과 여름철을 편하게 지내소서.
그리고 고금(古今)의 마음에 새기고 경계할 만한 글 가운데 모범으로
삼을 만한 것을 골라서 써서 좌우에 걸어 놓고 병풍을 설치하여 경전
(經典)과 사서(史書)의 서적(書籍)도 또한 좌우에 배치하여 쌓아 두
고, 매양 정사를 듣는 여가에 항상 이곳에 연처(燕處)하시되, 반드시
옷깃을 여미고 꼿꼿이 앉아서 혹은 때때로 글을 익히고, 혹은 정사를
생각하기도 하시며, 왕왕 경연관과 여러 신하들 가운데 가히 사우(師

友)가 될 만한 자 한두 사람을 인견하여 온화한 얼굴로서 예(禮)로 우대하고 조용히 편안하게 이야기하시며, 그 왕명(王命)을 받아 사조(辭朝)하고 가는 자나 외방(外方)에서 내조(來朝)하는 자가 있거든 관품(官品)이 높고 낮은 것을 논하지 말고 모두 접견을 하시며, 심지어 정사에 이르러서도 대소(大小)에 관계없이 모두 승지로 하여금 친히 아뢰게 하소서. …… 임금이 명하여 심원(深源)을 불러서 전교하기를, "경(卿)이 일찍이 조계(朝啓)에서도 이를 말하였는데, 지금 또 이를 말하니, 내가 심히 가상하게 여긴다. 그러나 선정전(宣政殿) 뒤에는 이미 전(殿)을 지을 장소도 없으며, 또 날마다 경연(經筵)에 나아가니, 아랫사람의 정(情)이 또한 상달(上達)되지 못한다고 말할 수도 없을 것이다. 축수재(祝壽齋)는 아랫사람들이 임금을 지목(指目)하여 하는 일이요, 내가 명(命)한 것이 아니며, 더구나, 조종(祖宗) 이래로 이를 행한 지 이미 오래된 것이 아닌가? 이와 같은 일은 뒤에는 다시 말하지 말라." 하고, 이어서 임금이 표피(豹皮) 1장(張)을 내려 주었다.324)

이심원은 국왕에게 심신心身수양과 군신간의 인견을 강조하면서 옛 선왕先王처럼 조당朝堂에서의 정사政事 이후에 궁중 깊이 거처하지 말고 별도의 소침小寢을 마련하여 거처하도록 권하였다. 정사政事 이후에 내전에 거처하게 되면 환관과 궁첩들만 만나게 되어 실속 없이 시간을 보내게 되는데 별도의 거처를 마련함으로서 몸과 마음을 바로잡아 심신수양의 효과뿐만 아니라 국정운영에 전념할 수 있고 군신간의 만남과 정의情意도 높일 수 있다고 하였다. 또한 구체적인 실천방법으로 "(편전인) 선정전 뒤편의 대내大內 밖에 별도의 소침小寢을 지어 서적 등을 두면서 정사의 여가餘暇에 신하를 항시 접견할 수 있도록 별도의 자리를 마련해야한다"고 요청하였다. 이심원의 상소는 정전正殿〔편전〕에서325) 일과를 마친 후에도 편전과

324) 『成宗實錄』卷86, 成宗 8年 11月 26日(己丑).
325) 이심원의 상소에서 언급한 정전은 정전의 포괄적 의미로서 국왕이 사용하는 중심전각이라는 의미를 표현하고 있으며 실제로는 편전을 지칭하는 것

178 .....

내전사이에 별도의 전각을 두고 경연과 인견을 통해 성실히 정사政事에 전념해야 한다는 요구였다. 이러한 내용은 당시 사림士林이 중앙정계에 진출하면서 왕도정치 구현을 위한 방법으로 경연과 인견 등이 강조되는 시대상황을 반영한 것으로 볼 수 있다. 그리고 왕도정치의 구현이 궁궐의 운영과도 연결되어 소침 또는 별전別殿의 건립으로 주장되고 있었다. 소침[별전] 설치의 주장은 국왕의 추가적인 청정공간 확보 이외에 경연의 발달과 그 연관성을 찾을 수 있다.

성종대 경연은 조강·주강·석강으로 확대 운영되면서 삼강三講체제를 이루었고 또한 일과시간 이후에 실시하는 야대夜對도 정식화되었다. 그런데, 점차 경연에서 야대는 삼강보다 더욱 강조되었다. 예를 들어 "옛 제왕 중에 밤늦게까지 경經을 논하고 도道를 강론한 것이 미담이 되었다"326)거나 "진서산眞西山 등 옛사람이 이르기를 야대夜對의 공부가 주강晝講보다 낫다"327)며 야대의 중요성을 강조하였고 국왕도 "주강은 조용하지 못하나, 야대에서는 일을 세밀하게 논할 수 있다"328)며 야대의 중요성에 대해 공감하고 있었다.

결국 경연제도가 정착되고 활성화되면서 경연제의 도입을 넘어 효율적인 경연 운영의 논의가 전개되었고 경연 중에서 일과 중 정

으로 볼 수 있다. 정전은 외전의 정전을 뜻하는 '보편적 의미'의 정전과 국왕·왕비·동궁·대비 등이 중심적 주체가 되어 주로 사용하거나 거처하는 곳을 뜻하는 의미로서 '포괄적 의미'의 정전으로 구분하고 있다. 정전의 의미 분류에 대해서는 다음 글 참조(윤정현, 2000, 『朝鮮時代 宮闕 中心空間의 構造와 變化』, 서울대박사논문, 22~36쪽).

326) 『成宗實錄』卷12, 成宗 2年 閏9月 25日(甲子).

327) 『燕山君日記』卷56, 燕山君 10年 12月 4日(庚申) ; 『中宗實錄』卷21, 中宗 9年 10月 25日(甲寅) ; 『中宗實錄』卷24, 中宗 11年 2月 23日(甲戌) ; 『中宗實錄』卷44, 中宗 17年 3月 10日(丁巳).

328) 『中宗實錄』卷44, 中宗 17年 3月 12日(己未), "御夜對 上曰 嘗觀大學衍義, 雜引經傳 議論의實 所言關係. 晝講則不能從容 夜對則勢可細論 須以衍義爲 夜對".

례적으로 진행하는 삼강보다는 야대가 중요시되고 있었다. 야대는 삼강보다 정사에 구애되어 번잡한 가운데 형식적으로 진행되지도 않고 조용한 가운데 세밀하게 경연에 힘쓸 수 있는 장점이 있었다. 더욱이 내전에서 국왕이 사사로이 개인적 시간으로 소비하기보다는 부지런히 국정에 임하며 군신간의 만남이 지속적으로 이어질 수 있기 때문에 이상적인 성군聖君의 도道를 다하는 방안이기도 하였다. 이렇듯 경연과 함께 야대가 중시되면서 일과 시간에 사용할 수 있는 편전과 사적 공간인 침전 사이에 새로운 공간, 즉 정사의 지속성과 일과 후 이용의 편의성을 겸비한 또 다른 편전이 필요하게 된 것으로 여겨진다.

이심원의 소침〔별전〕설치 요구에 대해 성종은 선정전 뒤 공간이 협소하여 새로이 전각을 짓기는 어렵고 경연이 활성화되고 있으며 편전에서의 사대부 접견 등을 이유로 별전 설치에 대해 반대하였다. 하지만 성종의 반대는 별전 설치의 불필요성보다 이미 소침〔별전〕과 유사한 별도의 전각을 이용하고 있기 때문에 또 다른 별전의 설치를 반대했던 것으로 생각된다. 예를 들어 창덕궁에서 희정당熙政堂으로 개칭되는 숭문당崇文堂과 보경당寶敬堂 등이 있었다.

> 의정부 영의정(議政府領議政) 윤필상(尹弼商) 등이 합사(合司)하여 와서 아뢰기를, "『가례(家禮)』에 이르기를, '대상(大祥) 뒤에 잠자리를 다시 한다.'고 하였습니다. 신 등이 지금 듣건대, 성상께서 대상을 지나시고도 오히려 잠자리를 다시 하지 않는다 하니, 청컨대 『가례』에 따라 행하소서." 하니, 전교하기를, "경 등이 아뢴 바가 옳다. 대비(大妃)께서도 말씀하시기를, '문종(文宗)께서도 대상 뒤에 잠자리를 다시 하셨으니, 조종(祖宗)의 고사(故事)를 따르지 않을 수 없다.'고 하셨다. 그러나 『예기(禮記)』에 이르기를, '담제(禫祭) 뒤에 잠자리를 다시 한다.'고 하였으므로, 내가 감히 따르지 못한다." 하였다. … 전교하기를,
> "『예기』가 예문(禮文)의 근본(根本)이 되므로, 내가 진실로 이것

에 의거하여 행하려고 하나, 지금 대비의 말씀이 이와 같고 경들도 말을 하니, 내가 마땅히 따르겠다." 하였다. <u>임금이 집상(執喪)하는 데 예절을 다하여, 3년을 마치도록 내전(內殿)에 들지 않고 항상 숭문당(崇文堂)에서 잠자리를 처하되, 오직 환시(宦寺)만이 시측(侍側)하고 있었는데, 지금에 이르러서도 오히려 그러하므로 의정부(議政府)에서 청한 것이었다.</u> 329)

위의 내용은 성종 14년(1483) 3월에 승하한 정희왕후貞熹王后의 집상執喪 기간에 성종의 거처를 논의하는 내용이다. 의정부에서는 대상大祥 뒤에 내전으로 돌아가 침전을 이용하도록 권하고 성종은 담제禪祭 뒤에 침전을 이용하는 것이 예문禮文의 근본에 맞다고 하였다. 결국에 대비의 명에 따라 숭문당에서 집상하던 것을 정리하고 내전으로 돌아가기로 결정되었다. 이러한 내용에서 의려처로서 숭문당이 이용되고 집상기간동안 국정업무를 숭문당이 담당하였던 것으로 여겨진다.

숭문당은 창덕궁 희정당의 옛 이름이며 희정당은 조선후기에 선정전과 함께 창덕궁의 대표적인 편전이었다.330) 숭문당에 대한 『실록』 기록을 보면, 세조~예종대에 선정전과 함께 편전의 기능으로서 대신과 승지 등의 인견을 행하고 때로는 친국을 시행한 장소로 이용되고 있었다. 예를 들어 예종 1년(1469) 윤2월에 선정전에서 조회를 마치고 숭문당으로 자리를 옮겨 한명회·구치관·권감 등을 인견하고 왕릉과 봉선사奉先寺 영조營造를 논의하고 있었

---

329) 『成宗實錄』卷177, 成宗 16年 4月 9日(庚申), "議政府領議政尹弼商等合司來啓曰 家禮言 大祥後復寢. 臣等今聞 上過大祥 猶不復寢. 請從家禮行之. 傳曰 卿等所啓是矣. 大妃亦教云 文宗大祥後復寢 祖宗故事 不可不從. 然禮記言禪後復寢 故予不敢從…傳曰 禮記爲禮文根本 故予固欲依而行之. 今者大妃之教如此 卿等亦言之 予當從之. 上執喪盡禮 終三年不入內 常寢處崇文堂 唯宦寺侍側 至今猶然. 故政府請之".

330) 『宮闕志(영인본)』卷2, 昌德宮志, 熙政堂, "熙政堂 在大造殿南 卽便殿 視事之所也".

다.331) 성종대에도 앞서 언급된 정희왕후 승하 후 의려처로서 운영되기도 하고 의려처 사용을 전후하여 인견과 친국장소 등으로 이용되고 있었다. 연산군은 숭문당을 희정당으로 바꾸는데, 신하들은 선왕들이 거처하던 곳을 지금에 와서 변경하는 것은 온당치 않다고 반대하였다. 그 반대 의견 속에서 "성종이 26년간 숭문당에서 거처하였고 인정전과 선정전이 있지만 다시 숭문(당)의 이름을 지은 것은 청정聽政과 수문修文의 의미가 담겨져 있다"고 하였다.332) 이러한 내용을 통해 숭문당은 성종대에 정희왕후의 집상執喪 기간에만 임시적으로 편전기능을 수행한 것이 아니라 성종대에 경연, 인견 등의 편전기능을 지속적으로 담당했음을 알 수 있다.

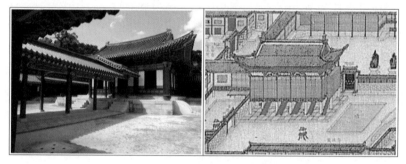

그림 4-2. 창덕궁 선정전(좌_현재)과 희정당(우_「동궐도」)

한편, 성종대 숭문당〔희정당〕 운영의 특징 중 하나는 성종 1~2년 동안 대왕대비(정희왕후)의 수렴청정 공간으로 숭문당이 운영된

331) 『睿宗實錄』 卷4, 睿宗 1年 閏2月 23日(戊寅).

332) 『燕山君日記』 卷20, 燕山君 2年 12月 8日(辛巳), "命改崇文堂曰 熙政堂. 承旨等啓 此堂乃成宗二十六年燕居之所. 旣有仁政殿宣政殿 而又以崇文 名之者 非徒聽政於此也 修文之意 蓋亦寓焉. 今以熙政 名之 美則美矣 但祖宗舊御之堂名 至此改之 似爲未穩. 傳曰 已扁熙政之額矣. 然又書 崇文堂 三字以進".

점이다. 『실록』에 따르면 대왕대비는 숭문당에 나아가서 원상院
相과 승지의 보고를 받거나333), 지방관 하직시 인견 등을 수행하
고 있었다.334) 수렴청정 기간에 성종은 정사를 보았지만 업무가
끝나면 그 내용을 정리하여 모두 다시 대왕대비에게 알리고 전지傳
旨를 통해 정책을 시행하는 절차로 운영되고 있었다.335) 대왕대비
가 원상과 승지 등을 만나서 보고를 받고 전지傳旨를 내리는 장소
로 이용되었던 곳이 숭문당이었다. 조선후기 순조대에 영조비 정
순왕후의 수렴청정 절목이 마련되었는데, 절목에 따르면 수렴청정
장소는 소편전인 희정당으로 설정되었고 수렴청정의 의례는 정희
왕후의 예에 의거한다고 하였다.336) 정희왕후의 수렴청정을 모델

---

333) 숭문당에서 승지의 보고 사례는 다음과 같으며(『成宗實錄』卷2, 成宗 1
年 1月 17日(丙申), "大王大妃御崇文堂 承旨李克增 尹繼謙 鄭孝常等入啓
事"), 이외의 기록들은 다음과 같다(『成宗實錄』卷2, 成宗 1年 1月 19日
(戊戌); 『成宗實錄』卷3, 成宗 1年 2月 20日(己巳); 『成宗實錄』卷9,
成宗 2年 2月 8日(辛亥) 등).

334) 지방관 하직 시 인견하고 전교를 내리는 사례는 다음 『실록』기사 내용이
참고되며(『成宗實錄』卷2, 成宗 1年 1月 20日(己亥), "咸陽郡守朴壽彌
安岳郡守許峻 庇仁縣監金嗣成辭. 大王大妃御崇文堂 引見謂曰…傳曰 宜添錄
獄囚速決毋留滯 一條"), 이외의 기록들은 다음과 같다(『成宗實錄』卷2,
成宗 1年 1月 22日(辛丑); 『成宗實錄』卷2, 成宗 1年 1月 24日(癸卯);
『成宗實錄』卷2, 成宗 1年 1月 28日(丁未); 『成宗實錄』卷2, 成宗 1年
1月 29日(戊申); 『成宗實錄』卷3, 成宗 1年 2月 8日(丁巳); 『成宗實
錄』卷3, 成宗 1年 2月 26日(乙亥); 『成宗實錄』卷4, 成宗 1年 3月 5
日(甲申) 등).

335) 『成宗實錄』卷4, 成宗 1年 3月 3日(壬午), "御宣政殿 始視事. 承旨等啓事
上親決之 或議諸院相 或命啓于大王大妃 視事罷. 承旨以所啓事 更稟大王大
妃施行 後倣此".

336) 『純祖實錄』卷1, 純祖 卽位年 7月 4日(甲申), "…尊王大妃爲大王大妃 王
妃爲王大妃. 奉大王大妃 行垂簾聽政禮于熙政堂. 大臣諸臣 以上方在沖年 依
宋朝宣仁太后國朝貞熹聖母故事 請大王大妃垂簾同聽政 至伏閤七請 始勉許
之. 大王大妃具翟衣 出御熙政堂 近東南向 垂簾於前楹 上具冕服 出就殿庭
率百官賀 陛殿侍坐于簾外近西南向. 大臣閣臣二品以上從內 問候畢 上反喪服
還內【禮曹垂簾聽政節目 今此大王大妃殿下 垂簾同聽政 係是邦家莫重莫大
之禮 謹稽宋朝宣仁太后故事國朝貞熹聖母徽規 磨鍊擧行. 一垂簾處所 以便殿

로 삼아 예를 정하면서 장소도 옛 숭문당인 희정당으로 선정한 것으로 여겨진다. 헌종대 순조비 순원왕후의 수렴청정 장소도 희정당을 이용하고 있었다.

수렴청정은 국왕을 대신해 전권을 행사하는 정치적 권한을 가지고 있었지만 국왕이 어리거나 정치적 경험이 부족하여 대왕대비가 왕실의 최고 어른으로서 나서는 불가피한 선택으로 인식하고 있었다.337) 수렴垂簾을 설치하고 청정聽政하는 모습은 여성으로서 남성 관료들과 대면하기 어려운 점도 있겠지만, 정치참여의 형식적 측면에서 전면에 나서지 않는다는 의미도 포함하였다고 여겨진다.338) 수렴청정 공간 안에서 발[염簾]을 내려 대왕대비의 공간을 별도로 설정하고 제한적인 정치참여의 형식을 보여주는 모습이다. 이와 유사하게 수렴청정을 시행하는 궁궐 전각도 편전이 아닌 또 다른 수렴청정공간을 선택한 것으로 여겨진다. 다시 말해 내외內外의 구분이 엄격한 상황에서 신하들과 내전인 대왕대비전에서 대면하기 어렵고, 또한 국왕의 정치적 공간으로서 상징성을 갖는 편전을 이용하는 것도 부담스러울 수 있기 때문이다.

편전이 국왕의 정치활동 공간으로 인식되어 왕비의 편전이용을 부정적으로 보는 사례가 있다. 중종 12년 7월 문정왕후는 왕비 친영 후에 내외명부內外命婦의 하례를 창덕궁 편전인 선정전에서 받았다. 이를 두고 사신史臣과 신하들은 선정전은 정사를 보고 신하를

爲之 臨時令政院稟旨…一垂簾同聽政典禮至大 倣貞熹聖母時事…]".

337) 수렴청정에 대해서는 다음 글 참조(임혜련, 2003,「朝鮮時代 垂簾聽政 정비과정」『조선시대사학보』27; 한국학중앙연구원, 2012,『조선의 왕비로 살아가기』, 돌베개).

338) 수렴청정은 성종대 정희왕후의 수렴청정부터 시작되었는데 정희왕후 때에는 수렴(垂簾)은 설치하지 않고 청정(聽政)한 것으로 여겨지며 발을 내리고 실제적인 수렴청정 형식을 갖추게 된 것은 명종대 문정왕후의 수렴청정시기부터 시작되었다고 한다(임혜련, 2003,「朝鮮時代 垂簾聽政 정비과정」『조선시대사학보』27, 42~47쪽 참조).

접견하는 곳이므로 왕비가 내외명부의 하례를 받는 것은 큰 실례失禮이며 바깥 정사에 간여하는 징조가 먼저 나타난 사례로 비판하였다.339) 이러한 비판을 증명하듯 문정왕후는 수렴청정과 철렴撤簾 이후에도 막강한 정치력을 발휘하였고 잘못된 정치적 전횡으로 인해 후대에 많은 비판을 받았다. 문정왕후의 수렴청정 장소도 초기에는 경복궁 충순당忠順堂을 이용하다가 협소하여 편전인 사정전을 이용하였는데, 국왕의 청정공간인 사정전에서 수렴청정을 행하여 문정왕후가 적극적인 정치참여를 행하였음을 공간적인 운영방식에서도 보여주는 사례로 볼 수 있을 것이다.

결국 수렴청정 공간은 선정전처럼 기존의 편전은 국왕의 청정공간으로 인식하여 피해야할 것이며, 그 대안적 공간으로 편전과 침전 사이에 위치한 곳이 수렴청정을 행하기에 적절한 공간이었을 것이다. 실제적인 전권을 행사하되 전면에 나서지 않고 제한적인 정치참여의 형식을 갖춘 모습이 외부공간적 측면에서 제 2의 편전, 내부공간적 측면에서 발을 내려 경계를 구분하는 것으로 다중적인 공간요소가 적용되고 있음을 알 수 있다.

한편, 숭문당과 유사하게 보경당이 소침[별전]과 같은 기능을 하고 있었다. 보경당은 선정전 뒤편에 있으며 세조대 전각명이 부여되었고340) 세조~예종대에 인견과 주연酒宴 등이 주로 이루어지고 있었다. 성종 초기에는 경연과 인견이 행해지고 정희왕후가 수렴청정 기간에 보경당에서 원상과 승지 등을 만나서 국사를 논하고 전교를 내리기도 하였다.341) 정희왕후 승하 후에는 첫 의려처로서 이용하다가342) 좁고 무더워 의려처를 숭문당으로 옮기게 되었다.343)

---

339) 『中宗實錄』卷28, 中宗 12年 7月 20日(甲午).
340) 『世祖實錄』卷26, 世祖 7年 12月 19日(乙酉).
341) 『成宗實錄』卷4, 成宗 1年 3月 5日(甲申); 『成宗實錄』卷5, 成宗 1年 5月 26日(癸卯); 『成宗實錄』卷6, 成宗 1年 6月 24日(辛未) 등.
342) 『成宗實錄』卷153, 成宗 14年 4月 1日(癸亥), "卯時 內官朴仁孫還自溫陽

그림 4-3. 창덕궁 주요 전각과 편전 및 별전(「동궐도」 부분, 고려대 박물관)

성종대 소침[별전], 즉 제2편전의 운영과 관련하여 유사한 논의가 이후 중종대에도 계속되었는데 논의대상의 궁궐은 경복궁이었다. 중종 14년 7월 안당安瑭·조광조趙光祖 등은 승지 친계親啓와 인견의 중요성을 강조하면서 "세종이 언제나 강녕전에서 대신大臣들을 소대召對하였다"는 것을 모범으로 삼아야 한다고 권하였다. 이에 대해 중종은 "대신大臣을 강녕전에서 접견하는 것은 불가하다"는 입장을 가지고 있었다.344) 세종의 강녕전 소대는 모범적인 사례이지만 강녕전이 내전에 속하는 침전이기에 반대한 것으로 볼 수 있다. 이러한 입장을 반영하듯 창덕궁의 숭문당(희정당)과 같이 침전인 강녕전을 대신하여 내전 밖에 별도의 전각을 청정의 장소로 이용하

　　啓曰 大王大妃 三月三十日戌時 升遐…上移御寶敬堂…".
343)『成宗實錄』卷155, 成宗 14年 6月 27日(戊子); 成宗 14年 6月 29日(庚寅).
344)『中宗實錄』卷36, 中宗 14年 7月 17日(戊申).

기 시작하였다.

중종은 창덕궁에 거처하는 동안 선정전 서월랑西月廊인 야대청夜
對廳에서345) 자주 야대를 했지만 경복궁에는 야대청이 없어서 대
신에 비현각丕顯閣[비현합丕顯閤]을 이용하였다.346) 비현각에 대해
서 중종은 "평상시 야대를 하는 곳"으로 언급하고347) "성종조에 수
문당修文堂[숭문당·희정당]에 별처別處했는데 지금의 비현각이 이

---

345) 선정전 서쪽에 일덕문(一德門)이 있고 북쪽에 3칸의 행랑이 있는데 옛날부
터 선정전 서월랑(西月廊)을 야대청(夜對廳)이라고 불렀다. 대개 옛날에는
여기서 밤에 신하들과 마주했기 때문에 이러한 이름이 붙여졌고 그 뒤에는
경전에서 뜻을 취하여 이름을 붙였다(서울학연구소, 1994, 『(국역)궁궐지』
2, 창덕궁지, 우문각, 113쪽). 선정전 야대청의 위치와 관련된 다른 기록은
다음과 같다. 『明宗實錄』 卷14, 明宗 8年 閏3月 6日(壬子), "上御夜對于宣
政殿西廊";『肅宗實錄』 卷1, 肅宗 卽位年 12月 27日(丙辰), "上晝講于夜對
廳,[廳在宣政殿西偏]";『承政院日記』 第1202冊, 英祖 38年 2月 18日(壬午),
"傳于金孝大曰 宣政西月廊 名曰夜對廳 故資政西月廊 庚子五朔音祭處 庚戌作
門名曰右文閣矣. 今日召見入直軍 體昔也右文國朝盛事 旣臨月臺見軍後 當行召
對於此閣 其時待下敎入侍 下旬晝講二十三日爲之."

346) 시사(視事) 공간으로 사용된 비현각은 고종대 중건시기에 건립된 동궁 영
역의 비현각과는 다른 전각으로 추정된다. 『경복궁전도(景福宮全圖)』(삼
성출판박물관 소장), 『경복궁도(景福宮圖)』(서울역사박물관 소장) 등 임
진왜란 이전에 경복궁을 그린 것으로 추정된 경복궁 지도에서 비현각은
사정전 동편에 위치하지만 자선당은 비현각보다 위치상 남쪽에 배치되어
있다. 그리고 『궁궐지』「경복궁지」에는「동궁(東宮)」의 항목에서 동궁
이 근정전 동편 회랑의 "일화문(日華門) 밖에 있다"고 서술하면서 자선당
을 포함하여 설명하고 있다. 하지만 비현각은「동궁」항목이 아닌 별도의
「비현각(丕顯閣)」항목으로 서술하고 있다. 『실록』를 보면 세조~선조대
에 비현각은 '비현합(丕顯閤)'으로도 표기되며 경연·인견 등 시사기능을 보
여주는 기사가 자주 나타나고 있다. 한편, 현재 경복궁 사정전의 동편에는
동궁 영역이 자리잡고 있는데, 동궁 영역에는 정당(正堂)인 자선당(資善
堂)과 편당(便堂)인 비현각(丕顯閣)이 나란히 배치되어 있으며 비현각은
동궁 편당(便堂)으로서 국왕의 편전과 유사하게 학문과 시사의 기능을 담
당하고 있었다. 고종대 중건된 비현각에 대해 『증보문헌비고(增補文獻備
考)』「궁실(宮室)」에서 '丕顯閣 東宮便堂也'으로 기록하고 있다.

347) 『中宗實錄』 卷59, 中宗 22年 7月 13日(戊子), "…傳曰…丕顯閣則常時夜
對 以其狹窄 故侍從得僅容坐. 以此 欲廣其內 非欲各別改造也. 今者 臺諫
以有弊 而非其時 請勿修理 竝依啓可也. 然暫爲修理處則不可停也".

당堂과 다를 것이 없다. 또한 안에서 보면 곧 외처外處이나 밖에서 보면 곧 내처內處이다"라고 해서348) 창덕궁 편전인 숭문당[희정당]과 동일하게 여겼으며 내외의 구분에도 저촉되지 않는 곳으로 이해하고 있었다. 비현각의 실제적인 운영양상을 보면 사정전에서 시행하는 평상시의 경연은 항상 교의交椅에 앉아서 행하지만 비현각에서의 야대는 편복으로 간소화된 형식으로 진행하고 있었다.349) 비현각의 편전적 기능과 인식은 이후에도 지속되어 명종대에는 "조종에서 백여 년 동안 치도治道를 강론하던 곳"350) 또는 선조대에 "이이李珥를 인견하고 강강講하였다"거나 "대신과 강관講官을 불러 천재天災와 백성의 질병을 물었다"351)는 기록을 살펴볼 수 있다. 결국 경복궁에서 비현각은 사정전과 함께 편전 기능을 수행하면서 청정과 야대의 장소로 이용되었음을 알 수 있다.

비현각[비현합]의 편전 기능적 성격은 조선전기 운영현황을 통해 확인할 수 있는데 『실록』을 정리해 보면 [표4-1]과 같다. 세조대에는 인견·시사와 강강講을 주로 하면서352) 윤대, 주연酒宴, 국문鞫問, 풍정豊呈, 재계齋戒, 나희儺戲 등의 장소로 이용하여 청정聽政 외에도 다양한 용도로 운영되고 있었다. 예종~선조대에는 인견·시사와 함께 소대, 야대, 강 등 청정과 경연 중심으로 편전 기능을 담당하고 있었다. 또한 세조대 기록에 보면 사정전에서 상참과 시사를 행하고 비현합으로 자리를 옮겨 군적軍籍과 관련된 논의를 통해

---

348) 『中宗實錄』 卷70, 中宗 26年 2月 25日(庚辰).
349) 『中宗實錄』 卷36, 中宗 14年 7月 30日(辛酉); 『中宗實錄』 卷99, 中宗 37年 11月 1日(丁未).
350) 『明宗實錄』 卷15, 明宗 8年 9月 15日(戊午).
351) 서울학연구소, 1994, 『(국역)궁궐지』1, 경복궁, 비현각, 25~26쪽.
352) 세조대에는 세조찬탈로 인한 집현전 혁파와 함께 경연도 폐지되었다. 세조는 경연제도 자체를 부정하였고 성균관 유생과 예문관 사신(史臣)을 불러 강론하거나 무인(武人)을 참여시켜 병서를 강하고 있었다(지두환, 1997, 「조선전기 경연관 직제의 변천」『한국학논총』 20, 55~56쪽).

사정전 이외의 편전 공간으로 운영되었음을 확인할 수 있다.353)

[표 4-1] 경복궁 비현각(비현합) 운영 현황〈『실록』참조〉

구분	引見, 視事	輪對	召對	夜對	講	酒宴	鞫問	豊呈	齋戒	儺戲
세조	24	2			19	6	4	3	3	1
예종	3				2					
중종	22		1	6	1					
명종				1		1				
선조	2		2	4	1					

한편 중종대에 현량과賢良科를 통해 사림들이 정계에 많이 진출
하면서 개혁을 방해하는 훈척과 갈등관계가 커지고 있었다. 사림
들은 중종반정의 공신 중에서 공로가 없는 공신을 제거하고자 위
훈삭제를 시행하였다. 이에 대한 훈척의 반발이 거세져 조광조 등
의 사림을 모해하였다. 또한 사림의 성장에 위협과 불신을 가지던
중종은 밀지密旨를 내려 홍경주洪景舟와 남곤南袞을 비밀리에 궁궐에
서 만나 사림을 제거하는 논의를 하게 되었고 후일에 기묘사화己卯
士禍가 일어나게 되었다.354) 이때 중종과 훈척이 비밀리에 회동한
궁궐의 장소가 비현합이었다.355) 기묘사화와 관련된 비현합의 비
밀회동은 공식적인 편전인 사정전과는 또 다른 차이점을 보여주는
사례로 볼 수 있다. 위치적으로 내외의 중간적 지점이며 군신간에

353) 『世祖實錄』卷36, 世祖 11年 8月 6日(辛巳).
354) 지두환, 2001, 『중종대왕과 친인척』, 역사문화.
355) 『中宗實錄』卷37, 中宗 14年 11月 15日(乙巳); 『中宗實錄』39卷, 中宗
    15年 4月 13日(庚午), "…史臣曰 己卯年間 上厭士林所爲 密令景舟 入直
    于忠勳府直房 因引訪朝廷之事 景舟又與外廷宰執 遂譜光祖 望重一時 人咸
    歸附 疑有非常. 時趙光祖爲大司憲 方請削靖國功四等 上益疑之 以密旨授景
    舟 示諸宰執.…景舟袖密旨 示諸宰執…於是上乃密召景舟所與謀南袞 由神武
    門 入不顯閣 抄名士可除者列書之 每一人 分定武士五名 召集闕庭 將加椎殺
    議已定矣".

신속하게 편의적인 접견이 가능한 소침〔별전〕의 장소적 특성을 보여주고 있는 것으로 여겨진다.

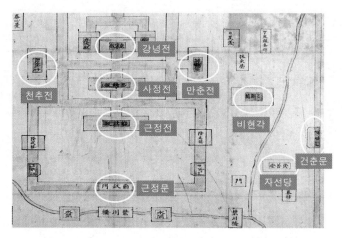

그림 4-4. 「경복궁전도」 부분과 비현각 위치(삼성출판박물관)

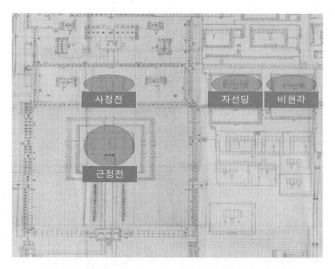

그림 4-5. 「북궐도형」 부분과 비현각 위치(서울대 규장각)

그런데 비현각은 장소가 협소하고 소대召對를 할 때마다 서적과
문서를 일일이 치워야하는 불편함이 있었다. 그래서 중종은 비현
각 대신에 사정전에서 교의交椅·상탑牀榻을 치우고 격식없이 야대를
하겠다는 전교를 승정원에 내렸다.356) 하지만 며칠 후에 사정전을
야대 장소로 사용하는 것에 반대하는 의견이 있었다.

> 석강에 나아갔다. 참찬관 홍섬(洪暹)이 아뢰기를,
> "전일 비현각(丕顯閣)은 서책이 많이 소장되어서 비좁을 것 같으므
> 로 사정전에서 야대(夜對)를 하고 싶다고 전교하셨는데 신의 생각에
> 는, 사정전은 바로 큰 정사를 처결하는 장소이고, 야대의 경우는 으레
> 편복(便服)으로 임어(臨御)하여 입직하는 경연관(經筵官)들을 불러서
> 조용히 강론하는 것이니, 술잔도 나누고 친근하게 하는 사이에 더욱
> 감격하여 각기 진심을 다 밝힐 것입니다. 따라서 비현각에서 하는 것
> 이 온당할 것 같습니다."하니, 상이 일렀다. "이 말이 매우 온당하니
> 아뢴 대로 하라."357)

참찬관 홍섬洪暹은 협소한 비현각을 대신하여 사정전에서 야대를
하겠다는 중종의 전교에 대해 반대하였는데, 사정전은 큰 정사를
처결하는 장소〔大政之所〕이며 야대는 편복으로 경연관들과 편하게
강론하고 친근하게 술잔도 나눌 수도 있는 시간이기에 야대의 성
격과 사정전의 장소적 기능성이 상충할 수 있으므로 사정전은 불
가하고 비현각이 적합하다는 의견을 제시하고 있었다. 그리고 중종
역시 공간적으로 형식과 내용이 일치하지 않는다는 의견에 동조하고
있었다. 이러한 중종대 경복궁 편전운영의 논의는 침전인 강녕전
대신에 야대·소대의 장소로서 비현각을 이용하고 있었다는 사실을

---

356) 『中宗實錄』卷99, 中宗 37年 11月 1日(丁未).
357) 『中宗實錄』卷99, 中宗 37年 11月 7日(癸丑), "癸丑 御夕講 參贊官洪暹
曰 前日傳以 丕顯閣 多藏書冊 似爲挾隘 欲於思政殿爲夜對 臣意 思政殿乃
聽斷大政之所 夜對則例以更服臨御 召進入直經筵官 從容講論 杯酒親近之間
尤自感激 各罄悃愊 於丕顯閣爲之似當 上曰 此言甚當 如啓可也".

보여준다. 또한 사정전과 비현각이 기능상으로 유사한 편전 역할을 담당하고 있지만 두 전각 사이에는 일정한 계서階序적 차이가 있었다. 그 차이점은 사정전은 큰 정치를 처결하는 곳이라는 기능적 차이에서 나타나며 구체적으로는 경연에서 법강法講인 삼강三講과 야대夜對의 운영에서 구분되기도 하였다. 두 전각의 위상 차이는 이후에도 재차 확인할 수 있다. 명종대에는 추운 날씨로 명종의 건강이 우려되어 비현각에서 주강·석강을 행하자는 의견이 있었다. 하지만 명종은 "비현각이 사정전과 같은 법전法殿이 아니며 전례에 비추어 합당하지 않기에 주강·석강을 비현각에서 행할 수 없다"고 반대하였다.358) 또한 선조대에도 추운 날씨로 인해 비현각에서 주강·석강을 행하자는 의견이 있었지만 전례가 아니라는 이유로 허락되지 않았다.359)

이상과 같이, 성종·중종대 논의된 소침〔별전〕의 설치, 침전인 강녕전의 접견논의는 편전의 분화와 함께 기존 편전과 유사한 기능을 담당하지만 위계상 하위의 편전이 성립되는 과정을 확인할 수 있었다. 그 배경에는 우선 국왕의 근면한 청정聽政이 강조되면서 일과시간 이후에 군신간의 접견과 정사의 지속성도 중요하게 여겨졌다. 더욱이 경연체제가 정립되고 활성화되면서 군신간에 친밀하게 접견할 수 있는 야대가 중요한 경연으로 인식되는 상황이었다. 한편 국왕의 입장에서도 공식적 시사공간인 편전을 대신하여 일과시간 이후뿐만 아니라 일상업무를 수행하는데 있어서도 격식에 구애받지 않고 업무를 처리하거나 소대召對·청대請對와 같이 군신간의 접견을 여유롭게 진행하기 위한 공간이 필요하였다. 처음에는 세종대와 같이 침전인 강녕전을 인견과 청정의 공간으로 사용하여

358) 『明宗實錄』卷19, 明宗 10年 11月 29日(庚申).
359) 『宣祖修正實錄』卷8, 宣祖 7年 2月 1日(丙午).

침전이 편전기능을 분담하는 방식으로 운영되었다.

하지만 침전을 편전 용도로 사용하기에는 협소함 등의 공간적인 제약이 따르며 내외의 구분이 엄격한 인식 하에서 내전 영역인 침전을 편전으로 이용하는 것은 국왕뿐만 아니라 신하들에게도 불편하고 도리에 맞지 않는 방식이었다. 그렇다고 모든 시사와 인견, 경연 등을 공식적인 편전에서 수행하기에는 격식을 갖추어야 하고 신속성과 편의성 측면에서 불편한 점이 있었을 것이다. 이러한 상황을 개선하기 위한 방편으로 편전기능을 수행할 또 다른 공간이 필요하였고 구체적으로는 이심원의 소침〔별전〕설치와 같은 요청사항이 논의되고 실제로는 경복궁 사정전과 창덕궁 선정전 이외에 편전과 침전의 중간 지점에 경복궁 비현각, 창덕궁 숭문당〔희정당〕·보경당 등 다양한 전각들을 계사(啓事)·인견·경연 등의 용도로 이용하고 있었다.

또한 국왕의 입장에서 내외를 구분하며 국정업무를 활성화하기 위해 또 다른 편전으로서 소침〔별전〕이 필요한 것처럼 수렴청정이라는 특별한 정치운영방식에서 왕실의 웃어른인 여성이 실제로 정치권한을 행사하면서도 정치적 전면에 나서지 않으며 내외의 구분을 벗어나지 않는 정치운영 방식을 공간적으로 해소하는 방안도 공식적인 편전을 피해 또 다른 편전 공간을 이용하는 것으로 나타나고 있었다.

또 다른 편전으로서 소침〔별전〕을 운영하는 것은 현대적으로 비유하자면 청와대에서 대통령이 각료들과의 공식적인 국정논의를 위해 국무회의실과 같은 장소를 이용하기도 하지만 상황에 따라 신속하고 편의적인 국정운영과 논의를 위해 대통령집무실에서 업무보고, 정책논의 및 결정, 접견 등이 이루어질 수 있다. 대통령집무실은 공식적인 측면에서 국무회의실보다는 비공식적이며, 대통령 개인생활을 영위하는 대통령관사와도 구분되는 국정업무 공간으로 이해할 수 있다. 이러한 구분을 궁궐과 연결시켜 보면, 편전-소침〔별전〕-침전과 국무회의실-집무실-관사로 비교할 수 있으며 소침〔별전〕은 대통령집무실과 유사하게 국정업무를 수행하지만 격식과 운영측면에서 신속성과 편의적인 특성을 가지며 공식적인 편전과는 차이점을 보이는 것으로 생각해 볼 수 있다.

소침〔별전〕이 편전의 기능을 담당하고 있지만 본 편전과 별전으로서의 편전 사이에는 기능과 위계상의 차이가 있었다. 기능적 측면에서 경연의 사례를 보면 본 편전은 경연 중에서 법강法講으로 불리는 조강·주강·석강의 삼강三講을 담당하고, 별전은 삼강을 제외한 야대·소대를 운영하고 있었다. 또한 위계상으로 볼 때, 본 편전은 큰 정치를 논의하고 처결하는 '대정지소大政之所'이며 '법전法殿'으로 인식되어 별전보다 상위적인 위계位階를 보여주고 있었다. 이러한 본 편전과 별전과의 기능적 분화와 위계상의 차이를 통해 변화된 편전운영 체제를 상정해 볼 수 있을 것이다. 본 편전은 '대정지소大政之所'로서 큰 정치를 논의하고 처결한다는 의미에서 공식적이며 정례적인 정무활동 공간인 소위 '대편전大便殿'으로 볼 수 있고 반면에 침전을 대신하며 편전기능을 수행하는 또 다른 장소로서 소침〔별전〕은 '대편전'의 상대적인 개념으로 편의적이며 신속하게 국왕이 국정활동에 임할 수 있는 장소적 특성을 가지므로 소위 '소편전小便殿'이라고 구분해 볼 수 있을 것이다.

이러한 구분은 궁궐운영에서 국정업무의 연속성과 편의성 등의 현실적인 요청과 운영방식이 편전 운영에서 적용되고 나타난 변화이며 편전 기능이 처음에는 편전과 침전으로 분담되는 '편전便殿-침전寢殿' 운영방식에서 별전의 이용을 통해 편전의 기능이 분화되고 소편전이 정립되는 과정 속에서 정착된 '대편전大便殿-소편전小便殿' 체제로 개념화시켜 볼 수 있을 것이다.360) 새롭게 개념화 시켜본 대편전과 주요 소편전의 대상을 각 궁궐별로 구분하여 적용해 보면 다음 〔표4-2〕와 같이 정리해 볼 수 있다.

[표 4-2] 궁궐별 대편전(大便殿) 및 주요 소편전(小便殿)

구 분	경복궁	창덕궁	경희궁
대편전(大便殿)	사정전(思政殿)	선정전(宣政殿)	자정전(資政殿)
소편전(小便殿)	비현각(丕顯閣)	희정당(熙政堂)	흥정당(興政堂)

---

360) 편전을 대소(大小)로 구분하여 대편전과 소편전으로 설정한 것은 궁
   궐운영과 중국 궁궐제도에서 나타난 개념을 차용한 것이다. 예를 들
   어 경복궁 강녕전 동서(東西)로 소침(小寢)인 연생전(延生殿)과 경성
   전(慶成殿)이 있는데 연생전과 경성전은 침전인 강녕전 옆에 위치하
   며 유사한 기능을 담당하면서 침전의 상대적인 개념으로 작은〔小〕침
   전이라고 한다. 또한 중국 궁궐제도와 관련하여 연조(燕朝)의 침(寢)
   을 설명하는 부분이 참조된다. 삼문삼조(三門三朝 또는 五門三朝) 논
   의에서 삼조(三朝)는 외조(外朝)·치조(治朝)·연조(燕朝)로 구분되며
   삼조(三朝) 중에서 연조(燕朝)는 천자(天子)의 육침(六寢)과 후(后)
   의 육궁(六宮)으로 구성되고 육침(六寢)과 육궁(六宮)은 각각 한 건
   물의 노침(路寢＝正寢), 5개의 소침(小寢＝燕寢)으로 이루어졌다. 침
   (寢)에 대한 논의로서 송대(宋代) 진상도(陳祥道)의 『예서(禮書)』
   에 따르면 "왕은 육침(六寢)이고 후(后)는 육궁(六宮)이며, 제후(諸
   侯)는 삼침(三寢)이고 부인(夫人)은 삼궁(三宮)이다. <u>왕의 대침(大
   寢)은 하나이고 소침(小寢)은 다섯이다. 제후의 대침(大寢)은 하나이
   고 소침(小寢)은 둘이다. 대침(大寢)은 노침(路寢) 또는 정침(正寢)
   으로 불리고 소침(小寢)은 연침(燕寢) 또는 소침(少寢)이라고 불린
   다. 대침(大寢)은 청정(聽政)의 공간으로 앞에 있고 소침(小寢)은 휴
   식의 공간으로 뒤에 있다.</u>"고 설명하고 있다. 이러한 내용을 통해 연
   조(燕朝)의 침(寢)을 크게 대침(大寢)과 소침(小寢)으로 구분하고 있
   음을 확인할 수 있다. 중국 궁궐제도에 대해서는 다음 논문 참조(조
   재모, 2004, 『朝鮮時代 宮闕의 儀禮運營과 建築型式』, 서울대박사논
   문, 19～31쪽). 결국 경복궁 강녕전과 소침인 연생전·경성전의 사례
   와 중국에서 연조(燕朝)의 침(寢)을 대소(大小)로 구분하는 개념을
   통해 편전의 경우에도 대소(大小)로 구분된 '대편전-소편전'으로 개념
   화시킬 수 있을 것으로 본다.

2. 조선후기 편전 운영과 변화

1) 대편전大便殿 - 소편전小便殿의 운영과 특징

조선전기에 편전이 분화되면서 편전을 위계와 기능적인 차이에 따라 소위 대편전과 소편전으로 구분해 보았다. 그 배경에는 국왕에 대해 근면한 정무활동이 강조되고 성인聖人으로 인도하는 경연의 발달과 국정업무의 효율성을 위한 방안으로 나타난 현상이었으며, 평상시의 일과시간 및 일과시간 이후에도 편히 인견과 경연 등을 할 수 있는 별전別殿의 설치와 운영으로 정무활동이 지속되고 있었다. 조선후기에 들어서면 대편전과 소편전은 점차 기능적인 차별성을 보이면서 대편전은 의례적인 공간으로 소편전은 실질적인 국정운영의 논의 공간으로 그 성격이 강화되어갔다. 조선후기 편전체제의 이해를 위해 대편전과 소편전의 운영양상과 각 편전의 특징을 알아보고 국정운영의 중심공간으로서 소편전의 발달 배경과 구체적인 운영사례 그리고 소편전의 다양한 운영형태를 살펴보도록 하겠다.

대편전大便殿은 국왕이 주로 일과시간에 정무활동을 보는 장소로서 상참·경연·인견 등 국왕의 국정운영에서 중요한 기능을 담당하였다. 그 중에서 상참은 청정聽政 이전에 예도禮度를 도입시켜 의례화된 것으로 대편전의 고유한 기능이었다. 예서禮書인 『세종 오례의』, 『국조오례의』와 『춘관통고』에서도 상참의 시행 장소를 대편전인 경복궁 사정전과 창덕궁 선정전으로 규정하고 있다.361) 실록에서

---

361) 『世宗實錄』, 五禮儀, 嘉禮, 常參儀, "其日 掖庭署設御座於 思政殿 北壁 南向 設香案於座前近東 設常參官拜位於殿庭 領議政以下在東"; 『國朝 五禮儀』常參朝啓儀, "其日 掖庭署設御座於 思政殿 北壁 南向 設香案

효종~영조대까지 상참의 시행 장소가 표기된 부분을 참조하여 대편전과 소편전으로 구분한 후 정리한 내용은 다음 〔표4-3〕과 같다. 조선후기 법궁인 창덕궁과 이궁인 경희궁을 대상으로 상참이 시행된 장소는 대편전인 선정전과 자정전에서 이루어지고 있으며 소편전인 희정당에서는 시행된 경우가 없다. 다만 예외적으로 경희궁의 흥정당興政堂에서 1회 시행한 기록이 나타나고 있다.362) 이를 통해 상참은 대편전에서 시행하는 의례임을 확인할 수 있다.363)

於座前 設常參官拜位於殿庭東西"; 『春官通考』卷51, 嘉禮, 朝儀, 常參朝啓儀〔原儀〕, "其日 掖庭署設御座 於思政殿〔今儀宣政殿〕北壁南向 設香案於座前 設常參官拜位於殿庭東西". 조선후기 예전인 『춘관통고』 「상참조계의원의(常參朝啓儀原儀)」에 상참 시행 장소가 (경복궁) 사정전이지만 지금〔今〕은 (창덕궁) 선정전으로 표기되어 있다. 상참을 수행하는 곳이 사정전에서 선정전으로 바뀌었지만 대편전에서 시행하는 원칙은 유지되고 있음을 알 수 있다.

362) 영조대 소편전인 흥정당에서 예외적으로 상참이 시행된 사례는 영조대 후반기 궁궐운영의 특징적인 요소로 생각된다. 영조대 후반기에 상참 시행을 보면 대편전을 중심으로 시행되면서 흥정당 이외에 경현당, 집경당, 금상문 등 동궁과 왕비·후궁 처소 및 문 등에서 상참을 시행하는 특이한 사례가 나타나고 있으며 경현당은 36년부터 시행되고 흥정당을 포함해 이외의 전각과 문은 41년~51년 사이에 시행되고 있었다. 영조대 대편전 이외의 장소에서 시행된 상참의 장소와 시행횟수를 정리해보면 아래의 표와 같다.

구분	흥정당(興政堂)	경현당(景賢堂)	집경당(集慶堂)	덕유당(德游堂)	금상문(金商門)	건명문(建明門)	연화문(延和門)
횟수	1	14	1	1	2	1	1

363) 한편 조선후기에 들어오면 상참이 행례(行禮)와 청정(聽政)의 기능 중에서 점차 행례 중심으로 형식화되고 행례조차도 축소되는 경향을 보이고 있었다. 상참의 의식화에 대해 인조대에는 "상참을 형식적인 겉치레로 인식하여 거행하지 않았다"거나(『仁祖實錄』卷38, 仁祖 17年 5月 21日(丁丑)). 효종대에 "상참에서 신하들이 단지 배례(拜禮)만 행하여 의식을 익힌 것에 불과하다"며 상참 시행의 문제점을 지적하고 있었다(『孝宗實錄』卷7, 孝宗 2年 8月 9日(甲寅)).

[표 4-3] 궁궐별 편전의 상참 시행 표〈『실록』 참조〉364)

구 분	대편전(大便殿)		소편전(小便殿)	
	창덕궁 선정전	경희궁 자정전	창덕궁 희정당	경희궁 홍정당
효 종	4	0	0	0
현 종	6	1	0	0
숙 종	3	3	0	0
경 종	1	0	0	0
영 조	17	21	0	1

　　대편전 운영의 또 다른 특징은 빈전殯殿·혼전魂殿 설치가 정례화
定例化된 점이다.365) 왕·왕비·상왕·대비 등이 승하하면 왕릉王陵에
시신을 묻기 전까지 모셔둔 전각을 빈전이라 하고 왕릉에 시신을
모셔둔 후에 영혼을 모신 신주神主를 종묘에 부묘祔廟하기 전까지
혼전에 모셔두었다. 빈전과 혼전은 시호諡號·능호陵號 등과 함께 대
신들의 논의로 전호殿號를 정하고 상례喪禮를 행하는 동안 궁궐의
전각을 이용하였다.

　　빈전은 궁궐의 편전을 이용하였는데, 『국조오례의』「국휼고명國

----

364) 이 도표는 상참 시행과 함께 정확히 편전의 명칭을 기록한 내용을 정리한
　　것이다. 편전에서의 상참 시행은 빈번했지만 상참시행과 함께 정확한 전각
　　을 기록한 내용은 많지 않다. 대개 상참 장소를 '생략'하거나 '편전'으로 기
　　록한 내용이 다수를 이루고 있다. 이와같이 이후 이 책에서 제시한 〈표〉
　　중 편전명과 현황을 표기한 것은 모두 시행처로서 편전명이 정확히 기재
　　된 것만을 수치로 삼았다.

365) 윤정현은 창덕궁 선정전, 경희궁 자정전 등 이른바 제1편전에서 빈전·혼전
　　이 상례화되는 가운데 제2의 편전인 창덕궁 희정당, 경희궁 홍정당이 시
　　사와 경연을 전담하게 되는 편전기능의 전용(轉用)을 설명하고 있다. 제1
　　편전이 빈전화(殯殿化)되는 근거로 선정전과 자정전의 건축구조 변화를
　　지적하고 있으며 제1편전 앞에 복도(複道)가 부가된 것이 빈전으로 사용
　　되면서 신주(神主)의 이동 시에 비와 햇빛을 피하기 위한 기능으로 적용
　　되고 이러한 모습은 왕릉의 제례공간인 정자각(丁字閣)과 같은 건축구조
　　의 유사성을 가지고 있다고 하였다(윤정현, 2000, 『朝鮮時代 宮闕 中心空
　　間의 構造와 變化』, 서울대박사논문, 163~172쪽 참조).

恤顧命」에 따르면 '왕이 위독하면 액정서掖庭署에서 사정전〔시사지전
視事之殿〕에 악장幄帳과 보의黼扆를 설치하고 내시가 부축하여 (왕
을) 여輿에 태워 악장 안으로 나아가 궤几에 기대게 하고 왕세자는
곁에서 모신다. 그리고 상이 재집대신宰執大臣과 근시近侍를 만나 고
명顧命을 발發한다'고 기록하고 있으며366) 이후 승하하면 복復·목욕
沐浴·습습襲 등을 행한 것으로 보아 국왕의 빈전으로 편전이 이용되었
음을 알 수 있다.367) 또한 영조대에 편찬한『국조상례보편國朝喪禮
補編』에서도 왕의 승하 후에 창덕궁이면 선정전, 경덕궁(경희궁)이면
자정전, 창경궁이면 문정전 등 편전〔시사지전視事之殿〕을 빈전으로
이용하는 것이 명문화되었다.368) 결국,『세종 오례의』·『국조오
례의』·『국조상례보편』 등의 예서禮書를 통해 국왕의 빈전은 조
선시대 전·후기에 걸쳐 사정전·선정전·자정전·문정전 등 각 궁궐의
대편전에서 시행하도록 규정되었음을 알 수 있다.

---

366)『國朝五禮儀』, 國恤顧命, "上不懌 掖庭署設幄帳黼扆 於思政殿〔卽視事之
殿〕內侍扶相升輿出御幄內憑几 王世子侍側上含 宰執大臣及近侍面見發顧命
王世子大臣等同受顧命訖大臣等退作傳位遺教〔若內喪則無顧命〕".

367) 조선전기에 빈전으로 사정전이 명문화되었지만 예외적인 사례로 중종의
빈전은 문정왕후의 명에 따라 창경궁 문정전에서 내전(內殿)영역의 통명
전(通明殿)으로 바뀌어 설치되었다. 통명전을 빈전으로 삼은 것에 대해
사신(史臣)은 '대신과의 논의를 거치지 않고 중전의 명으로 설치되고 궁궐
깊숙한 곳에 마련되어 예(禮)에 합당하지 않다'고 비판하고 있었다(『中宗
實錄』卷105, 中宗 39年 11月 15日(庚戌). 또한 인종의 빈전 설치에
대해 문정왕후는 사정전에 설치된 사례가 없다면서 예종의 전례에 따라
후원의 충순당(忠順堂)에 설치하도록 명하였다가 대신의 반대로 사정전에
설치한 사례가 있다(『仁宗實錄』卷2, 仁宗 1年 7月 1日(辛酉)). 위의
사례들은 문정왕후의 비도덕적인 정치적 행위로 나타난 사례로 볼 수 있
다. 인종이 비공식적 장소인 통명전에서 중종 상례를 치루게 되면 인종의
건강을 돌보지 못하게 되어 인종의 건강이 악화되고 명종의 왕위계승 가
능성은 높아지기 때문이며, 인종의 빈전을 후원에 설치하여 인종의 권위
를 낮추려는 의도로 볼 수 있다(지두환, 2002,『명종대왕과 친인척』, 역
사문화, 31~39쪽 참조).

368)『國朝喪禮補編』, 顧命, "上不懌 掖庭署設幄帳黼扆 於(宣)〔原書 思〕政殿
〔卽視事之殿, 昌德宮則宣政殿 而慶德宮則資政殿 昌慶宮則文政殿 後倣此〕".

예서禮書에는 궁궐의 시사공간인 편전, 다시말해 대편전에 설치
하도록 규정되었지만 조선전기에는 대편전에 빈전을 설치하는 사
례는 드물게 나타난다.369) 〔부표 10〕을 참고해 보면, 문종과 인
종의 경우에만 경복궁 사정전에 빈전이 설치되었으며 경복궁의 충
순당(예종)·경성전慶成殿(명종), 창덕궁 후별실청後別室廳(태조), 창
경궁 통명전(중종) 등 대편전이 아닌 소침·대비전과 후원영역의 전
각을 이용하거나 영응대군 사저永膺大君 私邸(세종), 인덕궁仁德宮(정
종) 등 예외적인 사례들도 있었다.

대편전에 빈전을 설치하는 사례가 지속적으로 나타난 시기는 인
조~영조대이며 인조·효종·현종·경종의 빈전은 창덕궁 선정전, 숙
종·영조의 빈전은 경덕궁〔경희궁〕 자정전을 이용하고 있었다. 대편
전의 빈전 설치와 관련하여 숙종 승하 후 빈전 설치 논의가 참고
되어 아래와 같이 인용을 해 보았다.

> 원상 김창집이 구전(口傳)으로 진달하기를,
> "선정전(宣政殿)에다 빈소(殯所)를 설치하라는 것이 비록 유명(遺
> 命)이긴 하지만, 선정전은 이미 시어소(時御所)가 아니고 자정전(資政
> 殿) 역시 협착하니, 어떤 곳으로 결정을 해야 하겠습니까? 바라건대
> 중궁전(中宮殿)에 품의하여 하령(下令)하소서."
> 하니, 세자가 답하기를,
> "빈전(殯殿)의 일에 대한 대행왕(大行王)의 유교는 대개 자정전이
> 협착하므로 거기에 덧붙여 지을 적에 백성들을 수고롭게 하고 힘을 허
> 비할까 염려했기 때문에 옮겨서 설치하라는 하교가 있었던 것이다. 그
> 러나 선정전은 이미 시어소가 아니며, 자정전 이외에는 다시 다른 곳
> 이 없으니, 자정전으로 하라." 하였다.370)

---

369) 국왕의 빈전 설치 현황은 안희재의 다음 논문의 표를 참조(안희재, 2009,
   『조선시대 국상의례 연구-국왕국장을 중심으로-』, 국민대박사논문, 211
   쪽, 표Ⅲ-6).
370) 『肅宗實錄』卷65, 肅宗 46年 6月 8日(癸卯).

숙종은 경덕궁을 시어소로 삼았다가 융복전隆福殿에서 승하하는
데 유명遺命으로 창덕궁 선정전에 빈전〔빈소殯所〕을 설치하라고 하
였다. 국왕의 승하 후에 빈전은 승하한 궁궐의 대편전에 설치하지
만 예외적으로 창덕궁 선정전에 설치하도록 유명을 남겼다. 그 이
유는 경덕궁의 대편전인 자정전이 협소하므로 빈소를 마련할 때
추가적인 공역이 들어 백성들의 수고가 걱정되었던 것이었다. 세
자〔경종〕는 이에 대해 선정전은 국왕이 시어소로 삼았던 곳이 창
덕궁이 아니며, 경덕궁 안에서 대편전인 자정전 이외에는 다른 곳
이 없다는 이유를 들어 자정전으로 빈전 설치를 명하고 있다. 이
러한 내용은 빈전 설치의 대상이 대편전에 한정되어 있음을 보여
주는 사례로 생각된다. 그런데 정조대 이후에는 대편전의 빈전 설
치 준수가 벗어나고 있어 정조·헌종·철종의 빈전은 창경궁 환경전
에 설치되고 순조는 경희궁 장락전, 고종은 경운궁 함녕전咸寧殿에
설치되고 있었다.371)

한편 혼전의 경우에는 신하들이 묘호廟號, 시호諡號, 능호陵號와
함께 혼전의 전호殿號를 정하는데 임시로 아뢰어 정하며 빈전 설치
와 같이 정해진 규정이 존재하지는 않았다.372) 하지만 중종대 이
후 창경궁의 문정전 그리고 순조대 이후 창덕궁의 선정전에 주로
혼전이 설치되어 운영되고 있었는데 그 배경에 대해 혼전을 위한
설치물 준비와 공사 등으로 일정한 전각이 전담하는 형태가 편리
하다는 견해가 있다.373)

---

371) 정조대 이후 창경궁 환경전에서 국왕의 빈전 설치가 상례화되고 있는데
    국왕뿐만 아니라 영조비 정순왕후, 혜경궁, 효명세자, 가순궁 등이 승하
    후에 환경전을 빈전으로 이용하고 있었다. 반면에 혼전은 주로 문정전에
    설치하는 사례가 많았지만 정조·헌종·철종 등 국왕의 빈전을 환경전에 설
    치한 경우에 혼전은 대편전인 창덕궁 선정전을 이용하고 있었다. 정조대
    이후 대편전인 선정전과 사정전 이외에 환경전을 이용하는 사례는 좀더
    세심한 연구가 필요할 것으로 생각된다.
372) 이현진, 2007, 「조선 왕실의 혼전」『조선시대 문화사』(상), 일지사, 150쪽.

또한 대편전은 상참, 빈전, 혼전 이외에 종묘·사직·선농단 등의 제례祭禮와 왕릉의 기신제忌辰祭·추석제秋夕祭 등을 지낼 때 향축香祝을 전하는 친전親傳의식 그리고 임시로 어진御眞을 봉안奉安할 때 작헌례酌獻禮·전작례奠酌禮·고동가제告動駕祭 등이 시행되었다. 이러한 의례들을 숙종~영조대까지 대편전과 소편전으로 구분하여 시행된 결과를 정리해보면 대편전에서만 시행되고 소편전에서는 시행되고 있지 않았다. 이를 통해 대편전의 의식공간적 성격을 확인할 수 있으며 관련 내용을 다음 표[4-4]로 정리해 볼 수 있다.

[표 4-4] 편전에서 시행한 기타 의식 현황〈『실록』 참조〉

구분	대편전(大便殿)		소편전(小便殿)	
	창덕궁 선정전	경희궁 자정전	창덕궁 희정당	경희궁 흥정당
숙종	望哭禮 (顯宗下玄宮時) 朝謁(세자관례 후)	酌獻禮, 奉審 親傳香燭	-	-
경종	親傳香祝374)	-	-	-
영조	朝謁(세자관례 후) 擧哀(趙道彬) 親傳香375) 納徵 / 親箋 酌獻禮, 奉審, 展拜禮, 動駕告由祭	酌獻禮, 告動駕祭 親傳香 奠酌禮 百官賀禮(冬至)	-	-

373) 정유미, 2000, 「조선시대 궁궐의 상·장례공간에 관한 연구」 고려대석사논문; 김동욱, 2005, 「순조즉위년의 창덕궁 선정전 혼전활용에 대하여」 『한국건축역사학회 추계학술발표대회 논문집』.
374) 경종대 친전(親傳)의식과 관련된 행사는 다음과 같다. 宗廟 春享·冬享大祭, 先農祭, 文廟釋奠祭, 社稷大祭, 風雲雷雨.
375) 영조대 친전(親傳)의식과 관련된 행사는 다음과 같다. 先農壇 祈雨祭, 冬享大祭, 明陵·懿陵·光陵·長陵·崇陵·翼陵 忌辰祭 및 秋夕祭.

이와같이 대편전에서는 의례적 기능이 강화되었지만 기본적인 시사 기능도 지속되고 있었다. 예를 들어서 시사기능 중에서 대표적 활동인 경연의 사례를 살펴보면, 조선후기 법궁인 창덕궁과 이궁인 경덕궁[경희궁]을 대상으로 인조~정조대까지 대편전과 소편전으로 구분하고 조강·주강·석강의 삼강三講과 야대의 시행현황을 정리해 보았다. 『승정원일기』를 참조하여 시행된 경연 중에서 전각 명칭이 표기된 사례만을 선별하고 다음 〔표4-5〕와 같이 정리해 보았다.

[표 4-5] 인조~정조대 편전의 경연 시행〈『승정원일기』 참조〉

구분	대편전(大便殿)								소편전(小便殿)							
	창덕궁 선정전				경희궁 자정전				창덕궁 희정당				경희궁 홍정당			
	朝	晝	夕	夜	朝	晝	夕	夜	朝	晝	夕	夜	朝	晝	夕	夜
인조					14	53	1									1
효종		21	1		1	3								6		
현종													1	4	1	
숙종	3	140	4		1	25	3		1	118	2	12		18	1	
경종				2												
영조	19	189	77		17	53	32		14	320	101	58		41	7	12
정조	8	13	1						.5	56	1		10	39		
총계	30	363	83	2	33	134	36	0	20	494	104	70	11	108	9	13

위의 표를 보면, 대편전인 창덕궁 선정전과 경덕궁[경희궁] 자정전에서는 조강·주강·석강 등 삼강三講을 중심으로 시행되고 있었고, 예외적으로 경종대 2회만 야대를 시행한 것으로 나타나고 있다. 인조~정조대 상참과 빈전·혼전 설치, 각종 의례 등을 시행하여 의례 공간적인 기능이 강화되는 특성을 보이면서 청정기능의 대표 활동인 경연이 지속적으로 유지되고 있음을 알 수 있다. 그리고 조선전기 삼강인 법강은 대편전에서, 야대는 소편전에서 구별하여 시

행하던 기준이 적용되어 대편전에서는 경연 중에서 삼강 중심으로 운영되고 있음을 확인할 수 있다.

반면에 소편전에서는 야대가 활발히 시행되어 경종대 2회를 제외하고는 모든 야대가 소편전에서 진행되고 있었다. 다만 소편전에서도 삼강이 대편전과 같이 활성화되고 있었는데 대편전과 비교하여 인조~효종대까지는 대편전을 중심으로 삼강을 시행하다가 현종~숙종대 소편전에서 삼강의 시행횟수가 증가하면서 영조~정조대에는 대편전보다 삼강의 시행횟수가 많아지는 양상을 보이고 있다. 조선전기에 삼강의 시행은 '대정지소大政之所'·'법전法殿'으로 불리던 대편전만이 가능하였으며 이를 통해 소편전과의 위상을 구분하던 기준이기도 하였다. 상대적으로 소편전은 조선전기에 대편전 기능을 분담하여 야대·소대 등이 주로 행해졌지만 조선후기에는 대편전에서 행해지던 조강·주강·석강의 삼강까지도 활발히 시행되고 있는 상황이었다. 이를 통해 소편전의 시사적 기능이 활성화되었음을 알 수 있다.

대편전과 소편전의 운영상 특징과 그 차이를 확인하기 위해 동일한 역사적 사건에 대응하는 공간적인 운영 형태를 살펴보고자 한다. 구체적인 사례로서 영조 4년(1728) 3월의 무신란戊申亂과 관련한 편전 이용을 확인해 보았다. 무신란은 정권에서 배제된 급소急少와 남인南人이 연합하여 이인좌李麟佐, 박필현朴弼顯 등이 소현세자 증손인 밀풍군密豊君 이탄李坦을 추대하려던 사건이었다. 무신란은 조기에 진압되어 난역亂逆에 가담한 급소와 남인이 제거되고 정치적으로는 혐의가 있는 소론少論 대신에 노론老論의 정치적 명분이 강화되는 결과를 가져왔다. 하지만 영조는 무신란의 근본적 원인이 충역논쟁忠逆論爭의 당론黨論에 있다고 판단하고 현실적인 정치안정을 위해 탕평 추진을 강화하였다. 그리고 정미환국丁未換局 이후 부상한 탕평파에게 집권할 수 있는 계기를 마련해주게 되었다.[376]

이러한 정치적 주요 전환점이 되었던 무신란의 진행과정과 관련하여 궁궐의 편전 이용 형태를 정리하였는데, 다음 〔표4-6〕은 봉조하奉朝賀 최규서崔奎瑞의 고변이 시작된 3월 14일부터 오항명吳命恒이 적을 토벌하여 이인좌를 붙잡아 와 26일 영조가 친히 이인좌를 국문한 시기까지 상참·인견·청대請對·국문鞫問 등의 장소를 시간 대별로 정리하였다.

소론의 영수격인 최규서가 용인에서 올라와 이인좌의 난을 알린 것과 관련하여 14일에 영조는 영의정 이광좌, 좌의정 조태억, 이조판서 이태좌, 병조판서 오명항 등을 희정당에서 만나 보고를 받고 그 대책을 논의하면서 최규서를 직접 대면하였다. 긴급한 사항에 소편전을 이용한 것은 군신간에 긴밀하고 편의적이며 신속히 접견과 논의가 가능한 소편전의 성격에 기인한 것으로 여겨진다. 앞서 살핀 유사한 사례로 중종대 기묘사화己卯士禍에서 사림세력을 제거하기 위해 홍경주, 남곤 등과 함께 긴급한 비밀 논의가 밤중에 소편전인 비현합丕顯閤에서 있었다.377) 무신란 고변에 따른 회의를 마친 후 다음날에도 우포도대장이 혐의자 체포에 대한 보고와 저녁에 국청鞫廳 설치를 요청하는 청대請對를 소편전인 희정당에서 이용하였다.

한편, 대편전인 선정전에서는 의례성의 상참과 다수의 인견이 필요할 때에 이용하기도 하였다. 당시 상참은 무신란 전후로 거의 시행되지 않았고 전날의 취품에서도 정지하라고 하였다.378) 그런데 선정전에서 상참을 열게 된 것은 무신란 진압의 실질적인 논의와

---

376) 영조대 초반 정국에 대해서는 다음 논문 참조(정만조, 1983, 「英祖代 初半의 蕩平策과 蕩平派의 活動-蕩平基盤 성립에 이르기까지」 『진단학보』 56).

377) 『中宗實錄』 卷37, 中宗 14年 11月 15日(乙巳).

378) 『承政院日記』 第657冊, 英祖 4年 3月 14日(甲子), "李廷濟啓曰 明日常參日次 經筵 取稟. 傳曰 停".

[표 4-6] 영조대 무신란 기간 중, 창덕궁 전각 운영〈『승정원일기』참조〉

일자	시간	전각	목적	비고
4.3.14	巳時	熙政堂	請對引見入侍(영의정 등)	奉朝賀 崔奎瑞 고변
4.3.15	辰時	熙政堂	右邊捕盜大將南泰徵 請對	
	辰時	宣政殿	常參入侍	
	初昏	熙政堂	請對入侍(영의정 등)	庭鞫설치, 궁성호위 요청
4.3.16		仁政門	親鞫	
4.3.17	辰時	仁政門	親鞫	
	四更	宣政殿	大臣·備局堂上·兩司引見入侍	
4.3.18	辰時	仁政門	親鞫	
4.3.19	五更	仁政門	親鞫	
4.3.20	卯時	熙政堂	時任原任兩局大將,捕盜大將 引見入侍	
	未時	仁政門	親鞫	
4.3.21	辰時	熙政堂	都承旨尹淳, 請對引見入侍	각처 나루터 경비강화 요청
	辰時	熙政堂	領·左相請對引見入侍	
		仁政門	親鞫	
4.3.22	辰時	宣政殿	大臣·兩局大將請對入侍	
	巳正	仁政門	親鞫	
4.3.23	未時	熙政堂	領議政·兩局大將引見入侍	
4.3.24	卯時	熙政堂	監護諸軍使尹淳請對	辭陛
	申時	熙政堂	領議政李光佐請對入侍	
4.3.25	卯時	宣政殿	諸承旨請對入侍	
	辰時	宣政殿	訓鍊大將李森請對入侍	
	巳時	熙政堂	吏曹參議尹惠敎請對入侍	
	申時	熙政堂	左副承旨權益淳請對入侍	
	辰時	敦化樓	受俘入侍	
	未時	熙政堂	右參贊鄭齊斗引見入侍	
	未時	仁政門	親鞫	
4.3.26	午時	熙政堂	副司果金始炯引見入侍	湖南安撫兼巡按御使, 辭陛
	申時	仁政門	親鞫	李麟佐 親鞫

인견이 소편전인 희정당 중심으로 운영되는 것과 함께, 의례적이며 공식적 성격이 강한 대편전에서 상참을 거행함으로서 군신간의 예

도를 갖추며 공식적인 무신란의 진압을 논의하는 자리로 이용하여 대편전과 소편전의 역할과 기능이 적절하게 운영되고 있음을 살펴볼 수 있을 것이다. 한편 국왕이 친히 인정문에서 무신란의 국문을 행하였다. 궁궐의 중심이며 국가와 왕실의 상징적 공간인 정전의 정문에서 반역의 전모를 밝혀 대외적으로 반역을 친히 처리하고 왕권의 위엄과 건재함을 보여주기 위해 정전의 정문에서 행한 것으로 볼 수 있다.

또한, 대편전과 소편전의 차이를 건축구조에서도 확인할 수 있다. 대편전의 실내공간은 전돌 또는 마루〔抹樓〕로 되어 있다.379) 반면에 소편전은 실내바닥면을 마루와 온돌溫突로 갖추고 있다. 대편전은 전돌 또는 마루로만 지어져 날씨가 추워지면 인견과 경연 등의 정무활동은 어려웠을 것이다. 반면에 희정당과 같은 소편전은 바닥면이 온돌이기에 편안하게 늦은 밤에도 경연과 인견이 가능하였을 것이다.380) 실제 소편전의 이용사례로 희정당은 아니지만 조선전기 편전과 함께 국왕의 청정聽政이 이루어지던 강녕전의 이용사례를 살펴보면, 중종 22년 '작서灼鼠의 변變'에 대한 공초에서 중종이 강녕전의 서침실西寢室에서 왕비와 함께 합선合膳과 강론講論을 하고 동침실東寢室에서 후궁을 만났다는 기록이 있는데,381) 강녕전은 침

---

379) 현재 경복궁 사정전 실내공간 바닥은 전돌이며 창덕궁 선정전과 창경궁 문정전은 나무재질의 마루로 되어 있다. 김동욱은 선정전 공사에 전돌〔方塼〕이 많이 소요된 점 등을 들어 현재의 나무 마루가 아닌 전돌이었다고 추측하며 창경궁 문정전도 전돌이었음을 추론하고 있다(김동욱, 1994, 「朝鮮時代 昌德宮 熙政堂의 便殿 轉用에 대하여」『건축역사연구』 3권 1호(통권 5호), 18~19쪽).

380) 인조 25년(1647)에 작성된 『창덕궁수리도감의궤(昌德宮修理都監儀軌)』에서 창덕궁 희정당의 실내바닥면은 '동서(실)에 온돌이 6칸이고 마루는 9칸'이라고 기록되어 있다(『昌德宮修理都監儀軌』, 造成秩, "熙政堂十五間八雀內 東西溫突六間 抹樓九間 鳳班子紙班子等具…").

381) 『中宗實錄』卷58, 中宗 22年 4月 3日(己酉), "…侍女頓逸 供 女身去三月初一日爲始 仍在寢室 晝時 兩殿別水刺 以大妃殿之旨 於康寧殿西寢

전으로서 기본적인 구조가 마루와 온돌로 구성되어382) 온돌로 구성된 침전의 침실에서 어선御膳과 강론講論 등을 할 수 있었고 강녕전을 경연·인견 등의 청정聽政의 공간으로 이용하기에도 편리했을 것으로 추측할 수 있다. 야대와 소대의 장소로 이용한 비현각 역시 온실溫室이 있었는데,383) 이와 관련하여 추운 날이면 전돌 또는 마루로만 된 대편전(사정전)을 피해 비현각을 이용하도록 요청하는 내용이 자주 언급된 사실과도 연관성이 있음을 알 수 있다.384)

이상과 같이 대편전은 상참, 빈전·혼전, 향축의 친전親傳 등 의례적 행사를 담당하면서, 시사기능 측면에서는 경연 중 삼강 중심으로 운영되어 소편전보다 상대적으로 의식과 격식을 갖춘 기능 중심이며 공적인 성격이 강한 모습을 보여주고 있다. 반면에 소편전은

室 合殿進膳 而退膳時 敬嬪 出自房 來坐于殿廳中南分閤外 其時欲分食 退以膳 空器取來事 女身及侍女 孝德 千伊今 等進去東寢室東隅之時 安氏 則脫衣授婢子 偕往還來 與他內人等一時閉分閤 共食退膳 而敬嬪進去 東寢室 上仍殿坐 與中宮講論 大學衍義 金氏亦以同學入受 其間 女身等 畢食 金氏 則畢聽講後來食 俄而 上移御于東寢室 敬嬪進洗手時 上曰 彼處有鼠 云 敬嬪 亦曰 來見此鼠".

382) 경복궁의 교태전, 창덕궁의 대조전 등 대표적인 침전 전각들은 중앙에 청 (廳)을 두고 좌우에 온실(溫室)을 대칭으로 구성하고 있다(조재모, 2004, 『朝鮮時代 宮闕의 儀禮運營과 建築型式』, 서울대박사논문, 220~231쪽 참조).

383) 임진왜란 이전 경복궁 비현각의 건축구조는 자세히 알 수 없지만 중종대 '비현각의 온실(溫室)'과 관련된 다음의 기록을 통해 비현각에 온실이 존재하였으며 인견의 장소로 이용되고 있었음을 알 수 있다(『中宗實錄』卷 20, 中宗 9年 12月 19日(丁未), "史臣曰 承旨李沆 詣經筵廳 顧謂左右曰 今方酷寒 御坐簷下 心甚未安 凡待侍臣於大內 或丕顯閤溫室 宴坐召對 有何害禮乎"). 한편 고종대에 중건된 경복궁의 건축구조를 알 수 있는 『북궐도형(北闕圖形)』에서 비현각은 정면 6칸*측면 2칸이며 가운데 6칸은 청 (廳)이며 좌우 6칸은 방(房)으로 표기되어 있다.

384) 『明宗實錄』卷19, 明宗 10年 11月 29日(庚申);『宣祖修正實錄』卷8, 宣祖 7年 2月 1日(丙午).

대편전에 비해 경연의 야대와 같이 격식이 적은 시사와 편의적이며 실무적인 인견을 중심으로 활성화되었고 추후에는 삼강 시행도 점차 대편전보다 많아져 시사기능이 더욱 활발해지는 모습을 보이고 있다. 그리고 건축구조 측면에서 대편전은 전돌과 마루로 구성되어 의례적 행사에 적합하고 소편전은 마루와 온돌을 갖추어 접견 등의 공간으로 활용되기에 적당한 구조적 특징을 가지고 있었다.

2) 소편전의 발달과 편전기능 전각의 다양화

편전은 소위 대편전-소편전으로 구분되어 기능을 분담하고 있었다. 대편전은 편전기능 중에서 행사와 함께 의례적인 정무활동 중심으로 운영되었고 반면에 소편전은 실질적인 정무적 기능 중심으로 운영되고 있었다. 더욱이 경연의 삼강 역시 대편전과 대등한 기능적인 분담이 이루어져 소편전이 활성화되고 있었다. 이러한 양상은 조선후기 정치운영체제의 변화와도 연관된 것으로 여겨지며 구체적으로는 사림을 대표하는 산림의 정치참여, 국정운영을 총괄하는 비변사체제의 운영 등으로 그 영향을 받아 소편전이 더욱 활성화된 것으로 생각된다. 우선 조선후기 소편전에 대한 인식과 함께 산림과 비변사체제로 인한 소편전 활성화의 배경을 소편전의 주기능인 야대와 소대의 운영양상과 다양한 전각의 편전기능 수행도 함께 살펴보도록 하겠다.

우선 소편전은 이전과는 다르게 편전기능을 수행하는 공간으로 이해하고 있었다. 조선전기 성종대 수문당〔희정당〕과 중종대 비현각의 거처에 대해 별전別殿으로 언급하고 있으며 내전와 외전의 중간, 의려처로서 불가피한 선택 등 소극적인 대응으로 설명하고 편전으

로 이용하고 있었다. 그런데 조선후기에는 소편전에 대해 편전기
능을 수행하는 공간으로 이해하고 있었다. 예를 들어 궁궐의 현황
을 정리한 『궁궐지』에 보면 각 상량문上樑文에 희정당은 "당堂의
위치가 침전寢殿과 연결된 것은 휴식을 즐기기 위함이 아니며, 정
전正殿에 연접된 것은 방문과 영접의 편의를 위함'385)이라고 하고
또한 흥정당에 대해서는 '여러 임금들의 정사를 보시던 곳이다. 규
모가 정전正殿과 편전便殿으로 나누어져 있는 것은 바로 편안히 지
내는 곳을 깊숙하게 하기 위해서이다'386)라고 해서 희정당과 흥정
당은 정사를 보는 곳이며 정전과 침전의 중간에 위치하여 군신간
의 만남이 원활히 이루어지고 국왕도 편히 정무에 임할 수 있는
곳으로 언급하고 있다.

   소편전이 대편전과 비교하여 시사기능이 활성화된 배경에는 당
시 정치운영체제와 연관성이 있을 것으로 여겨진다. 우선 경연의
운영과 관련하여, 조선후기 경연의 가장 큰 특징은 사림정치士林政
治가 발달하면서 사림士林을 대표하는 산림山林이 초빙되어 경연관
으로서 경연에 참여하는 것이었다.387) 조선전기에는 홍문관弘文館·
대신大臣 등 관원官員 위주의 경연관이 참석하였지만, 후기에 들어
오면 세자의 스승 자격으로 경연관에 산림이 참석하기 시작하였다.
산림은 사림을 대표하여 당시 정국운영의 명분을 제공하고 공공의
여론[공론公論]을 대변하는 정치적 상징성을 가지고 있었다. 산림
이 경연에 참여하고 실직實職을 수행하면서 국왕과 각 붕당간의 정
치적 활동에 상당한 영향력을 가지고 국정을 주도할 수 있었다.

---

385) 서울학연구소, 1994, 『(국역)궁궐지』1, 창덕궁지, 희정당, 81쪽.
386) 서울학연구소, 1994, 『(국역)궁궐지』2, 경희궁지, 흥정당, 105~106쪽.
387) 지두환, 2005, 「朝鮮後期 經筵官의 職制의 變遷-山林 經筵官 贊善 進善을
     중심으로」『韓國學論叢』28.

산림의 경연 참여와 주도적인 국정운영은 국왕과의 정례적 또는 비정례적인 만남을 통해서 이루어지고 있었고, 의례적·공식적 성격이 강한 대편전보다는 실질적이며 정무적인 의견을 교환하기에 편리한 소편전이 산림의 정치활동에 도움을 주는 공간이었다고 보여진다. 예를 들어, 실직에 나아가서는 국정업무와 관련한 논의와 함께 경연을 병행하기도 하였다. 그리고 산림은 실직實職이 없어도 군신간의 접견이 편리한 소편전에서 언제나 상소를 올리거나 청대請對하면서 국왕에게 국정을 자문할 수 있었다. 국왕의 입장에서도 소편전에서 소대召對의 형식을 통해 언제든지 산림의 정치적 자문 요청과 학문을 논의할 수 있었다. 실제로 소편전에서 산림을 인견한 사례를 보면, 창덕궁 희정당에서 한원진韓元震,388) 송시열宋時烈·송준길宋浚吉,389) 채지홍蔡之洪,390) 정제두鄭齊斗391) 등을 만나고 경희궁 흥정당에서는 송시열,392) 송준길393) 등을 만나고 있었다. 특히 효종~현종대 산림으로서 경연 참여와 이조판서 등의 실직實職을 통해 산림의 세도정치를 이끌었던 송시열이 희정당에서 효종과 독대獨對하여 북벌의 대의大義와 실천방안을 논의하였던 「악대설화幄對說話」가394) 유명하다. 국왕과 신하가 단독으로 만나서 허심

---

388) 『英祖實錄』 卷11, 英祖 3年 2月 3日(庚申).
389) 『顯宗實錄』 卷15, 顯宗 9年 10月 6日(辛未).
390) 『英祖實錄』 卷11, 英祖 3年 5月 19日(甲戌).
391) 『英祖實錄』 卷18, 英祖 4年 5月 2日(壬子).
392) 『顯宗實錄』 卷4, 顯宗 2年 5月 28日(丙子).
393) 『顯宗實錄』 卷4, 顯宗 2年 6月 10日(丁亥).
394) '악대설화'는 효종과 송시열이 독대하여 흉금을 터놓고 국정 전반을 논한 글이다. '악대(幄對)'라는 말은 '남송(南宋) 효종(孝宗)이 장준(張浚)과 장식(張栻)에게 국정을 위임하고서, 장식을 불러 토론할 적에 밖에 한 사람도 없이 악대(帷幄)에서 대화하였다'는 고사를 인용하여 명명한 것이다. 악대설화의 내용은 대외적으로는 청나라에 대한 복수설치와 그에 따른 준비와 마음가짐, 대내적으로는 율곡(栗谷) 이이(李珥) 등의 문묘종사, 강빈옥사와 김홍욱(金弘郁) 처분 문제 등 당시 첨예하게 대두된 국정전반에 대해 논의한 것이다(지두환, 2001, 『효종대왕과 친인척』, 역사문화, 103~108쪽).

탄회하게 국정을 논의하는 것은 선정전과 같이 의례적이고 공개적
성격이 강한 곳보다는 접견과 방문이 편하여 격식없이 만남의 장
이 형성될 수 있는 희정당과 같은 소편전에서만이 가능하였을 것
이다. 이러한 공간적 특성으로 인해 숙종대에 좌의정 이이명李頤命
과의 정유독대丁酉獨對도 희정당에서 있었다.395) 효종~현종대에
대표적 산림인 송시열과 송준길의 입시를 유형과 전각별로 다음
표와 같이 정리해 보았다.〈[표4-7] 참조〉

[표 4-7] 효종~현종대 송시열·송준길 입시 전각별 현황〈『승정원일기』 참조〉

구분	창덕궁						경희궁					
	선정전			희정당			자정전			흥정당		
	(晝講)	引見	기타	召對	引見	기타	召對	引見	기타	召對	引見	기타
송시열 (宋時烈)				5	3						1	
송준길 (宋浚吉)	2			8	3					1	8	1

한편, 영조대 산림 양득중梁得中은 영조가 꿈에서 양득중을 만나
위수[渭叟, 강태공姜太公]와 같이 대접하였다고 할 만큼 호평을 받
았으며396) 그가 써서 올린 실사구시實事求是는 영조가 벽에 걸어놓고
부신符信을 삼을 정도였다.397) 실사구시의 글을 붙여놓은 장소는
경희궁 소편전인 흥정당이었다.398) 영조가 글귀를 붙여 놓았다는
것은 스스로 정사에 임하여 자주 보고 되새기겠다는 의미이며, 그
문구를 흥정당에 붙여놓았다는 것은 영조가 주로 임어하여 시사를

395) 『肅宗實錄』 卷60, 肅宗 43年 7月 19日(辛未).
396) 『英祖實錄』 卷28, 英祖 6年 10月 4日(己亥).
397) 『英祖實錄』 卷21, 英祖 10年 1月 18日(乙未).
398) 『承政院日記』 第1368冊, 英祖 51年 10月 12日(丙戌), "昔年梁得中 以實
事求是四字勉戒 故命書揭諸興政堂北壁".

보는 공간이었음을 간접적으로 보여주는 사례로 볼 수 있다.

소편전이 발달하게 된 또 다른 배경으로 비변사체제備邊司體制 운영을 들 수 있다. 비변사는 중종대 변방의 국방업무를 담당하는 임시기구였지만 국방의 효율적인 대비와 함께 국정운영의 전문성 강화를 위해 비변사의 정치적 기능이 활성화되면서 조선후기에는 국정전반을 총괄하는 최고관부의 위상을 가지게 되었다.399) 비변사체제 운영에서 국정운영 논의와 결정과정은 비변사에서 우선적으로 논의하여 신하들의 중의衆意를 정리한 후에 비변사계備邊司啓의 형식으로 국왕에게 보고하여 최종 결정을 내리고 있었다. 그리고 국왕과의 인견에는 정리된 조정의 중론衆論을 대표하여 대신·비국당상 위주의 일부 고위관료만을 인견하는 것으로도 가능하였다.400) 이러한 국정운영 과정은 국왕이 국정전반을 논의하는 과정부터 참석하지 않고 정리된 사안을 보고받는 형식이었다. 그래서 의례적 공간의 성격이 강한 대편전보다는 내전과 외전사이에 공적인 정무활동을 보다 실무적으로 보고받고 논의할 수 있는 소편전이 대신과 비국당상을 인견하기에 더욱 적합하였던 것으로 여겨진다.

『실록』에서 군신간의 접견을 장소별로 대편전과 소편전으로 나누고 유형은 인견·청대·소견召見으로 구분하여 〔표4-8〕과 같이 정리해 보았다. 장소와 함께 각 유형별로 시행횟수를 정리하고 '대신大臣과 비국당상備局堂上; 備局諸臣'이 참여한 경우는 시행횟수 중에서

---

399) 비변사에 대해서는 다음 도서 참조(이재철, 2001, 『조선후기 비변사연구』, 집문당).
400) 대신·비변사당상·삼사 등이 참석하는 연석회의는 인조대에 매월 3회 (3·13·23일)로 정례화 되었다가 숙종대에 6회(5·10·15·20·25·30(29)일)로 증가하였다. 비변사의 인견은 숙종대부터 정해진 일차(日次)에 국왕과 비변사관원이 면대하면서 차대(次對)로 불리었고 점차 비정기적인 일차(日次)의 회의도 포함되었다. 이후 영조대에 보편화되었다(이재철, 2005, 「英祖代 次對의 傾向과 性格」 『역사교육논집』 34, 참조).

'괄호'로 표기하였다.

『실록』의 특성상 장소까지 기록한 사례가 적어서 통계적 한계가 있지만 인견·소견·청대의 시행장소가 소편전에서 활성화되고 있고 비국당상의 인견 또한 주로 소편전인 희정당과 홍정당에서 국정업무를 논의하는 것으로 나타난다. 결국 비변사체제의 정치기구를 통해 대신·비국당상의 인견이 중요시되는 가운데 국왕과의 인견이 주로 소편전에서 이루어져 소편전이 실질적인 국정운영의 중심공간으로 운영되고 있음을 알 수 있다.

[표 4-8] 궁궐 편전의 군신접견 유형과 현황 〈『실록』 참조〉[401]

구 분		대편전		소편전	
		창덕궁 선정전	경희궁 자정전	창덕궁 희정당	경희궁 홍정당
현종	引見	2(2)	0	52(37)	50(35)
	召見	0	0	1	0
	請對	0	0	13	7
숙종	引見	2(2)	0	1(1)	0
	召見	0	0	2	0
	請對	0	0	2	0
영조	引見	6(0)	4(3)	51(30)	12(2)/6
	召見	3	3	28	2/1
	請對	1	0	2	0

산림정치와 비변사체제의 운영으로 소편전이 활성화된 배경을 살펴보았는데, 편전기능과 관련하여 눈에 띄는 특징적인 요소로 대편전과 소편전 이외에 소편전과 유사한 편전기능을 담당하는 전

---

401) 표의 내용 중, 인견의 숫자에 '(괄호)' 표시는 총 인견 횟수 중에서 '대신·비국당상[비국제신]'으로 기록된 부분을 표시하였음. 그리고 영조대의 '/' 표시는 총 접견 횟수에서 영조대 세자가 대리청정을 시행할 때 세자와의 접견횟수를 표시하였음.

각들이 다양하게 나타나고 있었다. 예를 들어 창덕궁에서 양심합·성정각·극수재·삼선재·중희당 등이며 경희궁은 경현당·덕유당·사현합·덕성합·경선당·집경당·읍화당 등, 창경궁은 시민당·진수당·공묵각·함인정·요화당·청음정 등이다. 다양한 전각을 시사공간으로 이용하는 것은 국왕의 거처·이동과 관련이 있으며 상례기간의 거려처, 재변災變의 피전避殿, 치료를 위한 정섭靜攝의 장소, 세자와의 만남과 정치 학습 차원 등 다양한 배경에서 국왕의 거처가 바뀌고 새로이 옮겨 진 거처에서 각종 국정업무가 시행되고 있었다.

　대편전과 소편전 이외에 다양한 전각이 편전기능을 수행하는 것 은 조선후기의 특징만으로 볼 수는 없다. 조선전기에도 경복궁의 함원전含元殿, 서현전瑞賢殿, 충순당忠順堂, 양심당養心堂 등402), 창 덕궁의 보경당 등이 인견·경연 등을 수행하는 편전기능을 담당하고 있었다. 시기적으로 볼 때, 조선후기에 와서 편전기능을 담당하는 전각들이 전기에 비해서 상당히 증가하고 있으며 그 목적도 다양 한 배경에서 이루어지고 있다. 또한 특정 전각을 집중적으로 이용 하는 등 다양한 목적과 함께 전각 대상이 증가하는 모습을 보이고 있다. 다만, 조선전기의 궁궐운영 관련자료가 많지 않으며 실록을 주로 참조할 때에 장소까지 기록된 사례가 많지 않는 점에서 절대 적인 비교가 어려운 한계가 있다. 그러나 시간이 지날수록 궁궐의 전각들이 증가하여403) 편전기능 역시 늘어난 전각들을 다양하게

---

402) 중종대 경회루의 청기와 사용과 관련된 논의에서 청정의 공간으로 언급된 전각이 함원전과 서현전이다(『中宗實錄』 卷41, 中宗 15年 12月 18日 (壬寅), "傳曰 慶會樓 乃接待天使之所也. 中朝人見此樓者 以爲壯麗 而自前 不以靑瓦蓋之者 未知其何如也. 勤政殿 皆蓋以靑瓦 若曰聽政之所而然 則含 元·瑞賢 亦皆蓋以타瓦…"). 또한 양심당은 세조 10년대에 인견 등의 주 청 정공간으로 이용되고 있었다. 한편, 편전인 사정전의 보조적 건물로 좌우에 배치된 만춘전과 천추전은 『실록』에서 청정장소로 이용된 기록이 없다.

403) 창덕궁은 태종대 창건 초기에는 287칸이었지만 『궁궐지』(규11521)에 서 보이는 융희 연간의 창덕궁 주요 전각은 1730여칸으로 나타나 5~6배

적극 활용하였다고 볼 수 있다.

  편전기능이 다양한 전각에서 시행되고 있는 현황을 구체적인 사
례로서 야대夜對 및 소대召對의 시행과 시행장소를 통해 검토해 보
고자 한다. 우선 영조대 야대의 시행을 살펴보겠다. 앞서 대편전·
소편전과의 운영상 비교를 통해 소편전은 경연 중에서 야대뿐만
아니라 법강까지도 활성화되어 점차 경연·인견 등 국왕의 실질적
정무활동 중심공간으로 자리잡는 경향을 보이고 있었다. 그런데
소편전의 활성화와 함께 다양한 전각에서 소편전의 기능을 분담하
는 사례가 많아지는 모습도 보이고 있었다.
  다음 〔표4-9〕는『승정원일기』를 참조하여 영조대 야대 시행과 해
당 전각이 기록된 사례를 궁궐별로 정리한 내용이다. 아울러, 야대
시행과 관련하여 세부적인 일자와 시각별, 시행 전각에 대해서는
〔부표11〕에서 별도로 정리하였다.
  〔표4-9〕에서 영조대 야대와 함께 시행 전각이 표기된 사례는 총
136회로 나타나고 있다. 창덕궁에서는 총 66회 중에서 대편전인
선정전에서 시행 기록이 없으며 희정당에서 58회로 창덕궁에서는
대부분 소편전인 희정당을 이용하고 있었다. 이외에 무망각無妄閣에
서 6회, 극수재克綏齋에서 2회를 행하였다. '무망각'은 경종 승하
후에 빈전을 선정전에 설치하면서 영조의 거려처居廬處로 사용된
전각으로 보이며, 상례기간 중에 무망각에서 인견과 청대 등 군신
간의 만남이 이루어져 청정을 행하는 장소로 이용되고 있었다.404)

의 증가된 모습을 확인할 수 있다. 또한 경복궁은 창건초기에 775칸에서
융희 연간에는 궁성 안의 전각이 7천여칸으로 증가하였다. 궁궐의 공간
변화에 대해서는 다음 논문 참조(홍순민, 1996,『朝鮮王朝 宮闕 經營과
"兩闕體制"의 변천』, 서울대박사논문, 140~143쪽; 195~201쪽).
404)『승정원일기』에 따르면 국왕이 거려처로서 무망각(無妄閣)을 시사공간으
로 이용하는 시기는 즉위년 12월 11일까지 나타나고 있다. 무망각의 위치

[표 4-9] 영조대 야대(夜對) 시행 전각 및 횟수〈『승정원일기』 참조〉

궁 궐	전각명	시행횟수	야대 시행 총 횟수
창덕궁 (昌德宮)	선정전(宣政殿)	0	66회
	희정당(熙政堂)	58	
	무망각(無妄閣)	6	
	극수재(克綏齋)	2	
경희궁 (慶熙宮)	자정전(資政殿)	0	26회
	흥정당(興政堂)	12	
	덕유당(德游堂)	2	
	사현합(思賢閤)	2	
	경현당(景賢堂)	2	
	집경당(集慶堂)	8	
창경궁 (昌慶宮)	문정전(文政殿)	0	44회
	환경전(歡慶殿)	7	
	숭문당(崇文堂)	3	
	공묵합(恭默閤)	11	
	함인정(涵仁亭)	3	
	시민당(時敏堂)	6	
	진수당(進修堂)	14	

야대는 즉위년 10월 2일~11월 3일간 5회를 시행한 것으로 나타나며 거려居廬기간 동안 야대도 함께 이곳에서 시행된 것으로 여겨진다. '극수재'는 영조가 8~9년 사이에 약방입진 장소로 이용하면서 각종 정무활동과 함께 야대를 시행하고 그 인연으로 인해 이때에 극수재라고 이름을 지었다.405)

는 정확히 알 수 없다. 다만 경종의 빈전이 선정전에 설치되었는데 의려처는 대개 빈전의 부근에 마련된다는 점, 그리고 『승정원일기』에 대개 청정장소로서 '무망각'이라고 언급되고 있지만 즉위년 10월 5일자 기사에 '上御宣政殿無妄閣'으로 표기되어 선정전과 인접한 공간임으로 간접적으로 보여주어 무망각은 선정전과 인접한 전각으로 판단된다. 이러한 관련 내용은 다음 기사가 참조된다(『承政院日記』第575冊, 英祖 卽位年 10月 5日(乙亥), "上在昌德宮廬次…同日申時 上御宣政殿無妄閣. 國葬都監堂上 請對引見時…"; 『承政院日記』第575冊, 英祖 卽位年 10月 6日(丙子), "上在昌德宮廬次…甲辰十月初六日辰時 上御無妄閣. 告訃兼奏請正使密昌君橒 副使戶曹參判李眞儒 書狀官金尙奎留待引見…甲辰十月初六日午時 上御無妄閣. 摠護使李光佐請對 同副承旨趙最命 記事官閔圻趙迪命朴文秀入侍…").

다음으로 조선후기에 이궁으로 이용된 경희궁의 경우에 26회 중에서 대편전인 자정전은 역시 야대 시행이 없으며 소편전인 흥정당에서 12회가 시행되고 있었다. 이외에 '집경당'이 8회로 많은 수의 야대 시행을 보이는데, 집경당이 영조 42년 이후 말년에 주로 머물던 전각이었기에 이곳에서 야대도 시행된 것으로 여겨지며 야대의 시행 역시 44년 4월~46년 5월동안 집중적으로 나타나고 있다. 그리고 동궁인 경현당, 숙빈 최씨의 거처였던 덕유당, 약방입진 장소로 이용된 사현합 등은 영조대에 청정 공간으로 이용된 이력을 가지고 있는데, 이러한 편전기능을 수행하는 배경과 연계되어 야대 또한 시행한 것으로 여겨진다.

창경궁은 총 44회의 야대 기록이 나타나며 문정전은 대편전적 성격 외에도 빈전·혼전으로 전용되는 특수성으로 인해 전혀 시행된 바가 없다. 그리고 환경전이 7회, 숭문당이 3회, 공묵합이 11회 함인정이 3회로 나타나고 있다.

우선 '환경전'에서는 25년 4월~26년 2월 사이에 야대를 행하였다. 환경전은 중종이 승하한 곳이고406) 선조가 명종비 인순왕대비 승하 후에 의려처로 삼은 적이 있으며407) 숙종대에 청 사신의 조제弔祭를 위해 혼전인 문정전을 대신하여 혼전을 가설假設하기도 하였다.408) 선조대 의려처로 삼으면서 상례기간에 인견 등의 시사공간으로 이용되기는 하였지만 본격적인 편전으로서의 시사기능을 담당한 것은 영조대였다. 영조대 이후에도 환경전은 국왕과 대왕대비·왕대비·대비, 세자·세자빈 등의 빈전으로 자주 이용되고 있었

405) 극수재가 영조대에 야대로 이용된 시점은 14년 12월 18일, 27년 1월 2일이며 극수재의 편전기능 수행에 대해서는 다음 장의 '숙종~영조대 편전의 운영과 윤대'에서 자세히 설명.
406) 『中宗實錄』卷105, 中宗 39年 11月 15日(庚戌).
407) 『宣祖實錄』卷9, 宣祖 8年 1月 4日(甲辰).
408) 『肅宗實錄』卷15, 肅宗 10年 7月 6日(庚午).

다.409) 영조대에는 필요에 따라 창경궁의 전각들을 편전처럼 이용하는데 그 중에 하나가 환경전이었다. 『승정원일기』에 따르면 영조는 창덕궁에 거처하면서 대략 22년 6월~26년 9월 사이에 환경전을 자주 청정공간으로 이용하는데, 그 이유에 대해 영조는 왕세자의 거처와 가까워서 환경전을 이용한다고 하였다.410) 아마도 그 배경에는 간접적으로 왕세자의 정치 수업을 위하고 부자간의 친근함을 보여주기 위한 것으로 생각된다. 영조가 환경전을 자주 임어하던 시기와 야대 시행 시점이 일치하는 것으로 볼 때, 편전 이용의 연장선에서 야대 역시 시행된 것으로 볼 수 있다.

다음으로 '공묵합'과 '함인정'은 34년 4월~35년 4월 사이에 야대 장소로 이용되었으며 이 시기는 숙종비 인원왕후仁元王后의 상례를 위해 33년 3월 30일부터 이어하여 35년 윤6월까지 창경궁에서 임어한 기간에 포함되고 있다.411) 결국 공묵합과 함인정은 창

---

409) 환경전을 빈전으로 이용한 국왕의 사례는 정조·헌종·철종이며, 순조대에 영조비 정순왕후, 혜경궁, 정조비 효의왕후, 가순궁, 효명세자가 환경전에 빈전을 설치하고 철종대에 순조비 순원왕후의 빈전이 설치되었다.

410) 『承政院日記』第1016冊, 英祖 23年 5月 13日(壬寅), "五月十三日巳時 上御歡慶殿 晝講…在魯曰 人君聽治 當於正殿 而殿下近日連御此殿 大小引接儒生殿講 亦於此殿爲之 未知聖意之如何 而惶恐敢達矣. 上曰 予之近御此殿 實爲元良所居便近故也. 大臣所達誠是. 此後則次對日次·法講則設於熙政堂 無時入侍 當於此殿爲之矣. 諸臣以次退出". 왕세자의 거처와 인접한 공간에서 청정을 행하는 유사 사례들이 있다. 세자를 보러 경선당(慶善堂)에 들렀다가 그 곳에서 윤대를 행하기도 하였다. 한편 영조 24년 6월에 화평옹주(和平翁主)가 22세로 졸하자 영조는 상심이 너무 깊어 장례도 후하게 치루어 주고 상례에 직접 참여하지 못하지만 보다 가까에서 상례를 지켜보기 위하여 창덕궁으로 이어하기도 하였다(『英祖實錄』卷68, 英祖 24年 7月 6日(戊子), "上移御昌德宮 取其近主第故也. 大王大妃殿中宮殿同爲移御 賢嬪宮王世子及嬪宮 初八日移御").

411) 인원왕후의 빈전이 통명전에 마련된 후에 영조는 창경궁에 거처를 옮기고 통명전여차(通明殿廬次)에서 상례를 지내면서 국정업무를 보고 있었다. 인원왕후 상례와 관련하여 『승정원일기』에서 보이는 임어기간은 33년 3월 30일부터 대략 윤6월 26일까지 창경궁에 거처하고 있었다. 대략 윤6월 26일까지로 언급한 것은 26일 이후에 창경궁과 창덕궁에 거처한 기록이

경궁에 상례로 거처한 시기에 편전 용도로 운영되었다고 볼 수 있다. 그리고 특이하게 동궁으로 분류되는 '시민당'과 '진수당'에서도 1년 6월~2년 3월, 6년 11월~7년 11월 사이에 야대가 시행되었는데 이 역시 상례와 연관되어 경종과 선의왕후 상례 기간에 시민당과 진수당을 청정 장소로 이용하였다고 볼 수 있다. 시민당·진수당, 경희궁 경현당의 경우처럼 동궁의 청정공간 활용에 대해서는 다음의 소대 시행과 연계하여 상세히 설명하겠다. 아울러 사현합·집경당 등은 영조 후반에 경희궁에서 주로 청정의 공간으로 이용된 전각들로 그 연장선에서 야대도 함께 시행된 것으로 보여진다.412)

야대는 영조대만을 대상으로 검토하였지만 소대는 범위를 확대시켜 현종~정조대까지 검토해 보았다. '소대召對'는 경연 중에서 조강·주강·석강과 야대 이외에 국왕이 필요에 따라 경연관을 불러서 경연을 행하는 형태이다. 소대는 참찬관參贊官·시독관이 경연관으로 참여하여 강講하면서 국정과 관련된 의견을 나누는 자리였다. 상황에 따라서 승지, 대신 등 여러 신료가 함께 입시하여 보고, 인견과 함께 소대를 진행하기도 하였다. 소대가 국왕의 요청으로 진행되어 시간과 장소에 구애받기보다는 군신간의 편의적인 소통과 논의의 공간이 필요하였을 것이다. 그래서 행사나 의례적인 만남이 이루어지는 대편전보다는 소편전에서 편하게 불러 경연과 함께

혼재되어 대략이라는 표현을 사용하였고 26일 이후의 거처기간을 보면 윤6월 27일(종묘재실), 28일(창덕궁), 29일(창경궁), 윤6월 30일~7월 4일(창덕궁), 7월 5일~28일(창경궁), 7월 29일~8월 7일(창덕궁), 8월 8일(창경궁), 35년 8월 9일~36년 7월 8일(창덕궁) 등으로 나타나고 있으며 36년 7월 8일 이후 40년 8월 6일까지 경희궁에서 거처하는 것으로 나타나고 있다.

412) 창경궁의 시민당과 진수당 그리고 경희궁의 집경당, 사현합, 경현당 등을 청정공간으로 이용하는 배경과 운영양상에 대해서는 윤대와 관련하여 설명한 부분이 있으며 이 책의 4편 3장에서 참고할 수 있다.

국정을 논의하였을 것으로 생각된다. 소대와 장소와의 상관성을 확인하기 위해 『승정원일기』를 참조하여 현종~정조대까지 소대를 행한 장소를 정리해 보았다.〈〔표4-10〕참조〉

[표 4-10] 현종~정조대 소대 시행 전각 및 횟수〈『승정원일기』 참조〉

구분	창 덕 궁				경 희 궁				창 경 궁				
	宣政殿(行閣)	熙政堂	誠正閣	기타	資政殿	興政堂	景賢堂	기타	時敏堂	進修堂	崇文堂	歡慶殿	기타
현종		5		養心閤-15	1								
숙종	行閣(1)	47				22		慶善堂_1 思賢閤_1 德游堂_9 會祥殿_6	6	13			儲承殿別堂_1 瑤華堂_3
경종	4	41						揖和堂_1		9			
영조		521		無妄閤_8 克綏齋 (別儲廂)_22		70	94	德游堂_2 集慶堂_1 德成閤_10 右文閤_1	28	119	8	14	清陰亭_9 涵仁亭_14 恭默閤_7 居廬廳_2
정조		21	137	三善齋_10 重熙堂_3	21								涵仁亭_2
총계 (1,310)	5	635	137	58	0	114	94	32	34	141	8	14	38

* 현종~정조대 소대(召對) 시행 중에서 장소가 표기된 사항만을 정리함.

소대의 운영장소는 야대와 마찬가지로 소편전인 창덕궁 희정당과 경희궁 흥정당에서 주로 행해지고 있었다. 대편전인 선정전과 자정전은 예외적으로 숙종~경종대에 5회만 시행되는데 숙종대는 행각에서만 시행되고 있었고, 희정당은 635회, 흥정당은 114회로 나타나고 있다. 소편전의 소대 운영은 수치상뿐만 아니라 궁궐 안에서 다른 전각과 비교하여 소대의 주 시행장소이며 실질적인 정무활동의 중심 공간이었음을 보여주고 있다. 그리고 희정당과 흥정당 이외에 다양한 전각에서 소대가 시행되고 있는데, 경희궁 경현당은 영조가 주로 임어하면서 나타난 현상으로 보이며 창경궁 성정각 역시 정조대 주요 청정장소로 이용되면서 소대가 활발히 행해진 것으로 보인다.

소편전 이외의 소대 운영을 살펴보면, '경현당'은 본래 세자가 경서經書를 강독하고 하례賀禮를 받는 정실正室이었는데,413) 경희궁의 정전인 숭정전 다음으로 가장 넓고 밝아서 숙종~영조대에 자주 머물면서 인견과 연회·계복啓覆 등을 행하였다.414) 영조는 17년부터 경희궁으로 이어할 때 자주 경현당을 이용하고 36년 이후에는 거의 모든 시사업무를 경현당에서 행하고 있었다.

'성정각' 역시 숙종대 왕세자가 이용하여 춘궁春宮의 주연冑筵; 書筵이 열리는 곳이었지만415) 영조대부터 소견·계복 등과 정조대 승지입시·소견·소대 등의 국왕 청정장소로 이용되면서 편전기능을 담당하였다. 이러한 편전기능으로 인해 순조대 심상규沈象奎는 군신간의 인접을 강조하면서 "인접하시는 처소로 말하면 본래 일정한 처소가 있었으니, 희정당·성정각 같은 곳이 바로 그런 곳입니다"라고 하였다.416) 경현당·성정각의 운영을 통해 동궁으로 사용하던 전각이 왕의 임어에 따라 시사기능을 담당하여 편전 역할을 하고 있음을 보여주며, 동궁 전각이라는 고정적인 공간활용이 아니라 국왕을 중심으로 사용주체에 따라 전각의 쓰임새가 달라지는 사례라고 할 수 있다.

동궁의 또 다른 사례로 창덕궁 '시민당'과 '진수당'이 있다. 소대가 진수당(141회), 시민당(34회)에서 상당히 많이 운영되고 있는데, 편전으로 사용된 계기는 즉위 초에 경종 상례와 영조 6년의 선의왕후 상례 기간에 영조가 창경궁에 거처하면서 시민당과 진수

---

413) 서울학연구소, 1994, 『(국역)궁궐지』 2, 경희궁지, 경현당, 경현당명병소서(景賢堂銘幷小序), 127쪽.
414) 서울학연구소, 1994, 『(국역)궁궐지』 2, 경희궁지, 경현당, 경현당기회(景賢堂起懷); 경현당조굴소기(景賢堂竆窟小記), 127쪽.
415) 서울학연구소, 1994, 『(국역)궁궐지』 1, 창덕궁, 성정각, 89쪽; 『肅宗實錄』 卷41, 肅宗 31年 2月 12日(丙子).
416) 『純祖實錄』 卷18, 純祖 15年 9月 20日(壬寅).

당을 청정 장소로 이용한 사례로 볼 수 있다. 예를 들어 진수당에서는 영조 즉위년 12월~2년 10월, 6년 11월~8년 5월 동안 소대가 이루어지고 있었는데 이는 집상 기간과 상례를 위해 창경궁으로 이어한 시기와도 일치하고 있다. 상례와 연관된 시민당과 진수당의 이용은 앞서 야대 시행에서도 확인할 수 있었다.

이외 주요 편전기능을 담당하던 전각을 살펴보면, 우선 '양심합養心閤'은 현종이 자주 이용하던 전각으로 침전인 대조전 남랑南廊에 위치하고 있다. 현종은 몸이 불편하여 자주 양심합에서 침〔구灸〕을 맞았으며 이곳에서 인견·소대·강·계복 등을 행하였다. 선정전과 희정당에서도 시사를 보았지만 건강이 좋지 않은 상황에서 대조전과 희정당 사이에 위치한 장소적 잇점을 활용하여 선정전·희정당까지 나가지 않는 불편을 줄이면서도 침전을 피할 수 있어서 양심합을 자주 이용한 것으로 생각된다.417) '요화당瑤華堂'은 숙종이 병환으로 이어한 전각이며 약방입진, 대신·비국당상 인견, 소대 등이 행해져 국왕의 정섭靜攝처에서 소대 등의 편전기능을 수행하였던 것이었다.418)

경희궁 '덕유당德游堂'은 숙종대 33년 10월과 34년 1월 전후로 덕유당에서 인견, 주강·석강, 소대 등을 행하였다. 그리고 영조대

---

417) 송준길은 차자를 올려 현종의 옥체가 미령하여 경연을 정지하였는데, 선왕대에 양심합을 이용한 사례를 들어 소합(小閤)에서 승지의 공사입시와 강관(講官)의 경연이 지속되어야 한다고 요청하기도 하였다(『顯宗實錄』卷 11, 顯宗 6年 9月 24日(丁未), "…臣竊念今日停筵 實由玉體之未寧 而然其未寧 不至大段 則亦豈無少安時 可以引接儒臣之暇乎. 噫 疾病之來 固無奈何 而亦恐殿下 所以調養之者 未盡其道 深憂過慮 靡所不至. 臣於向來 敢陳先朝 養心閤之說 自有其意 伏想聖明 亦必默會於言外矣. 臣願殿下 遵先朝已行之例 念聖人愼疾之道 常居小閤 淸心靜攝. 頻令諸承旨 持公事入侍. 且召講官 進講經史 殿下隱几而聽之. 夜則設障房中 置火於外 而召入承旨講官 與之論說古今 商確治道. 淸凉之時 岑寂之夜 其趣味尤深 進修調養 兩得其宜 其視春塘閱武 或致添傷者 利害難易 不翅懸甚…上優答之".

418) 『승정원일기』에 따르면, 창경궁 요화당으로 이어한 것은 숙종 10년 12월 26일이며 인견 등의 구체적인 시사기능을 행한 기록은 11년 1월 3일~2월 27일까지로 나타나고 있다.

에는 경종비 선의왕후 복상服喪을 덕유당에서 지내며 국정업무에 임하였고419) 이후 경희궁에 거처하는 동안 자주 이용하던 전각이었다.

'삼선재三善齋'는 중희당 남쪽 행랑에 위치하고 있다. 『승정원일기』를 보면 정조 8년 2월 24일부터 7월 29일까지 5개월간 이용되고 있었는데, 주로 승지입시를 통해 국왕의 지시와 국정보고가 이루어지고 있으며 이외에 소대 시행과 약방제조·독운어사督運御使, 사은사謝恩使 등의 인견이 행해지고 있었다. 참고로 삼선재를 이용한 기간 중 2개월간(8년 2월~윤3월)의 운영모습을 다른 전각과 비교해 보면, 이 기간에 선정전은 조강·주강, 윤대, 초계문신 친시親試가 행해지고, 연화당讌華[和]堂에서는 주강, 윤대, 대신·비국당상, 승지 입시가 이루어지고 있었다. 그리고 성정각·중희당에서도 승지 입시가 병행되고 있었다. 2개월간의 한시적인 모습이지만 다른 전각과 비교해 보면 삼선재는 정조가 주로 승지입시를 위한 공간으로 이용되고 있음을 알 수 있다.

정리해보면, 조선후기 소편전 발달 배경에는 우선 소편전을 편전으로 인식하고 있으며, 산림정치와 비변사체제 하에서 보다 의례적이고 공식적인 대편전보다는 소편전이 국왕과 신하가 친밀하게 편의적으로 국정을 논의하고 접견이 수월하기 때문에 야대·소대·인견과 같은 보다 실질적인 정무활동이 활성화되고 있었다. 그리고 편전은 특정한 전각이 아니라 정무활동의 주체인 국왕이 어떤 임어장소에서 행하느냐에 따라 편전기능을 수행하는 전각이 편전으로서 이용되었다. 다시말해 희정당·흥정당 등의 소편전이 시사

---

419) 경종비 선의왕후는 영조 6년 6월 29일에 경희궁 어조당(魚藻堂)에서 승하한 후에 광명전에 빈전을 설치하고 그 해 10월 19일에 창경궁 문정전에 신위를 모셨는데 빈전에 모시는 기간까지 영조가 덕유당을 여차로 삼았다. 다음 기사 참조(『承政院日記』第708冊, 英祖 6年 8月 15日(辛亥), "上御德游堂廬次. 召對入侍時").

적인 편전기능을 주로 담당하면서 한편으로 국왕의 임어에 따라 편전기능을 분담하는 전각들이 다양하게 나타나고 있었다.

이러한 편전류의 전각들은 무망각·공묵각·함인정 등과 같이 상례기간에 거려처로 이용되면서 시사활동이 이루어지거나 양심합·극수재·요화당 등과 같이 국왕의 건강상 불편함과 정섭을 목적으로 거처하면서 인견과 정무활동이 행해지고 있었다. 또한 영조대 환경전과 같이 왕세자와 가까이하고 싶다는 의지에 따라서 시사공간을 옮기거나 정조대 성정각·삼선재와 같이 특정 전각을 자주 이용하여 전각의 편전기능이 국왕의 의지에 따라 운영되는 모습도 보이고 있었다. 결국, 소편전을 중심으로 인견과 국정논의의 시사기능이 활성화되면서, 국왕의 이용에 따라 임시적·일시적이거나 특정된 장소를 이용하여 편전기능을 분담하는 편전류의 전각들이 다양하게 운영되고 있는 특징을 확인할 수 있다.

3. 조선후기 편전 운영과 윤대輪對 시행

1) 윤대제 운영 추이와 조선후기 윤대 활성화

조선전기 윤대제는 당唐·송대宋代의 윤대법에 따라 세종대 규정을 마련하여 세종 7년(1425) 7월부터 시작하였다.[420] 운영방식은 조계朝啓에 참석하지 않는 각사各司의 4품 이상이 각사별로 1명씩 차례대로 매일 조계 뒤에 참석하는 것이었다. 그리고 운영 목적은 '국왕의 과실과 시정時政의 득실, 민간의 질고疾苦, 군신의 사정邪正을 들으며 숨어있는 인물을 뽑아 올리기 위한 것'[421]으로서 원활한

---

420) 『世宗實錄』 卷29, 世宗 7年 7月 11日(戊寅).
421) 『世宗實錄』 卷50, 世宗 12年 閏12月 8日(甲辰).

국정운영을 위해 정치참여의 폭을 넓히고 인재를 선발하는 기능과 성격을 가지고 있었다. 세종은 매일 4고鼓에 일어나 조참·시사·서정庶政·윤대·배사拜辭·경연을 행하였다고422) 할 정도로 윤대를 포함해 다양한 국정활동이 조선전기 정치체제의 정비과정 속에서 일정한 국정운영의 틀을 구성하며 각각의 운영체제가 유기적으로 그 기능을 다하고 있음을 알 수 있다.

이후 윤대의 시행일차, 참여인원, 운영방식 등의 논의과정을 거쳐 성종대 『경국대전』「조의朝儀」조에 '동반東班 6품과 서반西班 4품의 아문衙門이 차례대로 5인이 넘지 않게 매일 시행하는 것'으로 정리되었다.423) 이후 연산군대 정치적 파행은 윤대제에도 나타나 5일마다 시행토록 하다가 결국에는 윤대를 폐지하도록 하였다.424)

중종대에 들어서면 연산군대 국정운영의 폐해를 복구하는 일련의 과정과 마찬가지로 윤대 역시 제도적 복구가 이루어지게 되었다. 그리고 윤대의 정례적인 활성화를 위해 5일마다의 윤대 일차를 1달에 3번 즉 초1일·11일·21일에 시행하도록 하였다.425) 그리고 효율적인 운영방식 개선을 위해 다른 일로 불참하거나 동일인의 중복 참여를 방지하고자 윤대 이틀 전에 해조該曹의 계품啓稟과 함

---

422) 『世宗實錄』卷127, 世宗 32年 2月 22日(丁酉), "…王每日四鼓而起 平明受群臣朝參 然後視事 處決庶政 然後聽輪對 咨訪治道. 引見守令拜辭者 面諭恤刑愛民之意 然後臨經筵 潛心聖學 講論古今 然後入內…". 세종대 국정업무의 진행 방식은 문종대에도 유지되고 있었다(『文宗實錄』卷5, 文宗 卽位年 12月 2日(壬申), "御經筵 上每朝 御思政殿 視事 次輪臺 次經筵 非有故 未嘗停也").

423) 『經國大典』, 朝儀, "東班六品以上西班四品以上各以衙門次第每日輪對〔毋過五人〕". 조선전기 태종~성종대까지의 윤대제 성립과 정비과정 및 특징에 대해서는 다음 논문 참조(장희흥, 1998, 「朝鮮初期 輪對制의 施行과 運營」『동국사학』32).

424) 연산군 11년, 어서(御書)를 내려 윤대와 야대를 정지하도록 하였다(『燕山君日記』卷57, 燕山君 11年 1月 4日(庚寅)).

425) 『中宗實錄』卷1, 中宗 1年 12月 13日(丁巳), "傳曰 凡設輪對者 爲接待外官 而欲聞外間未聞之事 固不可廢也 每朔初一日十一日二十一日 例爲輪對".

께 참여자의 제명題名을 논의하도록 하였고426) 이후 의정부에서 아뢰어 윤대할 관원과 계품을 서계書啓하면 국왕이 낙점하는 방법으로 결정되었다.427) 또한 의정부·육조의 낭관부터 소각사小各司에 이르기까지 십사十司의 관원이 윤차輪次로 서계書啓를 하는데 그 중에서 5인을 선발〔수점受點〕하여 입대하도록 하였다.428) 매월 3차 시행과 윤대관원의 국왕 낙점, 5인 선발은 이후 윤대의 정례적인 운영방식으로 정착되어 『속대전續大典』·『대전통편大典通編』·『대전회통大典會通』 등에서 규정된 모습을 살펴볼 수 있다.429)〈〔표4-11〕참조〉

[표 4-11] 세종~중종대 윤대 운영 양상과 특징〈『실록』참조〉

구분	일차	참여대상	인원	장소	비고
세종	매일→衙日430)	4품 이상		근정전 사정전 보평청	·朝啓 미참석 4품 이상 윤대시행 ·독대
문종		동반 6품 이상		사정전	·一司 6품 이상 윤대 후 他司 이동
단종	매3일	동반 6품 이상 서반 4품 이상			
세조		6품 이상 문·무반 교대	2인→3인→10인→ 1인→20인	인정전 사정전 비현합 경회루	·사관, 승지 참여 ·面對→陳述 抄錄 (20인 확대 후)
예종	매일	동반 9품 이상 서반 7품 이상	2인		·面對→書辭
성종	매일→매5일 →15일→10일	동반 6품 이상 서반 4품→6품 이상	5인 전후		·『경국대전』-동반6품·서반 4품 이상 ·독대→사관, 승지 참여 ·外職 수령 참여
연산군	매5일→廢				
중종	매5일→ 월3회(1,11,21일)		5인		·該曹 啓稟書啓 後 落點 →10司 輪次書啓後 落點

---

426) 『中宗實錄』卷55, 中宗 20年 11月 26日(辛巳).

427) 『中宗實錄』卷55, 中宗 20年 11月 27日(壬午).

428) 『中宗實錄』卷86, 中宗 33年 1月 20日(乙未).

429) 『續大典』卷3, 禮典, 朝儀, "每月三次各司堂下官輪回受點入對〔稟旨擧行無過五司〕". 속대전(續大典)에서 규정된 내용은 이후『대전통편』, 『대전회통』 에서도 동일하게 수록되어 있다.

430) 아일(衙日)은 1,5,11,15,21,25일이며 세종 17년 8월부터 시행토록 하였다

선조대에 들어서면 선조 19년(1586)에는 윤대가 폐지되었다가 선조 34년(1601) 9월에 다시 윤대를 실시하였다.431) 그러나 광해군대에는 승정원의 윤대 취품取稟조차 금지하였으며432) 인조대에도 윤대 시행이 활성화되지 못하였고 윤대 시행에 대해 "서관庶官들이 아뢰는 것을 보건대 자잘한 일이고 시정時政의 잘잘못에 대해서는 언급한 것이 하나도 없으니, 겉치레〔문구文具〕일 뿐인 듯하다"며 인조는 부정적 인식을 가지고 있었다.433) 효종~현종대에도 역시 윤대 시행은 간헐적으로 시행되고 윤대관의 형식적 참여 등의 비판과434) 함께 인재등용과 재난극복을 위한 구언求言의 방안으로 윤대제 회복을 요청하는 정도였다.435) 이렇듯 윤대제는 선조대 폐지되었다가 복구되었지만 간헐적으로 시행되고 운영 자체도 형식적인 정치운영으로 인식되어 운영상의 폐단만이 지적되고 있었다. 다만 전례에 따라 언로言路 확대와 인재등용 등의 이유로 원활한 윤대 시행의 요청만은 빈번하였다. 이러한 윤대가 다시 정례화되고 활성화한 것은 숙종대부터였다.

숙종~정조대의 윤대 운영방식과 함께 왕대별로 시행현황 및 특징과 의미를 살펴보도록 하겠다. 당시 윤대와 관련하여 정비된 법전의 내

(『世宗實錄』卷2, 世宗 17年 7月 29日(戊戌), "視事 傳旨禮曹 前此 予因覽資治通鑑訓義 停輪對 然輪對不可久廢 令輪對各司自八月每衙日詣闕").

431) 『宣祖實錄』卷141, 宣祖 34年 9月 11日(乙巳), "復行輪對 輪對之規 自丙戌年 廢而不行 今十六年矣".

432) 『光海君日記』卷33, 光海君 2年 9月 27日(己巳).

433) 『仁祖實錄』卷6, 仁祖 2年 6月 2日(甲申). 한편 윤대 이외에 상참도 형식에 그치는 국정운영으로 인식되고 있었는데, 인조는 '상참이 형식〔문구(文具)〕에 가까우며 공사의 주달을 경연에서 충분히 말할 수 있다'고 하여 윤대와 마찬가지로 부정적인 인식을 가지고 있었다(『仁祖實錄』卷38, 仁祖 17年 4月 21日(戊申);『仁祖實錄』卷38, 仁祖 17年 5月 21日(丁丑)).

434) 『孝宗實錄』卷6, 孝宗 2年 6月 9日(甲寅).

435) 『顯宗實錄』卷8, 顯宗 5年 2月 28日(辛酉);『顯宗改修實錄』卷18, 顯宗 9年 1月 16日(乙卯).

228 .....

용을 보면, 영조 22년(1746)에 간행된 『속대전』과 정조 9년(1785)에 간행된 『대전통편』을 통해 '매월 3차례 각사各司의 당하관堂下官이 윤회輪回로 수점受點 후에 입대하는데 5사司가 넘지 않도록 한다'라고 명문화되어 있다. 중종대 정비된 매월 3차례의 시행과 수점의 절차가 조선후기에 윤대 운영방식으로 자리잡은 것을 알 수 있다.

윤대는 시행에 앞서 승지로부터 대개 4일 전에 윤대 시행 여부를 묻는 취품取稟이 있었다.436) 일차日次에 맞추어 윤대 시행을 아뢰거나 다른 일차로 인해 윤대를 취소해야한다는 내용을 취품한 후, 국왕의 승낙 여부에 따라 윤대 시행이 결정되었다. 윤대가 다른 일차로 정지하는 예로서는 상참, 국기國忌, 배표拜表, 진하陳賀, 전시殿試, 기곡제祈穀祭 및 대제大祭의 재계齋戒, 친림문신전강親臨文臣殿講, 상후방재정섭중上候方在靜攝中 등이 있었다.

윤대는 정조대에 통합적으로 운영되기도 하였는데, 윤대 취품 후 윤대일차 승낙과 윤대관의 수점受點은 하되 윤대 시행일은 후일로 미루었다가 추후에 윤대 입시일이 정해지면 그 동안 수점된 윤대 관원들이 동시에 인견하는 운영방식이었다. 예를 들어 19년 11월 28일에 희정당에서 윤대를 시행하였는데 이 자리에는 9월 21일~12월 초1일까지의 윤대 대상자가 모두 참석하였다.437) 그리고 숙종·

---

436) 윤대 취품은 대개 윤대 시행일 4일 전인 7·17·27일에 시행되었지만 때에 따라 4일 전후로 시행여부를 묻거나 다른 일정으로 취소하기도 하였다. 윤대의 취품일과 인견일은 숙종~정조대의 경우, 후대로 갈수록 비정례적인 일정으로 진행되는 경향을 보이고 있다.

437) 윤대관 수점 후 윤대일을 후일로 미루어 동시에 통합방식으로 시행한 사례는 다음과 같다. 승지가 정조에게 19년 9월 21일자의 윤대일을 취품하고 수점하였는데 일차는 기다리게 하였다(『承政院日記』第1752冊, 正祖 19年 9月 17日(乙丑), "李勉兢啓曰 來二十一日 輪對日次矣 敢稟 傳曰 當次人受點後 日次待令"). 이후 10월부터 12월초까지 윤대관 수점만 이루어지다가, 11월 28일에 9월~12월까지 수점한 윤대관을 동시에 인견하고 있었다(『承政院日記』第1756冊, 正祖 19年 11月 28日(乙未), "李晉秀啓曰 九月二十一日 日次輪對官 十月初一日十一日二十一日 日次輪對官 十

영조대에 비해 정조대의 윤대일차는 1·11·21일 이외의 다른 일자에 시행되는 횟수가 증가하였다.

다른 국정업무와의 순서를 비교해 보면, 윤대는 대개 주강晝講 이후에 진행되었으며 주강이 있을 경우에 주강 시 또는 주강을 파한 이후에 윤대관이 입시하여 인견하는 순서로 진행되었다. 조선전기에 조회-시사-윤대-경연의 순으로 시행되는 일차와는 차이가 있음을 알 수 있다.438) 윤대관의 입시방법은 주강 시에 경연관 등과 같이 입시하거나 경연이 끝난 후 경연관이 물러나면 합문閤門 밖에서 대기하고 있던 윤대관을 사관史官 또는 주서注書가 인도하여 들어오기도 하였다. 이외에 승지와 함께 입시하여 승지공사 보고를 전후하여 윤대를 시행하기도 하였다.

왕대별로 윤대시행의 현황과 특징을 살펴보면, 숙종은 즉위 후처음으로 1년(1675) 9월에 윤대를 실시하였다.439) 하지만 숙종 2년(1676) 2월에 두역痘疫으로 잠시 윤대를 정지하였다며 관사官司의 폐해를 파악하고 하정下情의 상달上達을 위해 전례대로 매월 3회

月初一日二十一日 日次輪對官 十二月初一日 日次輪對官並來待 五部官員及瓦署別提金兌煌 軍器僉正宋堯熙 內瞻主簿鄭復曾 尙衣別提康國愼 義盈主簿柳有澤 亦依下教 來待矣 傳曰 入侍…(중략)…乙卯十一月二十八日辰時 上御熙政堂 都承旨·左承旨·右承旨·輪對官同爲入侍時 行都承旨趙尙鎭 行左承旨洪義榮 行右承旨林濟遠 記事官趙台榮 記注官馬思人 記注官金良倜 九月二十一日輪對官…(중략)…十月初一日輪對官…(중략)…十月十一日 二十一日輪對官…(중략)…十一月初一日輪對官…(중략)…十一月二十一日輪對官…(중략)…十二月初一日輪對官…(중략)…以次進伏訖. 上曰 有所懷人 皆於楹內 一行進伏 可也…"). 이러한 윤대의 통합운영은 대개 정조 후반기에 일반적인 운영방식이었다.

438) 숙종대 신료(臣僚)와의 인접(引接)이 미비하다는 진소(陳疏)에서도 "세종대왕은 매일 조참을 받고 윤대를 한 다음, 경연에 임하였다"고 말하여 숙종대에도 조선전기 국정운영의 일차가 조회[조참]-윤대-경연 등의 순으로 진행되고 있음을 인식하고 있었다(『肅宗實錄』卷51, 肅宗 38年 5月 25日(丁未)).

439) 『承政院日記』第248冊, 肅宗 元年 9月 11日(丙申).

(1·11·21일)에 걸쳐 윤대를 재개하도록 명하였다.440) 중종대에 윤대제가 재정비된 이후 윤대제의 정례화를 다시 언급하는 내용이었다. 이전에는 윤대제의 비효율성과 폐단으로 인한 부정적 인식과 함께 국왕의 무관심 때문에 국정운영으로서의 제기능을 다하지 못했는데, 윤대제가 다시 주요한 국정운영의 방법으로서 관심을 갖게 된 것이다. 숙종대에 윤대가 다시 정례화되었지만441) 『실록』을 통해 살펴보면 재위기간 동안 시행된 윤대는 총 30회이며 연평균 약 0.6회 실시하고 있다. 숙종대 재위기간 동안 시행된 윤대를 정리하면 다음 〔표4-12〕와 같다.

[표 4-12] 숙종 재위기간 윤대 시행 현황〈『실록』참조〉

1년	1	11년	0	21년	3	31년	0	41년	0
2년	0	12년	0	22년	0	32년	1	42년	0
3년	4	13년	0	23년	0	33년	0	43년	0
4년	0	14년	0	24년	3	34년	1	44년	0
5년	1	15년	1	25년	1	35년	3	45년	0
6년	2	16년	1	26년	0	36년	0	46년	0
7년	0	17년	0	27년	0	37년	2	총 30회 연평균 0.6회	
8년	0	18년	0	28년	0	38년	0		
9년	1	19년	3	29년	0	39년	1		
10년	0	20년	1	30년	0	40년	0		

이후 경종대에는 윤대를 전혀 시행하지 않았다가, 『승정원일기』를 통해 살펴보면 영조대에는 재위기간 동안 총 153회 시행

---

440) 『肅宗實錄』卷5, 肅宗 2年 2月 21日(癸酉), "下敎曰 從前每月初一日十一日二十一日 以此取稟輪對 因去年痘疫熾盛 姑爲停止 今則幾盡消滅 各司官員 若非輪對 無以陳其弊瘼 且人君明四目 達四聰 下情通于上 亦一道也 今後依前取稟".

441) 『승정원일기』에서는 1회(숙종 18년 4월 2일), 『실록』에서는 3회(숙종 3년 10월 20일 ; 35년 2월 20일 ; 35년 3월 20일)를 제외하고는 모두 1.11.21일에 시행하였다.

하여 연평균 약 2.9회에 이르고 있다. 영조대 시행된 윤대 현황은 다음 〔표4-13〕과 같다.

[표 4-13] 영조 재위기간 윤대 시행 현황 〈『승정원일기』 참조〉

1년	6	11년	11	21년	0	31년	0	41년	0	51년	0	
2년	14	12년	13	22년	5	32년	0	42년	0	52년	(3)*	
3년	15	13년	9	23년	0	33년	0	43년	0			
4년	10	14년	6	24년	0	34년	0	44년	0			
5년	8	15년	2	25년	0	35년	0	45년	1			
6년	2	16년	3	26년	0	36년	0	46년	0	총 153회		
7년	7	17년	2	27년	0	37년	0	47년	0	연 평균		
8년	5	18년	0	28년	0	38년	3	48년	0	(2.9회)		
9년	8	19년	0	29년	0	39년	8	49년	0			
10년	11	20년	0	30년	0	40년	1	50년	0			

* 52년 괄호 ( )안의 수치는 왕세손(정조)의 대리청정 시기에 왕세손이 주재한 횟수 표기

윤대는 1년~17년까지 지속적으로 시행되다가 22년을 제외하고 37년까지 시행한 기록이 없다. 재위 초반에 적극적인 국정운영의 일환으로 활성화되었다가 윤대제의 비효율성과 폐단으로 중지되었다고 여겨진다.442) 이후 38년~40년에 재개되었는데, 영조 38년 (1762) 윤5월 21일 사도세자가 죽음을 맞이한 임오화변壬午禍變 후에 국왕이 주도적으로 정국의 동요를 수습하는 과정에서 적극적인 국정참여를 위해 시행한 것으로 생각된다.443) 한편, 영조 51년

---

442) 영조대에 나타난 윤대제의 부정적 인식에 대해 『실록』을 살펴보면 다음과 같다. "윤대가 치도(治道)에는 도움이 되지 않으므로 자주 승지로 하여금 업무보고를 받는 것이 낫다"(『英祖實錄』卷34, 英祖 9年 6月 21日(庚午)), "점차 겉치레로 시행되어 임금도 싫어하여 윤대관을 볼 때마다 웃기만 하였다"(『英祖實錄』卷42, 英祖 12年 11月 21日(庚戌)), "윤대의 차례에 자신의 무능함을 모면하려고 청탁 또는 향곡(鄕曲)의 부류를 대신 참석케 한다"(『英祖實錄』卷53, 英祖 17年 1月 22日(戊子))며 윤대의 폐단을 지적하고 부정적 인식을 갖고 있었다.

443) 영조가 임오화변 이후에 처음으로 시행한 윤대는 영조 38년 7월 1일 경희궁 사현합(思賢閣)이었다(『承政院日記』第1208冊, 英祖 38年 7月 11日(己未)).

(1775) 12월 왕세손[정조]의 대리청정 이후 52년(1776)에 왕세손이 윤대를 직접 주재하였다.

정조대에는 즉위년부터 재위 24년동안 꾸준히 윤대를 시행하였으며 『승정원일기』를 통해 살펴보면 총 257회에 걸쳐 연평균 9.3회를 실시하였다. 정조대에 시행한 윤대 현황은 다음〔표4-14〕와 같으며, 재위기간 후반기에 윤대 시행 횟수가 줄어든 것으로 나타나는데 19년부터 윤대가 정례적인 일차에 시행되지 않고 윤대관 수점受點만 하고나서 추후에 수점했던 윤대관을 동시에 모아서 통합적으로 시행하였기 때문에 수치상으로 줄어든 것처럼 나타나고 있다.

[표 4-14] 정조 재위기간 윤대 시행 현황〈『승정원일기』참조〉

즉위년	5	10년	9	20년	3
1년	13	11년	15	21년	7
2년	9	12년	18	22년	5
3년	10	13년	11	23년	6
4년	13	14년	12	24년	1
5년	15	15년	12		
6년	11	16년	14	총257회	
7년	19	17년	17	연 평균	
8년	12	18년	7	(9.3회)	
9년	9	19년	4		

이와 같이 숙종~정조대의 윤대는 숙종대 다시 정례화 된 이후에 지속적으로 시행되고 있었다. 윤대가 숙종대 이후 활성화되었지만 윤대제에 대한 인식이 항상 긍정적이지는 않았다. 조선전기와 동일하게 윤대제의 비효율성과 폐단이 지적되었는데 이러한 부정적 인식에도 불구하고 지속적으로 윤대제가 시행된 것은 당시의 정치상황과 연계되었다고 볼 수 있다. 탕평정국과 관련하여 숙종대 이후 왕권강화를 위한 주도적인 정치활동으로서, 중하급 관료와의 인견을 통해 상하가 소통하는 국정운영체제를 정비한다는 의

미 그리고 국왕의 적극적인 정치참여와 다양한 군신간의 관계 형성을 통해 군신간의 상하질서를 재확립하는 창구로서 이 시기에 윤대제가 정례화되고 지속적으로 운영되었다고 여겨진다.444)

2) 숙종~영조대 편전의 운영과 윤대

왕권강화와 연계하여 주도적인 국정참여 방안으로 윤대가 정례화되고 활발히 시행되었으며 그 운영방식과 절차, 특징 등을 살펴보았다. 이를 통해 제도적인 측면에서 이해를 높일 수 있었다. 한편, 편전기능 중에 하나인 윤대와 그 시행장소를 연결하여 검토해 보면 편전기능의 운영과 특징을 이해하는데에도 도움이 될 것으로 생각된다. 윤대 시행과 편전운영의 상관성 및 특징을 이해하기 위해 시기별로 영조대, 정조대로 구분하여 살펴보도록 하겠다.

우선 『실록』을 참조하여 숙종대 윤대를 시행한 장소를 살펴보면, 창덕궁과 경희궁에서는 주로 편전인 선정전·희정당, 자정전·흥정당을 이용하였고 창경궁에서는 경연청經筵廳과 동궁인 시민당·진수당을 이용하고 있었다. 소편전 중심과 동궁을 이용하는 운영형태를 보이지만, 장소가 기재되지 않는 윤대 시행이 많아서 윤대와 이용전각과의 관계를 자세히 확인하기에는 한계가 있다.

다음으로 『승정원일기』를 참조하여 영조~정조대의 윤대 시행 장소를 검토해 보도록 하겠다. 영조대에는 윤대 장소가 편전을 중심으로 이루어지면서 동궁의 이용과 함께 윤대 장소가 다양해지는

---

444) 군신간의 관계 정립을 통한 왕권강화 사례는 윤대제 이외에 조참(朝參)과 같은 의례적 요인도 주요한 기능을 하였다. 조참의 경우 영조대에 국전체제(國典體制)를 새롭게 정비하는 일환에서 조참이 군신간의 상하질서 재확립의 한 방편으로서 자주 설행되었다. 조참의례의 정치적 의의에 대해서는 다음 논문 참조(이근호, 2006, 「조선시대 조참의례 설행의 추이와 정치적 의의」『호서사학』43).

경향을 보이고 있다. 편전인 창덕궁의 선정전·희정당 이외에 극수재克綏齋가 포함되고 경희궁에서는 자정전·흥정당 이외에 경현당景賢堂·존현각尊賢閣·집경당集慶堂·사현합思賢閤·경선당慶善堂 그리고 창경궁의 숭문당과 동궁인 시민당·진수당이 이용되고 있었다. 영조대 윤대 시행 전각을 정리한 내용은 다음〔표4-15〕와 같다.

[표 4-15] 영조대 궁궐의 윤대 시행 장소 〈『승정원일기』 참조〉

구분	창덕궁				창경궁				경희궁						
	宣政殿	熙政堂	克綏齋	미확인	時敏堂	進修堂	崇文堂	미확인	資政殿	興政堂	景賢堂	尊賢閣	集慶堂	思賢閤	慶善堂
1년					5	1									
2년		3			8	2		1							
3년	3	12													
4년	2	5					3								
5년	4	3		1											
6년						2									
7년					3	4									
8년		1			2	2									
9년	2	5	1												
10년	5	5	1												
11년	3	8													
12년		8								4					1
13년		9													
14년	1	5													
15년		2													
16년		3													
17년	1								1						
22년		5													
38년												2	1		
39년									1		7				
40년									1						
45년														1	
52년										1	2				
계	21	74	2	1	18	11	3	1	3	5	9	2	1	1	1

영조대 윤대 시행장소를 보면, 우선 창덕궁의 경우에 대편전인 선정전이 21회, 소편전인 희정당이 74회로 나타난다. 희정당에서 윤대가 더 활발한 모습이며, 조선후기에 선정전·자정전 등 대편전보다 희정당·흥정당 등 소편전에서 경연·인견·야대 등 시사기능이 활성화되는 모습과 연계되어 윤대 역시 활성화된 것으로 볼 수 있

다. 그리고 경희궁의 경우에 미미한 차이지만 유사하게 소편전인 홍정당에서 더 많이 시행되고 있었다.

또 다른 특징으로 궁궐의 주 편전 역할을 하던 소위 대편전과 소편전 이외에 다양한 전각들이 편전기능을 수행하고 있었다. 각 전각들의 윤대 시행과 그 배경 및 특징에 대해서 살펴보겠다.

우선 동궁인 '시민당'과 '진수당'이 윤대 장소로 이용되고 있었으며 앞서 야대와 소대 장소로도 이용된 사례와 유사한 배경에서 시행된 것으로 여겨진다. 시민당·진수당은 창경궁 영역에 속하며 흔히 왕세자의 공간으로 분류된다. 시민당은 현재 소실되어 확인할 수 없지만 「동궐도」에 보면 문정전 남쪽 진수당 아래에 위치하며 전각은 없고 터만 남은 상태로 그려져 있다. 『궁궐지』에 숙종이 지은 「시민당명병소서時敏堂銘幷小序」에 보면 세자가 주연胄筵하는 정당正堂으로 기재되어 있고445) 『실록』에도 인조대 세자·백관의 상견례446), 현종대 세자 관례447), 경종대 왕세제 책봉의 백관 조하례448) 등을 행하여 동궁의 공간임을 확인할 수 있다. 그런데 시민당의 기록이 처음 나타나는 광해군대부터 실록 기사를 검토해보면 왕세자 관련 공간 이용 이외에 국왕의 정무활동 공간으로도 이용되어 상참·조강·친국·인견·삼복·소결·소대·야대 등 다양한 운영 사례가 나타나고 있다. 앞서 영조대 야대와 소대 시행을 통해 동궁 전각이 국왕의 편전으로 이용되었는데, 윤대 역시 국왕의 임어에 따라 시민당과 진수당에서 시행하였다고 여겨진다. 그리고 그 배경에는 언급하였듯이 왕실의 상례와 관련성을 들 수 있다.

우선 경종의 상례와 관련해서, 경종은 4년 8월 25일 창경궁의

---

445) 서울학연구소, 1994, 『(국역)궁궐지』 2, 창경궁지, 시민당, 27쪽.
446) 『仁祖實錄』 卷46, 仁祖 23年 9月 29日(丁丑).
447) 『顯宗實錄』 卷18, 顯宗 11年 3月 9日(丙寅).
448) 『景宗實錄』 卷4, 景宗 1年 9月 27日(乙卯).

환취정環翠亭에서 승하한 후에 창덕궁 선정전에 빈전을 설치하였다. 영조 즉위년 12월 16일에 발인發靷하고 의릉懿陵에 장사를 지냈다. 그리고 창경궁 문정전[경소전敬昭殿]에 혼전을 설치하고 1년 8월 25일에 연제練祭, 2년 8월 25일에 대상제大祥祭, 2년 10월 7일 담제禫祭, 2년 10월 13일 종묘에 부묘祔廟를 하였다. 경종 상례와의 상관성을 비교해 보면, 영조는 경종 승하 후에 창덕궁 여차廬次에서 거처하다가 발인 이후 즉위년 12월 16일부터 창경궁 여차로 옮겨 기거하고449) 담제 후 삼년상을 마치고 부묘 후인 영조 2년 11월 2일에 창덕궁으로 환어還御하였다.450) 빈전과 혼전이 설치된 궁궐에서 각각 여차를 마련하여 집상執喪을 한 것으로 볼 수 있다.

그리고 윤대 시행과 관련해서 윤대가 영조 1년 3월 11일~2년 6월 21일 동안 시민당과 진수당에서 시행되었는데 이 시기는 혼전을 설치한 창경궁에서 집상을 하는 시기에 포함된다. 결국 경종의 혼전이 창경궁 문정전에 설치되어 국왕이 집상을 위해 창경궁에 임어하면서 혼전과 가까운 장소가 시사공간으로 운영되었고 이러한 배경에서 시민당과 진수당이 편전기능을 담당하고 있었다. 다만 상례로 인한 창경궁 임어기간에 시민당과 진수당만을 전용하지 않고 창덕궁 선정전과 희정당을 함께 이용하기도 하였다.451) 삼년상을

---

449) 『承政院日記』第581冊, 英祖 即位年 12月 15日(甲申), "上御昌德宮廬次"; 『承政院日記』第582冊, 英祖 即位年 12月 16日(乙酉), "上在昌慶宮廬次".

450) 『英祖實錄』卷10, 英祖 2年 11月 2日(庚寅), "上還御大造殿 即昌德宮也. 兵曹以弘化門 依前還閉 敦化門除標信開閉 建陽門入直軍除出 銅龍門把守之 意爲啓 允之"; 『承政院日記』第626冊, 英祖 2年 11月 2日(庚寅), "上在昌德宮 停常參經筵 大造殿還御後 大殿大王大妃殿王大妃殿中宮殿世子宮 政院玉堂問安 答曰 知道".

451) 『승정원일기』에 따르면 창덕궁 환어 전까지 국왕의 임어 궁궐을 창경궁으로 표기하고 있다. 그런데 환어 전에 창덕궁 선정전에서 상참(영조 2년 10월 18일), 희정당에서 주강을 행하고 창경궁 시민당에서 주강(2년 10월 10일), 진수당에서 야대(2년 11월 1일)와 인견(2년 10월 24일) 등을 행하고 있었다. 창경궁에 임어하면서 창덕궁 전각을 함께 이

마치고 2년 11월 2일 창덕궁 환어 후에 윤대를 비롯한 여러 국정 업무가 다시 창덕궁 선정전, 희정당 등에서 주로 행해지고 있었다.

영조대 시민당과 진수당에서 다시 윤대가 시행되는데, 그 배경은 초기 경종 상례와 유사하게 경종 계비 선의왕후宣懿王后 상례와 관련하여 혼전이 창경궁 문정전에 설치되면서 영조가 시민당과 진수당을 이용하고 있었다. 선의왕후는 영조 6년 6월 29일 경희궁 어조당魚藻堂에서 26세의 나이로 승하하였다. 그 해 10월 19일 의릉에 부장祔葬한 후 혼전인 창경궁 문정전으로 신위를 모셨다.452) 7년 6월 29일에 연제, 8년 6월 29일에 상제, 8년 8월 3일에 담제, 8년 8월 10일에 선의왕후의 신주를 종묘에 부묘하였다. 영조는 경희궁 덕유당德遊堂에서 머물면서 선의왕후의 복상服喪을 치루다가453) 선의왕후의 부장祔葬 다음날인 10월 20일에 영조는 왕비·대비와 함께 혼전이 모셔진 창경궁으로 거처를 옮겼다.454) 다음날부터 창경궁에 거처하다가455) 8년 8월 10일 부묘 후에 창덕궁으로 옮겨 인정전에서 진하를 받고 창덕궁을 시어소로 삼게 된

용하는 모습이다.

452) 선의왕후의 혼전은 처음에 경희궁의 읍화당(浥和堂)으로 정하였다가 읍화당의 개수(改修) 과정이 너무 호대(浩大)하여 창경궁 문정전으로 바꾸었다(『英祖實錄』卷27, 英祖 6年 8月 8日(甲辰)).

453) 덕유당은 경희궁의 전각으로서 편전인 자정전과 침전인 회상전 사이에 위치하였으며 영조가 선의왕후 복상(服喪)기간에 덕유당에서 거처하였다(서울학연구소, 1994, 『(국역)궁궐지』2, 경희궁지, 덕유당기회(德遊堂記懷), 92쪽). 선의왕후의 빈전은 경희궁의 광명전에 설치되었다.

454) 『承政院日記』第712冊, 英祖 6年 10月 20日(乙卯). 이 때 경희궁에서 창경궁으로 옮기는 과정의 경로와 행사를 정리하면 다음과 같다. 영조는 이 날에 경희궁을 떠나 경복궁 전로(前路)를 거쳐 창덕궁 협양문[희정당 합문(閤門)]에 도착하였다가 이후 창경궁의 정문인 홍화문, 명정전을 거쳐 문정전에 도착하였다. 도착 후에 신하들과 함께 혼전인 문정전[경휘전] 앞 마당에서 재우친제(再虞親祭)를 행하였다. 친제 후에는 명정전을 지나 창경궁 내전(內殿)으로 통하는 빈양문(賓陽門)을 거쳐 들어갔다.

455) 『承政院日記』第712冊, 英祖 6年 10月 21日(丙辰), "上在昌慶宮 停常參經筵.

다.456) 의릉 부장 이후 종묘에 부묘하기 전까지 시민당과 진수당이 주요 편전 기능을 수행하고 이 기간동안에 윤대 역시 영조 6년 11월 11일부터 8년 7월 21일까지 시행되었다.457)

왕실 상례와 관련하여 또 다른 전각의 운영으로 창경궁 '숭문당崇文堂'이 있다. 영조 4년 11월에 영조의 맏아들이었던 효장세자〔진종眞宗〕가 훙서한 후 시민당에 빈전殯殿을 설치하였는데, 효장세자 상례기간에 숭문당은 국왕의 시사공간으로 이용되어 인견·소대·초복初覆·삼복三覆 등이 행해지고 이 기간에 윤대도 숭문당을 이용하였다.458)

편전과 동궁 이외에 국왕의 정섭靜攝과 관련된 전각이 편전기능을 수행하는 모습이다. 우선 창덕궁의 '극수재克綏齋'는 『궁궐지』에 '희정당 서쪽에 있다'며 간략하게 언급하는데459) 영조가 심신 요양을 위해 1년여 동안 거처하면서 약방입진을 비롯한 소대·윤대·대

---

456) 『承政院日記』第748冊, 英祖 8年 8月 10日(甲子), "上在昌慶宮···八月初十日四更一點 敬徽殿祔太廟親行祭祀入侍時···午時 上御仁政殿 陳賀入侍時···";『承政院日記』第748冊, 英祖 8年 8月 11日(乙丑), "上在昌德宮.停常參·經筵···傳于趙明翼曰 昨夕 還御于昌德宮 政院知悉".

457) 이 기간 동안에 시민당과 진수당에서는 윤대 이외에 다양한 국정업무가 이루어지고 있었고 『승정원일기』 기사에 시민당은 영조 6년 12월~8년 8월, 진수당은 영조 6년 10월~8년 6월까지 두 전각에서 국왕의 임어가 지속되고 있었다.

458) 효장세자는 10세인 영조 4년 11월 16일에 진수당에서 훙서하였고 이후 18일에 대렴(大斂)을 행하고 빈전을 시민당으로 옮겨 봉안하였다. 이 때 시어소로서 처음에는 영조가 진수당을 이용하였다. 하지만 신하들은 진수당이 협착하다고 반대하였으며(『承政院日記』第674冊, 英祖 4年 11月 27日(癸酉)), 이후 진수당 거처에 반대한 의견이 반영되어 거처를 옮겼는지 정확히 알 수 없지만 영조 4년 12월 6일~5년 1월 27일 동안 숭문당에서 인견, 소대, 초복, 삼복, 약방입진 등이 이루어지고 있었다. 그리고 이 기간 동안 시민당에서는 빈전 의례를 시행하였다. 시민당에서는 가칠(加漆), 재실상자친서입(梓室上字親書入), 결과입시(結裹入侍), 계찬실(啓欑室), 발인망곡(發靷望哭), 하현실망곡(下玄室望哭) 등이 이루어졌다.

459) 『宮闕志(영인본)』卷2, 昌德宮志, 克綏齋, "克綏齋俱在熙政堂西".

신 및 비국당상 인견 등이 행해져 국정업무를 수행하는 장소로 이용되었고460) 극수재가 만기재결萬機裁決의 장소로 이용되었음에도 불구하고 당시에 당호堂號도 없이 외간外間에서 별저상別儲廂으로 불리는 것이 아름답지 못하다고 하여 이때에 전각의 명칭을 극수재로 짓게 되었다.461)

경희궁에서는 사현합·회상전會祥殿·집경당을 이용하였는데, 약방입진과 함께 여러 시사를 주로 이곳에서 처결하였다. 시기적으로는 영조 20년 4~5월과 37년 3월부터 '사현합'에서 뜸을 맞거나 인견을 행하였고462) 이후 42년 1월 22일부터 '회상전'을 이용하다가463) 42년 4월 27일부터 '집경당'이 회상전보다 밝고 넓기 때

460) 『승정원일기』에서 영조 8년 10월 11일~9년 12월 16일 동안 20회에 걸쳐 극수재[별저상(別諸廂)]에서 약방 입진과 소대, 윤대, 대신 및 비국당상의 인견 등이 있었다.

461) 『英祖實錄』卷36, 英祖 9年 12月 22日(己巳), "上謂諸臣曰 近來藥房入診之所 素無堂號 外間何以稱之 翰林李鼎輔曰 稱之以別儲廂矣 上曰 此堂之下有廊舍 宦寺輩稱之曰庫房 蓋光海時財物所藏處 而別儲廂在其傍 故因有此稱 而旣無意義 且無文跡 自先朝間或臨御 今則予常常居處 公事酬應與藥房入診 皆於此室 便是裁決萬機之所 而名稱甚不雅 玉堂與政院 其議堂號書進 於是定名曰克綏齋".

462) 사현합은 회상전의 남쪽, 홍정당의 북쪽에 위치하고 있었다(서울학연구소, 1994, 『(국역)궁궐지』2, 경희궁지, 사현합, 104쪽). 사현합은 「서궐도안」을 참조해 보면, 독립된 전각이 아닌 회상전·융복전·집경당 영역의 행랑과 연결된 전각형태로 그려져 있다. 아울러, 영조대 사현합의 운영 형태를 보면 편전인 홍정당과 침전과의 사이에 위치하여 왕의 건강이 불편하였을 때 편안히 정섭을 하면서 시사활동을 병행하는 공간으로 이용된 기록이 나타나고 있다. 영조가 사현합에서 뜸을 맞고 대신들을 인견하는 상황에서 사현합을 와내(臥內)로 기록하여 편전과 구별됨을 보여주는 기록은 참고가 된다(『英祖實錄』卷59, 英祖 20年 5月 2日(己卯), "命藥院諸臣 移直于司饔院. 上受灸時 原任大臣入侍于思賢閣 卽臥內也").

463) 회상전은 영조 42년 1월 22일부터 약방입진과 함께 여러 국정업무를 수행하는 장소로 이용하였는데, 당일날 처음에는 사현합에 거처하다가 회상전을 이용하였다(『承政院日記』第1251冊, 英祖 42年 1月 22日(壬辰), "丙戌正月二十二日辰時 上御思賢閣 藥房入診…(중략)…丙戌正月二十二日申時 上御會祥殿 藥房入診…(중략)…丙戌正月二十二日四更三點 上御會祥殿

문에 집경당으로 거처를 옮기게 되었다.464) 이후 주로 집경당에서
거처하다가 52년 3월에 승하하였다.465) 이와 같이 정섭을 위해
주로 이용하던 편전을 피하여 사현합, 회상전, 집경당으로 거처를
옮겼으며 이 기간 동안에 사현합과 집경당에서 다른 국정업무와
함께 윤대가 시행된 것으로 여겨진다.

이외에 경희궁 동궁의 '경선당慶善堂'466)은 영조가 신하들과 동궁
〔사도세자〕을 보기 위해 방문하였다가467) 이곳에서 기로대신耆老
大臣을 인견하고 윤대를 행하기도 하였다.468) 또한 경희궁의 '존현

藥房入診入侍時…"). 회상전은 경희궁 내전의 정전(正殿)으로서 인조비 인
헌왕후(仁獻王后)의 승하, 숙종의 탄생, 숙종비 인선왕후(仁宣王后)·인경
왕후(仁敬王后)의 승하, 순조 승하가 이곳에서 있었다.

464) 『承政院日記』第1254冊, 英祖 42年 4月 27日(丙寅). 집경당은 처음에
예연당(藥淵堂)이었으나 숙종 25년 집경당이라고 고쳤다. 집경당으로 개
칭한 이유는 숙종 25년 왕세자가 예연당에서 천연두를 앓다가 회복하는
경사가 있어서 모든 기쁨이 이 당(堂)에 모였다는 의미로 변경되었다. 그
리고 예연당은 숙종이 현종 2년 8월에 태어나 3일 후부터 거처하던 곳이
고 혼인한 이후에도 이곳에서 거처하였다. 영조 47년에 왕비도 집경당에
서 천연두를 고쳤기에 경사스러운 장소로 생각한 전각이었다(서울학연구
소, 1994, 『(국역)궁궐지』2, 경희궁지, 집경당, 96~99쪽 참조).

465) 『英祖實錄』卷127, 英祖 52年 3月 5日(丙子).

466) 경선당은 「서궐도안」에 보면, 경희궁 북쪽 장락전 동편에 위치하며 집회
당과 함께 건물 배치구조가 남북으로 구성되었다. 『궁궐지』에서 영조가
지은 「경선당술회(慶善堂述懷)」에 보면 경선당과 집회당이 앞뒤로 있으
며 지금은 동궁이 되었다고 한다. 그리고 경선당은 「서궐도안」에 추모당
(追慕堂)이라고 표기되었는데 『궁궐지』에는 추모당을 영조가 쓴 것이라
고 하였다(서울학연구소, 1994, 『(국역)궁궐지』2, 경희궁지, 경선당술회
(慶善堂述懷), 150~151쪽).

467) 영조가 궁료(宮僚)와 함께 세자를 만나기 위해 경선당을 방문한 또 다른
사례는 다음과 같다(『承政院日記』第834冊, 英祖 12年 9月 25日(丙
辰)), "上引見時原任大臣藥房提調于東宮之慶善堂"). 이날 경선당 방문 전
에는 홍정당에서 인견을, 방문 후에는 홍정당에서 소대를 행하였다.

468) 『承政院日記』第831冊, 英祖 12年 8月 11日(壬申), "丙辰八月十一日巳時
上御慶善堂 耆老三大臣 引見入侍奉朝賀李光佐 奉朝賀李台佐 判府事沈壽賢
右副承旨洪聖輔 記事官尹敬周 記事官曹潤周·李成中 輔德尹就咸 說書宋翼
輝 同爲入侍時…上曰 注書出去 輪對官使之入侍 可也. 敬周出去 與輪對官

각존현각閣尊賢閣469)은 영조 51년 청정절목聽政節目에서 청정처소로 경현당, 평상시의 인접引接을 존현각으로 삼도록 정하였는데470) 이후 왕세손이 윤대, 승지 입대入對, 대신 및 비국당상의 인접 등을 존현각에서 행하였다. 영조대의 존현각 이용은 영조가 직접 이용한 것이 아니라 왕세손〔정조〕이 대리청정 동안 시사를 위해 존현각을 이용하면서 윤대를 행한 것이었다.

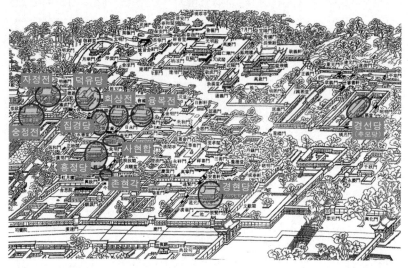

그림 4-6. 경희궁의 윤대 시행 장소 및 주요 전각 (『서궐도안』 도면 부분, 서울역사박물관)

　　入侍 上曰 輪對官以次進對 尹明彦前伏 上曰 職姓名爲之 明彦曰 小臣社稷直長矣…". 경선당에서 세자의 모습을 본 이후에 영조는 경희궁의 편전인 홍정당에서 야대를 실시하였다.

469) 존현각은 홍정당 남쪽에 위치하며 『궁궐지』에는 '주합루 아래층〔하층(下層)〕이다'라고만 표기되어 있다.

470) 『英祖實錄』卷126, 英祖 51年 12月 8日(辛亥), "議政府以王世孫聽政節目別單入啓. 一廳政節目 依傳敎 以丁酉年事例磨鍊. 一聽政處所 以景賢堂爲之 常時引接 以尊賢閣爲之…". 한편, 이전에 존현각은 숙종 43년 경종의 대리청정(代理聽政) 때에 강습(講習)하던 곳으로 영조 38년 8월 수리하여 동궁〔왕세손〕의 강습처로 이용하도록 하였다(『英祖實錄』卷100, 英祖 38年 8月 27日(丁巳)).

영조대 윤대 시행과 관련하여 전각 운영은 소편전인 희정당·홍정당을 중심으로 운영되면서 대편전 이외에도 다양한 전각이 편전 기능을 수행하고 있었다. 편전 이외의 전각들은 왕실가족의 상례 기간에 집상을 하면서 동궁인 시민당·진수당을 이용하거나 국왕의 심신 요양을 목적으로 편전을 피하여 편전 주위의 전각을 이용하고 있었다. 그리고 세자의 거처에 방문하면서 윤대와 인견 등을 행하기도 하였고 왕세손의 대리청정 공간으로 이용된 곳에서 윤대가 시행되고 있었다.

3) 정조대 편전의 운영과 윤대

정조대에 들어서면 숙종~영조대보다 윤대의 시행이 양적으로 증가하면서 운영 전각도 보다 다양해지는 경향을 보여주고 있다. 정조대 윤대를 시행한 궁궐별 전각의 현황은 다음 [표4-16]과 같다.

정조가 즉위 후 윤대를 처음 시행한 곳은 경희궁 홍정당이었다.[471] 영조 52년(1776) 3월 5일에 영조가 경희궁 집경당에서 승하 후에 빈전을 경희궁의 대편전인 자정전에 설치함으로서 소편전인 홍정당과 동궁인 존현각이 주 국정운영 공간으로 이용되었다. 홍정당은 경연, 대신·비국당상 인견, 계복 등이 이루어졌으며 존현각은 주로 승지, 약방부제조를 인견하는 장소로 이용되었다.[472]

두 전각의 운영 성격 및 윤대 시행 현황을 비교해 볼 때, 즉위 초에 홍정당을 주 편전기능을 수행하면서 존현각은 주로 승지입시의 국정운영 공간으로 이용되었다고 여겨진다. 홍정당 남쪽에 2층

---

471) 『承政院日記』第1389冊, 正祖 卽位年 9月 21日(己丑).

472) 존현각 입시자는 승정원 관료의 인견이 주를 이루고 있었으며 약방부제조의 입시가 빈번하게 있었던 것은 정조 초기 국왕의 신임을 받았던 행도승지(行都承旨) 홍국영(洪國榮)이 약방부제조를 겸하고 있었기에 입시의 빈도가 높았던 것으로 여겨진다.

[표 4-16] 정조대 궁궐의 윤대 시행 장소〈『승정원일기』 참조〉

구분	창덕궁				창경궁				경희궁		
	선정전	희정당	성정각	기타	시민당	진수당	함인정	기타	자정전	홍정당	존현각
즉위년										4	1
1년		4	1							6	2
2년		7	2								
3년		4	6								
4년	2		10	寶慶堂_1							
5년			10				5				
6년			11								
7년	1		18								
8년	2		8	讌華堂_2							
9년			9								
10년	1	2	6								
11년		7	7	重熙堂_1							
12년		6	12								
13년		7	4								
14년		7	5								
15년		4	7	暎花堂_1							
16년		5	3	璿源殿_4				明政門_1			
17년		8	8	拱辰門_1							
18년		5	2								
19년		2	1					萬八門_1			
20년			1	便殿_1 春塘臺_1							
21년		4	3								
22년		3	2								
23년		1	4	미상_1							
24년		1									
계	6	77	140	13	0	0	5	2	0	10	3

전각이 있어 아래층에 존현각, 위층에 주합루가 있었다.[473] '존현尊賢'은 학식과 덕망이 있는 현자賢者를 높인다는 뜻이며 존현각은 동궁의 주연冑筵장소인 친현각 자리에 세워졌다. 존현각, 주합루, 그리고 서재인 정색당貞賾堂, 비서관秘書館 기구는 정조가 동궁으로서 경희궁에 거처하며 이용한 전각이다. 이러한 모습은 정조가 훗날

---

473) 서울학연구소, 1994, 『(국역)궁궐지』 2, 경희궁지, 109쪽.

창덕궁에 설립하는 규장각을 축소한 형태로 동궁시절 경희궁에 미리 갖추고 있었던 것이다.474) 반면에 대편전인 자정전은 정조 즉위 초 영조의 빈전으로 사용되면서 시사기능을 수행하지 못하였고 이후에도 홍상범의 역모사건으로 정조가 창덕궁으로 거처를 옮기면서 윤대가 시행되지 못하였다.475)

영조대 창덕궁에서는 편전인 선정전과 희정당이 윤대관의 주요 인견 장소였다. 하지만 정조대 창덕궁으로 옮긴476) 이후의 윤대 시행 장소를 보면, 선정전과 희정당이 아닌 성정각이 주요 인견 장소로 이용되었다.477) 정조는 주로 창덕궁에 거처하였는데, 윤대의 경우 대편전인 선정전은 6회, 소편전인 희정당은 77회의 운영 현황을 보이고 있다. 영조대와 마찬가지로 희정당이 주 시사기능을 수행하고 있었다.

그런데 특이하게 성정각에서 윤대가 140회에 걸쳐 시행되어 선정전과 희정당을 합한 윤대 시행 회수보다 약 1.6배의 높은 이용률을 보여주고 있다. 성정각은 앞서 소대 운영과 관련하여 설명하였듯이 세자의 공간으로 알려져 있지만 영조~정조대에 소견, 소

---

474) 김문식 외, 2009, 『규장각』, 서울대학교출판문화원, 2~3쪽.

475) 정조 1년 7월 대내[경희궁]에 도둑이 들어 기와 조각과 모래를 던지는 일이 있었다(『正祖實錄』 卷3, 正祖 1年 7月 28日(辛卯)). 이후 존현각이 너무 노출되어 거처를 창덕궁으로 옮기게 되었다(『正祖實錄』 付祿, 正祖 大王行狀). 이 사건은 추후에 홍술해의 아들 홍상범이 몰래 사사로이 군사를 양성하여 은전군(恩全君) 이찬(李 示贊)을 추대한 역모사건으로 밝혀졌으며 이로 인해 이찬은 자진하여 목숨을 끊게 하고 홍지해, 홍술해 등은 대역부도죄로 정법에 처해졌고 홍지해, 홍술해의 아버지인 홍계희(洪啓禧)는 관작을 추탈당하였다.

476) 『承政院日記』 第1403冊, 正祖 元年 8月 6日(己亥).

477) 정조는 영조의 상례를 지내는 동안 경희궁에 거처하였지만 이후에는 창덕궁으로 이어할 준비를 하고 있었다. 그래서 자전을 위한 창경궁 자경전과 창덕궁 성정각 등의 공역이 이루어지고 있었다(『正祖實錄』 卷3, 正祖 1年 5月 16日(庚辰); 『承政院日記』 第1395冊, 正祖 元年 2月 27日(癸亥)).

대, 승지입시 등 국왕의 시사공간으로 운영되고 정조는 특히 성정각을 적극적으로 운영하고 있었다. 그에 따라 윤대 역시 성정각에서 많이 행해졌다고 볼 수 있다. 조선후기에 편전기능을 수행하는 대상 전각이 증가하는 경향과 함께 성정각과 같이 특정전각에서 편전기능이 활성화되는 양상도 특징적이라고 할 수 있다.

또한 숙종과 영조가 국정운영의 주도권을 위해 거처하던 궁궐을 옮기는 이어移御의 방식을 취하였다면, 정조는 궁궐을 옮기지 않고 궁궐 안에서 규장각奎章閣·자경전慈慶殿 등 새로운 전각을 영건하여 궁궐 공간운영의 변화를 주는 운영방식이었다.478) 비록 성정각은 정조가 새로이 영건한 전각이 아니지만 정조대에 가장 중심적인 정무활동 공간이었고 창덕궁의 대편전(선정전)과 소편전(희정당) 이외에 특정 전각에서 적극적으로 편전기능을 수행하는 특징을 보여주고 있다. 정조대 궁궐 안에서 공간운영 변화를 보여주는 특징이 새로운 영건과 함께 특정 전각을 적극 활용하는 모습으로 나타난다고 볼 수 있다. 정조대 이후 궁궐 내 전각의 운영 변화를 통해 왕권안정과 국정운영의 주도적 성향을 보여주는 사례로서 효명세자 대리청정 시기의 의두합倚斗閤과 연경당演慶堂이 있으며479) 헌종대에는 낙선재樂善齋 건립이 있다.480)

---

478) 홍순민, 1996, 『朝鮮王朝 宮闕 經營과 "兩闕體制"의 변천』 서울대박사논문, 135~139쪽.
479) 효명세자는 대리청정 시기에 '의두합'의 영건을 통해 규장각에 기대어 정조를 계승한다는 의지를 천명하는 장소로서 운영하였고 '연경당'을 통해서는 정조의 효행 실천을 본받아 왕실의 권위와 정통성을 확립하는 장소로서 이용하였다. 이민아의 다음글 참조(이민아, 2008, 「효명세자·헌종대 궁궐 영건의 정치사적 의미」『한국사론』 54, 208~219쪽).
480) 이민아는 헌종이 개인적인 처소로서 '낙선재'를 지었는데 헌종 13년 왕권강화를 위해 활발한 정치적 활동이 이루어지던 시기에 건립되었다는 점과 정조대에 지은 주합루를 모범으로 삼아 건립한 소주합루[승화루] 곁에 위치한 특징, 그리고 낙선재 상량문에서 정조의 뜻을 잇는다는 의미 등을 통해 정조를 계승한다는 목적으로 건립되었다고 하였다. '석복헌(錫福軒)'

윤대의 또 다른 전각 이용 형태는 '중희당重熙堂'이다. 중희당은 정조 6년(1782)에 영건하였으며 이곳에서 정조 8년(1784) 8월 2일에 문효세자文孝世子 책봉례가 행해졌고 순조대 효명세자孝明世子의 대리청정 정당正堂으로 이용되어 동궁 전각으로 알려진 곳이다.481) 그런데 정조대 윤대 시행과 관련하여 정조 재위기간의 중희당 운영 양상을 살펴보면, 동궁의 기능보다는 국왕인 정조의 편전 기능을 주로 담당하고 있었다.

정조 6년 중희당의 영건 후에 중희당을 이용한 첫 기록은 정조 8년 윤3월 18일이었다.482) 이후 24년(1800) 6월 15일까지 주로 승지의 공사公事를 보고 받는 장소로 이용되어 정조의 주요 편전으로 이용되었다.483) 그리고 문효세자의 책봉례 이튿날부터 중희당에서 정조의 주요 국정운영이 행해지고 문효세자가 훙서한 전날까지도 중희당이 편전으로서 이용되고 있었다.484) 문효세자는 정조

의 건립은 정조가 주로 영춘헌에서 거처하며 그 옆에 집복헌을 지어 수빈 박씨의 처소로 삼게하고 원자[순조]의 권위와 정통성을 사전에 확립하기 위한 공간으로 조성하였다고 한다. 그리고 '수강재(壽康齋)'의 중수 역시 정조의 자경전 영건과 같이 대왕대비 순원왕후 김씨의 처소를 세워 효행의 실천을 통한 왕권강화의 일환으로 수강재를 조성하였다고 한다. 또한 효명세자의 어진 봉안과 선왕들의 모훈 봉안 장소로 사용된 연경당의 확장을 통해 선왕 존숭작업을 강화하였다고 한다. 자세한 내용은 다음글 참조(이민아, 2008, 「효명세자·헌종대 궁궐 영건의 정치사적 의미」『한국사론』54, 231~245쪽).

481) 이강근, 2008, 「조선왕조의 궁궐건축과 정치-세자궁의 변천을 중심으로」『미술사학』22.

482) 『承政院日記』第1555冊, 正祖 8年 閏3月 18日(癸酉). 중희당에서는 좌부 승지의 입시가 있었고 바로 다음에는 삼선재(三善齋)에서 우부승지의 입시가 있었다.

483) 중희당이 승지 인견 장소로 주로 이용되는 동안 성정각, 삼선재, 관물헌, 선정전 등이 함께 편전기능을 수행하였다.

484) 『承政院日記』第1600冊, 正祖 10年 5月 10日(壬子), "丙午五月初十日寅時 上御重熙堂 左副承旨入侍時 左副承旨趙衍德 假注書李宗烈 記事官李崑秀·尹行任 以次進伏訖".

6년(1782) 9월 7일 연화당誕華[和]堂에서 태어나485) 대은원戴恩院
[원자궁元子宮]에서 거처하며486) 8년(1784) 1월 15일 보양관과의
상견례는 대은원, 8년 8월 2일 중희당에서 책봉례를 거행하였으며
9년(1785) 9월 9일 사師·부傅·빈객賓客과의 상견례는 공묵합恭默閤
에서 시행하였다.487) 이후 정조 10년(1786) 5월 병환으로 창덕궁
별당에서 일찍 세상을 달리하였다. 중희당은 문효세자를 위해 영
건한 것으로 볼 수 있지만, 당시에는 원자가 대은원에서 거처하며
중희당은 책봉례만 거행하였을 뿐 동궁의 기능을 하지 못하였다.
반면에 국왕인 정조의 국정활동 공간으로 이용되고 이후에도 문효
세자가 일찍 세상을 떠나 정조대에는 실질적으로 국왕의 국정운영

---

485) 문효세자가 탄생한 후 전각의 명칭을 연화당으로 지었다(『承政院日記』
第1524冊, 正祖 6年 12月 22日(己卯), "上御誠正閣…命植曰 今此校正廳
中草進上 事體甚重 王元子誕生堂名及年月日時 移文以問於禮曹 則禮曹以姑
無文蹟之可據爲答 此恐爲遲滯之端矣. 上曰 誕生堂號 以昌德宮誕華堂書之
年月日時 則以壬寅九月初七日寅時書之 可也"). 연화당은 창덕궁 선정전 동
쪽에 위치하였으며(『承政院日記』第1874冊, 純祖 3年 12月 17日(戊寅),
"宣政之西則無妄閣 東則誕華堂"), 『궁궐지』에는 (현재) 없는 것으로 표기
되어 있다(『宮闕志』, 昌德宮志, 誕華堂). 연화당은 순조 3년 12월에 선정
전 서쪽 행각에서 난 화재로 소실된 듯 하며 이후 중건되지 못하여(『純祖
實錄』卷5, 純祖 3年 12月 13日(甲戌)), 『궁궐지』에는 없는 전각으로 표
기된 것으로 여겨진다.
486) 문효세자는 연화당에서 탄생 이후 창덕궁의 '대은원'에서 머문 것으로 여겨
진다. 대은원은 희정당 남쪽에 위치하며 원자[문효세자]와 보양관의 상견
례를 이곳에서 행하였는데(『正祖實錄』卷17, 正祖 8年 1月 15日(辛丑),
"元子與輔養官 行相見禮 上御戴恩院 元子東向立 輔養官李福源 金熤西向立
輔養官拜 元子答拜 命時原任大臣閣臣承史入參 禮畢宣饌 命官輔養官子弟中
一人"), 같은 날의 『승정원일기』 기사에 상견례의 장소를 원자궁(元子宮)
으로 표기하고 있다(『承政院日記』第1548冊, 正祖 8年 1月 15日(辛丑)).
또한 대은원에서 승지와 각신(閣臣) 등이 입시한 가운데 국정업무 보고와
논의를 마친 후에 정조가 신하들에게 원자의 얼굴을 보라고 하는 기사가
있다(『承政院日記』第1547冊, 正祖 7年 12月 29日(丙戌)). 이와 같이
대은원을 원자궁으로 지칭하고 국왕이 신하들과 원자를 볼 수 있는 내용
을 통해 대은원이 원자의 거처공간으로 이용되었다고 여겨진다.
487) 『正祖實錄』卷20, 正祖 9年 9月 9日(乙卯).

공간으로 이용되는 모습이다.

이와 같이 정조대에는 중희당이 국왕의 편전기능을 수행하여 국정업무가 이곳에서 이루어졌으며 윤대 역시 편전기능을 담당한 중희당에서 시행된 것으로 여겨진다.488) 한편, 문효세자의 탄생 전각이었던 연화당에서도 윤대가 시행되었는데489), 문효세자가 원자궁으로 대은원에서 거처하는 동안 정조가 연화당에서 정조 8년(1784) 2월 26일부터 8년 윤3월19일까지 국정업무를 수행하였으며 이 기간 동안 윤대를 비롯한 주강, 대신·비국당상 및 승지인견, 과강입시科講入侍·찬집당상纂輯堂上 입시가 이루지고 있었다.

그리고 편전인 성정각을 대신해 이용된 '보경당寶慶堂'이 있다. 보경당은 창덕궁 선정전의 북쪽에 위치하며490) 정조 4년(1780) 9월 21일에 이곳에서 윤대를 시행하였다. 『승정원일기』에서 정조 4년 8월 12일~9월 21일 동안 윤대가 선정전과 보경당에서 이루어졌는데, 그 이유는 성정각 동편에 있던 동궁 시민당이 실화失火로 중건하는 동안 공장工匠의 출입과 중건 공사로 인한 소음으로 인해 국정업무에 지장을 받을 수 있기 때문에 성정각을 대신해서 보경당으로 옮기게 되었고491) 이 기간에 윤대를 시행한 것이었다. 보경당에 거처하는 동안에 보경당은 주로 승지 인견 장소로 이용되었고492) 선정전은 주강, 대신·비국당상 및 하직 수령인견 등의 주

---

488) 중희당에서는 윤대를 1회 시행하였다(『承政院日記』第1627冊, 正祖 11年 6月 11日(丁未)).

489) 연화당에서 시행된 윤대는 2회이다(『承政院日記』第1552冊, 正祖 8年 3月 11日(丙申) ; 『承政院日記』第1554冊, 正祖 閏3月 11日(丙寅)).

490) 『승정원일기』를 살펴보면 현종 승하 후 숙종의 거려처(居廬處)로서 숙종 즉위년 8월 23일부터 12월 24일까지 보경당 남행랑이 사용되었다. 또한 영조의 탄생전(誕生殿)이며 숙빈 최씨가 머물다 승하한 후에 영조가 여막살이를 한 곳이기도 하여 영조와 연관된 특별한 정치적인 공간이기도 하였다(서울학연구소, 1994, 『(국역)궁궐지』1, 보경당, 보경당기회(寶慶堂記懷), 72쪽 참조).

491) 『承政院日記』 第1467冊, 正祖 4年 7月 23日(己亥).

요 일차로 운영되었다. 한편, 시민당은 정조 4년(1780) 8월 흉년과 민역의 고충을 들어 중건도감을 철거하였고493) 이후 중건되지 못하였다.494)

이외에 특이하게도 선원전璿源殿, 춘당대春塘臺, 영화당暎花堂, 명정문明政門 등에서도 윤대를 시행하고 있었다. 우선 '선원전'은 인정전 서쪽에 위치하며 국왕의 어진御眞을 모셔둔 곳이다.『궁궐지』에 효종 7년(1656) 경희궁 경화당景和堂을 옮겨 지어 춘휘전春輝殿으로 삼았다가 숙종 21년(1695) 선원전이라고 전각명을 고치고 어진을 봉안하였다고 한다. 이후 헌종 연간에는 숙종·영조·정조의 어진을 봉안하고 있었다.495) 흥미로운 사실은 국왕의 어진을 모셔둔 선원전에서 윤대가 시행되고 있었다. 선원전 전배展拜와 윤대일차가 겹쳐지는 시기에 전배와 함께 윤대가 시행되었으며 16년에 4회에 걸쳐서 행해졌다.496) 이 시기는 정조가 영조의 뜻과도 부합된다면서 사도세자의 공덕功德을 천명하고 추숭작업이 본격적으로 이루어지던 시기와 맞물린다.497) 이 시기에 한시적으로 선원전에서 윤대

---

492)『승정원일기』를 보면 시민당 실화 후 성정각을 대신해 정조 4년 7월 24일부터 4년 12월까지 보경당을 편전으로 사용하였지만 이후로는 거의 사용되지 않았고 『승정원일기』에서도 정조 8년 8월 1일 이후 임어한 기록이 보이지 않는다.

493)『正祖實錄』卷10, 正祖 4年 8月 29日(乙亥).

494) 시민당의 중건도감 철거 이후 시민당을 중건하지 못하였다는 기록을 확인할 수 있다(『正祖實錄』卷18, 正祖 8年 8月 5日(戊子)).

495) 서울학연구소, 1994,『(국역)궁궐지』1, 창덕궁지, 선원전, 102~103쪽.

496)『승정원일기』에 나타난 선원전에서의 윤대 시행일자는 16년 윤4월 1일, 6월 1일, 9월 1일, 11월 1일이다. 그런데 6월 1일자 윤대시행에 대해서『실록』에는 선원전이 아닌 영숙문으로 표기되고 있다(『正祖實錄』卷35, 正祖 16年 6月 1日(戊辰), "輪對于永肅門"). 영숙문은 「동궐도」에서 후원 영역의 봉모당 북쪽에 위치한 국별장직소(局別將直所) 등이 있는 곳의 출입문이다. 유사한 명칭으로 선원전 출입문인 정숙문(正肅門)이 있다. 선원전 출입문인 정숙문이 영숙문으로 잘못 표기되었다고 생각된다.

497) 정조대 사도세자의 추숭과 관련해서 다음 논문 참조(최성환, 2009,『정조

가 시행되는 모습은 사도세자 추숭사업과 관련성이 있는 것으로 보여진다. 아마도 정조는 윤대관원들이 지켜보는 가운데 숙종과 영조의 어진이 모셔진 선원전에서 왕위의 정통성을 보이면서 영조의 뜻과 부합된 사도세자 추숭의 정당성을 확보하고 신하들의 동조를 이끌어내어 긍정적인 공론을 조성하기 위해 윤대를 적극적으로 활용하였다고 여겨진다.

또한 사도세자 추숭과 윤대와의 연관성을 보여주는 다른 장소도 있다. 16년(1792) 6월 21일에 정조가 사도세자의 사당인 경모궁에 전배를 마치고 내전으로 돌아가는 길에 창경궁 '명정문'에서 윤대를 행하였다.498) 일반적으로 국기일國忌日 또는 기타 의례가 있으면 윤대가 다른 일차와 상치한다는 이유로 정지하기도 하고 윤대일차를 늦추어 통합방식으로 진행하는 방법과 다른 장소에서 기타 일정과 함께 운영하는 방식을 취하였다. 하지만 경모궁 전배 후 궁궐에 도착하자마자 문 앞에서 시행한 것도 역시 당시의 사도세자 추숭과 연관성이 있는 것으로 여겨진다. 이외에 '영화당'은 정조가 영화당에 임어하면서 윤대일차를 소화하는 형태이며499), '춘당대'의 윤대 시행은 다른 일정과 함께 대규모 인원이 참석하면서 넓은 공간을 활용하여 통합 시행된 것으로 여겨진다.500)

대 탕평정국의 군신의리 연구』, 서울대박사논문, 238~277쪽).

498) 경모궁 전배 후에 명정문에서 시행하였으며 윤대관 입시 후 춘당대로 자리를 옮겨 서관초보무사시사(西關抄報武士試射)와 선전관시강(宣傳官試講)을 행하였다(『承政院日記』第1706冊, 正祖 16年 6月 21日(戊子), "壬子六月二十一日卯時　上詣景慕宮·展拜入侍時…(중략)…仍進發出迪瞻門由弘化門 至明政門 命輪對官入侍 賤臣承命出 與司錄鄭彦仁 瓦署別提張彦極 平市主簿金相儼 造紙別提金得範 吏曹佐郎金致光 中樞都事徐潤璞 軍器僉正李蓋輔 養賢庫主簿權中憲 內瞻直長李秉淳 工曹佐郎鄭文在偕入 上曰 輪對官以次進前 可也"). 한편 동일날자의 실록에는 윤대장소가 명정문이 아닌 영청문(永淸門)으로 기록되었다. 영청문은 명정문과 연결된 명정전 회랑의 북쪽 문이다.

499) 『承政院日記』第1695冊, 正祖 15年 10月 11日(壬子).

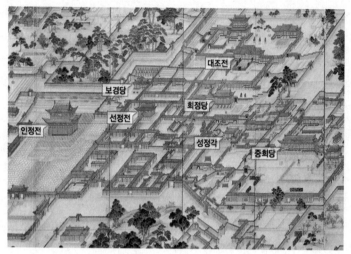

그림 4-7. 창덕궁의 윤대 시행 장소 및 주요 전각(「동궐도」 부분, 고려대 박물관)

다음은 창경궁 영역의 '함인정'이다. 함인정에서는 정조 5년 (1781) 6～7월까지 5회에 걸쳐 윤대를 시행하였다.501) 정조 5년 윤5월에 병조의 근장군사近仗軍士가 궁궐 안에서 자살한 사건이 발생하자 창경궁으로 이어하자는 요청이 있었다. 윤5월 11일에 창경 궁으로 이어하기로 하고 각사의 관청을 창경궁으로 옮기도록 하였 는데502) 이후 함인정에서 윤대를 비롯한 여러 국정업무가 이루어 지고 있었다. 함인정은 환경전·공묵각·숭문당과 함께 국왕이 창경 궁에 임어하였을 때 편전기능을 수행하는 공간으로 자주 이용되었

---

500) 『承政院日記』第1771冊, 正祖 20年 12月 20日(辛卯). 이날 춘당대에서 윤대와 함께 친림유생전강(親臨儒生殿講)·도목정사(都目政事)를 함께 시행 하여 많은 인원이 참석하고 있었다.
501) 『承政院日記』第1487冊, 正祖 5年 6月 1日(壬申) ; 第1487冊, 正祖 5年 6月 11日(壬午) ; 第1488冊, 正祖 5年 6月 21日(壬辰) ; 第1489冊, 正祖 5年 7月 1日(辛丑) ; 第1489冊, 正祖 5年 7月 11日(辛亥).
502) 『正祖實錄』卷11, 正祖 5年 閏5月 11日(癸丑), "移御昌慶宮時近仗軍士因 鬪鬨汚穢淸禁自縊 玉堂請移御不許 命以昌慶宮爲時御所".

는데 영·정조대에 윤대 이외에 소대와 야대 등이 운영되고 있었다. 또 다른 윤대 장소로 창경궁의 '만팔문萬八門'이 있다. 만팔문은 조금 낯선 공간인데 명정문 북쪽에 있으며 영춘헌의 출입문으로 사용되고 있었다. 영춘헌은 『궁궐지』에 정조가 항상 거처하고 승하한 장소로 언급되었는데503) 『승정원일기』 기사에 보면 궁궐 내외로 거둥할 때에 천오문千五門을 거쳐 만팔문-보정문保定門, 교태문交泰門-영청문永淸門·연생문延生門을 이동경로 삼고 있었다.504) 만팔문은 정조 19년(1795) 을묘원행乙卯園行 시에 자궁慈宮의 연로輦路로 이용하는 계기 때문에 고쳐짓고 원행 전에 화성의 신풍루新豐樓·장안문長安門과 함께 편액을 쓰게 되었다.505) 만팔문은 문로門路 역할 외에 앞에 넓은 공간이 있어서 문무과와 생원진사의 신은新恩·사은謝恩이 행해지기도 하였으며506) 만팔문에서 윤대 시행은 문무과 사은입시에 함께 참여하여 시행하고 있었다.507)

---

503) 서울학연구소, 1994, 『(국역)궁궐지』 2, 창경궁지, 영춘헌, 68쪽. 또한 영춘헌은 『승정원일기』에 정조 17년 3월 1일부터 사용한 기록이 보이며 창덕궁에 임어하면서 희정당, 성정각 등과 함께 영춘헌을 이용하고 있었다.

504) 예를 들어 정조 19년 11월 경모궁 행차 시에 '千五門-萬八門-保定門-崇智門-弘化門' 경로를 거쳐 경모궁에 다녀왔다가 같은 경로로 궁궐로 돌아왔다. 관련 사례는 다음 기사 참조(『承政院日記』第1755冊, 正祖 19年 1月 11日(戊午), "乙卯十一月十一日申時 上詣景慕宮. 經宿擧動入侍時…具翼善冠·袞龍袍 乘輿出千五門·萬八門·保定門·崇智門·弘化門 由迥瞻門入日瞻門, 降輿入齋室"; 11月 12日 (己未), "乙卯十一月十二日子時 上行景慕宮冬至祭入侍時…通禮跪啓禮畢 還御齋室 改具翼善冠·袞龍袍 乘輿出日瞻門·迥瞻門 至弘化門外 命宣傳官 出標信解嚴 由崇智門·保定門 入萬八門·千五門還內 諸臣以次退出").

505) 『承政院日記』第1741冊, 正祖 19年 2月 22日(甲戌), "上教允亨曰 今此修改之門 卽爲慈宮園幸時輦路也 將以萬八爲扁 煩卿一筆耳. 上曰 筆力須借酒力. 仍命宣酒饌訖 賜以墨汁數升霜毫數柄 使之隨意擇用. 允亨書進萬八門·新豐樓·長安門諸扁額".

506) 『承政院日記』第1742冊, 正祖 19年 3月 17日(戊辰); 第1787冊, 正祖 22年 2月 28日(壬戌).

507) 『承政院日記』第1751冊, 正祖 19年 9月 11日(己未).

정조대의 윤대시행과 장소성과의 관계를 정리해 보면, 우선 희정당·홍정당 중심의 소편전 활용이 지속되면서 성정각 외에 보경당·연화당·중희당 등 특정전각의 이용이 활발해지는 특징을 보여주고 있다. 그리고 영조대까지 윤대제도의 폐단과 비효율성 때문에 대개 재위 중후반기에 가면 축소·폐지되는 형태로 운영되었지만, 정조는 윤대 시행을 꾸준히 유지하면서 통합방식 또는 다른 일정과의 병행 등을 통해 탄력적인 방식으로 시행하였다. 그리고 사도세자 추숭과 같은 정치적 이슈와 연결시켜 윤대제를 적극 활용하였다고 생각된다. 정조대 특정전각 편전기능 수용과 탄력적 운영, 정치적 활용으로 기존의 편전 이외에 다양한 전각과 장소에서 윤대가 시행되는 시기적 특성을 살펴 볼 수 있었다.

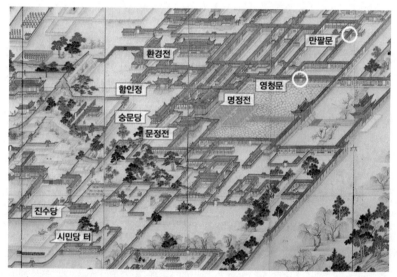

그림 4-8. 창경궁의 윤대 시행 장소 및 주요 전각(「동궐도」 부분, 고려대 박물관)

제**5**편
⋮

중국 사신접견과 궁궐의 운영 및 변화

1. 명明 사신접견과 궁궐의 운영

1) 대명對明 외교활동과 사신접견 의례

(1) 명과의 외교활동과 사신의 역할

조선시대의 국제질서는 사대교린事大交隣 정책을 근간으로 하여 중국과 조공책봉체제를 형성하고 있었다.508) 조공책봉체제는 군사·정치적 국력 차이를 인정하면서 도덕적 관념인 예치禮治와 덕치德治에 기반한 중화사상과 유교원리를 기반으로 국가간 상하의 주종관계가 규범화된 국제관계였다.509) 조공책봉체제의 국제관계는 각국의 자율성을 보장하면서 계서적階序的 질서를 인정하고 상호간 협력과 교류를 지속하고 있었다. 이러한 국제관계의 협력과 교류 그리고 갈등의 협상과 해결에 중추적 역할을 사신使臣이 담당하였다. 사신은 황제(국왕)가 발행한 문서를 전달하는 고유의 역할 이외에 자국을 대변하는 실제적 외교창구였다. 사신 파견과 접견을 통해 규범화된 계서적 국제질서를 상징적으로 표현하는 외교방식을 보여주기도 하였다. 이러한 사신의 외교적 활동은 정치·군사적 목적 이외에 경제적·문화적 목적이 복합적으로 작용하고 있었으며, 사신의 역할로 인해 얻어지는 외교적 성과와 함께 경제적·문화적 교류가 활발히 진행되기도 하였다.

조선 건국 후 사신을 통한 외교형식은 사신을 파견하는 것과 상대국 사신을 접견하는 것으로 구분할 수 있다. 조선은 중국 중심

---

508) 김한규, 1999, 『한중관계사』 I·II, 아르케 ; 최소자, 1999, 『명청시대 중한관계사연구』, 이대출판부.
509) 김경록, 2009, 「조선시대 국제질서와 한중관계의 전개양상」 『중국학보』 60, 292쪽.

의 국제질서 속에서 대외관계를 형성하였기에 중국과의 사신 파견과 접견은 중요한 외교적 절차이며 의식이었다. 명대明代에 전형적인 조공책봉체제가 성립되면서510) 대중국관계의 국제질서 유지와 국가 안보를 확보하고자 중국으로 사행使行을 보내거나 사신접견을 통해 외교활동을 수행하였다. 조선의 입장에서 볼 때, 사행은 조선의 외교적 성과를 달성하고자 적극적인 입장을 표명하는 외교형식이었고511) 상대적으로 소극적이지만 사신접견을 통해 외교활동을 효과적으로 수행하고 있었다.512) 조선에서 중국으로 파견하는 부경사행赴京使行은 정기 사행使行과 특별한 외교 사안으로 사행하는 별행別行으로 구분할 수 있다. 정기사행은 하정사賀正使·성절사聖節使·천추사千秋使가 있으며 신년하례와 황제 및 황태자의 탄일을 축하하는 정기 사절로서 1년에 3회에 걸쳐 파견되었다. 중종대부터는 동지사冬至使가 추가되어 1년 4사使의 정기사행이 이루어지고 있었다.513) 정기적인 사행 파견의 형식으로 대중국 외교관계가 이루어지고 있지만 별행 형식의 비정기적인 사행도 빈번하게 파견되어 실제로는 정기사행 형식을 넘어서 활발하게 외교관계가 이루어지고 있었다.514)

조선에서 대중국 외교관계는 건국 초부터 형성되었다. 건국 직

---

510) 전해종, 1970, 『한중관계사 연구』, 일조각.
511) 김경록, 2008, 「조선시대 조공체제와 대중국 사행」 『명청사연구』 30.
512) 金暻綠, 2004, 「朝鮮時代 使臣接待와 迎接都監」 『韓國學報』 117.
513) 정기사행은 신년(新年)에 하정사(賀正使), 황제의 생일에 성절사(聖節使), 황태자 생일에 천추사(千秋使), 동지(冬至)에 동지사(冬至使)를 파견하였다. 명대의 정기사행은 명 태조대의 표전문제로 '3년(年)1공(貢)'으로 축소되었다가 정종 2년부터 '1년(年)3사(使)'로 회복되었다(박원호, 2002, 『明初朝鮮關係史研究』, 일조각, 291~294쪽).
514) 박원호, 2002, 『明初朝鮮關係史研究』, 일조각, 291~296쪽. '3년(年)3공(貢)'의 정기사절 이외에 비정기사행이 빈번하였는데, 태조~성종대까지 연평균 3.3회의 사행이 있었다.(박원호, 2002, 『明初朝鮮關係史研究』, 일조각, 295쪽에서 〈표2〉 '조선초기 비정기 사절의 파견횟수' 참조).

후에 조선은 국제적으로 명과의 우호관계를 맺으면서 국내적으로 왕권을 확립하고 왕조개창의 정통성을 세우고자 이성계를 국왕으로 추대한 사유와 즉위에 대해 승인 요청을 하였다. 이에 명 태조는 즉위 승인과 '조선'의 국호國號 개정도 지정해 주어 초기부터 양 국간의 우호관계 증진과 함께 조선은 명明 중심의 조공책봉체제에 편제되었다.515) 이후 조선은 조공책봉체제에 따라 외교적인 관계와 형식을 준수하면서 사행과 사신접견이 이루어지게 되었다.

조선에서 명 사신을 맞이하는 사신접견 절차를 살펴보면 다음과 같다. 명 사신의 파견이 조선에 알려지면 사신맞이를 위한 접견절차가 국경 부근부터 시작하여 궁궐에서 접견례를 행하기까지 일정한 절차를 거쳐 진행된다. 사신이 조선에 이르면 조선 정부에서는 의주義州로 원접사遠接使를 파견하여 안내하도록 하고 정주定州·안주安州·평양平壤·황주黃州·개성부開城府 등에 이르면 특별히 2품 이상의 선위사宣慰使(중종 16년 영위사迎慰使로 개칭)를 보내어 왕이 내려준 선온宣醞으로 접대를 하였다. 사신이 한양에 입경入京한 후 사신접견의례는 일정한 절차에 따라 운영되었다. 의례상으로 보면, 영迎(모화관)-수조受詔·수칙受勅, 다례茶禮(근정전)-연회宴會(태평관)의 순서로 의식의 절차와 장소가 구분되어 의례가 진행되었다. 진행절차는 우선 모화관에서 왕과 왕세자 및 백관이 나아가 사신을 맞이하고 궁궐로 돌아와 정전에서 칙서와 조서를 받으며 다례를 베푼 후에 태평관으로 돌아가면 하마연下馬宴·익일연翌日宴·상마연上馬宴 등 연회를 베풀었다. 명 사신은 도성에 20~25일 정도 머물면서 금강산·한강 등을 유람하거나 성균관·훈련원 및 성내 사찰 등을 방문하고 태평관 이외에 궁궐·유람지 등에서 열리는 연회에 참석하기도 하였다. 사신이 귀국할 때에는 의주까지 반송사를 수행

---

515) 박원호, 2002, 『明初朝鮮關係史硏究』, 일조각, 282~290쪽.

시키고 개성·평양·의주에 문안사를 보내어 전송하였다.516)

명 사신이 도착하기 전에 사신의 일행 중에 물화의 운반과 관리를 담당하는 두목頭目 일행이 먼저 도착하면 근정전에서 인견하거나 그 일행에게 근정전 회랑에서 음식 대접을 하기도 하였다. 다례는 정전에서 칙사일행을 맞이하는 의식 후에 이루어지기도 했지만 사신의 인견과 하직인사 시에도 인견을 위한 의식으로서 다례를 베풀기도 하였다.517) 그리고 정전은 일본과 야인의 사신들을 인견할 때 국서와 토산물을 받거나 인견하는 장소로 이용되었다. 한편, 중국 사신이 직접 조칙詔勅을 전달하기도 하지만 조선사신의 사행 귀국편에 문서를 보내어 전달하기도 하였다. 조선사신이 대신 문서를 전하는 방식을 '순부順付'라고 하는데,518) 이때에도 왕이 모화관에 나아가 국서를 맞이하고 정전에서 수칙受勅·반포하는 절차를 행하였다.

---

516) 명 사신접견 절차에 대해서는 다음 글 참조(李鉉淙, 1961,「明使接待考」, 『향토서울』12; 김송희, 1998,「조선초기 對明外交에 대한 一研究 -對明使臣과 明使臣 迎接官의 성격을 중심으로-」『사학연구』55·56 ; 박원호, 2002,『明初朝鮮關係史研究』, 일조각, 298~300쪽; 정은주, 2012,『조선시대 사행기록화』, 사회평론, 37~40쪽).

517) 조선전기 『국조오례의』 단계에서 가례의 영조서의(迎詔書儀) 및 영칙서의(迎勅書儀), 빈례(賓禮)의 연조정사의(宴朝廷使儀)에 통합되었던 다례의식이 조선후기 들어 '정전다례(正殿茶禮)', '편전다례(便殿茶禮)', '하마다례(下馬茶禮)'와 같은 독립된 다례의식으로 간주되었으며 아울러 음악까지 추가되어 다례의식 자체가 화려하고 장엄한 독립의례로 변모하게 되었다. 다례의식에 대해서는 다음 도서 참조(부경대역사문화연구소, 2008,『조선시대 궁중다례의 자료해설과 역주』, 민속원).

518) 순부(順付)는 조선사신의 사행 귀국편에 문서를 받아오는 것뿐만 아니라 별도의 사안을 위해 작성된 문서를 별행(別行)으로 전달하지 않고 정기적인 절행(節行)에 함께 보내는 방식도 일컫는다. 그리고 순부 형식으로 가져오는 문서의 종류는 대부분 칙서(勅書)이며 조서(詔書)는 중국사신이 직접 가져오는 경향이 많다. 이를 통해 조서가 칙서보다 높은 격을 갖춘 문서임을 반영한다(김경록, 2007,「조선시대 대중국 외교문서의 접수·보존체계」『한국사연구』136, 144쪽 참조).

(2) 명 사신접견 의례 비교 -「영조서의」·「영칙서의」-

사신접견 의례는 중국 사신접견을 위해 「가례嘉禮」 「영조서의迎詔書儀」·「영칙서의迎勅書儀」 항목에 조서와 칙서를 구분하여 접견의례가 정리되었고 접견례 이후 연회를 베푸는 의례는 「빈례賓禮」에 나타난다. 그리고 중국을 제외한 교린관계의 일본, 유구 등의 접견의례와 연회는 모두 「빈례」에 정리되었다. 사신이 전달하는 국서가 외교적 소통과 사신접견례의 중심인 점을 감안할 때, 사대와 교린의 외교적 방식에 따라 사신의 접견의례도 의례상 이원적인 구조로 편제되었다고 볼 수 있다.

조선시대 국제외교관계인 조공책봉체제에서 사신을 통한 외교활동의 주목적이 각국의 입장을 반영한 문서의 전달이었고 문서 전달 과정에서 사신접견과 함께 외교활동이 이루지기 때문에, 조공책봉체제의 국제관계 속에서 문서의 작성과 접수·보존체계는 중요한 외교형식이자 외교활동이었다.519) 조선에서의 중국 사신접견 의례는 조서와 칙서의 문서형식을 기준으로 의식절차를 구분하고 있는데, 우선 두 국서는 문서형식에서 차이가 난다. 조선에 실질적인 문서형식을 갖추고 주로 보내지는 것은 조詔·고誥·칙勅이 있으며520) '조'는 천하에 포고하는 내용이며, '칙'은 특정사안에 대해

---

519) 김경록, 2007, 「조선후기 사대문서의 종류와 성격」 『한국문화』 35.
520) 명대(明代)의 공문서는 생산주체에 따라 기관문서와 개인문서가 있으며, 수령대상을 기준으로 상행문(上行文), 하행문(下行文), 평행문(平行文) 등으로 구분된다. 『명사(明史)』에는 행이(行移)주체에 따라 황제문서(皇帝文書)와 관부문서(官府文書)로 나뉘며, 황제문서는 하행문, 상행문으로, 관부문서는 상행문, 평행문, 하행문으로 구분된다. 황제문서는 조령(詔令)이라고 하는데, 황제가 제사(諸司)에 하달하는 행정문서이며 그 중 하행문은 조(詔), 고(誥), 제(制), 책문(冊文), 유(諭), 서(書) 등이 있다. 조선에 주로 보내지면 실질적인 문서형식을 갖춘 것은 조(詔), 고(誥), 칙(勅)이다. 명대 공문서에 대해서는 다음 논문 참조(김경록, 2007, 「조선시대 대중국 외교문서의 접수·보존체계」 『한국사연구』 136, 137~138쪽).

특정 지역의 인민에게 내리거나 6품 이하의 관원을 임할 때, 주요 관원의 권한과 직책을 규정하는 문서이다.521) 황제가 보내는 문서를 맞이하는 것은 엄격한 의식과 절차를 거치며 그 준거는 중국 예부禮部의 정식을 따르고 있다.522)

조서와 칙서는 문서상의 차이점뿐만 아니라 조선에서 문서를 맞이할 때 「영조서의」와 「영칙서의」로서 다른 의례체계를 갖추고 시행하였다. 조서와 칙서를 전달하고 받는 의식은 사신을 맞이하는 모화관慕華館에서 시작하여 궁궐에서 국서를 받는 의식으로 이루어진다. 『국조오례의』를 참조하여 궁궐에서 조서와 칙서를 받는 의례 절차를 정리하면 다음 〔표5-1〕과 같다.

의례 절차를 살펴보면, 「영조서의」는 조서를 실은 용정龍亭이 모화관에서 출발하여 근정전에 도착하면 사신이 정전 내부의 조안詔案에 조서詔書를 둔다. 이후 사자使者가 조서가 있음〔유제有制〕을 말하면 국왕과 왕세자·종친·백관이 사배四拜한다. 사향司香이 삼상향三上香한 후, 사자가 조서를 봉조관捧詔官에게 전하면 봉조관이 조서를 받아 정전 밖으로 나간다. 봉조관은 문서를 들고 정전 앞 상월대에 설치된 개독위開讀位에서 선조관宣詔官에게 전하고 전조관展詔官이 다시 받아 펼치면 선조관이 조서를 선포한다. 봉조관이 조서를 다시 받아 정전 안의 조안詔案에 둔다. 이후 '사배-삼무도三舞蹈-산호山呼·재산호再山呼-사배'의 절차를 거쳐 예를 마친다. 그리고

---

521) 김경록, 2005, 「조선후기 사대문서의 종류와 성격」 『한국문화』 35, 185~188쪽.

522) 『대명회전(大明會典)』 권74, 예부(禮部), 반조칙의(頒詔勅儀); 개독의(開讀儀); 『청회전사례(淸會典事例)』 권502, 예부(禮部) 권213, 조공(朝貢), 칙봉(勅封). 명대 황제문서 접수의 의식과 절차는 홍무제 시기까지 정립되지 않았다가 『대명회전』 이후 상세한 의식과 절차가 기재되었다. 청대에는 명제(明制)를 모방하여 구체적인 사대문서 접수절차와 의식을 규정하였다(김경록, 2007, 「조선시대 대중국 외교문서의 접수·보존체계」 『한국사연구』 136의 주44)를 재인용).

[표 5-1] 정전[근정전]에서의 조칙의주(詔勅儀註)〈『국조오례의』 참조〉

「迎詔書儀」	「迎勅書儀」	비고
殿下_입장, 就位(立位) *전하·왕세자(冕服), 백관(朝服)	殿下_입장, 就位(立位) *전하(翼善冠, 袞龍袍)	전하 입장(근정전 동문)
龍亭, 使者 陞殿	龍亭, 使者 陞殿	龍亭,使도 勤政殿(正門) 입장/ 龍亭 陞殿 시 殿下는 東向하여 鞠躬 후 다시 北向
殿下_小次 이동	殿下_小次 이동	立位→小次
詔書를 案에 둠	勅書를 案에 둠 *有賜物-勅書(左),賜物(右)	
使者 就位, 殿下 就拜位	使者 就位, 殿下 就拜位	
使者 '有制' 稱		有制(稱) 前 전하가 拜位 이동
四拜	四拜	전하,왕세자,종친,백관
跪	跪	전하,왕세자,종친,백관
三上香	三上香	司香2人(公服)
俯伏, 興, 平身	俯伏, 興, 平身	전하,왕세자,종친,백관
	受勅位 就位(殿下)	西階경유(拜位→受勅位)
	使者 '有制' 稱	
捧詔官,宣詔官,展詔官 就位 *전달: 使者→捧詔官→ 宣詔官→展詔官		*봉조관이 殿內에서 조서를 받아 개독위의 선조관에게 전달
跪	跪	전하,왕세자,종친,백관
宣詔官_詔書 선포	殿下_勅書 열람 * 전달:使者→殿下→近侍	
捧詔官_詔書 還置 *還置후 봉조관이하 階下이동	近侍_勅書 還置	
	俯伏,興,退	전하
俯伏, 興, 平身	俯伏, 叩頭, 興, 平身	전하,왕세자,종친,백관
	전하 復位(受勅位→拜位)	
鞠躬,四拜,興,平身	鞠躬,四拜,興,平身	전하,왕세자,종친,백관
搢圭,鞠躬,三舞蹈,跪,三叩頭		전하,왕세자,종친,백관
山呼, 山呼, 再山呼		전하,왕세자,종친,백관
出圭,俯伏,興,四拜,興,平身		전하,왕세자,종친,백관
禮畢 *전하還服(면복→익선관,곤룡포)	禮畢	전하(→幄次) 사자(→幕次)
殿內 입장(使者-東,殿下-西)	殿內 입장(使者-東,殿下-西)	사자(東正門),전하(西正門) 경유
鞠躬,再拜,興,平身	鞠躬,再拜,興,平身	使者(西向),殿下(東向) 再拜
茶禮	茶禮	
전송	전송	使者-東階,殿下-西階로 내려와 殿庭에서 전송
이동	이동	근정문 밖에서 이동 殿下(內殿),使者(太平館)

「영칙서의」는 용정이 도착하면 사자가 칙서를 정전 안에 두고 이후 국왕 이하가 사배한다. 그리고 삼상향三上香한 후 정전 안 칙서를 받는 자리〔수칙위受勅位〕에서 사자가 국왕에게 칙서를 전달하고 국왕은 칙서를 열람한 후에 근시近侍에게 주면 다시 칙안勅案에 둔다. 칙서를 환치還置한 후에는 고두叩頭→사배를 행하고 예를 마치게 된다.

「영조서의」와 「영칙서의」는 중국 사신이 중국황제를 대신하여 궁궐 정전에서 국서를 전달한다는 형식적인 면에서 유사한 전달체계를 보여주지만 조서와 칙서의 의미가 다른 것처럼 전달방법에서 차이점을 보여주고 있다. 가장 큰 차이점으로 '조서'는 천하만민에 포고한다는 의미에 따라 정전에서 조서를 선포하는 형식을 취하고 있다. 반면에 '칙서'는 국왕이 전정에서 정전 안으로 나아가 칙서를 열람하는 형식을 취하고 있다. 이러한 조서와 칙서와의 차이점으로 인해 조서를 맞이하는 의식은 유제有制를 칭하고 삼상향三上香 후에 조서 선포와 삼무도三舞蹈, 산호山呼의 순으로 진행되는데, 조서가 있음을 알린 다음에 의식이 거행되는 모습을 볼 수 있다. 반면 칙서맞이 의식은 국왕이 열람하기 위해 정전 안에 설치된 수칙위受勅位에 나아가고 뒤이어 칙서가 있음을 알리면 국왕의 칙서 열람과 환치還置 후에 고두─사배로 간략히 예를 마친다.

조서와 칙서를 맞이하는 의례의 차이는 국왕의 행례 의복에도 차이를 보이고 있다. 「영조서의」에서는 국왕이 궁궐에서 익선관과 곤룡포를 갖추고 모화관으로 이동한 후 사자가 모화관에 도착할 때 면복으로 갈아입고 조서를 지영祗迎하는 위치로 나아간다. 이때에 왕세자도 익선관·곤룡포에서 면복으로, 종친 및 문무백관은 상복常服에서 조복朝服으로 갈아입게 된다. 면복 차림으로 국왕은 모화관에서 조서를 맞이한 후 궁궐로 자리를 옮겨 조서 선포 의례를 행하는데 조서맞이 의례를 마치면 다시 익선관·곤룡포로 갈아입어

재배·다례의 행례를 시행한다.523) 결국 조서를 맞이하고 조서를 선포하는 의례까지 면복을 갖추고 있는 셈이다. 반면에 영칙서의에는 익선관·곤룡포의 차림으로 행차-칙서맞이-칙서 열람-다례 등 일련의 모든 행사를 치루게 된다. 조서와 칙서의 격식적 차이가 행례참가자들의 의복에서도 나타나고 있다.

또한 국서의 전달방식 이외에 각 의례에 참여하는 행례자의 위치 등에서 차이점을 보이고 있다. 「영조서의」는 정전 내부 중앙에 중국 황제를 표상하는 궐정闕庭을 두며 그 남쪽에 조안詔案과 향안香案을 차례로 배치하고 향안 동쪽에 사자使者의 자리를 서향하여 둔다. 그리고 조서의 선포는 정전 건물 밖 상월대〔殿階上〕에 위치한 개독위開讀位에서 이루어지며 조서 선포를 진행하기 위해 봉조관捧詔官·선조관宣詔官·전조관展詔官이 참여하고524) 국왕 이하의 참여자 들은 정전 마당〔전정殿庭〕에서 머물며 예를 행한다. 공간적으로 정전의 '전내殿內-월대〔殿階上〕-전정殿庭'에서 조서맞이 의례가 운영되고 있다. 반면에 「영칙서의」는 정전 내부에 궐정과 함께 그 남쪽에 칙안勅案을 설치하면서 사물賜物이 있으면 궐정 앞 우측에 사

---

523) 『國朝五禮儀』卷3, 嘉禮, 迎詔書儀, "…三嚴…外辦殿下具翼善冠袞龍袍乘輿以出…駕至南門…使者將至左通禮啓請中嚴殿下具冕服王世子具冕服宗親文武百官各具朝服…禮畢〔贊儀亦唱〕左右通禮導殿下就幄次釋冕服具翼善冠袞龍袍徹扇侍衛如常儀…奉禮引王世子由東偏門出就次釋冕服 引儀分引宗親文武百官由東西偏門出釋朝服…再拜…行茶禮畢…".

524) 봉조관, 선조관, 전조관이 상층 월대의 개독위에서 조서를 선포하기 전에 자리한 위치는 하층 월대의 동쪽에 위치한 것으로 추정할 수 있다. 조서 의례와 관련된 배치도가 현존하고 있지 않아서 명확히 확인할 수 없지만 『국조오례의』「영조서의」에 "階下典儀捧詔官宣詔官展詔官位於東階下近東西向 贊儀引儀在南差退…"라고 기재되어 전의(典儀)와 함께 계하(階下)에 위치하고 있음을 알 수 있고 계하(階下)는 하층 월대를 지칭한다. 계하에 전의가 위치한 그림은 「정아조회지도」에서 확인해 볼 수 있는데, "典儀二人俱着朝服立於東階之上下近東西向"라고 하여 전의가 인정전 동계의 상하에 위치하고 하는 것으로 표기되어 있고 배치도에도 전의가 상월대와 하월대에 위치하고 있음을 알 수 있다.

물을 둔다. 그리고 칙안과 사물안 남쪽에 향안을 두며 향안 동쪽에 서향하여 사자의 자리를 둔다. 또한 국왕이 칙서를 받는 자리로서 수칙위受勅位를 북향하여 향안 남쪽에 배치하고 있다. 행례 중에 국왕은 전정殿庭에서 서계西階를 거쳐 전내殿內로 들어와 수칙위에서 열람하도록 되어 있다. 「영칙서의」는 정전 내부 배치 측면에서 조서 대신에 칙안을 둔다는 점 외에 사물을 둘 수 있고 수칙위가 설치되어 「영조서의」와 차이점을 보이고 있다. 또한 공간 운영적 측면에서 조서와 다르게 월대를 제외한 채 '전내-전정'이 주요 공간으로 이용되고 있다. 조서와 칙서를 맞이하는 의례를 도식화하면 다음〔그림5-1, 5-2〕와 같이 정리해 볼 수 있다. 한편, 영조서의와 영조칙의는 모두 국서를 전달한 후에〔예필禮畢〕 국왕과 사자와의 재배를 행하고 다례를 행하였다. 이후에 근정문 밖에서 전송하면 모든 절차를 마치게 되고 국왕은 내전內殿으로 사신은 태평관으로 돌아간다.

이상과 같이 의례상 중국사신의 접견의례는 조서와 칙서로 구분하여 별도의 의례로서 정비되었다. 그러나 조선에서는 관례적으로 조서와 칙서를 겸행兼行하였다. 겸행한 사례를 보면, 세종 17년 (1435) 3월 명 선종宣宗의 붕어 후에 영종英宗의 즉위를 알리는 사신이 조서와 칙서를 가지고 조선에 파견되었다. 이때에 세종은 면복을 갖추고 모화관에서 사신을 맞이하였다. 그리고 경복궁으로 이동하여 먼저 조서를 선포하였고 선독宣讀을 마치고 나서 왕은 악차에서 잠시 머물다가 이어서 칙서를 열람하였다.[525] 조서 선포와 칙서의 열람이 궁궐 정전에서 차례대로 연속적인 의례로서 진행되고 있었다.

---

525)『世宗實錄』卷67, 世宗 17年 3月 18日(庚寅), "上幸慕華館 具冕服 群臣服朝服 迎詔勅至景福宮. 宣詔曰…(중략)…宣讀訖 上就幄次釋冕服 群臣釋朝服 以時服受勅 曰…(중략)…覽訖 行禮如儀. 上陞殿東向 與使臣相對再拜 行茶禮 送于勤政門內. 群臣分司 隨使臣詣太平館行禮. 上率群臣幸太平館 設下馬宴…".

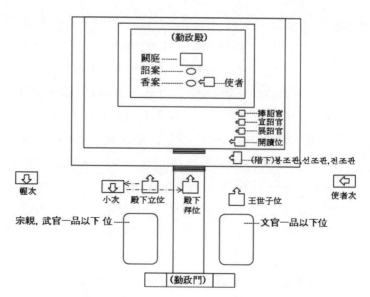

그림 5-1. 「영조서의(迎詔書儀)」 배치도 및 국왕 주요동선〈『국조오례의』 참조〉

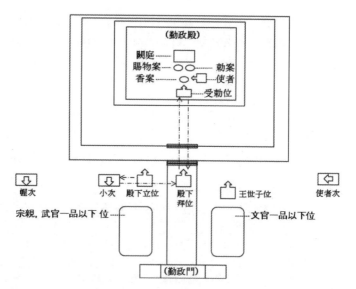

그림 5-2. 「영칙서의(迎勅書儀)」 배치도 및 국왕 주요동선〈『국조오례의』 참조〉

그런데 성종대에 명 사신이 조서와 칙서를 분리하여 별도로 시행할 것을 요구하는 일이 있었다. 성종 19년(1488) 명 사신이 홍치弘治의 즉위를 알리는 조서와 칙서를 전달할 때 별도로 영접할 것을 요구하였다.

이극배(李克培)·어세겸(魚世謙)·이극돈(李克墩)·채수(蔡壽) 등이 말을 타고 칙서를 맞이할 수 없음을 친계(親啓)하기를 청(請)하니, 임금이 즉시 인견(引見)하였다.

이극배 등이 아뢰기를, "조종(祖宗) 이래로부터 조서와 칙서를 일시(一時)에 맞이함은 그 유래가 오래되었거늘 이번의 사신이 편벽되게 소견을 고집하여 처음에는 말을 타고 조서와 칙서를 맞이하라고 하다가 중간에는 연을 타고 조서를 맞이하고 말을 타고 칙서를 맞이하라고 하며 나누어서 둘로 하였으며, 나중에는 칙서는 교외(郊外)에 남겨두고 먼저 조서를 반사하려고 하니, 이것은 임금의 명(命)을 초야(草野)에 버리는 것입니다. 『대명집례(大明集禮)』에 조서를 맞이하고 칙서를 맞이하는 의식이 비록 각각 있으나 그러나 조서를 맞이함은 중(重)하고 칙서를 맞이함은 경(輕)하니, 조서를 맞이할 때에 칙서도 아울러 맞이함은 중한 데에 나아가 경함을 행함이라 심히 예(禮)에 합하니, 대신(大臣)을 보내어 다시 이 뜻으로써 설득시킴이 어떻겠습니까?"

하니, 임금이 말하기를, "알았다."하였다.

이극배 등이 나가니, 명하여 이극돈(李克墩)을 보내어 가서 중국 사신에게 고(告)하게 하기를, "조서와 칙서를 일시에 맞이한 것은 그 유래가 이미 오래 되었습니다. 그러나 대인이 옳지 못하다고 힘써 말한 까닭으로 그대로 따르려고 하였습니다마는, 이제 다시 생각하니 조서와 칙서는 일시에 함께 왔는데 조서(詔書)만을 맞이하고 칙서(勅書)를 교외(郊外)에 머물게 하면 옳지 못함이 아닌가 합니다. 두 대인이 조서를 받들고 오고, 두목(頭目)으로 하여금 칙서(勅書)와 사물(賜物)을 지키게 하면 예(禮)에 어떨지요? 또 조서를 맞이함은 성례(盛禮)이고 칙서를 맞이함은 쇄례(殺禮)이니 조서와 칙서를 두 대인이 이미 일시에 받아 왔으면, 반조(頒詔)하는 성례(盛禮) 때에 아울로 칙서(勅書)를 줌이 심히 예(禮)에 합하는 까닭으로 감히 청합니다."하였다.526)

위의 내용은 명 사신이 조서를 먼저 궁궐로 맞이하여 선포하고 별도의 의례로서 칙서를 다시 맞이하도록 요구하였으며, 모화관에서 맞이할 때에 조서는 연輦을 타고 칙서는 말을 타야한다는 방법까지 제시하고 있었다. 하지만 조선정부에서는 궁궐에서 조서와 칙서를 일시에 맞이하는 것은 오래된 선례이며 조서를 먼저 맞이할 때 칙서가 교외에 머물게 되어 옳지 못한 것으로 판단하고 있었다. 그래서 조서와 칙서의 경중을 따져 성례盛禮인 조서 반포를 먼저하고 곧 이어서 칙서맞이 의례를 행하는 것이 예에도 합당하다고 사신을 설득하고 있다. 이러한 조선정부의 의견은 받아들여지지 않았다. 사신은 조서와 칙서를 구분하여 마련된 『대명집례』의 의례를 준수할 것을 주장하면서 조칙례를 시행하지 않고 모화관에서 머물고 있었다.

조서와 칙서를 교외에 계속 머물게 할 수 없기에 조정에서는 권도權道로서 조서와 칙서를 별도의 의례로서 시행하기로 결정하였다. 그 결과 성종은 먼저 면복으로 연을 타고 모화관에서 조서를 맞이하여 경복궁 근정전에서 조서를 선포하였다. 그리고 다시 사신이 모화관으로 이동하였고 성종은 익선관과 곤룡포를 갖추어 말을 타고 돈의문을 거쳐서 모화관에서 칙서를 맞이하여 근정전에서 칙서례를 시행했다.527) 국서의 차이에 따라 구분하여 별도 의례로

---

526) 『成宗實錄』 卷214, 成宗 19年 3月 13日(丁丑), "李克培 魚世謙 李克墩 蔡壽等 請親啓乘馬迎勅不便事. 上卽引見 克培等啓曰 **自祖宗以來 詔勅一時迎之 其來已久.** 今次使臣偏執所見 初則令乘馬迎詔勅 中則令乘輦迎詔乘馬迎勅 分而兩之 終則欲留勅於郊外 先行頒詔 是委君命於草野也. 《大明集禮》迎詔迎勅儀 雖各有之 然迎詔爲重 而迎勅爲輕 迎詔時竝迎勅書 就重行輕 甚合於禮. 遣大臣 更以此意譬曉何如 上曰知道. 克培等出 命遣李克墩往告天使曰 迎詔勅一時行之 其來已久 然大人力言不可 故欲從之. 今更思之 詔勅一時俱至 獨迎詔書而留勅於郊外 恐爲不可. 兩大人奉詔而來 使頭目守勅書及賜物 於禮何如 且迎詔 盛禮也 迎勅 殺禮也. 詔與勅 兩大人旣一時受來 則於頒詔盛禮 幷授勅書 甚合於禮. 故敢請".

527) 『成宗實錄』 卷214, 成宗 19年 3月 13日(丁丑), "申時 天使奉詔勅至慕華舘.

시행되었으며 조서와 칙서의 의례 구분은 의복 이외에 이동수단에서도 연과 말로 구분되고 있었다.

조서를 먼저 맞이하고 모화관에서 다시 칙서를 맞이하는 절차에 대한 논의가 연산군대에도 있었다. 하지만 조서와 칙서를 별도로 맞이하는 것은 중국 황제의 명을 공경하는데 어긋나며 예문禮文과 의례儀禮에도 맞지 않는다고 여겼다. 그리고 성종대에 조서와 칙서를 구분하여 맞이한 것은 일시적인 절차였기에 중국 사신에게 설명하여 일시에 함께 맞이하도록 설득하는 것으로 의견을 정리하였다.528) 명 사신은 조서와 칙서를 맞이하는 예가 한 가지 일로서 조선정부의 의견을 따르기로 하고529) 전례에 따라 조서와 칙서를 일시에 맞이하는 의례로서 시행하였다.530) 이후에도 조서와 칙서를 동시에 궁궐에서 맞이하여 개별적인 의례로서 칙서를 열람하고 조서를 반포하였다.531)

2) 명 사신접견과 법궁 운영의 준수

사신접견은 의례로서 정전에서 시행되는 정형적인 모습을 보여

上具冕服出迎. 天使奉詔勅 各置龍亭 其勅書留于帳殿. 上導詔書 乘輦先行 天使乘馬 隨詔書而行. 至景福宮 頒詔如儀…(중략)…天使還出 詣慕華館. 上具翼善冠袞龍袍 由敦義門而出 詣迎勅位 導勅乘馬先行. 至景福宮受勅 亦如儀…".

528) 『燕山君日記』卷5, 燕山君 1年 5月 9日(辛卯).

529) 『燕山君日記』卷5, 燕山君 1年 5月 29日(辛亥).

530) 『燕山君日記』卷6, 燕山君 1年 6月 3日(甲寅).

531) 『明宗實錄』卷3, 明宗 1年 2月 6日(癸巳), "天使太監聶寶·郭鑾 來頒封王誥命. 昧爽 上幸慕華館 迎詔如儀 卽還宮 入勤政殿西階下幕次. 詔使繼至 詔勅龍亭前導 詔使次之 由正門而入. 上立祗迎位 鞠躬訖 入小次 少頃 出詣拜位 行四拜 陞階就殿上跪. 上捧勅 上親受. 右承旨金益壽·右副承旨具壽聃 進捧而開封 其勅曰…上覽畢 金益壽還置于卓上. 上卽行四拜 領所賜冕服櫃 下階 入次. 具冕服出詣拜位 行四拜禮後跪. 捧詔官捧出詔書 展詔官開展其詔曰…讀詔官讀訖 上行四拜 跪搢笏 三叩頭 在庭臣僚 亦如之. 禮畢…".

주고 있다. 하지만 사신접견과 관련하여 법궁法宮과 이궁離宮의 운
영체제 속에서 양궐兩闕의 정전이용 차이, 국서를 전달할 때에 사
신의 입경入境 유무, 세자 대리청정기의 사신접견 등 다양한 배경
적 상황에 따라 사신접견과 정전운영과의 관계는 원칙적 적용과
함께 예외적인 운영양상을 보여주기도 하였다. 사신접견의례의 실
제적인 운영양상을 정전의 운영과 연계하여 살펴보는 것은 사신접
견의례와 함께 정전운영의 모습을 이해하는데 도움이 될 것이다.
사신접견과 관련하여 법궁-이궁의 인식과 운영상의 차이점을 왕대
별로 살펴보도록 하겠다.

　태종대 한양 환도와 함께 이궁인 창덕궁이 조성되면서 법궁-이
궁, 즉 경복궁-창덕궁의 양궐체제가 갖추어지게 되었다. 하지만 태
종은 왕위계승의 정통성 취약과 경복궁의 지리적 취약점 때문에
주로 창덕궁에 거처하였다. 그러나 경복궁이 지닌 법궁의 위상을
온전히 하기 위해 지리적 취약점을 보완하고자 개천과 못을 팠
고532) 사신접견을 위해 태조가 지었던 작은 누각을 대신해 경회
루慶會樓도 크게 새로 지었다.533) 중국 사신접견을 위한 경회루 중
수가 필요했던 것은 대내적으로 연회 등의 경회루 이용 목적뿐만
아니라 대외적으로 경복궁이 중국 사신접견의 장소로 인식되었기
때문이었다.

　　1) 임금이 말하였다.
　　"태조(太祖)가 처음에 경복궁(景福宮)을 지을 때 하륜(河崙)이 상서
　　(上書)하여 정지시키고 말하기를, '산(山)이 갇히고 물〔水〕이 마르니

---

532) 『太宗實錄』 卷22, 太宗 11年 7月 30日(己丑); 『太宗實錄』 卷22, 太宗
　　11年 8月 22日(辛亥).
533) 『太宗實錄』 卷23, 太宗 12年 4月 2日(丙辰); 『太宗實錄』 卷23, 太宗
　　12年 5月 16日(己亥).

왕이 사로잡히고 족속(族屬)이 멸할 것이므로 형세(形勢)가 좋지 않습니다.'고 하였으나, 태조가 짓던 전각(殿閣)과 낭무(廊廡)가 이미 갖추어졌고, 만약 중국의 사신을 응접하는 일이 있으면 반드시 이곳에서 해야 하기 때문에 내가 또 경회루(慶會樓)를 그 옆에 짓고, 따로 이곳에다 창덕궁을 지었다.534)

2) 명하여 경복궁(景福宮)을 수리하게 하였다. 임금이 말하기를, "경복궁은 태조(太祖)께서 창업(創業)하신 처음에 세우신 것이니, 만약 조정(朝廷) 사신(使臣)이 온다면 반드시 칙명을 이곳에서 맞이할 것이다. 요즈음 유사(有司)가 마음을 써서 수리하지 않으니, 이제부터는 제때 제때에 수리하도록 하라."하였다.535)

태종이 경복궁 수리를 명령하면서, 태조가 창업하여 궁궐의 격식을 갖추었던 곳이 경복궁이므로 사신접견을 경복궁에서 행하겠다고 언급한 내용이다. 태종은 법궁인 경복궁에 거처하지 않고 이궁으로 지은 창덕궁에 거처하여 창덕궁이 실질적인 정치와 행정의 중심공간 기능을 하고 있었다. 다만 법궁의 권위를 부여하기 위해 금천, 경회루 등의 영건과 풍수적 결함을 보완하는 등의 공간구성적인 접근방법을 시도하고 있었다.536)

이러한 외형적인 권위 부여 이외에 기능적 측면에서도 법궁과 이궁의 운영방식은 차이점이 나타나고 있었다. 그 차이점은 법궁인 경복궁에서 명의 사신접견 의례가 이루어지고 있었다는 점이다.

---

534)『太宗實錄』卷27, 太宗 14年 6月 28日(己巳), "命營本宮 上曰 太祖初營 景福宮 河崙上書止之曰 山囚水渴 虜王滅族 形勢不善 然太祖所營殿角廊廡 已具 若有上國使臣應接之事 則必於是處 故予又建慶會樓于其側 別建昌德宮 於此".

535)『太宗實錄』卷21, 太宗 11年 5月 7日(丁卯), "命修景福宮. 上曰 景福宮 太祖創業之初所建也. 若朝廷使臣來 必迎命于此. 比來有司不用心修葺 自今 宜以時修治".

536) 홍순민, 1996,『朝鮮王朝 宮闕 經營과 "兩闕體制"의 변천』, 서울대박사논문, 38~41쪽.

『태종실록』을 보면 명 사신의 조서·칙서맞이537), 명 사신접견538) 등을 경복궁에서 행하고 있었다. 사신접견 시행장소가 경복궁으로만 표기되어 있지만 사신접견의례는 의식공간인 근정전에서 행하였을 것이다. 태종대에 시어소로 창덕궁이 이용되고 기능적인 측면에서 사신접견이 경복궁에서 이루어진 사례는 법궁과 이궁과의 운영방식에서 차이점을 보여주는 것으로 볼 수 있다. 결국 태종대에는 창덕궁에서 주로 거처하였기에 시어소의 정전인 인정전이 정전의 일상적인 기능을 담당하였고 법궁인 경복궁은 그 위상에 걸맞게 대중국 의례와 관련된 사신접견을 정전인 근정전에서 행한 것으로 볼 수 있다.539) 명 사신접견이 법궁인 경복궁에서 행해진 반면에 이외 주변국과의 접견은 이궁인 창덕궁에서도 행해지고 있었다. 사대교린의 외교정책이 궁궐의 운영방식에서도 차이점을 보이는 사례로서 일본국 사신의 하직, 인견은 시어소인 창덕궁 인정전에서 이루어지고 있었다.540)

태종대 법궁-이궁의 운영체제 하에서 두 궁궐의 위상과 함께 기능적 차별성을 가장 잘 보여주는 사례가 대중국 사신접견 의례에서 나타나고 있다. 다시 말해, 경복궁에 거처하지 않더라도 중국의 조서와 칙서를 맞이하기 위해서는 시어소에서 법궁인 경복궁으로

---

537) 『太宗實錄』 卷11, 太宗 6年 4月 19日(己卯); 『太宗實錄』 卷13, 太宗 7年 5月 1日(甲寅); 『太宗實錄』 卷15, 太宗 8年 4月 16日(甲午).

538) 『太宗實錄』 卷22, 太宗 11年 8月 15日(甲辰).

539) 이 책에서는 조선시대 법궁-이궁 운영체제 하에서 두 궁궐의 위상 차이로 인해 태종대 경복궁에서 사신접견이 시행되었다고 보고 있지만 다른 의견도 있다. 장지연은 태종대 경복궁이 사신접대와 성절조하 등의 주요 의식 장소로 이용하게 된 배경에 대해, 고려말 고려왕들이 선대의 정치 비판 도구로서 이전 궁궐을 철거하면서도 고려의 정궁인 본궐(本闕)은 유지한 채 중요한 의례 장소로 이용하였다. 이러한 고려의 역사적 경험에서 본궐의 기능이 경복궁에서도 유지되었다고 보고 있다(장지연, 2007, 「태종대 후반 수도 정비와 의미」 『조선시대 문화사』 (상), 일지사, 23~34쪽).

540) 『太宗實錄』 卷19, 太宗 10年 1月 19日(丙戌).

옮겨 근정전에서 사신접견 의례를 행하는 것이었다. 이후 경복궁이 아닌 다른 궁궐에서 거처하는 동안 법궁인 경복궁에서 중국 사신접견을 행하는 사례는 지속적으로 나타나고 있었다. 태종대 이후 왕대별로 사신접견과 궁궐의 운영양상을 더 살펴보도록 하겠다.

세종은 태종의 선위를 받아 법궁인 경복궁에서 즉위하였다. 하지만 곧 장의동藏義洞 본궁本宮과 창덕궁으로 이어하였고 이후 경복궁과 창덕궁을 중심으로 연화방蓮花坊 신궁新宮, 수강궁, 연희궁衍禧宮 등에서 거처하다가 세종 8년부터 31년까지 주로 경복궁에 거처하며 말년에는 건강과 불사佛事, 양위 등의 이유로 대군大君 등의 집에 자주 거처를 옮기는 운영양상을 보이고 있었다.541)

세종대에도 중국 사신접견례와 관련하여 경복궁 외전〔근정전〕은 칙명을 맞이하는 곳으로 인식하고 있었고542) 세종 6년(1424)에는 영칙의주迎勅儀注를 제정하여 명 황제의 칙서를 맞이하는 의례공간으로서 모화루와 경복궁을 설정하고 있었다.543) 중국 사신접견례의 설행공간으로 경복궁이 규정화되었기에 세종대 재위 6년을 전후하여 다양한 궁궐의 이용은 중국 사신접견례와 연계해서 법궁-이궁의 운영양상과 그 차이점을 살펴볼 수 있는 계기가 될 것이다. 세종 즉위~9년까지의 시어소와 임어기간에 사신접견례를 시행한 궁궐의 운영양상을 정리하면 다음 표와 같다.〈〔표5-2〕 참조〉

541) 홍순민, 1996, 『朝鮮王朝 宮闕 經營과 "兩闕體制"의 변천』, 서울대박사논문, 46~50쪽.
542) 『世宗實錄』 卷5, 世宗 1年 8月 8日(庚辰), "先是 有請修治景福宮內殿者曰 儻使臣入見其寥落荒蕪 則不可. 是日 上謂近臣曰 景福宮外殿迎命之處 不可不修 若內殿則不御之處 不必多役兵夫以修理也. 雖使臣見之 不過意其人不恒處 至於如此耳 庸何傷乎".
543) 『世宗實錄』 卷26, 世宗 6年 10月 11日(壬子).

[표 5-2] 세종대 초기 시어소와 명 사신접견 의례 장소〈『실록』 참조〉

시어소			사신접견 의례 시행		
임어 기간	궁궐	이어 배경	일자	장소	목적
0.8.10~0.8.25	경복궁	즉위식(0.8.10)			
0.8.25~0.9.12	藏義洞本宮		0.9.4	경복궁	세자 책봉
0.9.12~3.5.7	창덕궁	인정전 확장	1.1.19	경복궁 근정전	
			1.8.17	경복궁	禪立 윤허
			2.4.8	(태평관)	
3.5.7~3.7.7	경복궁	창덕궁宮人疾病			
3.7.7~4.5.8	창덕궁		3.9.21	경복궁??	
4.5.8~4.5.14	蓮花坊新宮	避方 태종병환			
4.5.14~4.9.16	수강궁	태종 喪(倚廬)			
4.9.16~4.10.3	창덕궁				
4.10.3~4.11.11	경복궁				
4.11.11~6.3.2	창덕궁		5.4.6	(태평관)	조문
			5.8.18	창덕궁 인정전	세자책봉 윤허
6.3.2~6.7.13	경복궁				
6.7.13~7.4.7	창덕궁		6.10.11	경복궁 근정전	永樂帝 부고
			7.2.11	창덕궁	洪熙帝 등극의 사신파견 답례
7.4.7~7.7.6	경복궁				
7.7.6~ 7.윤7.28	창덕궁	旱災	7.윤7.19	경복궁	遺詔
			7.윤7.22	경복궁	宣德帝 등극
7.윤 7.28~7.11.19	藏義洞智邸		7.11.7	경복궁	順付 (欽賜藥林加書)
7.11.19~8.9.3	경복궁		8.3.12	경복궁	宣德帝 등극의 사신파견 답례
8.9.3~8.10.13	衍禧宮	避疴, 병환			
8.10.13~9.3.9	경복궁				
9.3.9~9.3.29	창덕궁				
9.3.29~9.8.3	경복궁		9.4.21	경복궁	처녀 간택
9.8.3~9.9.7	창덕궁	경복궁 동궁 신축			

* 『실록』을 참조하였으며, '영조칙의' 항목에서 정전의 명칭이 누락된 경우에는 궁궐 명칭만을 기재하고 영조칙의례 장소가 궁궐이 아닌 경우에는 '괄호'로 표시하였음.

세종 즉위 후 9년까지 세종의 궁궐 거처는 경복궁과 창덕궁을 중심으로 거처하였는데, 그 목적은 피방避方·태종 상례·자연재해·병환·궁궐 신축 등의 이유로 궁궐을 옮겨가고 있었다. 시어소로 삼은 궁궐에서 사신접견 의례를 설행하는 모습은 8년 3월과 9년 4월의 경우와 같이 법궁인 경복궁에 거처하면서 경복궁 근정전을 사신접견 의례 장소로 이용하는 사례이다. 그리고 창덕궁을 시어소로 삼은 경우에는 1년 1월과 8월, 3년 9월, 6년 10월, 7년 윤7월 등의 사례와 같이 경복궁으로 이어하여 사신접견의례를 시행하는 운영 양상을 보여주고 있다. 또한 장의동 본궁(잠저)에 거처하는 동안 에도 경복궁으로 이어하여 사신접견례를 시행하고 있었다. 다만 예외적인 사례로서 창덕궁 임어 시에 창덕궁(인정전)에서 사신접 견례가 시행되거나544) 태평관에서 설행되기도 하였다. 이러한 사 례들을 통해 예외적인 상황이 있지만, 대개는 세종대에도 중국의 사신접견례는 국왕이 다른 궁궐에 임어하더라도 법궁인 경복궁에 서 시행하고 있으며, 사신접견례 장소로 법궁의 정전을 준수하는 모습을 확인할 수 있다. 또한 세종 6년(1424)의 영칙의迎勅儀와 『세종 오례의』의 조서·칙서맞이 의례가 경복궁 근정전으로 규정 화된 의례 정비과정과도 연계되고 있었다.

다음으로 단종은 문종 승하 후에 경복궁 사정전에 빈소를 차리고 당일날 경복궁 근정문에서 즉위식을 거행하였다.545) 이후 즉위년 (1452) 9월 13일 졸곡제를 마치고 9월 17일에 경복궁에서 수강궁

---

544) 세종대 창덕궁을 시어소로 삼고 창덕궁 인정전에서 사신접견 의례를 행한 사례는 〔표 5-2〕에서 5년 8월과 7년 2월에 나타난다. 시어소에서 사신접 견을 하는 것은 법궁인 경복궁에서의 시행을 원칙으로 삼았지만 예외적으 로 혼재되는 운영양상을 보이는 것으로 생각된다. 창덕궁에서 시행한 사신 접견 의례에 대해 개별적인 영칙의주가 마련되기도 하였지만(『世宗實 錄』卷27, 世宗 7年 1月 23日(甲午)), 사신접견 의례의 시행장소에 따라 작성된 것으로 여겨지며 추후 『세종 오례의』와 『국조오례의』의 예제 정비과정을 통해서 법궁인 경복궁 정전으로 일원화된 체계를 갖추어 나가 는 것으로 볼 수 있을 것이다.
545) 『端宗實錄』卷1, 端宗 卽位年 5月 18日(庚戌).

으로 이어하였다.546) 수강궁 거처 이후에 창덕궁으로 이어하고자 창덕궁 수리를 진행하여 단종 1년(1453) 9월에 마무리가 되었지만547) 보름 후인 10월 10일에 계유정란癸酉靖亂으로 창덕궁 이어는 실행되지 못하였다. 창덕궁을 대신해서 12일에 경복궁 충순당忠順堂으로 이어하게 되었다.548)

단종의 수강궁 임어기간 중인 즉위년 윤9월 17일에 명 사신이 황제의 조칙詔勅·시고諡誥·제문祭文을 전하기 위해 조선에 입경入京하였다. 단종은 명 사신을 모화관에서 맞이하고 경복궁 근정전에서 조서 선포와 칙서를 받는 의례를 시행하였지만 빈전이 사정전에 설치되어 다례는 생략하고 있었다.549) 명 사신의 영조칙례를 위해 시어소인 수강궁에서 법궁인 경복궁으로 옮겨 시행하였다. 경복궁 근정전에서의 조칙례 이후에 단종과 신하들이 태평관을 방문하여 문안을 하거나 잔치를 베풀기도 하였다. 그리고 시어소인 수강궁에서 사신을 초청하여 잔치를 베풀거나550) 사신이 본국으로 돌아가기 위해 인사를 하는 사조辭朝를 수강궁 조계청에서 거행하고 있었다.551) 단종대에도 시어소인 수강궁에서 거처하다가 사신접견을 위해 경복궁으로 이어하는 모습을 확인할 수 있다.

또한 예종은 세조 14년(1468) 9월 7일 수강궁 중문에서 즉위하였는데552) 다음날 세조의 승하로 수강궁에 여차를 마련하고 기거하면서 국정운영과 관련해서는 창덕궁 전각들을 이용하고 있었다. 이후 예종 즉위년(1468) 12월 4일에 창덕궁으로 이어하였다가553)

546) 『端宗實錄』 卷3, 端宗 卽位年 9月 17日(丙午).
547) 『端宗實錄』 卷7, 端宗 1年 9月 24日(丁丑).
548) 『端宗實錄』 卷8, 端宗 1年 10月 12日(乙未).
549) 『端宗實錄』 卷3, 端宗 卽位年 閏9月 17日(丙子).
550) 『端宗實錄』 卷3, 端宗 卽位年 閏9月 28日(丁亥).
551) 『端宗實錄』 卷4, 端宗 卽位年 12月 2日(庚寅).
552) 『世祖實錄』 卷47, 世祖 14年 9月 7日(癸亥).
553) 『睿宗實錄』 卷2, 睿宗 卽位年 12月 4日(庚寅).

다음해인 1년(1469) 3월 6일에 법궁인 경복궁으로 이어하고 충순당·교태전·자미당紫薇堂 등으로 옮겨 거처한 후 자미당에서 승하하였다. 예종이 창덕궁에 임어하던 기간 중, 1년 윤2월에 명 사신이 조서와 칙서를 가지고 입경하였는데 국왕은 경복궁으로 행차하여 근정전에서 조칙의례를 행하고554) 이후에 다시 경복궁으로 이어하여 근정전에서 사부賜賻, 사정전에서 사제賜祭·사시賜諡·분황제焚黃祭·사제私祭을 행하고 있었다.555) 예종대에도 창덕궁에 임어하면서 사신접견의례는 경복궁에서 시행하는 모습을 확인할 수 있다.

다음으로 성종대의 사신접견례와 법궁-이궁의 운영양상을 더 자세히 살펴보겠다. 성종은 즉위년(1469) 11월 28일에 경복궁 근정문에서 즉위한 후 한달여 만에 창덕궁으로 이어하였다.556) 이후 주로 이궁인 창덕궁에 거처하면서 사신접견·진연進宴·관사觀射 등의 목적으로 경복궁을 이용하고 있었다.557) 특히 사신접견과 관련하

<hr>

554) 『睿宗實錄』 卷4, 睿宗 1年 閏2月 4日(己未), "欽差太監崔安鄭同沈澮等 齎詔勅而來. 上幸慕華館 迎詔勅如儀 至景福宮行禮".

555) 『睿宗實錄』 卷4, 睿宗 1年 閏2月 16日(辛未); 『睿宗實錄』 卷4, 睿宗 1年 閏2月 19日(甲戌).

556) 『成宗實錄』 卷1, 成宗 卽位年 12月 26日(乙亥), "上移御于昌德宮 大王大妃亦移御于昌德宮 粹嬪從之. 中宮移御于上黨君韓明澮第 王大妃移御景福宮". 성종은 예종 승하일에 경복궁 근정문에서 즉위하였다(즉위년 11월 28일). 이후 한달여만에 성종은 대왕대비, 소혜왕후와 함께 창덕궁으로 이어하였다(즉위년 12월 26일). 창덕궁으로 이어할 때에 성종비 공혜왕후는 건강이 좋지 않아서 친정인 한명회의 집으로 옮겼다가 20여일 후에 창덕궁으로 옮기게 된다(1년 1월 16일). 그리고 예종비인 안순왕후는 경복궁에 계속 남아 있다가 예종의 졸곡제(성종 1년 2월 19일)를 마치고 성종 1년 2월 29일에 창덕궁 구현전(求賢殿)으로 옮기게 된다. 안순왕후의 뒤늦은 창덕궁 이어는 예종의 비로서 빈전이 모셔진 경복궁(충순당)에서 길제(吉祭)로 바뀌는 기점인 졸곡제를 마치고 나서야 국왕, 대왕대비, 왕대비 등이 머무는 창덕궁으로 이어하였다고 생각된다.

557) 성종이 이궁인 창덕궁을 시어소로 삼은 후에 필요에 따라 경복궁을 이용하고 있었다. 대왕대비와 왕대비, 대비는 한증(汗蒸) 등을 이유로 경복궁을 이용하기도 하였고 사신접견과 진연 등의 목적으로 경복궁을 일시적으로 이용한 것이었다. 성종대에 법궁인 경복궁으로 이어하려고 하였지만 성종

여 조서·칙서를 맞이하는 의례와 이외 연회·다례 등의 만남은 법궁과 이궁으로 구분되어 시행되는 사례를 구체적으로 보여주고 있었다. 성종대 시기별로 중국 사신접견(례) 시행장소를 정리한 내용은 다음 [표5-3]과 같다.

[표 5-3] 성종대 중국 사신접견(례)와 법궁-이궁 운영

일자	사신접견(례) 장소		방문목적 및 내용	비고
1.5.17	경복궁	근정전	誥命, 祭文 받음	예종 승하
1.5.20	창덕궁	인정전	연회	
1.7.7	창덕궁	인정전	주연 및 선물 하사	칠석
7.2.20	경복궁	근정전	조서, 칙서맞이	황태자 책봉
7.2.24	창덕궁	인정전	다례, 연회	사신의 謝禮로 입궁
7.2.25	경복궁	근정전	다례, 연회	국왕 초청
11.5.1	경복궁	근정전	칙서맞이	建州衛 토벌 공로
11.5.12	창덕궁	인정전	연회	
11.5.26	창덕궁	인정전	연회	
11.6.8	경복궁	근정전	방문	이동경로: 사정전(다례)→근정전→경회루(연회)
11.7.12	창덕궁	인정전	연회	
12.5.16	경복궁	근정전	誥命, 勅書 받음	왕비 책봉(정현왕후)
12.5.17	경복궁	근정전	聖旨, 欽賜物 받음	삼대비·중궁은 사정전에서 흠사물을 받음
12.8.3	창덕궁	인정전	연회	
12.12.22	창덕궁	인정전	칙서맞이 *모화관(迎勅)	聖節使 順付
19.3.13	경복궁		조서, 칙서맞이	明 弘治 등극
19.3.16	창덕궁	인정전	연회	
19.3.17	창덕궁	인정전	다례	

본인이 경복궁의 규모가 너무 광대하여 싫다거나(『成宗實錄』 卷118, 成宗 11年 6月 22日(辛未)), 인왕산의 복세암(福世庵)이 경복궁을 누르는 형상을 지녔다는 점(『成宗實錄』 卷110, 成宗 10年 閏10月 18日(庚午)) 등 경복궁 거처에 대해 부정적인 견해가 있어서 경복궁 이어는 실행되지 못하였다.

위의 표를 참조하면, 성종대에 명 사신은 조선국왕의 승하, 왕비 책봉, 중국 황제의 등극 및 황태자 책봉, 건주위建州衛 토벌 공로 치하 등의 목적으로 조선을 방문하고 있었다. 조선정부는 모화관에서 사신을 맞이한 후에 궁궐 정전에서 조서·칙서·제문祭文·성지聖旨·흠사물欽賜物 등을 전달받고 별도로 다례, 연회 등을 열고 있었다. 성종은 경복궁에서 즉위한 후 한달여만에 창덕궁으로 이어하여 계속해서 거처하였는데, 명 황제가 사신을 통해 전달하는 조서·칙서·제문·성지·흠사물 등을 맞이할 때 국왕이 법궁인 경복궁으로 옮겨 근정전에서 사신접견 의례를 행하였다. 『국조오례의』「영조서의」·「영칙서의」에서 규정된 경복궁 근정전에서의 의례를 준수하는 모습이다. 그리고 법궁 정전에서 조서·칙서 등의 외교적 의례가 시행된 후에 시어소인 창덕궁 정전에서는 사신과의 연회·다례 등이 행해지고 있었다. 외교적 의례는 법궁에서 행하고 기타 행례는 시어소인 이궁에서 분담되어 시행되는 모습을 확인할 수 있다. 한편, 성종 12년(1481) 5월 성종비 정현왕후 책봉 건으로 명 사신이 입경하였을 때, 고명과 칙서는 외교적 의례로서 경복궁 근정전에서 행하였다. 다음날 성지와 흠사물도 근정전에서 왕이 받고 있으며 삼대비와 왕비에게 전하는 흠사물은 편전인 사정전에서 행해지고 있어 정전과 편전과의 의례적 분담도 확인할 수 있다.558)

그런데, 경복궁이 아니라 시어소인 창덕궁에서 칙서를 맞이하기도 하였는데, 12년 12월에 조선의 성절사聖節使가 전달하는 칙서를 창덕궁 인정전에서 받고 있었다.559) 조선사절단이 명 사행을 갔다가 귀국하면서 외교문서를 전달하는 형식을 순부順付라고 하는데,

---

558) 『成宗實錄』卷129, 成宗 12年 5月 17日(辛卯), "上幸景福宮 使臣將至 上出詣勤政門外祗迎位. 聖旨旣入 上入受聖旨 欽賜物於勤政殿【三大妃及中宮受欽賜於思政殿】".

559) 『成宗實錄』卷136, 成宗 12年 12月 22日(壬戌), "聖節使韓致亨 奉勅來自京師. 上幸慕華館迎勅 還駕受勅于仁政殿如儀".

순부의 경우에는 법궁이 아닌 이궁에서도 가능한 사례로 보여진다. 결국 중국 사신이 직접 황제를 대리하여 조칙을 전할 때에는 법궁인 경복궁을 운영하며, 조선 사절단이 대리하여 순부 형식으로 조칙을 전하는 경우에는 모화관에서 국왕이 맞이하지만 궁궐에서의 의례는 법궁이 아니라 임어하는 궁궐에서 행하는 것이다. 유사한 사례로 중종 38년(1543) 6월에 진하사進賀使가 칙서를 받들어 입경하였는데 당시 중종은 동궁의 화재로 인해 경복궁에서 창덕궁으로 옮겨 거처하고 있었다. 이때에 봉칙奉勅한 칙서를 경복궁이 아닌 창덕궁 인정전에서 받았다.560)

법궁인 경복궁에서 사신접견 의례가 준수되는 또 다른 사례로 인종대를 보면, 인종은 창경궁 명정전에서 즉위식 후에 동궁과 창덕궁에 거처하고 있었다. 창덕궁에 거처하던 중, 명 사신이 인종 1년(1545) 4월에 조선을 방문하였다. 이때에 사신접견을 위해 창덕궁에서 경복궁으로 이어하였고561) 근정전에서 조문사신의 사부례와 책봉례를 행하였다.

이상과 같이 태종~인종대까지 사신접견 의례와 관련하여 법궁-이궁의 운영방식을 살펴보았다. 태종대 법궁인 경복궁은 그 위상에 걸맞는 궁궐 격식과 규모를 갖추어 나갔으며 그 명분 중에 하나가 사신접견이기도 하였다. 이후에도 명 황제를 대리한 사신접견 의례가 법궁과 이궁에서 병행되기도 하였지만 점차 법궁인 경복궁에서

---

560) 『中宗實錄』卷100, 中宗 38年 6月 10日(癸未). 순부(順付)의 경우에도 국왕이 직접 칙서를 모화관에서 맞이한 후에 궁궐에서 칙서를 받는 의례를 시행해야하지만 이때에는 장마로 인해 의복이 젖어 의용(儀容)을 잃게 되므로 권도(權道)로서 창덕궁 정문인 돈화문에서 맞이한 후 인정전에서 칙서례를 행하였다.

561) 『仁宗實錄』卷2, 仁宗 1年 4月 27日(己未), "上移御于景福宮【嘗御昌德宮 爲接待天使故也】 申時 中宮移御【慈殿命隨之 爲上體未寧也】".

행하는 의례로 정착되어 사신접견을 위해 시어소에서 경복궁으로 이어하고 사신접견례를 행하였다. 의례서에 규정된 경복궁 근정전의 사신접견례가 준수되는 모습으로 볼 수 있다.

법궁에서의 사신접견례가 규정화된 상례로서 운영되면서 부가적인 특징이 나타나고 있었다. 조서와 칙서를 받는 외교적 의례로서 사신접견례는 법궁 정전을 이용하지만 이후에 행해지는 연회와 다례 등은 시어소의 궁궐에서 수행하였고, 또한 명 사신이 직접 전하지 않고 조선의 사절단이 대리하여 전달하는 조서와 칙서는 법궁이 아닌 이궁에서도 가능하였다. 이를 통해 법궁-이궁 운영체제와 연계되어 궁궐의 위상에 따라 차등적인 운영방식이 사신접견례에서도 적용되고 있음을 확인할 수 있었다.

3) 명 사신접견과 정전-편전의 기능 분담

중국 사신접견 의례 장소는 사신의 직접 전달과 순부 형식에 따라 법궁과 이궁으로 의례 시행 공간이 구분되는 운영방식을 보였지만, 법궁과 이궁 모두 정전을 이용하여 의례가 시행된다는 점에서는 동일하였다. 일반적으로 중국 사신접견은 의례상으로 모화관에서 사신을 영접한 후에 궁궐 정전에서 조서·칙서의 선포와 열람을 통해 의례적인 절차를 마치고 다례를 행하였다. 이후 숙소인 태평관에서 연회를 베풀거나 필요에 따라서 궁궐로 초청하여 연회가 행해지기도 하였다. 사신접견은 조서와 칙서를 전달하는 의례를 중심으로 운영되며 그 전달과정의 중심공간으로 궁궐 정전이 운영되고 있는 모습이었다.

명의 황실 및 국가적 경조사, 외교·군사적 현안 등을 알리는 목적으로 방문하는 사신접견의 경우에는 조서와 칙서를 통해 해당 사안을 전달하고 대외적으로 선포하는 의례적 행위가 중요하기 때

문에 의식 공간인 궁궐 정전에서 국서를 선포·열람하는 의례로서
완결된 구조를 가질 수 있었다. 그런데, 조선 왕실의 상례 조문弔
問이나 책봉 등과 관련된 목적으로 방문을 할 경우에는 조서와 칙
서를 전달하는 외교적 활동 이외에 방문목적에 부합하는 부가적인
활동이 이어지고 있었다. 예를 들어, 명의 조문사신 파견과 관련해
서 조선 정부에서는 국왕이 승하하면 고부청시청습사告訃請諡請承襲
使를 파견하여 국왕의 죽음을 알리면서 시호를 청하고 사왕嗣王의
계승을 승인하도록 요청하였다. 이에 대한 명의 답신으로 사신을
보내어 제문과 시호를 보내고 왕위계승을 승인하는 책봉의 고명誥
命과 인신印信을 전달하고 있었다. 이후에 사신은 치제致祭로서 사
제·사시·사부 등 별도의 의례를 행하였다. 명의 조문사신이 치제하
는 장소는 크게 정전과 혼전으로 구분되고 있다. 『세종 오례의』·
『국조오례의』·『국조상례보편』에 의하면 정전에서는 부물賻物을
전하는 사부의賜賻儀가 행해지고, 시호를 내리는 사시의賜諡儀와 제
문을 전하는 사제의賜祭儀는 혼전에서 행하는 것으로 나타나며 예
서禮書에 기술된 순서는 '사부→사시→분황焚黃→사제'로 기재되어
있다.562) 국가전례서에 나타난 중국 사신의 치제와 관련하여 의례
와 장소, 기술순서를 정리해 보면 다음〔표5-4〕와 같다.

---

562)『국조오례의』 흉례조에 보면, 사부의-사시의-분황의-사제의 순으로 기술
되어 있으며 사시의에는 '사부의 후에 길일을 택해 행한다〔賜賻後擇吉行〕'로
표기되고 분황의는 사시의 후 사신이 태평관으로 돌아가기를 기다려 행하
고〔齋戒同卒哭祭賜諡日待使者還官乃行〕, 사제의에는 '사시의 후에 길일을
택해 행한다〔賜諡後擇吉行〕'로 표기되었다. 시간적인 의례 순서에 따라 각
각의 의례가 기록된 것으로 나타난다.

[표 5-4] 의례서의 사신치제와 행례 장소

구 분	사부의 (賜賻儀)	사시의 (賜謚儀)	분황의 (焚黃儀)	사제의 (賜祭儀)	비 고
『세종 오례의』	勤政殿 (正中)	魂殿	魂殿 *賜謚 後	魂殿	*기술 순서 '사부-사시- 분황-사제'
『국조오례의』	勤政殿(庭)	魂殿		魂殿	
『국조상례보편』	仁政殿	魂殿	魂殿 *賜謚 後	魂殿	

그런데 국가전례서에 나타난 사신의 치제와 관련하여 실제로 행해진 장소와 진행순서에서 차이점을 보이고 있다. 우선 사부의는 정전에서 시행되는 것이 준수되고 있지만, 사시의·사제의·분황의는 혼전을 이용하다가 편전을 이용하는 것으로 변화되는 모습이 나타나고 있다. 그리고 진행순서도 대체로 사제→사부→사시→분황 순으로 이루어지고 있었다.

궁궐의 운영과 관련하여 보면, 사신의 치제에서 사부의만을 정전에서 운영하는 점은 정전 운영의 한 특징으로 볼 수 있다. 반면에 국가전례서에는 사시의·사제의·분황의가 혼전에서 행하는 의례로 나타나지만 편전으로 전환되는 모습은 편전의 기능을 이해하는데 주요한 사례가 될 것이다. 사신의 치제 공간으로 정전과 편전이 그 기능을 분담하는 모습은 치제 이외에도 왕비의 책봉 건으로 입경한 사신이 성지聖旨와 흠사물欽賜物 등을 전하는 공간이 정전-편전으로 구분되고 있다. 그리고 중국 사신 이외에 일본 관련 사신을 접견하는 장소로 정전과 편전이 각각의 위상에 따라 그 기능을 달리하는 모습이 나타나고 있다. 우선 중국의 명 사신이 조문을 목적으로 방문한 사례를 들어 치제의 시행과정과 함께 정전을 중심으로 한 궁궐의 운영양상을 살펴보고 왕비 책봉 사신 및 일본 사신의 접견 등과 연계된 정전과 편전의 운영양상을 검토해 보고자 한다.

세종대 태종의 상제喪祭와 관련하여 중국 사신의 조문의례를 살펴보면 다음과 같다. 태종이 연화방蓮花坊 신궁新宮에서 승하한 후 수강궁壽康宮에서 빈殯하고 세종은 광연루廣延樓 동쪽에 의려倚廬를 두어 거처하였다.563) 이후 혼전魂殿을 광효전廣孝殿으로 삼고 집상執喪하던 중에 세종 5년(1423) 4월 6일에 명의 조문사신이 입경入京하였다.564) 이후 치제致祭에 대해 4월 13일에 혼전에서 사제賜祭를 행하고565) 14일에는 인정전에서 사부賜賻, 15일에는 혼전에서 사시賜諡를 행하였다.566) '사제→사부→사시'의 순으로 진행되고 사제·사시는 혼전에서 그리고 사부는 정전에서 행하였다. 사제·사부·사시에 대한 각 의주는 4월 3일에 마련되었으며567) 『세종 오례의』, 『국조오례의』에서도 사제·사시·분황은 혼전에서 행하고 사부는 근정전에서 행하는 것으로 규정되어 있다. 사부만을 경복궁의 정전인 근정전에서 행한 이유에 대해서는 인종대 『실록』 기사가 참조가 된다.

> 사정전에서 사시(賜諡)·사제(賜祭)의 의례를 거행하고, 근정전에서 사부의(賜賻儀) 의례를 거행하였다. 【사시·사제는 반드시 사정전에서 거행하고 사부만은 근정전에서 거행한 까닭은 그 부물(賻物)을 살아 있는 사람에게 주므로 우주(虞主)가 있는 곳에 함께 진설하여서는 안 되기 때문이다.】 568)

---

563) 『世宗實錄』 卷16, 世宗 4年 5月 14日(庚午). 태종비 원경왕후의 경우에는 빈전〔명빈전(明嬪殿)〕을 설치하고 세종의 상차(喪次)는 광연루 동쪽이며 빈전의 서쪽에 두었다(『世宗實錄』 卷8, 世宗 2年 7月 13日(己卯)).

564) 『世宗實錄』 卷20, 世宗 5年 4月 6日(丙辰).

565) 『世宗實錄』 卷20, 世宗 5年 4月 13日(癸亥).

566) 『世宗實錄』 卷20, 世宗 5年 4月 15日(乙丑).

567) 『世宗實錄』 卷20, 世宗 5年 4月 3日(癸丑).

568) 『仁宗實錄』 卷2, 仁宗 1年 5月 2日(癸亥), "行賜諡賜祭之禮于思政殿 行賜賻之禮于勤政殿 【賜諡祭必於思政殿 而獨賜賻于勤政殿者 以其賻及生者 不當並設於虞主處也】 上衰絰扶杖 自不顯閣 【齋殿】 出就思政殿東階上 俯伏哭四拜訖 【階下侍從及門外百官 咸哭且拜】 贊禮 【禮曹判書任權】 引至勤

사시·사제는 사정전에서 행하고 사부의는 근정전에서 행하는데, 부물賻物은 살아있는 사람에게 전달하는 것이기에 우주虞主가 있는 곳에 진설하지 않는다는 이유였다. 이러한 내용은 승하한 국왕에게 예를 올리는 것은 신주神主가 모셔진 혼전에서 행하고, 부물賻物을 전달하는 사부의는 생자生者에 미치는 의례이기에569) 사왕嗣王의 중심공간인 정전에서 행하는 것으로 이해할 수 있을 것이다.

세종대 사부와 사제·사시를 정전과 혼전으로 구분하여 시행하는 모습은 국가전례서에 의거하여 운영되는 것이며 태종대부터 단종대까지 준수되는 양상을 보이고 있다. 다만, 사부의 장소가 정전에서 시행되는 것이 지속되는 반면에 사시의·사제의가 예종대부터 혼전에서 편전인 사정전으로 변화하는 모습을 보이고 있다. 명 사신의 치제와 관련하여 각 의례별로 시행된 장소를 구분하여 정리해 보면 다음 〔표5-5〕와 같다.

문종대 사신의 치제는 정전과 혼전으로 구분되는 일반적 운영양상에서 예외적인 모습을 보이고 있다. 문종 즉위년(1450) 8월에 세종의 승하로 명에서 조문사신이 왔다. 문종은 8월 3일에 백관을 인솔하여 모화관에서 맞이한 후 경복궁 근정전에서 조칙詔勅을 받고 배사拜賜와 다례를 행하였다.570) 이후 15일에 인정전에서 사제, 16일에는 근정전에서 사부의571), 17일에 광덕전廣德殿에서 사진향

政殿西階下幄次. 天使及門【卽勤政門】上由幄次出 去杖免経 先詣拜位 鞠躬以待 導天使入思政殿 天使上殿立 上於西階下 哭盡哀 拜至四【侍從及百官亦然】 行禮畢【先諡後祭】天使出 上隨之. 又於勤政殿西階下 率百官 五拜三叩頭. 旣盡其禮 上還経杖哭以入【入于思政殿南廊喪次】".

569)『光海君日記』卷15, 光海君 1年 4月 14日(乙丑), "且賜祭賜賻 禮文內各著其儀 賜祭儀下乃曰 賜諡後擇吉行之 云 則各日行禮者 由來久矣. 況賻及生者 非但古有其說 集禮中賻贈致奠 各有儀註 尤不當同擧於行祭之時. 若以一時之言 有所混設 則賻祭無別 實涉苟且. 似當洞陳曲折 使之無改".

570)『文宗實錄』卷3, 文宗 卽位年 8月 3日(甲戌).

571)『文宗實錄』卷3, 文宗 卽位年 8月 16日(丁亥).

[표 5-5] 명(明) 조문사신의 치제와 행례 장소

구분		사부의	사시의	분황의	사제의	혼전명	비고
태종(태조상례)		(왕궁)정전	(왕궁)정전	혼전	혼전	문소전(文昭殿)〔궐 밖〕	사제→사부→사시→분황
세종	정종상례				혼전	인덕전(仁德殿)	
	태종상례	인정전	혼전	혼전	혼전	광효전(廣孝殿)〔궐 밖〕	사제→사부→사시→분황
문종(세종상례)		근정전	인정전	인정전	인정전	광덕전(輝德殿)〔창덕궁 보평청〕	사제→사부→사시→분황
단종(문종상례)		근정전	혼전	혼전	혼전	경회전(景禧殿)〔경복궁 자선당〕	사제→사부→사시→분황 * 노산군 致齋572)
세조		-	-	-	-	-	해당사항 없음
예종(세조상례)		근정전	사정전	사정전	사정전	영창전(永昌殿)〔경복궁 자선당〕	私祭(사정전)
성종(예종상례)		근정전	사정전	사정전	사정전	경안전(景安殿)〔경복궁 자선당〕	
연산군(성종상례)		(경복궁)	(경복궁)	(경복궁)	(경복궁)	영사전(永思殿)〔경복궁 자선당〕	
중종		-	-	-	-	-	해당사항 없음
인종(중종상례)		근정전	사정전		사정전	경사전(景思殿)〔창경궁 문정전〕	
명종(인종상례)			사정전	사정전?(섭행)573)	사정전	영모전(永慕殿)〔창덕궁 선정전〕	私祭(사정전)
선조(명종상례)						모의전(慕義殿)〔경복궁?〕	
광해군(선조상례)		인정전	인정전	인정전	인정전	영모전(永慕殿)	사시→분황 *致齋〔皇祭〕는 인정전 *宴禮는 편전

* 조문의례 항목은 의례서의 기술순서에 따라 '사부-사시-분황-사제' 순으로 기재.

** 도표는 『실록』; 이현진, 2007, 「조선왕실의 혼전」『조선시대문화사』(상); 안희재, 2009, 『조선시대 국상의례 연구-국왕국장을 중심으로-』 국민대박사논문을 참조하였다.

---

572) 『端宗實錄』 卷4, 端宗 卽位年 10月 3日(辛卯).

573) 나이가 어려 사제, 사부, 사신 접견 등의 일이 중첩되므로 분황제를 섭행하도록 하였다(『明宗實錄』 卷3, 明宗 1年 1月 12日(庚午)).

私進香574), 18일에 인정전에서 사시의·분황제를 행하였다.575) 사제·사시를 혼전이 아니라 정전인 인정전에서 행하고 있었다. 인정전을 이용한 것은 세종의 혼전〔휘덕전輝德殿〕이 창덕궁의 보평청報平廳이었는데576) 혼전 내부가 좁아서 인정전으로 신주를 모셔와 제사를 지냈기 때문이었다.577) 혼전의 공간적 제약 때문에 혼전이 설치된 정전을 이용하는 예외적인 사례이다.

문종대와 같이 사제·사시도 혼전이 아닌 정전에서 운영된 예외적인 사례는 광해군대에도 있었다. 광해군대 선조의 승하로 명의 조문 사신이 입경하였을 때, 처음에 길흉의 구분으로 장소를 나누어 사부의는 인정전, 사제의는 선정전에서 시행하는 것으로 하였지만 사부의와 사제의를 겸행하기로 변경되었다. 겸행과 함께 광해군은 연례宴禮를 인정전에서 행하기 때문에 사부·사제를 선정전에서 하도록 하였다. 하지만 신하들의 반대로 사부와 사제는 인정전에서 행하고 연례는 선정전에서 시행하기로 하였다.578) 사부와 사제가 변칙적으로 같은 장소에서 시행되어 광해군대 또한 예외적으로 사제가 정전에서 시행된 것이다. 그리고 광해군이 연례를 우선시하여 사부의도 정전이 아닌 편전에서 시행하려는 의도 때문에, 길흉의 장소적 구분도 안 지켜지고 치제보다 연례가 우선시되어 의례의 주객이 뒤바뀔 수도 있었다.

문종과 광해군대 예외적인 상황이 연출되었지만 전체적인 치제 장소가 사부의는 정전, 사시·분황·사제는 혼전에서 편전으로 변화

---

574) 『文宗實錄』 卷3, 文宗 卽位年 8月 17日(戊子), "使臣詣輝德殿 私進香".
575) 『文宗實錄』 卷3, 文宗 卽位年 8月 18日(己丑), "上受賜諡于仁政殿 如儀…
　　 (중략)…禮畢行焚黃祭 遂幸太平館 勞使臣行茶禮. 還宮 命李季甸金何 齎貂
　　 皮百領石燈盞四事 分贈兩使臣".
576) 『世宗實錄』 卷111, 世宗 28年 3月 30日(丁酉).
577) 『文宗實錄』 卷3, 文宗 卽位年 8月 15日(丙戌), "使臣行賜祭于仁政殿【輝
　　 德殿 在是殿東偏 而殿內狹隘 故奉主出是殿 行祭】".
578) 『光海君日記』 卷15, 光海君 1年 4月 16日(丁卯).

하는 모습을 보이고 있다. 예종대부터 사제·사시가 혼전이 아니라 편전인 경복궁 사정전에서 운영되기 시작하였는데, 사부 이외의 치제를 혼전 대신에 편전을 이용하는 배경에 대해서 자세한 기록을 찾을 수 없어 한계가 있지만 앞서 인종대 실록 기사와 같이 사부의가 정전인 근정전에서 시행되고 사시·사제는 반드시 사정전에서 행하였다는 기록이 참고된다.

사시·사제가 반드시 사정전에서 이루어졌다는 내용은 혼전에서 편전으로 변화된 사실에 더해 사정전으로 고정화된 모습을 보여주고 있다. 인종과 명종대의 경우, 중종의 혼전이 창경궁 문정전〔경사전景思殿〕, 인종의 혼전이 창덕궁 선정전〔영모전永慕殿〕에 설치되었는데 우주를 경복궁 사정전으로 이안移安하여 사제와 사시를 시행하고 있었다.579) 중종의 혼전은 창경궁 문정전〔경사전〕에 모셔졌는데 명의 조문사신이 입경하자 인종이 경복궁으로 이어하고580) 며칠 후에 사제·사시를 행하기 위해 우주를 사정전으로 이안移安하고 있었다.581) 또한 명종대에도 창덕궁 선정전〔영모전〕에 모셔진 혼전의 우주를 사정전으로 옮겨 사제·사시 의례를 거행하였다.582)

---

579) 선조대 명종의 상례와 관련하여 사신의 치제 전각을 정확히 파악하기에 어려움이 있다. 다만 치제의 공간이 경복궁으로 기록되어 전대와 같이 근정전과 사정전을 이용한 것으로 생각된다.

580) 『仁宗實錄』卷2, 仁宗 1年 4月 27日(己未), "未時 上移御于景福宮【嘗御昌德宮 爲接待天使故也】申時 中宮移御【慈殿命隨之 爲上體未寧也】".

581) 『仁宗實錄』卷2, 仁宗 1年 5月 2日(癸亥), "癸亥 移安虞主于思政殿【虞主在昌慶宮景思殿 將行賜諡賜祭之禮 持遣右副承旨宋世珩 奉以移之】".

582) 창덕궁 선정전에서 모셔진 우주를 사정전으로 옮기고 사제례를 행하는 내용은 다음과 같다(『明宗實錄』卷3, 明宗 1年 1月 24日(壬午), "行賜祭禮. 卯時 仁宗大王虞主至自永慕殿 上祇迎于思政殿東階上. 辰時 上伏哭位于齋殿東階上 哭四拜 卽還幕次. 俄而上出由思政殿門 就勤政殿西階下幕次. 兩使至自太平館 入就勤政門外幕次 上步出門外 兩使出幕次外 對立擧袖. 上亦擧袖 先入勤政殿西庭祇迎位. 賻物先導 兩使隨之 暫入幕次. 上先入思政殿西階上伫立 兩使入行賜祭禮). 또한 사정전에서 사시의를 행한 정확한 기록은 찾을 수 없지만 사제, 사시, 중국사신 접견의 습의를 사정전에서 행한 것

이러한 내용은 명 조문사신의 치제 공간이 법궁인 경복궁으로 정례화되어 치제를 위한 의례적 공간이 경복궁 정전인 근정전에서 사부의, 편전인 사정전에서 사제의·사시의가 운영되는 방식이었다. 중국 사신의 치제공간이 법궁인 경복궁에서 정례화되는 모습은 앞서 살펴본 사신접견 의례가 법궁인 경복궁에서 행해지던 운영방식과 그 궤를 같이하는 것으로 볼 수 있다. 중국 사신의 치제 역시 법궁의 위상에 따라 이궁과의 차별적 적용을 보여주는 모습이다.

아울러, 법궁(경복궁)에서 행해지는 치제가 정전(근정전)에서 사부, 편전(사정전)에서 사시·분황·사제가 운영되어 생자生者와 사자死者를 위한 치제가 공간적으로 구분되는 모습이다. 결국 하나의 의례적 적용이 세부절차별로 그 대상에 따라 구분되고 정전과 편전이 의례적 기능을 분담하는 모습으로 볼 수 있을 것이다.

조문사신의 치제를 통해서 의례를 받는 주체에 따라 의례적 적용이 정전과 편전으로 구분되는 사실을 확인할 수 있었다. 이러한 정전·편전의 기능분담은 왕비 책봉을 위한 사신방문에서도 나타나고 있다.

> 임금이 경복궁(景福宮)에 거둥하여 사신(使臣)이 장차 이르려고 하므로, 임금이 나가서 근정문(勤政門) 밖 지영위(祗迎位)에 나아갔다. 성지(聖旨)가 이미 들어오자, 임금이 들어와 근정전(勤政殿)에서 성지(聖旨)와 흠사물(欽賜物)을 받았다. 【삼대비(三大妃)와 중궁(中宮)은 사정전(思政殿)에서 흠사물(欽賜物)을 받았다.】 583)

성종대 정현왕후의 책봉으로 사신이 입경하여 국왕이 근정전에

으로 보아 사정전에서 행한 것으로 생각해 볼 수 있다(『明宗實錄』 卷3, 明宗 1年 1月 16日 (甲戌)).
583) 『成宗實錄』 卷129, 成宗 12年 5月 17日 (辛卯).

서 성지聖旨와 흠사물을 받고 삼대비三大妃와 중궁中宮은 편전인 사정전에서 흠사물을 받았다는 내용이다. 책봉을 받는 주체가 왕비이지만 조선을 대표하는 국왕이 사신을 맞이하여 의식의 대표 공간인 정전에서 성지와 흠사물을 받고 왕비는 정전과 상대적으로 위계가 낮은 의례 공간인 대편전에서 흠사물을 받는 모습이다. 중종대에도 보면, 중종 계비 문정왕후文定王后 책봉에 대한 주청사奏請使가 칙서를 가지고 왔을 때, 국왕이 모화관에서 영칙하고 이후 중궁이 강녕전康寧殿에 나가 고명誥命과 관복冠服을 받고 내외명부內外命婦의 하례賀禮를 받았다.584)

다음은 사신을 파견하는 주체에 따라 정전과 편전이 그 역할을 달리하여 기능적 차이를 보이는 모습이다. 이러한 사례는 일본에서 사신을 파견하는 주체에 따라 궁궐에서의 접견 장소가 다르게 운영되는 모습에서 나타나고 있다. 일본에서는 외교적 목적으로 일본의 정치적 실권자인 막부幕府에서 사신을 보내기도 했지만 이외에도 대내전大內殿·대마도주對馬島主 등이 별도로 사람을 보내어 외교적 활동을 전개하고 있었다. 일본·유구와 같은 교린관계의 사신접견은 『국조오례의』 「수인국서폐의受隣國書幣儀」에 경복궁 근정전에서 국서를 받는 것으로 규정되었다.585) 「수인국서폐의」에서는 파견주체에 따라 별도의 의례를 규정화하지 않고 있다. 그런데 일본 국왕(막부)이 아닌 대마도주 등의 제도왜諸島倭에서 파견한 왜인倭人의 경우에 궁궐의 정전에서 접견이 이루어지지 않았다.

---

584) 『中宗實錄』 卷32, 中宗 13年 4月 21日(己丑), "奏請使李繼孟李思鈞 還自京師 上幸慕華館迎勑. 中宮御康寧殿 受誥命冠服 仍受內外命婦賀".

585) 『國朝五禮儀』 卷5, 賓禮, 受隣國書幣儀, "…前一日掖庭署設御座於勤政殿北壁南向…使者位於道西重行北向東上…".

상이 근정전에 납시어, 대마도주(對馬島主) 종익성(宗朹盛)의 특송왜인(特送倭人) 홍명(弘明) 등을 인견(引見)하였다. 정원이 대죄(待罪)하고 이어서 아뢰기를,

"대마도주의 특송은 국왕이 보낸 사신의 유례가 아니므로 마땅히 편전(便殿)에서 인견해야 하고 정전(正殿)에서 접견하여서는 안 되며, 또 선교(宣敎)하지 않아야 한다는 뜻을 원중(院中)이 함께 의논하였는데, 곧 아뢰지 않아 통례원(通禮院)이 모르고서 의주(儀註)에 따라 선교를 기다려 인도하였으므로 늦추어졌습니다."하니, 전교하기를, "대죄하지 말라." 하였다.586)

위 내용은 중종대 대마도주의 특송왜인을 근정전에서 인견하였는데, 일본 국왕이 보낸 사신이 아니기에 편전에서 인견해야 마땅하지만 통례원通禮院의 실수로 정전에서 인견한 일로 인해 승정원이 대죄하는 내용이다.587) 이러한 사례는 일본국에서 파견 주체에 따라 사자使者를 접견하는 의례 공간이 정전과 편전으로 구분되고 있음을 보여주며, 일본 국왕의 사자는 정전에서 접견하고 일본국왕보다 파견주체의 격이 낮은 대마도주의 사자는 편전에서 접견하고 있음을 보여주고 있다.

---

586) 『中宗實錄』 卷6, 中宗 3年 8月 25日(庚寅), "上御勤政殿 引見對馬島主宗朹盛特送倭人弘明等. 政院待罪 仍啓曰 對馬島主特送 非國王使臣之例 當引見於便殿 不當接見於正殿. 而又不宜宣敎之意 院中僉議 而不卽啓之 故通禮院不知 而依儀註 待宣敎而後引 故玆以遲留. 傳曰勿待罪".

587) 일본국왕은 천황(天皇)이 아닌 막부(幕府)의 장군(將軍)인 관백(關白)을 지칭한다. 막부의 실권자로서 형식적으로는 천황의 신하이지만 실제적인 일본국의 지배자였다. 조선에서 막부 장군을 일본국왕으로 부른 것은 일본이 명으로부터 책봉을 받은 직후인 태종 4년(1404) 조선에서 사신을 파견하면서 시작되었다. 막부 장군에게 국왕의 호칭을 사용한 것은 일본의 정치적 실권자로 인식하고 있었음을 반증하며, 『해상록』・『간양록』 등의 자료에서도 천황의 기능을 제사로 관백의 기능을 정사로 구분하여 관백을 실질적인 일본의 정치적 실권자로 인식하고 있었다(손승철, 2006, 「조선시대 사람들은 일본 천황을 어떻게 생각했을까」 『한일관계2천년-보이는 역사, 보이지 않는 역사-』, 경인문화사, 320~321쪽).

일본국에서는 국왕〔막부〕·대내전·대마도주 등 다양한 주체들이 사자를 보내고 있었는데, 파견주체의 위계에 따라 궁궐에서 정전과 편전 등으로 구분한 것과 유사하게 일본의 사신을 영접·전송할 때에 포소浦所와 지역별로 잔치를 베푸는 도수度數에서도 구별하여 예우하고 있었다.588) 또한 파견주체에 따른 위계는 사자의 명칭에서도 차이를 보이고 있다. 『실록』의 기사를 보면 일본국왕이 파견한 사자는 '사신使臣'이라는 명칭으로 기재되고 있으며, 이외에 대내전·소이전小二殿 등은 '사인使人·사송使送·사왜使倭', 대마도주의 경우에는 '특송特送'이라고 주로 표기되어 일본국에서 사신을 파견하는 주체의 위계에 따라 사자의 명칭에서도 차이점을 보이고 있다.589) 『실록』에서 일본국의 왜인 파견주체에 따라 명칭의 차이를 보이는 것을 부분 발췌하여 다음 〔표5-6〕과 같이 정리해 보았다.

정전과 편전은 고유한 성격과 역할을 통해 개별적인 기능을 수행하기도 하지만 의례와 접견 등의 운영방식에서 주체, 위계 등에 따라 정전과 편전으로 기능이 분담되는 모습을 살펴 볼 수 있었다. 중국

---

588) 『世宗實錄』卷124, 世宗 31年 6月 15日(癸亥), "議政府與禮曹同議申倭客人迎餞饋餉及中路宴享度數 日本國王使臣則浦所三次 慶尙道三所 忠淸道京畿各一所. 大內殿使人 浦所二次 慶尙道二所 忠淸京畿各一所. 宗貞盛特送別例厚待人 浦所一次 慶尙忠淸道各一所. 回還時 與來時同 但浦所只設一次. 其餘倭人 除浦所饋餉 只於慶尙道內來去 各設一次. 又日本使臣 於乃而浦接待 大內使人 乃而浦富山浦 隨宜接待 別例倭 勿論三浦接待".

589) 위의 각주에서 나타난 것과 같이 일본국 사신파견의 각 주체에 따라 영접과 전송의 도수(度數)에서 차이점을 보이는 것 이외에 각각의 파견주체가 보낸 사자(使者)를 함께 인견할 때에 사자들의 명칭을 각각 구분하고 있음을 알 수 있다(『成宗實錄』卷207, 成宗 18年 9月 5日(辛丑), "…上御仁政殿 受議政府 六曹進宴. 仍接見小二殿使送僧慶首座 宗貞國特送宗貞吉等二十人 各賜物有差"; 『中宗實錄』卷44, 中宗 17年 5月 12日(丁巳), "御勤政殿 接見日本國王使臣 小二殿使送 對馬島特送等 賜酒七爵"; 『中宗實錄』卷54, 中宗 20年 6月 29日(丁巳), "御勤政殿 接見日本使臣僧景林東堂 大內殿使送 對馬島特送 亦與焉").

[표 5-6] 일본의 사자(使者) 파견 주체별 명칭 비교

구 분		일본국(왕)	대내전	소이전	대마도주
『실록』	세종 31.6.15	使臣	使人		特送
	성종 18.9. 5			使送	特送
	중종 17.5.12	使臣		使送	特送
	중종 20.6.29	使臣	使送		特送

조문사신이 행하는 치제의 각 의례가 생자와 사자로 나누어지는 의례 대상의 주체에 따라 구분되고, 왕비 책봉례에서 책봉을 받는 대표 자격의 국왕과 실질적 주체인 왕비가 구분되며, 일본국의 사자 파견 주체에 따라 명칭과 예우, 접견장소가 구별되고 있는데, 이러한 구 분은 각각의 활동을 정전과 편전의 성격, 위상 등과 결부시켜 장소 적으로 분담하여 수행하는 모습이었다. 결국 궁궐 안에서 개별적 공 간이 고유한 기능과 역할뿐만 아니라 유기적으로 각각의 기능을 분 담하여 궁궐을 운영하는 방식이라고도 볼 수 있을 것이다. 한편 의 례 시행의 기능적 분담이 편전중에 대편전을 이용하여 대편전의 의 례적 장소성도 살필 수 있었다.

2. 청淸 사신접견과 궁궐의 운영

1) 청 사신접견 의례와 특징

조선은 건국시기부터 명明 중심의 조공책봉체제에 편입되어 국 제관계를 형성하였다. 명과의 정치·군사·경제 등 국력적 차이 외에 문화적으로 예치禮治와 덕치德治의 도덕적 관념에 기초한 계서적階 序的 국제관계를 인정하면서 현실적으로는 왕실의 정통성과 국가

안정을 위해 외교적 활동을 전개하고 있었다. 그런데, 북방의 여진이 성장하여 청淸을 건국하면서 명을 대신해 중원을 차지하게 되고 동아시아 국제질서는 새로운 변화에 직면하게 되었다. 특히 조선은 청과의 정묘·병자호란을 통해 무력에 굴복하면서 명과의 조공책봉체제를 단절하고 청과 군신관계를 맺어 청 중심의 조공책봉체제에 편입하게 되었다.

조선은 북방의 오랑캐라고 인식하였던 청에게 군사적인 패배를 당하면서 정신적인 상실감과 자존심에 심한 상처를 입었다. 임진왜란으로 국토가 황폐화되어 국가를 재건해야한다는 시대적 과제를 안고 있었는데, 정묘·병자호란으로 인해 상처받은 소중화小中華의 문화적 자존심도 회복해야하는 또 다른 과제가 추가된 것이었다. 이러한 유무형적 국가재건을 위해 대내적으로는 예치禮治를 통해 성리학적 이념을 실천하고 대외적으로는 북벌론北伐論과 존주론尊周論을 국가 지도이념으로 삼아 추진하게 되었다. 이후 청에 대한 복수설치復讐雪恥로 내세운 북벌론은 청이 중원을 장악한 후에 중국지역의 안정적인 국가운영이 지속되면서 현재적인 대결구도보다는 조선의 국력을 충실히 배양하여 후일을 도모하자는 내수외양론內修外攘論으로 전개되었다. 그리고 존주론은 임진왜란을 도와 준 명의 의리를 지키는 대명의리론對明義理論으로 변하여 국왕이 거처하는 궁궐에 명 황제에게 제사를 지내는 대보단大報壇을 설치하고 대보단을 중심으로 중화문화中華文化 수호에 공로가 있는 사람들을 현창·추모하는 양상 등으로 전개되었다.590) 결국, 문명적 우월의식과 중화의식에 입각하여 대립하였던 대청對淸관계에서 조선의 내부적 대응논리는 북벌론에서 내수외양론으로, 존주론에서 대명의리론으로 전개되는 과정을 거치게 된 것이었다.

---

590) 조선후기 조선중화주의 성립과 전개 및 의의에 대해서는 다음 글 참조(정옥자, 1998, 『조선후기 조선중화사상연구』, 일지사).

한편 17~18세기를 거치면서 청에 대한 인식과 대외관계는 청의 영토확장·인구증가·경제 및 문화적 발전에서 나타나는 국력신장과 국제적 영향력이 확대됨으로서 새로운 외교적 관계를 모색하는 상황으로 전개되었다. 그리고 청에 파견하는 연행사燕行使를 통해 청의 국내사정과 국력신장 등을 직접 체험하게 되고 청의 지식인들과의 교류가 활발해지면서 양국간의 인식과 관계를 변화시키는 계기가 확장되기도 하였다. 이러한 대청인식과 대외관계의 변화는 조선의 중화주의 인식하에서 청의 발전상에 적극적으로 대응할 수 있도록 제한적인 청의 문물 도입을 통해 부국강병의 길을 모색하는 방향으로 전개되어갔다.[591]

조선-청과의 대외관계 변화는 국제 정세와 인식 등의 변화뿐만 아니라 실질적인 외교 활동에서도 변화를 보이고 있다. 청과의 국제적 관계는 명의 조공책봉체계를 계승하면서도 외교적 활동에서 차이점이 나타나고 있었다.[592] 외교적 관계의 주요활동이 양국간의 사신 교류이며 그 중에서 명·청 교체 이후에 조선에서 청 사신 접견의 의례적 변화는 대청 인식과 국제적 관계를 반영하는 주요한 사례가 될 것이다. 또한 청 사신을 접견하는 의례적 장소가 궁궐이기에 대중국관계의 변화에 따른 궁궐 운영의 변화상도 이해하는데 도움이 될 것이다. 장소성은 역사적 과정의 주요한 배경이 되지만 장소가 역사적 과정의 변화에 따라 그 성격과 의미가 변화

---

591) 청에 대한 인식과 대외관계의 변화에 대해서는 다음 글 참조(김문식, 2009,『조선후기 지식인의 대외인식』, 새문사).

592) 청(淸)은 명의 조공책봉제도를 계승하면서도 명과의 차별적인 운영방식을 보이고 있다. 대표적인 사례로 사행(使行)에서 사행의 겸행이 보편화된 점, 사행여정에 있어 사신들의 행동의 제약이 완화, 일부 사행은 열하(熱河)까지 이동하여 문서를 전달, 청 관원들의 인정(人情)요구 증가, 사행의 문서접수처가 내각과 군기처로 이원화, 성경(盛京)을 통한 사행 및 문서행이가 보편화된 점 등이다(김경록, 2009,「조선시대 국제질서와 한중관계의 전개양상」『中國學報』60, 306쪽).

할 수 있다. 이러한 장소성의 특성 때문에 궁궐이라는 공간과 장소가 명·청 교체기의 국제적 변화와 청에 대한 조선인의 인식변화 속에서 어떻게 변화하는지 살펴보는 것은 의미가 있을 것이며, 구체적으로는 청 사신접견 의례의 운영과 변화를 검토하는 것이 중요할 것으로 생각된다.

우선 조선후기 청과의 외교의례를 이해하기 위해 조선후기에 정비된 『통문관지通文館志』를 살피면서 실제적인 청과의 사신접견을 검토해보고 청 사신의 접견과 궁궐 운영과의 상관관계 및 변화양상을 알아보겠다. 또한 사신접견의 운영 공간이 정전을 중심으로 어떻게 변화하는지 살펴보도록 하겠다.

조선후기 외교관계를 이해할 수 있는 대표적 자료로 『동문휘고同文彙考』593), 『괴원등록槐院謄錄』, 『통문관지』 등이 있다. 조선후기 외교관련 자료들은 업무적인 필요성 이외에, 대중국 외교대상인 청과의 외교관계를 새롭게 설정하고 새로운 형식들을 반영하여 시대적인 요청에 따라 정리될 필요성도 있었을 것이다. 외교관계 자료 중에서 『통문관지』는 조선후기 대청對淸과 대일본對日本 외교관계의 격식格式·예규例規·연혁沿革·약사略史를 정리하여 사역원司譯院의 업무를 이해하는 기초자료이며, 『실록』 등 편년체 사료에 없는 외교관계 기록이 수록되어 조선후기 외교사의 주요한 가치를 가지고 있다.594)

---

593) 『동문휘고(同文彙考)』는 승문원등록(承文院謄錄) 중에서 인조 이후 조·청 관계의 외교문서를 정리하여 출간한 사료이다. 외교적 사안에 따라 25개 항목으로 구분하여 정리하였으며 각종 외교적 사안을 일정하게 범주화시켜 외교적 사건에 대해 효과적으로 대응할 수 있는 실용적인 사료로 평가되기도 한다. 『동문휘고』에 대해서는 다음 논문 참조(김경록, 2005, 「조선후기 '同文彙考'의 편찬과정과 성격」 『조선시대사학보』 32; 김경록, 2005, 「『同文彙考』를 통한 조선후기 외교사안 연구」 『명청사연구』 32).

594) 『통문관지』는 김지남(金指南)·김경문(金慶門) 부자가 주관하여 영조 46

『통문관지』는 숙종 46년(1720) 처음 간행된 이후에 중간重刊이 계속되었고 고종대 최종판본(고종 25년, 1888년)이 있다. 정조 2년(1778) 간행본에서 『통문관지』의 체제와 내용에 큰 변화가 있었고, 이후의 판본들은 정조 2년 중간본을 근간으로 추가된 내용들을 각 항목마다 말미에 속續이라고 표기하여 추가로 기록하며 시기마다 추가된 사실은 기년紀年편에 정리하고 있다.595) 고종대 최종본에 보면 체제상으로 연혁 1권, 권장勸獎 2권, 사대事大 3~4권, 교린交隣 5~6권, 인물人物 7권, 고사故事 8권, 기년紀年 9권~12권으로 구성되었다. 『통문관지』「사대」는 상·하로 구분되며 상上에는 중국으로 가는 조선정부 사신에 대해 기록을 담고 있고 외교문서 서식, 사행경로, 예산·경비, 연향, 의식 등의 내용이 있다. 하下에는 중국 사신을 맞이하기 위한 연향과 의식 외에 경비, 품목 등에 대한 내용을 기록하였다. 「사대」하는 총 26개 조항이 있으며 속續으로 부가된 항목이 없어서 초간본의 내용이 계속 유지된 것으로 나타난다.596)

「사대」하에서 정전·편전 등 궁궐을 배경으로 행해지는 의례로서 「교영의郊迎儀」·「인정전접견의仁政殿接見儀」·「편전수칙의便殿受勅儀」·「책봉의冊封儀」·「조제의弔祭儀」·「전부의傳訃儀」 등이 있다.

년(1720)에 처음 간행한 이후에 17차례의 중수를 거쳐 고종대 최종본(1888년)이 남아있다. 『통문관지』의 내용은 조선 건국 이래의 여러 사서(史書)와 외교 관련 인물의 전기를 참고하여 사역원 관제(官制)와 업무의 연혁을 고증하고 각종 정식(程式)을 정리·통일하며 유형별로 편찬함으로서 표준적인 예규와 제도를 확립하였다. 조빙(朝聘)과 전도(傳導)의 예식, 외교업무를 주선하고 처리하는 절차, 조공(朝貢)과 회사(回賜)의 실무, 각종 문서의 서식, 사행로(使行路)의 원근(遠近), 교린(交隣)의 의식과 절차 등의 외교관련 예규가 정리되어 있다. 『통문관지』에 대해서는 다음 논문을 참조(이영춘, 2007, 「『通文館志』의 편찬과 조선후기 韓中關係의 성격」『역사와 실학』 33).
595) 서울대학교규장각한국학연구소, 2006,「『통문관지』해제」『통문관지』영인본.
596) 서울대학교규장각한국학연구소, 2006,「『통문관지』해제」『통문관지』영인본, 17쪽.

「교영의」·「인정전접견의」·「편전수칙의」는 사신의 접견과 문서 전달 및 열람·선포·다례 등 일반적인 대중국 사신접견의례를 정리한 것이고, 이외에 「책봉의」·「조제의」·「전부의」는 책봉·조제弔祭·전부傳訃 등 일정한 목적을 지닌 사신접견 의례로서 별도 항목으로 정리한 내용이다.

『통문관지』에는 사신접견 의례를 공간적으로 크게 정전과 편전으로 구분하여, 정전에서의 사신접견은 「교영의」와 「인정전접견의」로 기술되고 편전에서의 사신접견은 「편전수칙의」로 기술되었다. 『국조오례의』에서 보이는 명 사신 접견의례가 공간적으로는 정전에서만 시행되고 국서의 종류에 따라 조서詔書와 칙서勅書로 구분하여 의례가 기술된 점에서 차이를 보인다. 『통문관지』의 사신접견 의례에 대해서는 [표5-7]과 같이 정리해 볼 수 있으며, 정전과 편전에서 사신접견과 문서의 열람이 행해지는 주요 절차를 살펴보면 다음과 같다. 우선 정전에서의 사신접견은 사대문서를 맞이하는 절차와 사신접견의 절차가 각각 「교영의」와 「인정전접견의」의 항목으로 기술되었다. 「교영의」는 모화관에서 국왕이 칙서를 지영祗迎한 후에 인정전에서 칙서를 봉안奉案하고 사배례四拜禮→삼상향三上香→칙서勅書전달 및 열람→칙서선포勅書宣布→삼고두三叩頭→산호山呼→사배례의 순서로 교영郊迎의 절차를 마친다. 다음에 「인정전접견의」에서는 인정전 내의 봉안勅案을 옮기고 국왕과 사신의 자리를 설치한 후에, 국왕과 사신이 입장하면 읍揖;再拜→문후問候 및 대화→다례茶禮의 순서로 진행된다.

다음은 편전에서 칙서를 맞이하고 접견례가 이루어지는 「편전수칙의」가 있다. 「편전수칙의」는 모화관에서 칙서를 지영하는 주체가 국왕이 아닌 왕세자로 설정되어 있다. 그리고 궁궐로 이동할 때 왕세자와 백관은 인정전으로 이동하지만 칙서는 편전인 희정당으로 이동한다. 칙서는 희정당 북벽에 남향하도록 봉안되고 희정당에서의 수칙의受勅儀는 사신의 칙서 및 사물전달, 국왕의 개탁開坼과 열람閱覽이 있고 삼고두三叩頭 후에 간략히 마쳐진다. 그리고 당내堂內가 정리되면 다례를 행한 후에 국왕이 전송하면 사신은 인정전으로 이동하고 왕세자와 백관이 인정전 전정殿庭에 도열한 가운데 칙서를 선포하는 의식을 거행하게 된다. 편전에서의 수칙受勅은 정식의 수칙 의례가 아니기에 칙서열람 전후前後에 사배례, 삼상향, 산호 등의 절차가 없고 수칙受勅과 열람, 다례는 국왕이 편전에서 행하고 칙서선포는 왕세자·백관이 참여하여 정전에서 행하는 이원적인 의식절차로 구성되었다.

다음으로 책봉冊封, 조제弔祭, 부칙訃勅 등 각각의 사안별로 운영되는 사신접견에 대해 그 의주를 살펴보면, 「책봉의」에서 국왕〔대전大殿〕 책봉은 국왕이 익선관翼善冠과 무양흑단령無揚黑團領·청정靑鞓·소옥대素玉帶를 착용하고 칙서勅書와 고명誥命을 받으며, 예가 끝나면 백포白袍로 바꾸어 입고 다례를 행하였다. 책봉과 조제를 함께 행할 때는 책봉을 먼저 행하도록 하였다. 왕비〔내전內殿〕 책봉에 대해서는 국왕이 먼저 고명을 받아 내시內侍로 하여금 중궁전中宮殿에 전하게 된다. 중궁전에서는 상궁이 고명을 받아 안案에 두고 왕비가 사배四拜하고 여관집사女官執事가 세 번 향을 올린다〔삼상향三上香〕. 여관女官이 고명을 왕비에게 전하면 이를 다시 여시女侍에게 주어 안案에 두도록 하고 왕비가 다시 사배를 올린다. 여관이 예필禮畢을 알리면 내시가 이를 고하고 인례引禮가 사신을 안내하여 전내殿內에서 답례答禮를 행한다. 다음으로 왕세자 책봉은 먼저 국왕이 칙서를 받은 후에 왕세자가 정전 월대 동계東階와 정전 동협문을 거쳐 안으로 입장한다. 사신이 건넨 고명을 열람하고 고명안誥命案에 다시 놓고 부복·고두·흥·평신을 한다. 이후에 왕세자가 전문殿門을 거쳐 배위로 나아가면 칙서를 선포하는 것으로 예를 마치게 된다.597)

[표 5-7] 『통문관지』의 사신접견 의주(儀註) 비교

『通文館志』 郊迎儀	『通文館志』 便殿受勅儀
殿下 勅書 祗迎 (慕華館)	王世子 勅書 祗迎 (慕華館)
칙서 이동(慕華館→仁政門→仁政殿)	칙서 이동 (慕華館→協陽門→熙政堂) 왕세자, 백관 이동(慕華館→仁政殿)
勅書 奉案(賜物 奉案)_仁政殿 內	勅書 奉案(賜物 奉案)_熙政堂 北壁
四拜禮(殿下,百官_殿庭)	
三上香(司香)	
殿下 受勅位 이동(殿內)	
稱 '有制'	
勅書, 賜物 전달(使者→殿下)	勅書, 賜物單子 전달(使者→殿下)
勅書 開覽	勅書, 賜物單子 坼(承旨)
	賜物 전달(使者→殿下)
殿下 殿階上 이동(在西東向)	
勅書 선포(宣勅官; 宣讀位) *전달 : 使者→奉勅官→宣勅官→展勅官	
三叩頭(殿下, 百官_殿庭)	三叩頭 (殿下)
山呼(殿下, 百官_殿庭)	
四拜禮(殿下, 百官_殿庭)	
禮畢	
이동(使臣_幕次, 殿下_幄次)	이동 (使臣_幕次, 殿下_幄次)
『通文館志』 仁政殿接見儀	
仁政殿 內 정리(勅案 철거, 位 설치)	熙政堂 內 정리 (勅書, 賜物 등 이동)
仁政殿 內 입장(使臣, 殿下)	熙政堂 內 입장 (使臣, 殿下)
揖_再拜	揖
問候 및 對話	
茶禮	茶禮
	揖
전송(仁政門)	전송
퇴장(殿下_內殿, 使臣_南別宮)	사신 이동(熙政堂→仁政殿)
	칙서 선포(仁政殿) *王世子,百官 行禮

「조제의」는 청의 조사弔使가 국왕과 내전內殿의 승하를 조문하
고 제祭를 지내는 의식이다. 국왕의 조제弔祭에는 칙서는 없고 제문
祭文과 폐물幣物만을 전하기에 인정전에서 접견 시에도 칙서의 선포
가 없다.598) 인정전 접견 후에 혼전魂殿에서 국왕, 집사 및 백관

597) 『通文館志』第2冊, 事大(下), 冊封儀.
598) 『通文館志』第2冊, 事大(下), 弔祭儀, "弔使如無勅書而只以祭文幣物 來則
郊迎 至仁政殿 接見時 無宣勅一節而祭".

과 함께 조사弔使가 참여한다. 조제의 절차는 혼전의 영좌靈座 앞에 신주神主를 모셔둔 상태에서 국왕과 사신이 혼전 안으로 입장한다. 사신이 세 번 향香을 올리고 폐물을 바친 후에 좨주祭酒를 세 잔 올린다. 인례가 제문祭文을 읽고 집사執事가 제문과 폐물을 받들어 요소燎所에서 태운다. 국왕과 조사弔使는 혼전 건물 밖 월대 위〔殿階上〕에서 서로 읍하고 각자 동서의 계단으로 내려온 후 국왕이 조사를 전송하고 질絰·장杖을 갖추며 곡哭하고 내전으로 들어간다. 그리고 내전內殿의 국휼國恤에는 왕세자가 국왕 대신에 최복衰服을 입고 자리에 나간다. 국왕이 중문中門에서 사신을 맞이하는 것은 국왕의 조제와 같지만 의복은 익선관翼善冠·백포白袍·오서대烏犀帶를 갖춘다. 이하의 절차는 국왕의 조제弔祭와 동일하다. 그 밖에 집사執事가 나와서 주관하는 의식이 없어 차이점을 보인다.599) 조제弔祭를 위한 방문은 인정전에서 접견만 행하고 제문과 폐물을 전하는 의례는 혼전에서 행하는 것으로 구성되었다. 조제 장소가 혼전으로 정해져 있지만 실제로는 혼전 이외에 신주를 가설假設하여 다른 전각을 이용하기도 하였다. 예를 들어 숙종 10년(1684) 7월에 현종비 명성왕후의 승하로 청의 조사弔使가 왔을 때 혼전은 창경궁 문정전〔영모전永慕殿〕이었지만 창경궁 환경전에 가설하여 치제하였으며, 영조 7년(1731) 4월 경종비 선의왕후의 승하를 조문하러 청의 조사가 왔을 때에 혼전은 창경궁 문정전이었지만 경덕궁〔경희궁〕 읍화당浥和堂에 임시로 치제장소를 마련하였다.

「전부의」는 청 황제와 황후의 부음訃音을 알리는 의식이다. 황제의 부칙訃勅이 도착하면 국왕은 익선관·백포·오서대를 입고 교외에서 맞이한다. 그리고 정전인 창덕궁 인정전에서 거애擧哀를 행하고600) 4일째 되는 날 성복成服을 하며601) 성복 3일 만에 석복釋服

599) 『通文館志』 第2冊, 事大(下), 弔祭儀.
600) 『通文館志』 第2冊, 事大(下), 傳訃儀, "皇帝訃勅至則殿下具翼善冠白袍烏犀

을 행한다.602) 거애·성복·석복 의식은 '사배-상향上香-거애擧哀〔擧
臨〕-지곡止哭-사배'의 단계를 거쳐 동일한 절차로 진행되었다. 황후의
전부傳訃의식은 교외에서 칙서를 맞이할 때 국왕이 익선관·참포黲袍·
오서대를 입으며 황제 부음 시와 비교하여 백포가 아닌 참포를 착용
하고 있다. 그리고 황후 전부의식에서 거애의 절차는 황제의 전부
절차와 동일하지만 성복·석복의 절차가 없다.603) 전부의 대상에 따
른 복식을 비교하여 정리하면 다음〔표5-8〕과 같다.

[표 5-8] 『통문관지』 「전부의(傳訃儀)」 대상과 행례자 복식

구 분		전부(傳訃) 대 상	
		황제(皇帝)	황후(皇后)
교외 맞이	국왕	翼善冠·白袍·烏犀帶	翼善冠·黲袍·烏犀帶
	백관	烏紗帽·白團領·烏角帶	淺淡服
성복 (成服)	국왕	衰服	(성복 없음)
	백관 4품이상	衰服	
	백관 5품이하	白團領·烏紗帽·烏角帶	

전부傳訃 의례를 시행하는 장소로서 『통문관지』 「전부의」에는
법궁인 창덕궁 인정전으로 규정되어 있다. 그러나 전부의 장소는
법궁이 아니라 이궁인 경희궁에서 행해지기도 하였다. 특이하게

帶…郊迎至仁政殿先行四拜上香擧哀止哭四拜…".
601)『통문관지』에는 청 황제의 성복례(成服禮) 장소가 표기되지 않았지만 문
맥상으로 거애 장소와 동일하게 성복례 장소도 정전에서 행해졌을 것으로
생각된다. 그 사례로 경종 2년 12월 16일 인정전에서 강희제(康熙帝)의 부
음칙서를 맞이하고 19일에 성복례를 인정전에서 거행하였다. 다만 인정전의
성복례는 참여자가 백관이었고 국왕과 세제는 대내(大內)에서 행하였다.
602) 전하의 상복(喪服)을 제거(除去)하여 후원(後苑)에 매장한다. 접견(接見)
하는 일이 만약 상복(喪服)을 벗은 뒤에 있다면 무양흑단령(無揚黑團領)
을 입으나 흉배(胸背)를 없애며, 중국 사신이 만약 상복(喪服)을 벗기 전
에 돌아간다면 전하는 상복(喪服) 차림으로 그들을 전송한다.
603)『通文館志』第2冊, 事大(下), 傳訃儀.

302 .....

정조대 이후에 이궁인 경희궁의 숭정전을 전부의 장소로 이용하고 있었다. 그 예를 들어보면 다음과 같다. 정조 23년(1799) 3월 2일 청 태상황제[건륭제乾隆帝]의 부음을 알리는 사신이 입경하였는데, 정조는 사신 도착 이전에 시어소인 창덕궁에서 경희궁으로 이어한 후604) 전부의를 마치고 3월 6일에 다시 창덕궁으로 환궁하였다.605) 또한 순조 20년 11월 8일에 청 가경嘉慶 황제[인종]의 부음을 전하는 칙사가 왔다. 이 때 순조는 창덕궁에 거처하였는데, 모화관에서 칙사를 맞이한 후에 경희궁 숭정전으로 옮겨 칙서 받는 예를 행하고 이후 창덕궁으로 환궁하였다.606)

2) 청 사신접견과 법궁-이궁의 정전 병용竝用

조선전기 명 사신의 접견은 입경入京 후에 영迎[모화관]-수조칙受詔勅, 다례茶禮[근정전]-연회宴會[태평관]의 순서로 진행된다. 국왕이 모화관에서 칙사를 맞이하고 궁궐로 돌아가 정전에서 칙서를 받고 다례가 이루어지는 것이다. 그리고 태평관으로 돌아간 칙사일행에게 왕세자와 종친·백관이 돈수재배례頓首再拜禮 후에 연회를 베풀어 주었다. 중국 사신을 접견하는 것은 주요한 국가의례이기에 법

---

604) 『承政院日記』第1805冊, 正祖 23年 3月 2日(庚申), "…上具翼善冠·袞龍袍, 乘輿出協陽門, 降輿乘轎…大駕出肅章門·進善門·敦化門, 路由鍾街, 出崇禮門, 至慕華館幄次外, 降轎御幄次…上入興化門·建明門·崇政門, 降轎乘輿, 詣崇政殿月臺下, 降輿入小次…".

605) 『正祖實錄』卷51, 正祖 23年 3月 6日(甲子), "上送勅于慕華館 還昌德宮".

606) 『承政院日記』第2135冊, 純祖 20年 11月 8日(辛酉), "上在昌德宮…庚辰十一月初八日辰時 大駕詣慕華館…上具翼善冠·袞龍袍 乘轎出宣化門…大駕出協陽門·肅章門·進善門·敦化門, 由鍾街出崇禮門, 至慕華館幄次外 降轎御幄次後 問安勿爲之事…出駕前下敎 由建陽門 出興化門 路由鍾街 入敦化門 由進善門·肅章門 至協陽門·宣化門 還內. 命出標信解嚴 諸臣以次退出";『純祖實錄』卷23, 純祖 20年 11月 8日(辛酉), "詣慕華館 迎勅使. 詣崇政殿 行受勅禮 仍行茶禮".

궁에서 행하며 의식공간인 정전에서 행하도록 규범화되어 있었다.

그런데 조선후기 대중국관계가 명에서 청으로 바뀌면서 외교의례에도 변화가 나타나기 시작하였다. 우선 조선전기 법궁인 경복궁에서만 시행하던 중국 사신의 국서전달과 선포, 접견 등 일련의 사신접견 의례가 법궁이 아닌 이궁에서도 행해지고 있었다. 임진왜란으로 소실된 경복궁이 중건되지 않으면서 창덕궁이 법궁의 역할을 하였는데 창덕궁이 아닌 이궁, 즉 경희궁·창경궁에서 사신접견의례가 시행되기도 하였다.

또 다른 변화 중에서 하나는 사신접견례가 정전과 편전으로 분화하여 국왕의 국서 열람은 편전에서 진행되고 국서의 선포는 정전에서 이루어지는 사례가 나타나기도 하였다. 이러한 현상은 법궁-이궁, 정전-편전의 운영체제와 사신접견례의 변칙적 적용이 이루어지는 것으로 의례 시행과 공간 활용의 불일치가 나타나는 것이었다. 결국 조선정부의 대중국 외교관계에 있어서 명과 청에 대한 인식과 예우의 차이점이 사신접견 의례와 궁궐 운영에서도 나타나는 역사적 현상이라고 할 수 있겠다.

조선후기 대중국 관계의 변화 속에서 사신접견 의례가 궁궐운영방식과 어떠한 연계성을 가지고 운영되는지, 우선 왕대별로 사신접견과 법궁-이궁체제와 연관된 정전운영을 살펴보도록 하겠다.

명나라 사신을 접견하는 의례는 법궁인 경복궁에서 시행하였다. 『국조오례의』에 사신접견의례 장소가 근정전으로 설정되었고, 그 기준은 준수되어 국왕이 이궁인 창덕궁 또는 수강궁 등의 다른 궁궐에 거처하더라도 명나라 사신접견을 위해 경복궁으로 이어하였다가 시어소로 환궁하는 궁궐운영방식을 보여주고 있었다. 이러한 운영방식은 예전禮典의 규정과 실제적 운영의 일치를 보여주고 있다. 또한 근본적으로 국가의 주요의식인 대중국 사신접견 의례가 법궁의 정전에서 이루어져 법궁의 위상과 의례적 실천이 동일시되는 현상이며 법궁-이궁체제의 운영방식에도 부합되는 의례적 행위로 볼 수 있다.

그러나 명에서 청으로 대중국관계가 전환되면서 사신접견 의례의 변화가 보이기 시작하였고 그와 연계되어 궁궐의 운영방식에도 변화가 나타나고 있었다. 〔표5-9〕는 『실록』을 활용하여 조선후기 효종~정조대까지 궁궐에서 사신접견 의례가 시행된 현황을 정리하고607) 『승정원일기』를 통해 사신접견 당시 국왕이 임어하던 시어소를 확인한 내용이다. 표에서 나타난 특징 중에 하나는 조선후기 법궁이었던 창덕궁 이외에 이궁인 경희궁과 창경궁에서도 사신접견 의례가 시행되고 있다는 점이다. 그리고 특이하게 의식공간인 정전 이외에도 편전을 이용한 사례가 나타나기도 하였다. 『통문관지』 「교영의郊迎儀」, 「인정전접견의仁政殿接見儀」를 통해 사신접견례의 공간이 인정전으로 설정되어 사신접견례의 정전 운영이 규정화된 사실을 확인할 수 있지만, 한편으로는 『통문관지』 「편전수칙의便殿受勅儀」 항목도 기재되어 사신접견례의 또 다른 공간으로 편전이 이용되고 있음을 확인할 수 있다. 이러한 사실은 조선후기 청 사신의 접견의례 공간으로 이궁과 편전을 이용하는 새로운 양상을 보여주며, 조선전기 명 사신접견 의례가 법궁인 경복궁 근

607) 〔표 5-9〕는 『실록』에서 청 사신접견과 관련하여 행례(行禮) 장소가 기재된 것만을 정리한 한계가 있음을 밝혀 둔다. 예를 들어 현종 즉위년 11월 8일의 『실록』 기록에는 모화관에서 칙서를 맞이하고 궁궐로 돌아와 예를 마쳤다라고 간략히 기재되어 있다(『顯宗實錄』 卷1, 顯宗 卽位年 11月 8日 (乙丑)). 그런데 같은 날의 『승정원일기』에는 사신접견례의 진행절차가 구체적으로 기재되어 있지 않지만 다례, 제문(祭文)과 부물(賻物)의 위치, 칙사의 동선 등을 보고하고 의논하는 기록 가운데 '인정전행례(仁政殿行禮)'라고 기재되어 인정전에서 행례하였음을 알 수 있다. 하지만 『승정원일기』에도 청 사신접견과 관련된 절차가 영조대 전후하여 나타날 뿐 청 사신접견의 행례와 장소 등을 자세히 파악하는데 어려움이 있는 것은 비슷하다.

정전을 준수하고자 했던 것과는 큰 차이점을 보여주고 있었다.

[표 5-9] 효종~정조대 청(淸) 사신접견과 궁궐 정전·편전 운영

구 분		시어소	사신접견 장소			방문목적
			궁궐	정전	편전	
효종	0.10.7	창덕궁	창덕궁	인정전		賜祭(仁祖大王), 冊封國王
	1.3.7	창덕궁	창덕궁	인정전		표류 한인 처리, 섭정왕 혼사 등
	1.4.19	창덕궁	창덕궁	인정전		淸 섭정왕 혼사(義順公主 데려감)
	1.5.12	창덕궁	창덕궁	인정전		淸 섭정왕 혼사(迎親 미 시행)
	1.9.6	창덕궁	창덕궁	인정전		
	1.10.4	창덕궁	창덕궁	인정전		淸 皇祖妣皇后 尊諡, 太廟祔享
	1.12.12	창덕궁	창덕궁	인정전		淸 섭정왕 傳訃
	2.1.24	창덕궁	창덕궁	인정전		淸 세조 친정(섭정왕 사망 후)
	2.2.11	창덕궁	창덕궁	인정전		섭정왕 황제 추봉, 淸 世祖 생모 존호 가상
	2.3.4	창덕궁	창덕궁	인정전		淸 世祖 생모 존호 가상
	2.3.17	창덕궁	창덕궁	인정전		淸 섭정왕 모반 追討
	2.10.15	창덕궁	창덕궁	인정전		淸 황태후尊號 가상, 황후冊立
	3.6.11	경덕궁	경덕궁	숭정전		
	3.12.18	경덕궁	경덕궁	숭정전		越境 범죄인 조사요청
	4.11.10	창덕궁	창덕궁	인정전		淸 황후를 (靜)妃로 강등
	5.9.11	창덕궁	창덕궁	인정전		
	6.3.3	창덕궁	창덕궁	인정전		세자 책봉
	6.8.28	창덕궁	창덕궁	인정전		越境조사(불법채벌, 살인)
	7.4.26	창덕궁	창덕궁	인정전		義順公主 귀국
	8.3.4	창덕궁	창덕궁	인정전		淸 황태후 존호 가상
	8.3.28	창덕궁	창덕궁	인정전		화약 불법 매입 조사
	8.5.23	창덕궁	창덕궁	인정전		淸 太祖(祖)·太宗(父) 天地배향
	8.12.27	창덕궁	창덕궁	인정전		
	9.3.12	창덕궁	창덕궁	인정전		
현종	0.11.8	창덕궁	창덕궁	인정전		賜祭, 冊封
	2.1.29	경덕궁	경덕궁	숭정전	홍정당	淸 世祖 傳訃, 皇太子冊封 *홍정당(接見禮)→숭정전(宣勅)
	2.2.28	경덕궁	경덕궁	숭정전		淸 康熙帝 登極
	2.5.25	경덕궁	경덕궁		편전	
	3.5.11	창덕궁	창덕궁	인정전		淸 雲南 勝捷/의주 사건
	3.12.4	창덕궁	창덕궁	인정전		淸 숭덕황후·황후생모 追上尊號
	4.3.4	창덕궁	창덕궁		희정당	淸 황후 傳訃 *희정당(受勅,擧哀)→희정당(傳勅)
	4.11.6	창덕궁	창덕궁	인정전		
	6.11.24	창덕궁	창덕궁	인정전		淸 황후 冊立
	9.1.25	창덕궁	창덕궁	인정전		淸 順治 天壇배향, 母·祖母존호가상

	11.2.2	창덕궁	창덕궁	인정전	희정당	清 皇帝 宮殿 營造 *희정당(接見)→인정전(頒勅)
	13.1.5	창덕궁	창덕궁		희정당	중국 통일 *희정당(接見,茶禮)→館所
숙종	1.3.3	창덕궁	창덕궁	인정전		
	2.2.15	창경궁	창덕궁	인정전		清 태자 冊封
	2.3.15	창경궁	창덕궁	인정전		清 太皇太后,皇太后 加上徽號
	3.10.29	창덕궁				清 황후 冊封
	4.3.22	창덕궁	창덕궁	인정전	희정당	清 황후(鈕祜盧氏) 傳訃 *희정당(接見)→인정전(宣勅)
	4.5.20	창경궁	창덕궁	인정전		清 황후(鈕祜盧氏) 冊諡
	5.2.14	창경궁	창덕궁	인정전		清 황태자 痘疫 平復
	6.2.22	창덕궁	창덕궁	인정전		清 太和殿 화재
	6.윤8.13	경덕궁	경덕궁	숭정전		월경 범죄 조사
	7.4.2	창경궁	창덕궁	인정전		賜祭(仁敬王后) *弔祭(문정전)
	8.2.21	창덕궁	창덕궁	인정전		오삼계의 난 토벌
	8.7.6	창덕궁	창덕궁	인정전		숙종비 인현왕후 책봉
	10.7.4	창덕궁	창덕궁	인정전		賜祭(明聖王后) *弔祭(환경전)
	10.12.12	창덕궁			태화당	頒敕(曆逢甲子 世際昇平)
	11.11.21	창경궁	창덕궁		희정당	월경 범죄 조사
	14.1.10	창덕궁				清 태황태후 傳訃
	15.2.17	창덕궁	창덕궁	인정전		莊烈王后 賜祭
	15.8.8	창덕궁	창덕궁	인정전		清 황후 傳訃
	15.11.25	창덕궁			편전	清 황후 頒諡
	16.1.21	창덕궁	창덕궁	인정전		왕비 책봉(희빈 장씨)
	17.4.4	경덕궁	경덕궁	숭정전		월경 범죄 조사
	21.1.11		창덕궁	인정전		인현왕후 책봉
	23.9.18	창덕궁	창덕궁	인정전		阿魯特 勝捷, 皇極殿 완성
	23.10.2	창덕궁	창덕궁	인정전		왕세자 封典
	28.2.22	경덕궁	경덕궁	숭정전		頒赦(仁顯王后) *弔祭(읍화당)
	29.6.11	창덕궁	창덕궁	인정전		인원왕후 책봉
	35.5.11	창덕궁	창덕궁	인정전		清 황태자 復位
	43.10.27	창덕궁	창덕궁		희정당	賜空靑
	44.1.4	창덕궁	창덕궁		희정당	清 황태후 崩逝
	45.2.28	경덕궁	경덕궁		흥정당	清 황태후 祔廟
경종	0.11.27	창경궁				*치제(창경궁 문정전) →접견(희정당) 생략
	1.2.11	창경궁	창경궁	명정전		국왕, 왕비 책봉
	2.5.27	창경궁	창경궁	인정전		왕세제 책봉
	2.12.16	창덕궁	창덕궁	인정전		清 康熙帝 遺詔
	3.4.27	창덕궁	창덕궁	인정전		清 康熙帝 諡詔
	3.7.6	창덕궁	창덕궁	(인정전)	희정당	清 황태후 遺詔
	3.11.6	창덕궁	창덕궁	인정전		清 황태후 尊諡詔

	4.2.11	창경궁	창덕궁	인정전		清 강희제 배향
	4.3.17	창경궁	창덕궁	인정전		清 황후 책립(那拉氏)
영조	1.3.17	창경궁				致弔賜諡, 冊封
	1.11.15	창경궁	창덕궁	인정전		왕세자 책봉(효장세자)
	5.5.22	창덕궁				賜祭 孝章世子
	7.4.21	창경궁	경희궁	숭정전		宣懿王后 弔祭(泯和堂虛設)
	7.11.4	창경궁	창경궁	명정전		清 황후 崩逝(那拉氏)
	11.10.1	(창덕궁)	창덕궁	인정전		清 雍正帝 傳訃
	11.11.12	창덕궁	창덕궁	인정전		清 건륭제 등극
	12.1.24	창덕궁	창덕궁	인정전		清 옹정제 시호
	12.3.4	창덕궁	창덕궁	인정전		清 乾隆皇太后 尊號詔勅
	13.6.9	창덕궁	창덕궁	인정전		清 雍正帝 祔廟
	14.1.17	창덕궁				清 황태후 尊號, 황후 冊封
	14.3.27	창덕궁	창덕궁	인정전		사도세자 封典勅
	24.4.24	경희궁	경희궁	숭정전		清 황후 崩逝
	24.7.27	창덕궁	창덕궁	인정전		清 황후 諡號 반포
	25.6.12	창덕궁	창덕궁	인정전		清 태후 尊號, 南蠻 평정 등
	26.10.9	창덕궁	창덕궁	인정전		清 황태후 尊號, 황후 冊立
	28.1.26	창덕궁	창덕궁	인정전		清 태후 尊號
	31.8.19	창덕궁	창덕궁	인정전		清 황태후 尊號, 準噶爾 討平
	33.9.21	창경궁	창경궁	명정전		賜祭(仁元大妃) *致祭(함인정)
	36.1.15	창덕궁	창덕궁	인정전		西邊討平(波羅泥都,霍集占)
	36.5.6	창덕궁	창덕궁	인정전		왕비 冊封
	38.12.8	경희궁	경희궁	숭정전		賜祭(莊獻世子)
	39.9.4	경희궁	경희궁	숭정전		王世孫〔正祖〕封典
정조	0.10.27	경희궁	경희궁	숭정전		弔慰, 封典, 兩金川 討平
	1.3.7	경희궁	경희궁	숭정전		清 황태후 傳訃
	8.12.3	창덕궁	창덕궁	인정전		왕세자 책봉(문효세자)
	10.9.3	창덕궁	경희궁	숭정전		文孝世子 弔問 *경희궁 經宿
	23.3.2	창덕궁	경희궁	숭정전		清 太上皇帝〔乾隆帝〕傳訃 *경희궁 經宿
	24.1.26	창덕궁	창덕궁	인정전		清 乾隆皇帝 配天

* 『실록』, 『승정원일기』를 참조하여 국왕과 사신과의 단순한 접견 사례는 제외하고 일부 누락된 사신접견례는 『동문휘고』, 詔勅錄과 정은주, 2012, 『조선시대 사행기록화』, 부록4를 참조하였다.

** 시어소의 궁궐 표기 중 '( )'는 『승정원일기』 내용상 추정하여 표기

*** '음영 표시'는 경희궁(경덕궁)의 사신접견, '굵은 표시'는 창경궁 임어시 창덕궁 사신접견

효종~정조대에 시행된 청 사신접견 의례의 운영양상에 대해 위의 표를 참조하면서 법궁의 정전 이외에 사신접견의 공간적 활용이 어떻게 변화하고 있는지 살펴보도록 하겠다.

우선 효종대 궁궐의 이용은 국왕이 창덕궁 인정문에서 즉위한 후에 창덕궁에 거처하였는데, 잠시 경덕궁으로 이어하였다가 다시 창덕궁으로 돌아오는 운영양상을 보여주고 있다〔[표2-2] 참조〕. 처음 창덕궁에서 경덕궁으로 이어하게 된 배경에는 효종 2년 (1651) 11월에 인조 후궁인 조귀인趙貴人 저주사건과 관련이 있었다. 효종 즉위 후 김자점 등의 친청파가 제거되면서 소현세자의 강빈姜嬪 신원과 아들들 방면 문제가 대두하였는데, 이러한 정국 속에서 조귀인 저주사건으로 친청파가 완전히 정계에서 제거되는 정치적 사건이 있었고608) 조귀인의 저주 사건으로 국왕의 침전寢殿 가까이에 흉물凶物을 묻었다는 말이 전해지면서609) 처음에는 우선적으로 다른 전각으로 이어하였다가610) 효종 2년 12월에 효종은 왕대비를 모시고 경덕궁慶德宮으로 이어하였다.611) 그리고 다음해 봄에 흙을 제거하고 창덕궁으로 돌아오려고 했지만 더러운 기운이 가시지 않았다며 반대가 지속되어 그 다음해인 효종 4년(1653) 2월에 창덕궁으로 환어還御하였다.612)

조귀인 저주사건으로 국왕의 거처가 창덕궁→경덕궁→창덕궁으로 바뀌면서 사신접견례의 운영공간은 조선후기 법궁인 창덕궁에서만 시행된 것이 아니라 시어소로 삼았던 이궁을 활용하기도 하였다. 창덕궁에 거처하는 동안에는 사신접견 의례가 창덕궁 인정전에서 시행되고 있었다. 그런데 조귀인 사건으로 효종은 2년 12

---

608) 지두환, 2001, 『효종대왕과 친인척』, 역사문화, 67~81쪽.
609) 『孝宗實錄』 卷7, 孝宗 2年 12月 1日(甲辰).
610) 『孝宗實錄』 卷7, 孝宗 2年 12月 2日(乙巳), "兩司請依大臣之言 移御他殿 上從之".
611) 『孝宗實錄』 卷7, 孝宗 2年 12月 27日(庚午).
612) 『孝宗實錄』 卷10, 孝宗 4年 2月 27日(甲子).

월~4년 2월까지 경덕궁에서 임어하고 있었고, 그 기간에 3년 6월과 12월 2차례에 걸쳐 청 사신이 입경한 사례가 있었다. 12월의 경우에 청 사신이 월경 범죄인 조사를 위해 입경하였는데 칙서를 전달하는 장소가 법궁인 창덕궁이 아니라 경덕궁 정전인 숭정전에서 시행되고 있었다. 또한 6월의 경우에도 경덕궁을 시어소로 삼으면서 경덕궁 숭정전에서 사신접견 의례가 시행되고 있었다. 이러한 청 사신접견 의례와 궁궐운영은 국왕이 거처하는 시어소를 기준으로 사신접견이 이루어져 법궁 정전의 시행 원칙이 준수되지 않고 이궁도 사신접견례 장소로 이용되는 모습이었다.

한편, 효종 즉위년(1649) 10월에 인조 승하를 조문하는 조사弔使가 입경하였는데, 7일에 시어소인 창덕궁 인정전에서 사신접견 의례을 행하고 이후 9일에 혼전이 설치된 창경궁 문정전(영사전永思殿)에서 조제弔祭, 10일에는 창경궁 명정전에서 조례弔禮를 행하였다. 창덕궁에서 사신접견례를 행하고 혼전이 설치된 궁궐의 혼전에서 치제를 행하는 모습이다.

현종대에는 주로 창덕궁에 거처하면서 궁중의 재변과 천연두 등으로 인해 경덕궁과 창경궁, 어의동 본궁을 이용하고 있었다([표 2-2] 참조). 창덕궁 이외의 궁궐이용은 즉위년 12월부터 3년 2월까지 경덕궁에 임어하던 시기를 제외하고는 대체로 잠시 거처하는 운영방식을 보여주고 있었다. 효종의 국상 중이던 현종 즉위년(1659) 12월에 거처하던 창덕궁에서 귀변鬼變 등의 이유로 인해 시어소를 경덕궁으로 옮기게 되었다.613) 이때에 창경궁 문정전에 설치된 혼전(경모전敬慕殿)도 경덕궁 계상당啓祥堂으로 이안移安하였다.614) 이후 창덕궁을 수리하고 3년(1662) 2월에 다시 창덕궁으

---

613) 『顯宗改修實錄』 卷2, 顯宗 卽位年 12月 22日(戊申), "上移御慶德宮".
614) 『顯宗改修實錄』 卷2, 顯宗 卽位年 12月 1日(丁亥), "領議政鄭太和 延陽府

로 환어하였다. 경덕궁에 임어하는 동안 2년(1661) 1월 청 세조世祖 전부傳訃와 황태자 책봉 건으로, 2월에는 강희제의 등극을 알리는 칙서를 전하기 위해 청 사신이 조선에 입경하였다. 청 사신접견 의례는 국왕이 거처하던 경덕궁 정전인 숭정전에서 시행하였다. 경덕궁에 거처하는 동안 정전인 숭정전을 이용하는 방식과 동일하게 창덕궁을 시어소로 삼은 경우에는 인정전을 이용하고 있었다.

그런데 2년 1월의 청 사신접견은 현종의 병환을 이유로 먼저 편전에서 칙서 열람과 거애를 행하고, 다음으로 정전인 숭정전에서 칙서 선포를 행하였다. 국왕의 병환으로 인해 사신접견례의 배례, 칙서열람, 반포, 다례 등 일련의 사신접견 의례가 연속적으로 정전에서 시행되지 않고 의례 중에서 칙서 열람은 편전에서 행하고 다른 의례절차는 정전에서 시행하는 모습이다. 현종대 병환 때문에 편전을 사용하는 사례는 〔표5-9〕와 같이 이후에도 계속 나타나고 있다. 사신접견 의례가 공간적으로 이원화하여 편의적으로 편전을 이용하면서도 배례 및 칙서선포와 같이 의례적 상징성을 함축하는 의식은 광명정대한 정전에서 행해지고 있었다. 국왕의 병환으로 편전을 이용하는 것 이외에는 시어소의 정전을 이용하는 양상이 효종대와 동일하게 운영되고 있었다. 국왕의 병환과 관련하여 사신접견 의례가 편전에서 시행된 운영양상 및 배경과 의미에 대해서는 다음 장에서 상세히 설명하도록 하겠다.

숙종대 궁궐의 운영양상은 자연재해·천연두 및 정치적 상황 등의 이유로 창덕궁, 창경궁, 경덕궁을 이용하며 이어와 환어를 반복

院君李時白 原平府院君元斗杓 等請對入侍 力請移御慶德宮. 上曰 只爲予身 則豈不欲鎭定 而兩慈殿之意 不欲仍御. 然魂殿在此 罔知攸處矣. 斗杓曰 魂殿移安 亦無不可矣. 上曰 大臣如是固請 移御之意 分付各該司. 魂殿移奉於 啓祥堂 前廊亦爲造成".

하고 있었다〈[표2-3] 참조〉. 사신접견과 궁궐의 운영방식을 보면, 효종~현종대의 운영과 유사한 점을 보여주고 있다. 사신이 방문하면 시어소 정전에서 사신접견 의례가 행해지고 있으며, 병환을 이유로 편전에서 접견형식의 칙서를 열람하고 칙서반포 의식은 정전에서 행하고 있었다.615) 숙종대에 나타난 특이한 점은 창경궁에 임어하는 동안에 사신접견 의례가 창경궁 정전인 명정전에서 행해지지 않고 창덕궁으로 옮겨 인정전에서 행해졌다. 앞에서 살펴본 사례를 통해 창덕궁과 경덕궁에 임어할 때에는 각각의 시어소 정전에서 사신접견 의례를 행하였지만 창경궁 임어 시에는 예외적인 사항으로 적용되는 것이었다. 앞의 [표5-9]에서 보면 숙종 2년(1676) 2월, 4년 5월, 5년 2월, 7년 4월에 숙종이 창경궁에 거처하고 있었고 사신접견 의례는 창덕궁 인정전에서 행하고 있었다. 또한 11년(1685) 11월에 청에서 월경범죄를 조사하기 위해 사신이 방문하였을 때 병환을 이유로 인정전에서의 수칙受勅 의례를 생략하고 희정당에서 칙서를 열람하였다.616) 이때에 숙종은 창경궁에 임어하였고617) 수칙 의례를 시행하지 않더라도 창덕궁 편전으로 이어하고 있었다.

창경궁 대신에 창덕궁 정전을 이용한 것은 우선 창경궁은 국왕의 정식 궁궐이 아닌 대비궁의 성격을 지닌 점 그리고 조선후기에

---

615) 병환 등을 이유로 편전에서 칙서를 받거나 거애 등을 행한 후에는 해당 궁궐의 정전에서 칙서를 반포하는 의식을 거행하는 것이 일반적이다. 그런데 [표5-9]에서 보면 편전의 접견은 『실록』과 『승정원일기』 등을 통해서 확인할 수 있지만 정전에서의 칙서 반포 등은 생략된 경우가 많다. 예를 들어 숙종대 15년·43년·44년·45년의 청 사신접견의 내용에서 보면 희정당, 홍정당 등의 편전에서의 접견 기록은 나타나지만 정전에서의 반포 의식은 기술되지 않고 있다. 청 사신에 대한 관련기록이 상세히 기술되지 않은 경향과 연계하여 청 사신접견의 경우에도 생략되어 자세한 내용을 확인하기 어려운 점이 있다.

616) 『肅宗實錄』 卷16, 肅宗 11年 11月 21日(丁丑), "上接見勅使于熙政堂".

617) 『承政院日記』 第312冊, 肅宗 11年 11月 21日(丁丑), "上在昌慶宮".

창덕궁과 창경궁은 다른 궁궐이면서도 하나의 권역인 동궐東闕로 인식하는 경향이 있고, 실제로 운영방식을 보면 두 궁궐의 전각을 오가면서 이용하는 사례가 자주 나타나고 있었다. 작게는 두 궁궐의 거리가 멀지 않아서 이동의 편의성도 있다. 이러한 인식과 배경에서 창경궁에 임어하는 경우에 창덕궁으로 이동하여 사신접견 의례를 행하였고, 또한 중국 사신을 예우하는 의례로서 법궁인 창덕궁에서 격식을 갖추고 행하는 것이 합당하였기에 창경궁 대신에 창덕궁을 이용하였던 것으로 여겨진다.

경종은 숙종이 경덕궁 융복전에서 승하하자 자정전에 빈전을 설치하고 집상執喪을 위해 경덕궁에서 거처하고 있었다. 발인 후에는 경종이 창경궁으로 이어하고 신주神主도 혼전인 문정전[효녕전孝寧殿]에 모셨다. 이후 담제를 10여일 앞두고 창덕궁으로 이어하였다. 다시 창경궁과 창덕궁을 오가며 임어하다가 창경궁 환취정에서 승하하였다. 경종 초기에 집상을 위해 경덕궁과 창경궁에 임어한 후에 창덕궁과 창경궁을 주로 이용하는 모습이다.〈[표5-10] 참고〉

사신접견 의례와 관련해서 창덕궁에 거처할 때면 인정전에서 사신접견례를 행하고 시어소가 창경궁인 경우에는 전례와 같이 법궁인 창덕궁으로 옮겨 인정전을 이용하고 있었다. 창덕궁 임어 시에 인정전과 희정당을 이용한 사례는 2년(1722) 12월, 3년 4월·7월·11월이 있으며, 창경궁에 거처하면서 창덕궁 인정전을 이용한 사례는 2년 5월, 4년 2월·3월의 사신접견례가 있다.

다만 예외적으로 경종 1년(1721) 2월에 조문과 책봉을 전하는 청 사신이 입경하였을 때, 사신접견례를 창경궁 명정전에서 행하고 있었다.618) 이때는 숙종의 혼전을 문정전에 모셔 두어 경종이 집

---

618) 『景宗實錄』 卷3, 景宗 1年 2月 11日(壬寅), "淸使査柯丹羅瞻等入城 上具吉服 出迎于慕華館. 還宮受勅 行禮于明政殿訖 改具視事服 與淸使相見 行

상을 위해 창경궁에 여차를 마련하여 거처하고 있었다. 조사弔使가
입경하면 혼전에서 조례弔禮를 행하는데, 숙종의 혼전이 문정전에
서 설치되어 창경궁 정전에서 사신접견례와 함께 사신이 조례弔禮
를 행할 수 있도록 창덕궁 인정전이 아닌 명정전에서 사신접견 의
식을 행한 것으로 여겨진다.619)

[표 5-10] 경종~영조대 궁궐별 임어(臨御)기간620)

구분	창덕궁	창경궁	경덕궁 (경희궁)	비 고
경종			1) 0.6.13~0.10.20	
		2) 0.10.20~2.7.28		
	3) 2.7.28~4.1.13			
		4) 4.1.13~4.4.17		창경궁 通明殿 이어
	5) 4.4.17~4.8.6			
		6) 4.8.6~4.8.25		창경궁 環翠亭 이어
영조	1)0.8.30~0.12.15			
		2)0.12.16~2.11.2		
	3)2.11.2~6.3.22			
			4)6.3.22~6.10.20	

茶禮…".

619) 경종대 이후 국왕 승하와 관련된 청 조사(弔使)의 사신접견 의례와 조례
가 시행된 상황을 살펴보면 다음과 같다. 우선 영조 1년 3월 17일에 청
에서 책봉과 치조(致弔)를 목적으로 청 사신이 입경하였다. 『실록』과
『승정원일기』에는 사신접견을 행한 내용은 언급되었지만 시행 장소는
기재되지 않았다. 다만 경종의 신주를 창경궁 문정전에서 두고 여차를 창
경궁에 두었던 기록을 통해 경종대와 유사하게 창경궁 정전인 명정전에서
사신접견 의례를 행하고 조례는 문정전에서 행하였을 것으로 추정된다.
이후 정조대에는 경종대와 유사한 사례가 나타난다. 정조는 영조의 혼전
을 처음에 경희궁 태녕전에 두었다가 국왕시해사건때문에 창덕궁으로 이
어하고 혼전도 창경궁 문정전으로 이안(移安)하였다. 정조 즉위 후 경희
궁 임어시에 청에서 조위(弔慰)와 봉전(封典)을 위해 사신이 입경하였고
정조는 정전인 숭정전에서 사신접견례를 행하고 이어서 태녕전으로 옮겨
조례를 행하고 있었다.
620) 본 표는 홍순민, 1996, 『朝鮮王朝 宮闕 經營과 "兩闕體制"의 변천』, 서울
대박사논문, 〈표3〉을 기본으로 해서 『승정원일기』, 『실록』등을 참조하
여 수정·보완하였다.

314 .....

	5)6.10.20~12.4.22		④→⑤선의왕후 상제 *발인 다음날 창경궁 이어
		6)12.4.22~12.10.11	⑤→⑥동궁 보호 *네째 옹주 사후
7)12.10.11~15.6.28			
		8)15.6.28~15.10.21	⑦→⑧대풍의 災變
9)15.10.21~17.4.25			
		10)17.4.25~17.10.16	
11)17.10.16~20.2.25			
		12)20.2.25~21.2.4	
13)21.2.4~23.10.27			
		14)23.10.27~24.7.6	⑬→⑭창덕궁 화재
15)24.7.6~33.3.30			⑭→⑮화평옹주 상례
	16)33.3.30~35.#6.29		
17)33.#6.30~35.7.4			
	18)35.7.5~35.7.28		
19)35.7.29~36.7.8			
		20)36.7.8~40.8.6	
21)40.8.6~40.12.26			
		22)40.12.26~52.3.5	

영조대의 궁궐 운영양상도 창덕궁·창경궁·경덕궁을 대상으로 상제喪祭와 재변災變, 화재, 정치적 상황 등의 이유로 거처를 옮겨가고 있었다. 사신접견례와 관련해서도 국왕이 창덕궁과 경덕궁에 임어하는 기간에는 각 궁궐의 시어소 정전에서 사신접견례가 행해지고 있었다. 그리고 역시 창경궁이 시어소인 경우에는 법궁인 창덕궁으로 옮겨 인정전에서 사신접견 의례를 행하였다. 또한 조문사신 방문 시에는 혼전이 설치된 궁궐 정전에서 사신접견 의식을 시행하고 혼전에서 조례를 시행하고 있었다.

〔표5-9〕를 참조해 보면, 창덕궁에서 거처할 때에 인정전 이용은 11~14년, 24~28년, 36년의 사례와 같으며, 경희궁 임어 시에

숭정전을 이용하는 사례는 24년, 39년의 사신접견 의례 시행처럼 각 시어소의 궁궐 정전에서 사신접견 의례가 시행되고 있었다. 조선후기 전형적으로 시행된 사신접견례의 정전 운영방식이다.

그리고 창경궁 임어 시에 창덕궁 인정전을 이용하는 모습은 다음과 같다. 경종이 창경궁 환취정環翠亭에서 승하한 후에 창덕궁 선정전에 빈전을 설치하고 영조는 창덕궁에 거처하며 집상을 하였다. 이후 의릉懿陵에 장례를 지내고 창경궁 문정전[경소전敬昭殿]을 혼전으로 삼고 영조 2년(1726) 10월 7일 담제와 13일 부묘를 마친다.621) 영조는 즉위 후 발인 시까지 창덕궁에 거처하다가 즉위년(1724) 12월 16일 발인 후에 창경궁으로 옮겨 시민당에서 하현망곡, 초우제망곡을 행하고 이후 2년(1726) 11월 2일까지 국상을 위해 창경궁에서 거처하고 있었다.622) 창경궁 임어 기간인 영조 1년(1725) 11월에 효장세자 책봉 건으로 칙사가 방문하였는데, 사신접견 의례는 창덕궁 인정전으로 자리를 옮겨 의식을 거행하였다. 혼전이 설치된 창경궁에서 집상을 하는 동안에 사신접견례를 법궁인 창덕궁 인정전에서 시행하는 모습이다.

그런데 창경궁에 임어하는 동안 사신접견 의례가 모두 창덕궁

---

621) 『承政院日記』 第582冊, 英祖 卽位年 12月 16日(乙酉), "…明日巳時反虞儀仗彩譽如儀. 而行至東關王廟前路 大駕已爲祗候迎. 拜哭訖 神輦前行 奉安于昌慶宮明政殿 行別奠"; 『承政院日記』 第582冊, 英祖 卽位年 12月 17日(丙戌), "午時 儀注不爲磨鍊 而自上特行望殿禮 仍爲奉審 上御敬昭殿. 行望殿禮…贊禮導上 由敦禮門 向敬昭殿 諸臣亦隨入. 敬昭殿 卽文政殿也. 設靈座於北壁 虞主櫃安於其上 魂魄函置其後 冊寶置於靈座前稍左 設鳳扇·雀扇各一 靑蓋·紅蓋各一於左右. 上入殿內 諸臣或在戶外 或在階上 內侍入殿內奉審訖. 贊禮導上降階 出敦禮門 入帷門內 諸臣陪至 見上還入後退出".

622) 『承政院日記』 第581冊, 英祖 卽位年 12月 15日(甲申), "上御昌德宮廬次"; 『承政院日記』 第582冊, 英祖 卽位年 12月 16日(乙酉), "上在昌慶宮廬次"; 『英祖實錄』 卷10, 英祖 2年 11月 2日(庚寅), "上還御大造殿 卽昌德宮也. 兵曹以弘化門 依前還閉 敦化門除標信開閉 建陽門入直軍除出 銅龍門把守之意爲啓 允之".

인정전에서 행해지지는 않았다. 7년과 33년의 사례를 보면 인정전이 아닌 경희궁 숭정전과 창경궁 명정전에서 시행되고 있었다. 우선 영조 7년(1731)의 사례이다. 4월 21일에 청의 조사弔使가 경종비 선의왕후의 조문을 위해 입경하였다. 조문사신이 입경하던 당시에 영조는 선의왕후의 혼전을 창경궁 문정전에 설치하고623) 혼전 설치와 함께 영조 6년(1730) 10월부터 8년 8월까지 창경궁에서 임어하고 있었다.624) 이때의 청 사신접견 의례는 법궁인 창덕궁도 아니고 시어소인 창경궁도 아닌 경희궁에서 시행되었다. 그 배경에는 청의 조사가 방문하는 것에 대비하여 선의왕후의 혼전을 경덕궁의 읍화당浥和堂에 임시로 허설虛設하면서 경덕궁의 정전을 이용하게 된 것이다. 그 절차를 보면, 영조는 처음에 모화관에서 칙사를 영접하고 이후 칙사가 경덕궁 읍화당에서 조제弔祭를 행하였다. 그리고 영조는 경희궁 숭정전에서 칙사를 접견하고 다례를 행한 후에 시어소인 창경궁으로 환궁하였다.625) 국왕의 이동경로를 보면, '창경궁〔시어소〕→모화관(영접)→경덕궁 읍화당(조제)→경덕궁 숭정전(접견)→창경궁(환궁)' 순으로 거둥하였던 것이다.

다음 사례로, 영조 33년(1757) 9월 청에서 숙종비 인원왕후仁元

---

623) 처음에는 혼전을 경희궁 읍화당(浥和堂)을 정하였다가 영조 6년 8월에 창경궁 문정전으로 변경하였다(『英祖實錄』卷27, 英祖 6年 8月 8日(甲辰), "兵曹判書金在魯請對入侍 上命魂殿 更定于昌慶宮 文政殿 發靷後還御一節 依庚子例擧行. 魂殿 初定於浥和堂 御齋室 定於史館 館中所藏實錄 移安于侍講院 大興工役 修改浥和堂 木石丹艧之役 極其浩大. 役幾完而歸於無用 更始工役於昌慶宮. 命朝哺哭班殷奠加漆哭班 移設於永慶門外 初哭班 連設於廣達門內 以稍遠於殯殿 有是命").

624) 『英祖實錄』卷28, 英祖 6年 10月 20日(乙卯), "上移御昌慶宮. 入敦化門 由協陽門 入大內 上在亮陰 故不由仁政正門. 東朝以辰時 中宮以巳時 嬪宮以午時 移御".

625) 『英祖實錄』卷29, 英祖 7年 4月 21日(癸丑), "上親臨于慕華館 迎胡勅 自敦義門 駐蹕于慶德宮. 虛設魂殿靈座于浥和堂 胡人行弔祭畢. 上接見于崇政殿 行茶禮如儀. 仍還宮 路遣史官 命李光佐借入 光佐惶恐不膺命".

王后와 영조비 정성왕후貞聖王后의 치제致祭를 위해 조사弔使가 입경하였다. 당시 영조는 33년 3월 26일에 인원왕후가 창덕궁 영모당永慕堂에서626) 승하한 후 30일에 대렴을 행하고 창경궁 통명전을 빈전으로 삼으면서 집상執喪을 위해 30일부터 통명전에 여차를 마련하고 임어하고 있었다.627) 이후 혼전을 문정전에 설치하였는데628) 청 조사의 치제를 위한 별도의 혼전이 함인정에 가설假設되었다.629) 청 조사는 함인정에서 치제하고 연희당延喜堂에서 조문〔弔〕한 뒤에 정전인 명정전에서 사신과의 상견례와 다례를 행하였다.630)

---

626) 영모당은 「영모당소지(永慕堂小識)」에 의하면, 경복당을 수직하던 내관(內官)이 살던 곳인데 인원왕후가 영조 33년 3월 4일에 거처로 삼았다가 3월 26일에 승하하였던 전각이며, 영조가 승하한 공간은 역사에 남겨야 한다는 뜻으로 영모(永慕)라 이름짓고 직접 써서 편액을 걸었다고 한다. 『국조보감』에는 영조 31년에 인원왕후가 거처하는 당을 영모라고 이름지었다고 한다(서울학연구소, 1994.『(국역)궁궐지』1, 창덕궁지, 영모당, 102쪽).

627) 『英祖實錄』卷89, 英祖 33年 3月 30日(辛酉), "行大斂 移奉通明殿 仍下梓宮"; 『承政院日記』第1142冊, 英祖 33年 3月 30日(辛酉), "上在昌慶宮".

628) 『英祖實錄』卷90, 英祖 33年 9月 21日(庚戌), "迎弔祭勅儀註【孝昭徽寧兩魂殿同】". 참고로 위 기사의 '영조제칙의주(迎弔祭勅儀註)'에는 효소전, 휘령전의 순서로 치제가 이루어지는 것으로 마련되었지만 실제로는 함인정에 혼전을 가설하여 의주와 실제 의례와는 차이가 있다.

629) 처음에는 청의 조칙(弔勅)이 오면 임금이 인정전에서 조칙을 받고 효소전(孝昭殿)의 치제(致祭)는 선정전(宣政殿)에서 행하며, 휘령전(徽寧殿)의 치제는 자정전(資政殿)에서 행하도록 하였지만(『英祖實錄』卷89, 英祖 33年 5月 10日(庚子), "上引見都監堂上玉堂春坊 以隨轝時 上出入正門當否 議大臣 皆以爲闕門異廟門 不宜由挾門 上從之. 又命弔勅之來 上受勅於仁政殿 孝昭殿致祭 行於宣政殿 徽寧殿致祭 行於資政殿"). 최종적으로는 창경궁 함인정에 혼전을 가설하도록 변경하였다(『英祖實錄』卷90, 英祖 33年 8月 4日(癸亥), "上御涵仁亭 召見左右相及遠接使曰 迎勅賜弔時 假魂殿以涵仁亭爲定 而處地左右宜設補階矣…").

630) 『承政院日記』第1148冊, 英祖 33年 9月 21日(庚戌), "丁丑九月二十一日 卯時 上具布裹翼蟬冠〔翼善冠〕視事服 乘輿出賓陽門…弔祭文 由明政殿正門 入上陞時 上出幕次 鞠躬迎之 行四拜禮. 上入涵仁亭 勅使入致祭如儀訖…上 次詣延喜堂 受弔如儀訖 上出就幕次 與勅使行相見禮. 上曰 時原任大臣迎接

결국, 영조대에도 사신접견례 시행과 관련해서 창덕궁과 경희궁을 시어소로 삼았을 경우에는 각각의 궁궐 정전에서 의식을 거행하였고, 창경궁에 임어하면 법궁인 창덕궁으로 이어하여 사신접견례를 시행하였다. 그런데 조문사신의 접견은 법궁과 시어소의 기준이 아니라 조사가 치제할 수 있는 궁궐에서 시행하였다. 치제공간이 실제 혼전을 대신하여 가설된 곳이지만 사신의 치제와 사신접견례가 연속적으로 수행될 수 있도록 혼전이 설치된 곳에서 사신접견례가 행해지고 있었다. 의례의 통합적인 운영방식에 따라 궁궐의 운영에도 차이가 나타나고 있었다. 이러한 배경에서 예외적으로 혼전이 창경궁 문정전에 설치되면서 창경궁 정전인 명정전에서 사신접견례가 행해질 수 있었다.

정조대의 궁궐 운영양상은 경희궁에서 즉위한 후에 창덕궁과 창경궁을 오가며 궁궐을 이용하고 있었다. 사신접견과 궁궐운영과의 상관성을 살펴보면, 우선 일반적인 형태로 시어소의 궁궐 정전에서 사신접견 의례가 시행되었다. 그리고 국왕, 세자의 조문과 관련해서는 혼전·혼궁이 설치된 궁궐에서 사신접견과 치제가 시행되고 있었다. 이외에 정조대부터 나타나는 특징 중에 하나는 청 황실의 부음을 알리는 사신이 방문하면 경희궁을 이용하는 운영방식이다.

〔표5-9〕를 참조하여 사신접견과 궁궐의 운영양상을 살펴보면, 우선 시어소로 삼은 궁궐에서 사신접견례가 행해지는 사례이다. 정조 8년(1784) 12월에 문효세자 책봉과 24년(1800) 1월에 건륭황제 배천配天을 알리는 칙사가 방문하였다. 이때 정조는 창덕궁에 임어한 가운데 창덕궁 인정전에서 사신접견 의례를 통해 조칙이 전달되고 있었다. 다음은 혼전이 설치된 궁궐에서 사신접견례가

都監堂上入侍. 請行茶禮 禮畢後 勅使就館所 上還宮…".

행해지는 모습이다. 정조는 영조가 경희궁 집경당集慶堂에서 승하한 후에 숭정전 정문에서 즉위하고 이후 영조의 혼전인 효명전孝明殿을 경희궁 태녕전太寧殿에 설치하였다. 정조는 처음에 삼년상을 마치고 나서 이어할 뜻을 두고 혜경궁이 임어할 자경당慈慶堂을 창경궁 내에 짓고 있었다.631) 그런데, 1년(1404) 7월에 정조를 시해할 목적으로 도둑이 경희궁 대내에 잠입한 사건이 발생하였고632) 이를 계기로 정조는 일정을 앞당겨 1년(1777) 8월 6일에 창덕궁으로 이어하였다.633) 창덕궁으로 이어하기 전, 경희궁에 임어하던 시기에 청의 칙사가 2차례에 걸쳐 방문하고 있었다. 즉위년(1776) 10월에 영조 승하에 대한 조위弔慰와 함께 봉전封典, 양금천兩金川 토평討平에 관한 건으로 사신이 입경하였다. 정조는 모화관에서 지영祗迎한 후에 시어소인 경희궁 숭정전에서 고명과 새 금보金寶를 받고, 이어서 봉왕封王칙서와 양금천 토평에 관한 조서의 반포가 행해지고 다음으로 조위弔慰하고 부물을 내리는 의례가 진행되었다. 그 다음으로 혼전인 효명전으로 자리를 옮겨 사신이 삼상향三上香과 곡哭으로서 치제를 행한 후에, 다시 숭정전으로 돌아와 읍례揖禮와 다례를 행하고 전송하는 절차를 거치게 된다.634) 경희궁이

---

631) 『正祖實錄』卷3, 正祖 1年 5月 16日(庚辰), "慈慶堂成. 堂在昌慶宮 時上 有移御之意 爲惠慶宮所御營建 以具允鈺爲營建堂上. 敎曰 爲便小子晨昏之奉 有此新構 而切勿宏侈 以仰體謙約之慈意也".

632) 정조는 즉위 후 경희궁의 흥정당과 동궁인 존현각을 주 국정운영 공간으로 이용하였는데, 정조 1년 7월 28일에 대내에 도둑이 들어 어좌가 있는 방의 지붕에서 기와 조각 등을 던지는 일이 발생했다. 그해 8월 6일에 정조가 안전을 목적으로 창덕궁으로 이어하였는데 이후 11일에 창덕궁 경추문을 통해 재차 도둑이 들었다가 수포군에게 체포되었다. 잠입한 도둑을 친국하였더니 홍술해의 아들 홍상범이 도모한 사건이었고 사사로이 군사를 양성하여 은전군(恩全君) 이찬(李 示贊)을 추대하려던 반역 사건으로 드러났다(『正祖實錄』, 正祖大王行狀).

633) 『正祖實錄』卷4, 正祖 1年 8月 6日(己亥), "移御昌德宮. 王大妃殿 惠慶宮 中宮殿同日移御. 上具練冠 行告動駕祭于孝明殿 改具白布裹翼善冠白布袍帶 詣昌德宮 展拜徽寧殿 詣明政門外 王大妃殿 惠慶宮輦輿至 祗迎還內".

시어소이기에 책봉과 토평 등의 조칙을 경희궁 정전인 숭정전에서 행하였고 혼전 역시 경희궁의 태녕전에 설치되어 조칙의 반포와 치제가 경희궁에서 모두 설행될 수 있었다.

조문사신의 접견과 관련하여 혼전이 설치된 궁궐로 옮겨 사신접견과 치제가 행해지는 모습은 다음 사례가 참고된다. 정조 10년 (1786) 9월에 문효세자의 승하를 조문하기 위한 사신이 입경하였다. 당시 정조는 창덕궁에서 거처하였는데 사신접견을 위해 문효세자의 혼궁魂宮이 설치된 경희궁 태녕전으로 옮겨 경숙經宿하고635) 사신은 숭정전에서 제문과 부물을 전한 후에 혼궁인 태녕전에서 치제를 행하였다.

정조대에 나타난 새로운 모습은 청 황실의 부음訃音을 알리는 전부傳訃사신이 방문하였을 때 이궁인 경희궁에서 사신접견이 행해지는 모습이다. 우선 정조 1년(1777) 3월에 청 황태후의 전부 사신이 도착하여 국왕이 모화관에서 지영하고 숭정전에서 칙서를 받는 의례를 거행하였다.636) 당시는 경희궁에서 임어하였기에 시어소의 궁궐 정전에서 사신접견 의례가 시행되는 일반적인 사신접견과 동일하게 볼 수 있다. 하지만 23년(1779) 3월 청 태상황제의 전부사신 사례를 보면 달라진 양상을 확인할 수 있다. 청 태상황제의 전

---

634) 『正祖實錄』卷2, 正祖 卽位年 10月 27日(乙丑).

635) 정조는 문효세자의 조문사신을 맞이하기 위해 창덕궁에서 이어하여 10년 9월 3일~9월 4일 동안 경희궁에서 경숙(經宿)하고 있었다(『承政院日記』第1610冊, 正祖 10年 9月 2日(壬申), "上在昌德宮"; 『承政院日記』第1610冊, 正祖 10年 9月 3日(癸酉), "上在慶熙宮…丙午九月初三日卯時 上詣慕華館…上具翼善冠·黲袍·靑鞓·素玉帶 乘輿出協陽門至仁政門外 降輿乘輜…駕到慕華館…詣慶熙宮至崇政門外 降輜乘輿入小次 已而儀仗先到 祭文龍亭及賻物 以次至崇政門 勅使率通官隨至通禮 啓請出次 上出次…"; 『承政院日記』第1610冊, 正祖 10年 9月 4日(甲戌), "上在昌德宮 停常參·經筵. 大駕慶熙宮經宿後 奎章閣·政院·玉堂·朝廷二品以上·六曹堂上口傳問安. 答曰 知道…").

636) 『正祖實錄』卷3, 正祖 1年 3月 7日(癸酉).

부사신 접견을 위해 임어하던 창덕궁에서 경희궁으로 이동하였다가 다시 창덕궁으로 환궁하고 있었다. 경희궁 숭정전에서 태상황제의 부음 칙서를 선포하는 3월 2일부터 전부사신을 전송하는 3월 6일까지 경희궁에서 경숙經宿하고 있었다.637) 청 황실의 전부사신을 접견하는 의례는 순조대에도 경희궁에서 계속 시행되고 있었다. 순조 20년(1820) 11월 8일에 청 가경황제[인종]의 부음을 전하는 칙사가 왔었다. 당시 순조는 창덕궁에 임어하였는데 모화관에서 칙사를 맞이하고 경희궁 숭정전으로 이어하여 칙서를 받는 예와 함께 다례를 행하였고 이후에 다시 창덕궁으로 환궁하였다.638) 이러한 사례들을 통해 청 황실의 부음을 알리는 전부사신의 사신접견례는 장소가 구분되어 이궁인 경희궁에서 시행되는 특

637) 『承政院日記』第1805冊, 正祖 23年 3月 1日(己未), "鄭尙愚 以御營廳言啓日 今三月初二日慶熙宮經宿時 內外各處入直及巡邏等節 依時御所例擧行事 自兵曹草記允下矣"; 『承政院日記』第1805冊, 正祖 23年 3月 2日(庚申), "上在慶熙宮. 停常參·經筵…己未三月初二日卯時 上詣郊館 迎勅擧動入侍時…大駕出肅章門·進善門·敦化門 路由鍾街 出崇禮門 至慕華館幄次外 降輿御幄次…上乘轎 由敦義門. 勅行由崇禮門·上入興化門·建明門·崇政門 降轎乘輿 詣崇政殿月臺下 降輿入小次…勅書入崇政門. 通禮跪請出次 上出小次 就祗迎位…"; 『承政院日記』第1805冊, 正祖 23年 3月 6日(甲子), "己未三月初六日卯時 上詣郊館. 送勅擧動入侍時…上具翼善冠·袞龍袍 乘輿出興泰門·廣達門 降輿乘轎…大駕由建明門 出興化門·敦義門 至慕華館宴饗臺 降轎乘輿 至幄次外 降輿入小次…大駕入敦化門 入進善門·肅章門 降轎乘輿 入協陽門還內. 諸臣以次退出".

638) 『承政院日記』第2135冊, 純祖 20年 11月 8日(辛酉), "…大駕出協陽門·肅章門·進善門·敦化門 由鍾街出崇禮門 至慕華館幄次外 降轎御幄次後 問安勿爲之事…勅使奉勅書 入置龍亭中. 通禮跪啓請乘轎. 上乘轎 由敦義門. 勅行由崇禮門. 上入興化門·建明門·崇政門 降轎乘輿 詣崇政殿月臺下 降輿入小次後 問安勿爲之事…勅書入崇政門. 通禮跪啓請出次. 上出小次 就祗迎位. 黃儀仗入陳勅書龍亭 由正門入…上擧哀行禮如儀訖 入小次. 勅使入幕次. 上改具翼善冠·袞龍袍 步出小次 由西階入殿內 跪坐席頭. 勅使奉登極勅書 西向授紀淵 奉勅書跪進. 上展勅覽訖 降復位. 展勅官展勅 讀勅官讀勅. 上行禮如儀訖 入小次…上乘輿出興泰門 由顯謨門 出廣達門 通禮跪啓請降輿乘轎 上降輿乘轎…由建陽門 出興化門 路由鍾街 入敦化門 由進善門·肅章門 至協陽門·宣化門 還內".

징을 보여주고 있다.

효종~정조대 사신접견례와 관련하여 정전의 운영방식과 특징을 살펴보았다. 크게 4가지로 운영방식을 분류해 볼 수 있다. 우선 명 사신접견과 다르게 청 사신접견 장소는 법궁의 정전에서 행해지는 원칙을 보이지 않고 법궁인 창덕궁과 이궁인 경희궁에서도 행해지고 있었다. 명과의 사신접견례는 법궁을 기준으로 의례가 행해졌지만 청과의 사신접견은 시어소를 중심으로 거처하는 궁궐 정전에서 사신접견례가 행해지는 모습이다. 이러한 모습은 명·청 교체 이후 중국에 대한 인식과 예우가 달라져 사신접견례와 함께 궁궐의 운영방식도 변하여 나타난 모습으로 볼 수 있다. 명·청 교체에 따른 의례의 변화를 보이는 유사한 사례로 명에서 내려준 시호는 신주神主에 반영하였지만 청에서 내려준 시호는 신주에 반영하지 않았던 것에서도 찾아볼 수 있다.[639]

다음으로 창덕궁과 경희궁 이외에 창경궁에서도 국왕의 임어 공간으로 자주 이용되었는데, 창경궁 거처 시에 사신이 방문하면 시어소인 창경궁 정전(명정전)에서 접견례를 행하지 않고 법궁인 창덕궁으로 자리를 옮겨 인정전에서 사신접견 의례를 시행하였다. 창덕궁과 경희궁을 시어소로 삼았을 경우에는 해당 궁궐의 정전에서 사신접견례를 행하였지만 창경궁은 그 위상이 두 궁궐과 차이가 나며 대비궁의 성격을 가지고 있기에 연접한 창덕궁을 이용한 것으로 생각된다. 창덕궁과 창경궁은 하나의 궁궐 영역인 동궐로서 인식한 점과 창덕궁이 가까이 위치하여 법궁에서 사신접견례를 행함으로써 기본적인 사신접견의 격식을 갖추는 장점도 있었을 것이다.

---

639) 명·청 교체와 관련된 신주(神主) 작성 방식의 변화에 대해서는 다음 논문 참조(이현진, 2006, 「조선시대 종묘의 神主·位版 題式의 변화-明·淸의 교체를 기점으로」『震檀學報』101).

세 번째로 조문을 위한 조사弔使가 입경하였을 때 혼전이 설치 또는 허설虛設된 궁궐 정전에서 사신접견례가 이루어지고 있었다. 사신접견례와 치제가 연속적으로 정전-혼전에서 행해질 수 있는 운영방식이었다고 여겨진다. 이러한 운영상의 특징으로 창경궁에 혼전이 설치되어 치제가 행해지면 창경궁 명정전에서도 사신접견 례가 시행되었다.

네 번째로 청 황실의 부음을 알리는 전부傳訃사신 관련 접견의례 가 정조대부터 경희궁 숭정전에서 정례적으로 행해지는 모습이다.

3) 청 사신접견과 편전의 이용

앞서 청 사신접견과 관련하여 궁궐과 정전의 운영양상 및 특징을 살펴보았다. 그리고 명대와의 사신접견례에서 나타나는 차이점과 함께 변화된 궁궐운영방식도 확인해 보았다. 궁궐에서 시행된 청 사신접견의 변화는 궁궐과 정전 이외에도 운영상의 공간활용 측면 에서 특이점을 보이는데, 사신접견 장소로서 정전 이외에 편전을 이용하는 모습이다. 청 사신접견 의례의 모습은 외교 사료인 『통 문관지』에서 확인해 볼 수 있다. 『통문관지』「편전수칙의便殿受 勅儀」에 보면 소편전인 창덕궁 희정당에서 칙서전달-열람〔개탁開 坼〕-다례를 진행하고 편전에서의 수칙受勅 후에는 별도로 정전에서 칙서를 선포하는 절차로 이루어져 있다. 이러한 내용은 명 사신을 접견하는 방식과 다른 대중국 사신접견 의례 모습이다. 조선전기 명 사신접견 의례는 법궁인 경복궁 근정전에서 국서를 받고 열람과 선포, 다례 등 일체의 의식을 행하였다. 하지만 청 사신접견의 경 우에는 공간적으로 정전 이외에 정전-편전으로 의식이 구분되어 편전에서 칙서 전달과 열람이 이루어지고 정전에서 칙서를 선포하 는 예외적인 사신접견례가 정례화되기도 하였다.

이러한 사신접견례의 변화는 중국의 명·청 교체기를 통해 조선과 청이 새롭게 설정된 조공책봉체계를 맺고 국제관계를 형성하는 과정 속에서 변화된 중국과의 국제관계와 인식 등이 연계되어 나타난 외교적 활동과 의례적 변화로 여겨진다. 인조대 이후 변화된 대중국 외교의례의 변화가 궁궐에서 어떠한 방식으로 변화되고 그 특징과 의미가 무엇인지를 살펴보도록 하겠다.

인조 14년(1636) 병자호란丙子胡亂 이후 조선-청과의 관계가 군신관계로 재설정되면서 조선은 새로운 조공책봉체제에 편입하게 되었다. 하지만 조선에서는 명의 숭정崇禎 연호年號를 사용하고 동지사행을 파견하거나 명조明朝에 대해 망궐례望闕禮를 지속하는 등 실질적으로는 청과의 군신관계를 거부하고 있었다.640) 이러한 조선-청과의 관계에서 보이는 간극은 사신을 접견하는 모습에서도 나타나고 있었다.

국운이 다하는 명나라에 대해서 조선은 마지막까지 군신관계의 의리〔君臣之義〕와 임진왜란 때 도와준 은혜〔再造之恩〕에 충실하고자 하였다. 예를 들어 병자호란 직전인 인조 14년(1636) 9월에 명의 감군監軍 황손무黃孫茂가 칙서를 가져왔을 때, 창경궁에 거처하던 인조는 직접 모화관에서 영접한 후에 창덕궁 인정전으로 이동하여 칙서를 맞이하는 예를 행하였다.641) 당시는 인조 초기에 반정과 이괄의 난 등으로 궁궐이 많이 훼손된 상황이었으며, 인조는 11년

---

640) 김문식, 2009, 『조선후기 지식인의 대외인식』, 새문사, 35~36쪽. 이외에도 청과의 조공책봉관계를 부정하는 의미로서 청 사신에 대한 호칭도 명 사신과는 차이가 있었다. 명사(明使)는 천사(天使)로 불리었지만 청사(淸使)는 '북사(北使)', '노사(虜使)', '호인(胡人)'으로 불리었다. 그리고 명대의 사행기록은 조천록(朝天錄)으로 불리었지만 청대 사행기록은 연행록(燕行錄)으로 하였다.

641) 『仁祖實錄』卷33, 仁祖 14年 9月 1日(壬寅), "監軍黃孫茂奉勑來. 上幸慕華館迎之 至仁政殿 拜勑書如儀".

(1633)에 인경궁 전각을 이용하여 창경궁을 수리한 후 거처하고 있었다. 그리고 창덕궁은 인정전을 제외하고는 이용이 어려운 상황이었다. 창덕궁이 본래의 모습을 다시 갖추게 된 것은 그 이후였다. 창덕궁의 대대적인 공사가 인조 25년(1647)에 시작하여 26년 4월에 공역을 마치게 되고 인조는 25년 11월이 되어서야 창덕궁으로 이어할 수 있었다. 조선은 명 사신에 대해 혼란한 국제정세 속에서도 사대事大의 예를 다하여 정식으로 접견의식을 거행하고, 공간적으로 창덕궁이 법궁으로서의 규모를 갖추지 못한 상황에서도 법궁의 정전에서 의식을 시행하고 있었다. 한편, 사신접견 이외에 명에 보내는 사행파견은 병자호란 이후에도 이어지고 있었다. 예를 들어 인조 15년(1637) 6월에 명의 수도인 북경에 동지사행冬至使行을 파견하기도 하였다.642)

병자호란으로 조선은 인조 15년(1637) 1월 30일에 삼전도三田渡에서 항복을 하고 명을 대신하여 청과의 군신관계를 새롭게 설정하였다. 병자호란의 패전으로 재설정된 청과의 관계는 삼전도의 항례降禮 전에 정리된 강화講和 조건에 나타나 있다. 삼전도 항례 2일전에 강화조건을 담은 청 태종의 칙서가 전달되는데, 명과의 사대事大관계를 청산하고 청과의 군신관계를 새로이 설정하면서 조선-청과의 외교적 관계에서 사행과 사신접견 의례가 명의 구례舊禮와 동일하게 시행한다는 내용을 담고 있었다. 이외에도 소현세자 등의 인질, 명과의 전쟁에서 조선의 군사를 징발하는 부분 그리고 매년 세폐歲幣를 바치는 것, 성벽의 수축을 금지하는 등의 내용으로 구성되어 있었다.643) 명의 고명誥命과 인신印信을 청에 헌납하고 명의 연호를 대신하여 청의 정삭正朔을 사용하는 것은 청의 조공책봉체계 질서에 편입되는 정치적 상징성을 보여주는 것이며,

---

642) 『仁祖實錄』 卷35, 仁祖 15年 6月 1日(戊戌).
643) 『仁祖實錄』 卷34, 仁祖 15年 1月 28日(戊辰).

명과 동일한 사행使行 시행과 청 사신의 대우는 사대관계를 표현하는 예제禮制적 외교형식으로 볼 수 있다.644)

새로이 설정된 조선-청과의 군신관계에 따라 청 사신의 접견의 례는 명 사신접견과 동일하게 시행되었다. 인조 15년(1637) 11월 인조를 국왕으로 책봉하는 사신을 보냈을 때,645) 인조는 창경궁에서 창덕궁 인정전으로 옮겨 접견례를 행하였다.646) 이후 인조 17년(1639) 6월 인조 계비 장렬왕후莊烈王后 책봉 건으로 방문한 청 사신에 대해서도 동일하게 적용되었다.647)

그런데 장렬왕후 책봉 건 이후 방문한 청 사신에 대해 사신접견 례에 변화가 나타나기 시작하였다. 우선 사신이 입경入京하게 되면 국왕이 궁궐 밖 모화관으로 나아가 사신을 영접하는 것이 상례常禮 인데, 왕세자와 신하가 대신하여 모화관에서 영접하거나 공간적으로 청 사신접견이 궁궐의 정전에서 정식으로 접견례를 행하는 것이 아니라 국왕의 병환을 이유로 와내臥內·침전648), 편전 등을 이용하고 있었다. 편전을 이용한 사례로는 21년(1643) 3월·9월과 23년

---

644) 병자호란의 전후(前後) 전개과정 및 전후(戰後) 강화(講和) 및 항례(降禮) 등을 통한 대청관계의 변화에 대해서 다음 논문 참조(허태구, 2009, 『丙子胡亂의 정치·군사사적 연구』, 서울대박사논문).

645) 『仁祖實錄』卷35, 仁祖 15年 11月 20日(甲申). 청과의 외교적 의례가 명과 동일하게 적용되기 시작한 것은 삼전도 항례 이전에 강화조건이 담긴 청 태종의 칙서를 전달하는 과정에서부터 시작되었다(허태구, 2009, 『丙子胡亂의 정치·군사사적 연구』, 서울대박사논문, 136쪽).

646) 『承政院日記』第62冊, 仁祖 15年 11月 20日(甲申), "上在昌慶宮…辰時 上幸慕華館 迎勑. 大駕詣慕華館 入幕次後 藥房政院問安. 答曰知道. 還宮後 藥房政院問安. 答曰知道. 上迎勑後 還到仁政殿前御小次 巳時末 三勑使至 行禮于殿上訖 上如儀行禮 禮畢 上出御幄次 小頃 上陞殿上東向立 三使西向 立 上請行拜禮 三使辭".

647) 『承政院日記』第69冊, 仁祖 17年 6月 25日(辛亥).

648) 『仁祖實錄』卷39, 仁祖 17年 9月 27日(辛巳), "上接見滿月介於臥內"; 『仁祖實錄』卷39, 仁祖 17年 11月 24日(丁丑), "電雨雹. 淸使馬夫達吳 多河, 焦古老等入京 頒勑. 上接見于寢殿 行茶禮而罷".

12월에 창경궁 양화당養和堂649)에서 접견한 사례, 그리고 26년 (1648) 3월과 27년 1월에 창덕궁 희정당650)이 사신접견 장소로 이용되고 있었다. 이러한 변화의 직접적인 배경에 대해서 구체적으로 언급한 사실을 찾기는 어렵지만 다음과 같은 기록을 통해 간접적으로 변화된 분위기를 파악할 수 있다.

> 사복시 정 민광훈(閔光勳)을 중로별문안관(中路別問安官)으로 삼았다. 이에 앞서 청사(淸使)가 올 적마다 상이 늘 편치 못하여 교외에 나가 맞이하지 못하고 매양 근시(近侍)를 중로에 보내어 유시하곤 하였는데, 이때에 민광훈을 명하여 가게 한 것이다.651)

위의 기사는 인조 25년(1647) 9월에 중로별문안관中路別問安官을 선발하면서 청사淸使가 입경할 때마다 인조가 항상 미령未寧하다는 이유로 교외에서 영접하지 않는다는 내용이다. 이 내용을 통해 원칙적으로는 군신관계에 따라 청 사신을 접견하는 의례가 명과 동일하게 적용되어야 하지만, '청 사신이 올 때마다 항상 미령하다〔淸使之來 上常以未寧〕'는 표현에서 짐작할 수 있듯이 국왕의 병환을 이유로 청 사신을 대하는 예우가 명의 사신접견과는 같지 않았음을 엿볼 수 있다.

청 이전에 명 사신을 대하는 인식과 예우는 상당히 다른 모습이었다. 명 사신접견 의례는 주요한 국가전례로 인식되었고 국왕이

---

649) 『仁祖實錄』卷44, 仁祖 21年 3月 25日(戊午), "淸使入京. 上病不能郊迎 接見於養和堂 仍受勑見之"; 『仁祖實錄』卷46, 仁祖 23年 12月 28日(丙午), "淸使祈充格及鄭命壽等 齎冊封世子勑書入京 上接見于養和堂 上致謝 意" 등의 기록에서 창경궁 양화당 사신접견 사례를 살펴볼 수 있다.

650) 『仁祖實錄』卷49, 仁祖 26年 3月 4日(己亥), "王世子迎淸使于慕華館 上接 見于熙政堂"; 『仁祖實錄』卷50, 仁祖 27年 1月 20日(己卯), "淸使入京 世子率百官 迎于慕華館. 上坐熙政堂 接見淸使" 등의 기록에서 창덕궁 희정당의 사신접견 사례를 확인할 수 있다.

651) 『仁祖實錄』卷48, 仁祖 25年 9月 18日(乙卯).

병환으로 불가피하게 의례 시행이 어렵더라도 정전에서의 사신접견례는 국왕이 친히 행하였다. 예를 들어 세종대 문종의 대리청정 시기에 명 사신이 방문하였을 때 문종의 건강이 편치 않았는데, 이때에 수양대군에게 대리로 모화관 영접과 태평관의 하마연下馬宴만을 섭행토록 하고 정전에서의 사신접견 의례는 친행하였다.652) 또한 인종대 조문사신 접견 시에 신하들이 국왕의 건강을 우려하면서 사제·사부는 친행하더라도 소례小禮인 연찬宴饌은 섭행하도록 요청하였다. 하지만 인종은 상국上國에 대한 불경이라며 반대하였다.653) 그리고 앞서 살펴본 바와 같이 인조대의 경우에도, 병자호란 직전의 어수선한 국제정세와 인조반정·이괄의 난으로 창덕궁이 상당히 훼손된 상황이었지만 명 사신을 법궁인 창덕궁으로 이어하여 인정전에서 칙서를 받았다. 명 사신에 대해서는 조공책봉체계에 기초한 사신접견 의례가 성실히 수행되는 모습이다.

인조대의 변화된 청 사신의 접견 사례를 구체적으로 살펴보면 다음과 같다. 인조 21년(1643) 9월 청 태종〔숭덕崇德〕의 승하로 청에서 고애사告哀使가 입경하였다. 우선 시어소時御所인 창경궁 명정전 뜰에서 거애한 후에 사신접견에 대해 논의하였는데, 예조에서는 인조가 요양 중이라 백관이 대신하기를 청하였지만 인조는 예禮가 아니라 하여 대신에 대내大內에서 치루기로 결정하였다.654) 인조 입장에서 예조의 주장대로 백관이 대신하여 청 사신접견 의례를 시행하는 것은 지나치게 낮은 예우와 외교적 대응으로 생각되었는지, 국왕이 정전에서 정식으로 접견례를 행하지 않지만 대내에서 행하

652) 『世宗實錄』卷127, 世宗 32年 1月 26日(壬寅) ; 『世宗實錄』卷127, 世宗 32年 閏1月 1日(丙午).
653) 『仁宗實錄』卷2, 仁宗 1年 4月 29日(辛酉).
654) 『仁祖實錄』卷44, 仁祖 21年 9月 2日(癸巳), "禮曹啓曰 成服前有擧臨之儀 而自上方在鍼藥中 決不可勞動. 宜只令百官行禮. 答曰 禮不可廢 當自內爲之矣".

여 국왕이 참여하는 최소한의 예우와 격식을 갖추자는 차원에서
위와 같이 결정된 것으로 생각된다.

> 청국의 어사개(於斯介)와 할사개(割斯介), 두 박씨(博氏) 등이 고애
> 사(告哀使)로 서울에 들어왔다. 대체로 반드시 부음을 들은 지 7일 안
> 에 들어와 우리 나라가 상례를 어떻게 행하는가를 보기 위하여 쉬지
> 않고 밤낮으로 길을 달려왔기 때문에 영위(迎慰) 등의 예를 미처 다
> 행하지 못하였다. 상이 그들을 편전(便殿)에서 접견하고 조칙을 열람
> 한 뒤에 곡하고 재배하였다. 그 조칙은 다음과 같다.
> "선제(先帝)의 공덕이 날로 높아져 가다가 갑자기 서거하시니 중외의
> 신민이 슬퍼하지 않은 이가 없다. 모든 나의 제후국에 예의상 포고하여야
> 겠기에 사신을 달려보내 멀리 알려서 함께 근심하는 뜻을 보이노라."655)

논의 이후에 인조 21년(1643) 9월 3일 청의 고애사가 입경하였
고 사신접견은 편전에서 행해져 '칙서열람-곡哭-사배' 등의 의례를
시행하였다.656) 당시 인조가 요양 중이라는 이유로 백관이 대신하는
것을 예의가 아니라 하여 국왕이 직접 칙서를 받되 법궁의 정전이
아닌 시어소인 창경궁 편전〔양화당〕에서 시행하고 있었다.657) 이

---

655) 『仁祖實錄』卷44, 仁祖 21年 9月 3日(甲午), "淸國於斯介割斯介兩博氏
　　等 以告哀使入京. 蓋欲必於聞訃七日之內 觀我國行喪之如何 晝夜倍道而
　　來 迎慰等禮 皆未及焉. 上接見於便殿 上覽勅畢 哭再拜. 其勅曰 先帝功德
　　日隆 驟而遐擧 中外臣民罔不悲哀. 凡我藩封 禮宜布告 馳使遠聞 以示同憂
　　之意云".
656) 인조 21년 9월 3일의 편전수칙의(便殿受勅儀)에서 칙서열람과 곡(哭) 후
　　에 재배(再拜)로 표기되었지만 같은 날짜의 『승정원일기』에는 재배가
　　아닌 사배(四拜)로 되어 있으며 『통문관지』「전부의(傳訃儀)」에서도
　　배례(拜禮)는 사배로 규정되어있다. 이러한 근거에서 『실록』의 재배는
　　오기로 생각되며 이 책에서도 사배로 표기하였다.
657) 『承政院日記』第85冊, 仁祖 21年 9月 3日(甲午), "勅使之行 疾如星火 渡
　　江第三日 不意猝至 諸事未及措辦. 上使於思介 副使割送可 率家丁六人 未時
　　直到 明政殿頒勅 百官行禮後 兩博氏奉勅 傳于養和堂. 自上北向跪 受勅開覽
　　而仍爲俯伏哭臨 侍臣皆哭訖 自上行四拜後 與博氏相揖 就溫堗分坐 良久說
　　話而罷 別贈紫的藍廣多繪各一 玳瑁銀粧刀 靑黍皮銀粧刀各一 李蓂石 玳瑁

후 성복례와 최복衰服으로 편전 접견, 제복례除服禮 등의 절차를 마쳤다.658)

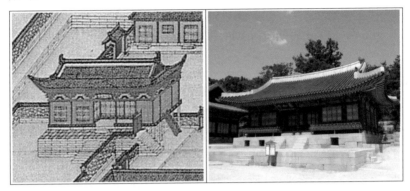

그림 5-3. 창경궁 양화당의 모습(좌_「동궐도」, 우_현재)

사신접견과 관련된 전례典禮는 의식 안에 내포된 실질적인 의미뿐만 아니라 외교관계의 상징적 의미를 담고 있다. 상대국의 사신을 일정한 절차에 따라 예우하는 의미와 함께 양국간의 계서階序적 관계를 상징적으로 보여주는 것이다. 또한 당시에는 청의 사신이 황제를 대신하여 국서國書 전달의 형식으로 외교적 관계가 성립되었기 때문에 사신접견은 황제를 친견하는 형식을 내포하고 있었다. 이러하기에 사신접견은 형식, 절차, 장소, 참여자, 동선 등 각각의 요소가 응축되어 하나의 외교형식을 갖추게 되는 것이다. 그중에서 공간과 장소는 일정한 상징성을 갖춘 중요한 요소이기에 사신접견례 공간의 변화는 그 격식과 의미가 변하는 것으로 읽혀질 수 있는 부분이다.

銀粧刀一柄給之".

658) 이후의 일정을 『실록』 기사에 따라 일자별로 정리하면 다음과 같다. 9월 6일 명정전(明政殿)에서 성복례(成服禮)를 행하고 최복(衰服)으로 편전(便殿)에서 접견하였다. 9월 9일 백관이 제복례(除服禮)를 행하고 9월 10일에 청사(淸使)가 귀국하였다.

인조대 청 사신접견 장소가 의식 공간인 정전을 대신하여 편전에서 행하게 된 배경에는 표면적으로 국왕의 병환을 내세우고 있지만, 실제적으로는 청에 대한 부정적인 인식과 거부감에서 기인한 것으로 여겨진다. 병자호란 이후 오랑캐로 인식하였던 청에 대한 항복과 군신관계의 설정은 조선의 자존심을 심각하게 훼손하고 상당한 정신적인 충격을 안겨주었다. 그리고 힘에 의해 굴복을 하였지만 명에 대한 사대의 의리를 지키고자 청에는 심복하지 않고 있었다. 또한 병자호란부터 인조 22년(1644) 입관入關 이전까지 조선에 대한 강압적인 외교정책으로 인해 양국간의 갈등이 증폭되면서 부정적인 인식에 더하여 거부감이 커지고 있었다. 예를 들어 청은 명과의 결전을 위해 조선을 확실히 통제하고 감시하기 위한 외교적 정책을 펼쳤는데, 명과의 전쟁에서 조선에 병력과 전함을 요구할 때 조선이 주저하는 태도를 보이자 인조를 심양瀋陽에 입조入朝시킨다는 풍문을 흘리거나 소현세자가 머물던 심관瀋館을 조선과의 외교통로로 삼아 인조와 소현세자와의 갈등을 유발하였다. 그리고 청에 협력하는 조선인과 명인明人들을 활용하여 감시하는 일 등이 행해지고 조선에 귀화한 명나라 사람과 청에 포로로 잡혀 갔다가 도망 온 조선인에 대해 쇄환을 요구하는 등 양국 간의 갈등이 지속되고 있었다.659) 이러한 상황 속에서 청에 대한 부정적 인식과 함께 불편한 대외관계로 인해, 청 사신의 접견의례를 정식으로 궁궐 정전에서 거행하기에는 거부감이 있었을 것이다. 그래서 사신접견 의례를 시행할 때에 국왕의 병환을 이유로 예우를 낮추어 약식으로 편전을 이용한 것으로 여겨진다.

청에 대한 반감과 거부감으로 변화된 사신접견례는 병자호란 이전인 정묘호란 후에도 유사하게 나타나고 있었다. 정묘호란 이후

---

659) 한국역사연구회 17세기 정치사 연구반, 2003, 『조선중기 정치와 정책』, 아카넷, 277~285쪽.

청과 형제관계를 맺어 청에서는 인조와의 사신접견 시에 대등한 대우를 원하였지만 인조가 청 사신을 접견할 때에 인조가 사배四拜를 거부하거나 삽혈歃血과 화친和親을 맹서盟誓하는 전례典禮에서 인조가 상중喪中을 이유로 분향焚香과 고천告天만 행하고 희생犧牲으로 맹서하는 것은 대신大臣이 섭행하게 하는 등 무력에 의해 형제관계를 맺었지만 의례적인 부분에서 인정하지 않으려는 모습을 보여주려고 하였다. 당시에 의례는 양국간의 관계를 규정화하는 형식이었기에 민감하게 반응할 수밖에 없었을 것이며, 청에 대한 반감과 부정으로 청과의 의례상 마찰과 갈등, 의례적 거부와 섭행 등이 나타나는 것은 자연스러운 현상이라고 볼 수 있을 것이다.660)

인조대 청 사신을 편전에서 접견하는 것은 이후에 선례先例가 되어 국왕의 병환을 이유로 정전이 아닌 편전에서 행하는 사례가 지속되고 있었다.

> 예조가 또 아뢰기를,
> "영의정 정태화의 장계를 보니 '편전에서 칙서를 맞는 것으로 의주(儀註)를 의정했다.'고 하였으니, 전 의주 중에 가감할 것이 있는 듯합니다. 계미년의 등록을 보니 '백관이 교외에서 영접하여 그대로 앞장서고, 칙사가 뒤따라 와 곧바로 인정전(仁政殿)에 이르러 칙서를 전내에 봉안한다. 백관이 먼저 사배례를 행하고 나서 칙사가 칙서를 받들고

---

660) 이러한 조선-청과의 전례(典禮)적 갈등이 추후에 중원 장악의 대세를 확보하며 대청(大淸)체제를 수립하는 단계에서 병자호란을 초래하게 되었다고 한다. 아울러, 병자호란 이후 군신관계를 맺으면서 항례(降禮)에서의 삼배구고두례(三拜九叩頭禮), 명의 고명(誥命)과 인신(印信)의 반납, 청의 연호(年號) 사용, 청 사신의 위차 등 양국간의 전례(典禮)가 새롭게 정립되고 적용되었다. 정묘호란과 병자호란 후 국제관계 재정립 과정 속에서 나타난 의례적 갈등과 병자호란의 영향 및 전후처리에 대해서는 다음 논문 참조(허태구, 2009, 『丙子胡亂의 정치·군사사적 연구』, 서울대박사논문, 67~83쪽).

편전에 들어간다.'고 했으니 상께서 칙서를 열람한 뒤에 거애(擧哀)하고 예를 행함이 편리할 듯합니다. 지금 만약 칙사가 곧바로 편전으로 들어온다면 그간의 사세가 여러가지 어려운 점이 있습니다. 우의정 원두표에게 가서 의논하였더니 그의 의견 역시 그러했습니다. 한결같이 계미년 등록에 의거하여 정하소서." 하니, 상이 따랐다.661)

현종 2년(1661) 1월 27일에 예조에서 계계(啓)를 올려, 국왕의 병환으로 칙서를 맞이하는 공간에 대해 편전에서 행하자는 논의가 있었고 그 근거로 인조 21년(1643)의 계미등록의 사례를 들었다. 그리고 백관의 교외 영접과 칙서를 인정전에 봉안한 후 편전에서 국왕이 칙서열람과 거애를 행하고 정전에서 칙서를 반포한다는 절차로 진행할 것을 정하였다. 인조 21년의 청 사신접견은 앞서 살펴본 바와 같이 청 태종의 승하로 고애사가 입경하였을 때를 말하며 당시에 인조는 병환으로 정전이 아닌 창경궁 양화당에서 칙서를 열람하였었다.

27일에 결정한 대로 29일에는 정전과 편전으로 나누어 사신접견 의례를 거행하였는데662) 벽제에서 영의정과 호조판서가 청 사신을 영접하고 경희궁 숭정전에서 칙서를 봉안한 후에 백관의 사배례가 있었다. 그리고 칙서를 소편전인 흥정당으로 옮겨 국왕이 열람하고 거애와 접견례를 행하였다. 이후에 다시 숭정전으로 자

---

661) 『顯宗實錄』 卷4, 顯宗 2年 1月 27日(丁丑).

662) 『顯宗實錄』 卷4, 顯宗 2年 1月 29日(己卯), "領議政鄭太和戶曹判書許積自碧蹄還 便殿迎勅事 已得講定云. 是日淸使入京 上御興政堂迎勅後 入幕次易素服 仍行接見禮 請行茶禮 勅使苦辭. 復奉勅詣崇政殿宣勅 百官皆擧哀行禮"; 『承政院日記』 第166冊, 顯宗 2年 1月 29日 (己卯), "皇帝崩逝傳訃勅使二人 未時入京 自上都城內痘疫大熾 又有痒瘡之故 領相鄭太和 戶曹判書許積 馳往坡州 而開諭勅使 勿爲郊外迎勅擧動 興政堂便殿接見 而自上以吉服 先四拜 仍爲勅書御覽 擧哀後 勅使則堂外東邊幕次引入 而自上西邊幕次 改服素袍 侍臣竝着白團領·烏紗帽·角帶 茶禮爲之 勅使還爲奉勅于崇政殿 使百官擧哀後 仍詣館所".

리를 옮겨 칙서를 반포하고 백관이 거애하는 절차로 진행되었다. 정전에서 칙서의 봉안과 백관사배례, 칙서 반포가 이루어지고 편전에서 국왕이 칙서를 열람하고 접견하는 의례로 이원화하여 진행하는 모습이다.

현종 2년(1661)에 입경한 청 사신접견과 관련하여 편전에서 시행한 의례를 다음 〔표5-11〕과 같이 정리하였다. 참고로 편전 접견의 근거가 된 인조대 사례, 그리고 전부傳訃의 사신방문 목적과 편전 이용의 의례적 비교를 위해 『통문관지』「전부의」와 「편전수칙의」를 함께 정리하였다. 인조대는 창경궁의 편전인 양화당을 이용하고 현종은 경희궁 흥정당에서 칙서열람과 거애, 곡 등의 절차를 진행하고 칙서반포와 백관의 거애 등은 각각 해당 궁궐의 정전을 이용하고 있다. 『통문관지』와 비교해 보면, 전부의는 정전(인정전)에서 행하도록 규정되었고 편전에서 칙서를 받는 의례는 희정당으로 설정되어있다.

[표 5-11] 인조·현종대 편전의 청 사신접견 및 의례 비교

인조 21년9월3일 (『승정원일기』)		현종 2년1월29일 (『승정원일기』)		『통문관지』 「전부의」		『통문관지』 「편전수칙의」	
절차	장소	절차	장소	절차	장소	절차	장소
頒勅	明政殿						
百官行禮	明政殿						
						勅書奉安	熙政堂
						勅書전달	熙政堂
		四拜	興政堂	四拜	仁政殿		
勅書開覽	養和堂	勅書御覽	興政堂			勅書坼	熙政堂
				上香	仁政殿		
		擧哀	興政堂	擧哀	仁政殿		
哭	養和堂			止哭	仁政殿		
四拜	養和堂			四拜	仁政殿		
		茶禮	興政堂				
		奉勅	崇政殿				
		百官擧哀	崇政殿				

이러한 편전에서의 사신접견례 시행은 계속되었는데, 현종 4년
(1663) 3월 4일에 청 황후의 부음을 알리는 칙사를 맞이할 때 국
왕은 칙서를 받고 거애한 후에 다례를 생략하고 문위問慰하는 것으
로 사신접견례를 마쳤다.663) 11년(1670) 2월 2일에는 창덕궁 희
정당에서 칙서를 맞이하였는데 발의 질환으로 사배례를 생략하고
다례를 행한 후에 인정전에서 조칙을 반포하는 절차로 진행되었다.
이때에 사신을 먼저 인정전으로 인도하는 실수가 있어서 해당 당
상과 낭청, 역관 등이 추고되기도 하였다.664) 13년(1672) 1월 15
일에는 창덕궁 희정당에서 칙서를 받고 다례를 행하였고 편전에서
의 접견례 이후에 정전에서 칙서를 선포하는 의식없이 관소로 돌
아가기도 하였다.665)

국왕의 병환을 이유로 정전이 아닌 편전 등에서 사신접견을 행
하는 모습은 숙종대에도 지속되고 있었다. 숙종 4년(1678) 3월 22일
청 황후 뉴호로씨鈕祜盧氏의 부음을 알리는 칙사가 입경하였는데,
조정에서는 숙종의 병환을 이유로666) 교외 영접과 편전에서 칙서

---

663) 『顯宗實錄』 卷6, 顯宗 4年 3月 4日(壬申), "上與諸臣 以淺淡服受勅後擧哀
上在便殿 閤內行禮"; 『承政院日記』 第178冊, 顯宗 4年 3月 4日(壬申),
"辰時 勅使入京 熙政堂迎勅 自上至下 以淺淡服行禮 受勅後擧哀 不行茶禮
只問慰而罷. 勅使仍陪勅書 進熙政殿傳勅 歸館所 (內下日記)".

664) 『顯宗實錄』 卷18, 顯宗 11年 2月 2日(庚申), "淸使入京 上接見於熙政堂
以足患 不行祗迎四拜禮 與兩使行茶禮 旣罷 兩使退出 仁政殿頒勅 淸使入闕
時 前導誤引 先入仁政殿 以致失儀 人皆駭焉 政院以勅使詣闕時誤引失儀 請
推都監堂上及當該郎廳 上從之. 郎廳拿問定罪 誤引譯官亦拿推".

665) 『顯宗實錄』 卷20, 顯宗 13年 1月 5日(壬子), "淸遣使頒詔 以天下統一誇大
也. 時上候未寧 如慕華館迎勅及仁政殿受勅等禮 將不得親行. 遣領相許積于
弘濟院 因大通官 請便殿受勅書 淸使許之. 上接見淸使于熙政堂 茶禮訖 淸使
還館所".

666) 숙종은 즉위 초기에 병환으로 고생하였는데, 숙종 4년 2월에 한달동안 병
환으로 진료를 받다가 건강이 회복되어 약방의 대내 직숙(直宿)을 파하였
고(『肅宗實錄』 卷7, 肅宗 4年 2月 28日(己巳)), 3월 13일에는 국왕의

받는 절차를 생략하도록 요청하였다. 하지만 청 사신은 교외에서의 영접만 생략하고 편전에서 칙사접견은 진행토록 하여 창덕궁 희정당에서 접견하고 수칙受勅과 거애, 위문 이후에 인정전에서 칙서를 선포하는 방식으로 진행되었다.667) 조선정부에서는 영접과 편전 접견을 모두 생략하고자 했지만 결국에 편전의 접견례를 시행한 것이었다.

국왕의 병환 때문에 조선-청과의 사신접견례가 대행·생략·축소 등 약식으로 거행하는 가운데 양국간의 갈등·조정이 지속되고 있었다. 사신접견례를 둘러싼 조선의 대응양상 중에서 참고할 만한 사례를 살펴보고자 한다.

임금이 칙사(勅使)를 희정당(熙政堂)에서 접견(接見)하였다. 처음에 임금이 관대(冠帶)를 갖추고 당실(堂室)을 통하여 나와 앉았었다. 원접사(遠接使) 윤계(尹堦)가 청대(請對)하여 아뢰기를,
"주상께서 만약 이와 같이 하시면 칙사(勅使)들이 반드시 성상의 병이 심하지 않은 것이라 의심하고 교영(郊迎)하지 않았던 일로 노(怒)할 것입니다. 그러니 방안에서 이불을 덮어쓰고 그들을 만나 보소서."
하였다. 임금이 드디어 방안에 들어가서 옆에 침구(寢具)를 두고 〈칙사들을〉 만나 보았다. 그런데 방안이 너무 어두웠기에 호차(胡差)들은 밖에서 갑자기 들어오니 물체(物體)를 분변할 수가 없고, 임금은 이미 방가운데 있었기에 칙서(勅書)를 다 보았는데, 호차들이 자세히 보려들지 않는 것이라 의심하여 통관(通官)들이 꾸짖고 힐책(詰責)하는 말까지 있었으므로, 마침내 촛불을 가져오게 하고, 도승지(都承旨)가 다시 칙서를 올렸다. 그 사이의 거조(擧措)가 자못 전도되었

평복(平復)을 기념하여 종묘에서 고묘(告廟)하고 진하(陳賀)와 반교(頒教), 반사(頒赦) 등을 행하였다(『肅宗實錄』 卷7, 肅宗 4年 3月 13日(甲申)). 이후 3월 22일에 청사가 입경하였다.
667) 『肅宗實錄』 卷7, 肅宗 4年 3月 22日(癸巳), "淸使二勅 來傳皇后鈕祜盧氏訃. 是日 左議政權大運 都承旨鄭鑰等 出迎淸使於弘濟院. 以上候違豫 請停郊迎及便殿接見之禮 淸使只許停郊迎一節 淸使旣至. 上接見於熙政堂房內 令內侍扶掖而坐受勅. 擧哀慰訖 淸使請出 宣勅于仁政殿".

으니, 우리나라에서 능히 일에 앞서 대비(對備)하지 못하고 창졸간에
응(應)하는 것이 대개 이와 같았다.668)

숙종 11년(1685)에 청 사신을 희정당에서 접견하기 위해 관대冠
帶를 갖추고 방 밖으로 나와서 맞이하려다가 국왕의 병환을 의심할
까 염려해 어두운 방 안에서 이불을 덮어쓰고 만나는 모습이다.
그리고 청 사신은 방 안이 어두워 칙서를 제대로 보지 못한다며
힐책하여 촛불을 가져와 다시 칙서를 열람하는 광경이 벌어지고
있었다. 이러한 모습은 청 사신접견 의례와 관련하여 조선에서는
소극적으로 대응하고자 하고 청에서는 적극적으로 참여를 요청하
는 하나의 사례로 볼 수 있다.

숙종대 국왕의 병환으로 편전에서 사신접견을 행하는 모습은 전
체적으로 4년, 10~11년, 15년, 43년~45년에 시행하였으며 창
덕궁 희정당, 경덕궁 흥정당과 같은 소편전 이외에도 창덕궁 태화
당泰和堂에서도669) 사신접견을 행하였다.

또한 경종대에도 병환으로 편전에서 사신을 접견하고 있었다.
경종 3년(1723) 7월 6일에 청 사신이 입경하였을 때, 경종은 종환
腫患때문에 왕세제로 하여금 모화관에서 영접하도록 한 후에 창덕
궁 희정당에서 사신을 접견하고 칙서를 받았다.670)

---

668)『肅宗實錄』卷16, 肅宗 11年 11月 21日(丁丑).
669) 숙종 10년 11월 12일에 국왕이 미령(未寧)하여 태화당으로 이어하였다
    (『承政院日記』第306冊, 肅宗 10年 11月 12日(癸酉)). 태화당에 거처
    하는 동안에 사신이 입경하여 희정당을 대신해 태화당에서 접견한 것으로
    여겨진다.
670)『景宗實錄』卷13, 景宗 3年 7月 6日(癸未), "淸國正使通政使圖蘭 副使頭
    等侍衛覺羅七十五入城. 王世弟延勑于慕華館. 以上候未寧 替行也. 上烏帶黲
    袍 接見勑使于熙政堂". 같은 날 『승정원일기』에는 창덕궁 희정당에서 사
    신을 접견하고 칙서를 받은 후에 왕세제가 백관을 인솔하여 정전인 인정
    전에서 칙서를 선포하는 의식이 행해지도록 논의한 내용이 있다. 정전에서

그런데 경종은 국왕의 병환을 이유로 전례와 같이 편전에서 사신접견을 행하지 않고 정전에서 친히 조칙을 맞이하기도 하였다.

> 청나라 사신이 황후를 책립(冊立)하였다 하여 반조(頒詔)하러 서울에 들어왔는데, 임금이 병을 앓고 있어서 세제(世弟)가 임금을 대신하여 교외(郊外)에 나아가 맞아들였다. 사신이 대궐 안으로 들어오자 임금이 비로소 인정전에서 조칙(詔勅)을 맞이하였는데, 조칙에 이르기를, "짐(朕)은 생각하기를 하늘이 베풀고 땅이 성취시키매 비로소 그 조화를 사철에 펼치고, 해가 밝고 달이 짝을 지어 함께 만방(萬方)을 비치는 것이다......... 옹정(雍正) 원년(元年) 12월에 나랍씨를 책립하여 왕후로 삼아서 헌원성(軒轅星)의 빛를 이어받게 하고, 장추궁(長秋宮)의 이름을 바로잡았노라. 큰 예절이 이미 이루어졌으니, 길이 베푼 덕을 응당 넓혀 나가야 하겠기에 사의(事宜)에 맞는 일을 후미에 아울러 나열하노라."
> 하였다. 선조(宣詔)를 마치고 나서 임금이 칙사를 접견하여 차(茶)를 올린 다음, 위로를 하고 파하였다. 칙사는 관소(館所)로 나갔다.[671]

경종 4년(1724) 3월에 청 사신이 나랍씨邪拉氏의 황후 책립 건으로 조선을 방문하였다. 이때에 경종은 병을 앓고 있어서 교외의 영칙迎勅만은 왕세제가 대행하고 인정전에서의 수칙受勅·선조宣詔·접견·다례는 직접 행하였다. 이전에는 국왕의 병환으로 교외 영접의 대행은 물론 사신접견 장소는 정전을 대신해 편전을 이용하는 것이 당연한 것처럼 시행되었다. 그러나 경종대에 국왕의 병환에도 불구하고 영접만 대행하고 친히 정전에서 조칙을 맞이하고 있었다. 이러한 모습은 대중국 사신의례의 예우가 달라지고 있음을 보여주는 사례로 볼 수 있다. 경종대 이후 청 사신을 대하는 인식과 태도가 달라진 모습을 보여주는 또 다른 사례를 살펴보면 다음과 같다.

의 칙서 선포가 시행된 것으로 여겨지며 이와 같이 청 사신의 사신접견의 례가 『실록』이나 『승정원일기』에 종종 생략된 경우가 있다.
671) 『景宗實錄』 卷14, 景宗 4年 3月 17日(辛卯).

연접 도감(延接都監) 당상관 신사철(申思喆)이 입시(入侍)하여 말하기를,

"부칙사(副勅使) 아극돈(阿克敦)이 정유년에 공청(空靑)을 가지고 왔었는데 정례(定例)로 주는 외에 은(銀) 4천 냥(兩)을 주었으며, 무술년·임인년에 또 나왔을 적에 정유년의 전례를 인용(引用)하여 은을 주었습니다. 그러나 지금은 매번 전례를 인용할 수 없습니다."

하니, 임금이 말하기를,

"이미 전례를 이룬 뒤에 이제 와서 갑자기 변경시켰다가 만약 저들의 노여워함을 만나 혹시라도 나라를 욕되게 한 뒤에 주게 된다면, 애당초 주는 것만 못하다."

하였다. 신사철(申思喆)이 또 말하기를,

"칙사(勅使)가 돌아갈 때에 교외(郊外)에 동가(動駕)하는 것은 구례(舊例)와 같이 병을 핑계하는 것이 적당하겠습니다."

하니, 임금이 선조(先朝)에서는 언제나 친히 전송하였는데, 병을 핑계하는 것은 성실성에 부족함이 있다는 이유로써 허락하지 아니하였다[672]

위의 내용은 영조 1년(1725) 3월에 청 사신이 경종 승하의 치제와 영조의 책봉 건으로 조선을 방문한 후에 사신이 돌아갈 때 영조와 신하간의 대화를 언급한 내용이다. 연접도감延接都監 신사철申思喆은 교외 동가動駕를 구례舊例와 같이 병을 핑계로 생략하자는 의견이었고 영조는 사신접견에 성실히 응해야한다며 허락하지 않았다. 당시 청 사신이 왔을 때 궁궐에서의 사신접견 의례는 자세히 언급된 내용이 없어서 확인하기 어렵지만 이외에 영조는 친히 모화관에서 영접과 전송, 관소館所에서 접견을 행하였다.

경종대에 병환에도 불구하고 정전에서 사신접견례를 행한 것과 같이 변화된 사신접견의 인식과 예우가 영조대에도 지속되고 있음을 확인할 수 있다. 이러한 배경과 연결시켜 영조~정조대까지 사

---

672) 『英祖實錄』卷4, 英祖 1年 3月 21日(己未).

신접견 장소를 살펴보면, 구례舊例와 같이 편전인 희정당과 홍정당 등에서 사신접견례가 행해지는 사례는 더 이상 보이지 않고 있다.

경종대 이후 사신접견례의 변화상은 당시 조선-청과의 국제관계 개선이 영향을 주어 나타난 모습으로 볼 수 있다. 청이 입관入關하여 명을 멸망시킨 후부터 조선에 대한 청의 강압적인 외교정책은 점차 완화되어 호혜적이고 불간섭적인 태도를 지향하고 있었다.673) 그리고 조선에서도 청과의 문물교류가 활성화되고 청의 발전을 보면서 그동안 적대시하던 청에 대한 인식이 변하고 있었다. 청의 문물에 대해서도 이적夷狄의 문물이 아닌 중화 문물로 여겨 학문적인 수용과 부국강병을 위한 문물도입과 교류가 활발해지고 있었다.674) 이러한 조선-청과의 국제관계 개선과 인식의 변화로 외교적인 정상화와 함께 사신접견 방식에서도 정상적인 외교의례로 점차 변화되었다고 여겨진다.

이상과 같이 사신접견 의례와 궁궐의 편전이용에 대한 변화상을 살펴보았다. 인조대부터 국왕의 병환을 이유로 해서 청 사신접견 의례는 정전이 아닌 편전에서 행하기도 하였다. 이후 인조대의 전례를 근거로 국왕이 병을 앓고 있으면 국왕은 편전에서 칙서를 열람하고 칙서의 반포는 국왕이 불참한 가운데 정전에서 백관이 참여하고 있었다. 경우에 따라서 편전에서의 접견례가 생략되기도 하였다. 편전을 사신접견 장소로 이용하는 모습은 인조~경종대까지 보이며, 편전에서의 사신접견은 의례로서 정비되어 숙종대 간행된『통문관지』「편전수칙의」에 반영된 것으로 볼 수 있다.

청 사신접견례의 간소화와 비정식적 편전 설행은 국왕의 병환이 직접적인 이유로 언급되고 있지만, 그 배경에는 정묘·병자호란을

---

673) 김성근, 2010,『朝淸 외교관계 변화연구』, 한국학술정보, 84~98쪽.
674) 김문식, 2009,『조선후기 지식인의 대외인식』, 새문사, 21~24쪽.

거친 후 청과의 조공책봉체계가 강제적으로 이루어진 상황에서 반청의식이 반영되어 외교의례상 사신접견을 간소화 또는 생략하게 되었다고 생각된다.

그러나 조선-청과의 관계가 개선되고 청의 발전된 문물과 국력 신장을 통해 청을 바라보는 인식이 변화하면서 그 영향으로 인해 경종대부터 사신접견에 대한 인식과 예우가 달라지게 되었다. 이러한 변화로 영조~정조대에는 전례로서 운영되던 편전에서의 사신접견이 나타나지 않고 정전에서만 사신접견 의례가 시행되고 있었다.

제 **6** 편
: : :
결 론

VI. 결론

　조선시대 궁궐은 국왕과 왕실가족이 거처하는 사적인 생활의 공간이면서 국왕을 중심으로 신하들과 함께 국정운영의 방향성과 이상적이고 효율적인 국가운영을 위해 규범과 제도 등을 논의하고 결정하는 공적인 공간이었다. 국정운영의 정치적 활동 이외에도 성리학을 기반한 국가이념과 정치, 사회제도 등의 실천과 보급에 앞서 모범적인 전례를 제시하며 구체적인 법·제도와 의례 등을 시행하면서 그에 따르는 사회적 합의와 현실적 구현을 위한 논쟁과 갈등이 표출되고 조정·해결되는 공간이기도 하였다. 정치, 사회, 문화적 요소를 포함한 총체적인 측면에서 궁궐은 국가의 중심지 역할을 수행하였으며, 궁궐 안에서 조선시대가 지닌 역사적 보편성을 담아내고 공간적으로 또는 시간적으로 궁궐만이 지닌 역사적 특수성을 보여주기도 하였다.

　궁궐의 운영방식과 특징을 이해하려면 궁궐의 공간적 구조와 함께 공간을 구성하는 전각들의 기능과 성격을 규명하는 것이 필요하다. 그런데 공간적인 기능 및 성격은 운영목적과 연결시켜 이해의 단면을 제공할 수 있지만 현상적인 파악에 머물 수 있는 한계가 있다. 공간은 시간에 따라 성격과 기능이 변화하며 그 변화의 주요 배경은 운영주체에 따른 것이 크다. 결국 장소성은 시간과 인간과의 관계 속에서 역사적 기반과 변화의 요인을 제공하고 서로 영향을 받는 관계망을 구성하고 있다. 그래서 궁궐의 운영방식은 기능과 성격의 규명 외에도 운영주체와 함께 역사적 환경변화도 고려할 필요가 있다.

　이 책은 정전과 편전을 중심으로 궁궐의 운영양상과 특징, 운영주체 인식과 목적, 역사적 환경변화에 따른 변화와 의미 등을 검토해보고자 한다. 이를 위해 궁궐의 공간구성과 함께 각 궁궐의 조성과정과 배치구조, 특징 등을 살펴보고 정전과 편전의 기본적인 이해를 위해 정전과 편전의 개념, 건축구조, 특징, 주요기능과 공간적 활용 등을 정리해보았다. 그리고 정전과 편전의 고유한 성격과 기능 이외에 시대적 변화와 운영 주체에 따른 일시적이거나 정례적인 변화양상을 검토해 보았다. 아울러, 중국과의 국제관계 속에서 사신접견 의례의 정전 시행 모습과 특징을 살펴보고 명·청 교체의 국제질서 변화를 통해 법궁-이궁체제의 적용과 변칙적 운영, 정전-편전과의 기능적 분담과 특징 및 사신접견례의 편전 시행 배경 등을 살펴보겠다. 그 내용을 정리하면 다음과 같다.

우선 궁궐의 공간구성을 살펴보면, 고대 중국의 궁실제도를 이념적인 기반으로 삼았지만 실제적인 조성과 운영방식에서는 내전과 외전 영역으로 구분하는 운영방식으로 보이고 있었다. 내전과 외전 영역의 구분은 공사公私의 구분이기도 하였다. 궁궐의 주요 공간을 크게 정전, 편전, 침전으로 구분해 볼 수 있으며 내전과 외전의 경계로서 운영상의 논란과 극적인 변화를 보여주는 곳이 편전이기도 하다.

조선의 건국과 함께 새 도읍지로서 한양이 건설되고 종묘·사직과 더불어 궁궐인 경복궁이 조성되었다. 궁궐의 조성이념은 고대 중국의 이상적인 궁궐제도로서 오문삼조五門三朝 또는 삼문삼조三門三朝의 개념에 연원하여 정전·편전·침전의 삼전三殿를 구성하였지만 공간적인 구성에서는 외조·치조·연조가 아닌 내전과 외전으로 인식되고 구분되는 특징을 보여주고 있었다. 법궁인 경복궁은 700여칸의 규모이며 정전, 편전, 침전이 남북축으로 구성되었다. 태조~세종대에 걸쳐 경회루와 함께 주요 부속건물의 영건과 전각 명칭 부여 등이 이루어져 법궁의 위상을 갖추게 되었고 사정전이 상참의 적용을 위해 사정전 앞 천랑과 행랑이 사라지는 변화를 보이기도 하였다. 세종대 이후 기본적인 공간구성을 유지하면서 화재로 인한 피해와 중수과정 등을 거쳐 임진왜란으로 소실된 후 기능이 정지되었다. 고종대 중건된 경복궁은 임진왜란 이전의 공간구조를 기본으로 하되 후원이 조성되고 궁역 내의 전각이 증가하는 변화를 보이기도 하였다.

조선전기 이궁으로 조성된 창덕궁은 초기에 278칸으로 경복궁의 1/3의 규모이지만 정전·편전·침전을 중심으로 기본적인 궁궐의 체계를 갖추었고 중심전각이 자연지세와 조화되어 동서축으로 편제되었다. 창덕궁은 임진왜란으로 소실된 경복궁을 대신하여 조선후기 법궁의 위상을 가지게 되었다. 그리고 대비 존숭의 영향으로 침전 뒤편에 대비전을 짓고 존주론과 조선중화주의를 상징하는 대보단을 설치하여 궁궐의 공간구성에서 변화가 나타나기도 하였다.

대비의 궁궐인 창경궁은 성종대에 조성되었는데, 임진왜란으로 소실된 창경궁은 광해군 초기에 인목대비의 거처로 조성되었다가 창덕궁을 대신하여 국왕의 궁궐로 조성하려고 하였다. 하지만 정전과 편전의 좌향 및 확장이 반대에 부딪히게 되어, 대안으로서 경덕궁〔경희궁〕이 조성되었다. 창경궁은 국왕의 정치적 공간이 아닌 점과 자연적 지세의 영향으로 정전이 단층구조에 동향을 하고 중문이 생략되었으며 내전이 발달하였다. 그리고 편전인 문정전은 주로 혼전으로 이용되는 특징을 가지고 있다. 창경궁이 대비의 궁궐로 조성되었지만 필요에 따라 국왕이 임어하기도 하였다.

경희궁은 광해군대 정치적 취약성 극복과 왕권의 위엄을 위해 조성되었고 영조대 원종의 시호와 음이 같아서 경덕궁에서 경희궁으로 궁호가 변경되었다. 인조대 경덕궁을 주 거처로 이용하면서 이궁의 지위가 확보되어 조선후기 창덕궁과 함께 새로운 양궐체제를 형성하였다. 영조대 후반기에 국왕의 주 거처로 이용되는 특징을 보이고 있다. 그리고 경희궁의 정문이 동향을 하고 정문에서 정전까지 'ㄴ'자형의 긴 진입로를 가지고 있으며 남쪽에는 궐내각사, 서쪽에는 진전·정전·대편전, 중앙에는 소편전·침전·별당, 동쪽에는 동궁, 북쪽에는 대비전으로 구성되어 있다. 이러한 공간구조는 외형적으로 주요 전각의 배치구조가 다른 궁궐과 차이점을 보여주지만 정전, 편전, 침전, 동궁, 대비전 등의 구성요소는 동일한 범주 내에서 유사하게 일정한 공간구성의 틀을 갖추고 있다고 할 수 있다.

궁궐을 대표하는 정전은 기본적으로 정면 5칸 규모를 지니며, 전각 이외에 다양한 구조적 시설물이 있어 정전의 격식과 정전의 효율적인 운영과 연계되며 기능적인 활용도를 높여주고 있다. 정전의 권위적인 위계성과 의식의 효율성을 위한 월대, 의식의 주 공간으로 행례공간인 전정殿庭, 관원의 품계에 따라 반열의 기준이 되는 품계석, 정전 전문과 정전을 이어주는 중도中道, 정전의 공간을 구획하며 각종 행사의 보조적 기능을 담당하는 회랑回廊, 정전의 정문으로 출입 기능 이외에 선왕의 죽음을 애도하며 도덕적 정치 계승의 새출발을 위해 즉위식이 행해지던 전문殿門 등을 갖추고 있다.

정전에서는 가례를 중심으로 대중국의식·조하·관례·혼례·과거·연회 등 다양한 의식이 거행되었다. 의식은 정전 건물을 중심으로 월대, 전정, 전문 등 정전 영역이 총체적으로 이용되면서 수례受禮 대상, 의식의 성격, 절차상의 단계 등에 따라 참여자의 위치와 공간이용 방식에서 차이점을 보이고 있었다. 대중국의식인 망궐례望闕禮·영조칙迎詔勅·배표의拜表儀는 중국의 황제와 황태자를 수례대상으로 삼아 의식이 거행되어 황제와 황태자를 상징하는 궐정闕庭·궁정宮庭을 정전 안 정중앙에 두고 국왕은 궐정·궁정의 남쪽, 정전 밖의 상월대, 전정殿庭의 중도에서 의례를 행하였다. 이를 통해 조공책봉관계의 위계적 질서가 의례상에서 정전운영과 연계되어 특징적인 모습을 보여주고 있다.

정지正至와 삭망朔望에 왕·중궁·왕세자에게 행하는 조하가 있다. 정전에서는 국왕에게 왕세자·문무백관이 하례하며 국왕이 수례자受禮者의 위상을 가지고 있기에 근정전 북벽에 위치한 어좌에서 남향하고 왕세자, 종친·문무관 등이 전정殿庭에서 국왕에게 치사致詞를 올려 하례賀禮를 거행하도록 하였다. 왕세자빈의 하례는 국왕에게 내전에서 행하며 중궁에 대한 하례는 중궁전 정전에서 행하였다. 이외에 조참·상참은 장소를 달리하여 정전의 문과 편전에서 군신간의 예를 행하였다.

왕세자관례王世子冠禮 의식은 동궁에서 관례冠禮를 행하지만 관례에 앞서 국왕이 정전에서 세자에게 관冠을 씌우도록 전교傳敎를 내리는 절차가 시행되었다.

국왕 혼례는 납채-납징-고기-책비-명사봉영〔친영〕-동뢰 순으로 진행되며, 납채~책비 단계까지 궁궐 정전과 비씨제妃氏第가 의례 공간으로 이용된다. 정전에서는 국왕이 정전 내 어좌에 위치하며 사자使者에게 교서와 비물·전책을 전달하도록 명령하고 사자는 전달한 후 정전에서 복명하였다. 명사봉영의 경우에 교서 전달은 국왕 대신에 전교관이 정전에서 사자에게 전달하고 국왕은 소어전所御殿에서 동뢰를 위해 미리 대기하고 있었다. 왕세자 혼례는 정전에서 납채~책빈 단계까지 국왕이 정전 어좌에서 남향하여 사자에게 교서와 비물·전책을 전달하고 사자가 복명하는 공간으로 이용되었다. 다만 임헌초계는 정전 안에서 북벽北壁의 남향南向이 아닌 조계阼階 가까이에 서향하여 종사宗事를 중시하는 의례적 성격이 정전 운영에서 나타나 국왕의 위치상 차이점을 보이고 있다.

책례는 왕비, 왕세자·왕세자빈, 왕세손·왕세손빈 등에게 각각의 지위를 부여하여 종통을 이어가며 위호를 바르게 하는 의례이다. 왕세자책봉은 국왕이 정전에서 친림하여 세자에게 직접 책봉을 하는 임헌책명臨軒冊命이고 왕비와 왕세자빈은 국왕이 정전에서 사자에게 명하여 왕비와 세자빈의 궁내宮內에서 책봉 교명을 받는 내책의內冊儀 형태로 운영되었다. 왕세자책봉은 임헌책명이 원칙이지만 나이가 어리면 예외적으로 편전에서 책봉하는 견사책명을 병행하였다.

과거는 문과전시·문무과방방의·생원진사방방의가 정전에서 시행되었고 전시의와 방방의는 국왕·관료의 의복과 의물 사용에서 차이가 나며 인재선발의 의례적 성격으로 방방의가 더 중시되는 모습이다.

하의賀儀는 왕세자와 종친·문무백관이 경사스러운 날에 정전에서 국왕에게 치사致詞를 올리는 의례이며, 교서반강의敎書頒降儀는 국왕이 정전에서 교서를 반포하는 의례이다. 하의는 대치사관代致詞官이 대신하여 치사를 어좌 앞에서 올리고 교서반강의는 선교관宣敎官이 대신하여 교서를 상월대에서 반포하는 의례로 진행되는데, 의례의 목적에 따라 정전 공간의 운영에서 차이가 나고 있다.

조선시대 궁궐의 편전은 국왕의 정무활동 공간으로서 군신간의 만남을 통해 국정의 업무보고와 논의 및 결정 등이 이루어지는 곳이다. 편전에서의 국정운영은 상참·시사·경연·사조辭朝 등 실무적인 업무보고와 처결, 인견 이외에 상참과 같은 군신접견 의례, 국왕의 교육과 함께 국가정책을 논하는 공간으로 이용되었다.

편전은 태종대까지 연처燕處로서 내전적內殿的 성격이 강하였다. 세종대부터 경연의 활성화와 사관·대간의 편전 입시, 상참 등의 의례제도 정비를 통해 정무활동과 의례가 운영되면서 공적公的인 성격으로 변모하였다. 편전의 공공적 성격 전환과 함께 편전 이외에 국왕의 정무활동과 군신간의 접견이 용이하도록 침전을 병행하다가 별도의 편전기능을 수행하는 별전別殿이 등장하면서 편전기능을 분담하는 공간적 기능 분화가 나타나게 되었다. 본 편전과 별전은

일정한 기능적 차이와 위계상의 질서를 가지며 본편전은 대편전大
便殿, 별전은 소편전小便殿으로 구분할 수 있다.

대편전은 정전의 바로 뒤쪽에 위치하며 의식과 청정의 기능을
병행하면서 정전의 의식을 보조·대체하는 기능도 수행하고 있다.
대편전은 정면 3칸과 측면 3칸의 기본적인 구조를 갖추고 의식의
공간적 활용도를 높이기 위해 전영前楹이 확보되는 특징을 가지고
있었다. 소편전은 대편전과 침전 사이에 위치하여 침전과는 공적
공간과 사적공간의 내외 구분이 해소되고 대편전과 비교해 편의적
인 정무활동이 가능한 공간적 위치를 점하고 있다. 소편전은 중앙
에 마루와 좌우에 온돌을 갖추고 대개 고상식 구조를 갖추고 있다.

국정업무를 자문·지원하는 관청으로 승정원·옥당·선전관청·우사右
史·당후堂后 등의 궐내각사가 궁궐 안에 배치되어 있다. 궐내각사는
각 궁궐의 공간구성상 조금씩 다른 배치구조를 보여주고 있지만
정전과 편전 주위에 조성되고 편전의 출입에 편의적인 배치구조를
공통적으로 보여주고 있다. 국정업무를 보조하는 궐내각사와 편전
이 유기적으로 운영될 수 있는 공간구성을 갖추었다고 볼 수 있을
것이다.

편전의 주요기능으로 군신간의 인견과 계사啓事에 예도禮度를 마
련한 상참이 있고 대신·시종 이외 중간관료와의 인견을 통해 국정
운영의 득실과 관리의 자질 파악, 각 관청의 개선점 등을 진언하는
윤대, 유교경전과 역사서를 중심으로 국왕에게 성인聖人의 학문을
교육하는 경연 등이 있다. 대편전은 시사기능 이외에 의례공간적
성격으로 다양한 의례가 시행되었다. 빈전과 혼전의 설치, 전향축
의, 사제·사시·분황 의례, 그리고 조알朝謁·망곡례·거애 등이 행해
졌다. 아울러 정전에서 행해지는 의식 중에서 대편전은 국왕의 대
기 장소로서 사용되거나 의례 절차 중에서 일부 의식이 편전에서
운영되기도 하고 정전에서의 의례를 대신하는 대체적 공간으로 이

용되기도 하였다.

조선은 성리학 이념을 바탕으로 예치禮治사회를 지향하였으며 궁궐에서 성리학적 예제 구현의 실천성과 상징성을 보여주는 대표적인 장소가 외전外殿의 정전正殿이었다. 정전은 조회 이외에도 하례·책봉·사신접견·과거·즉위 등 국가와 왕실의 주요 의례를 거행하여 궁궐에서의 대표적 의식 공간으로 운영되었다.

그런데 조선초기에는 의식공간 이외에 청정聽政 공간으로도 이용되었다. 의례와 청정을 종합적으로 수행하던 정전은 청정기능이 사라지고 의식 중심으로 운영방식이 변화하였다. 유교의례가 정비되면서 의례의 장소성도 체계를 잡아가 행례 중심의 공적 공간으로 정비되었다고 여겨진다. 하나의 사례로 조회제가 정비되면서 조알과 청정이 병행되던 절차가 조하·조참에서는 행례 중심의 조회로 정전 영역에서 거행되고 조계에 의례를 도입하여 정립된 상참은 청정공간인 편전에서 시행되었다. 결국 조회제의 정비과정을 통해 행례와 청정이 분리됨으로서 공간적으로는 정전과 편전의 기능적 구분이 가능하게 되고 정전은 의례공간화의 과정을 거치게 된 것이다.

한편 조선의 건국이념을 성리학으로 표방하였지만 초기에 기양의례로서 비유교적인 의례가 궁궐 정전에서 시행되기도 하였다. 하지만 유교식 국가의례를 정착시켜가는 과정에서 불교의식과 같은 비유교적 의례가 시행되었다가 폐지되었다.

결국, 의례 정비과정을 통해 의례시행의 장소성과 공간별 기능이 규정화되면서 정전은 의식과 청정을 병행하다가 의식만을 시행하는 단일적인 성격과 기능을 정립해 나가고, 편전은 청정 기능의 전담과 함께 편전의 고유의식 외에 정전 의식의 보조·대체적 기능을 수행하게 되었다. 조선전기에 정전과 편전은 운영방식에서 기능적 차별성과 고유성을 확보하게 되고 공간적으로 기능상의 분리성과 의례상의 연계성을 갖는 독특한 특징을 보여주고 있었다.

궁궐에서는 회례연·양로연·풍정 등 다양한 연회가 개최되고 있었다. 회례연·양로연과 같은 의례는 예서禮書에 궁궐 정전에서 시행하는 것으로 규정되어 정례적인 설행을 보이고 이외에도 다양한 연회가 정전에서 시행되고 있었다. 그런데 회례연·양로연과 같은 정례적인 의례를 포함해서 수시로 올리던 풍정 등 각종 연회가 국왕을 신성시하여 연회를 올리거나 군신간의 화합, 스승 공경 등의 의례 목적에 충실하게 실행하다가 점차 자연재해와 사치 등의 이유로 시행하지 않는 경우가 많아지게 되었다. 그리고 시행하더라도 책봉과 같은 특별한 날에 행하거나 선조대 중궁회례연, 중종대 대비를 위한 풍정 등 그 대상과 주체가 국왕에서 왕비와 대비전으로 변화하는 경향을 보이고 있었다. 이러한 연회의 시행, 규모, 대상의 축소로 인해 정전에서 큰 규모로 국왕을 신성시하며 시행하던 연회 역시 축소되는 모습을 보여주고 있다. 그리고 축소된 연회는 점차 진연의 형태로 특별한 날에 정전이 아닌 다른 공간에서 주로 운영되고 있었다.

영조는 이상사회인 요순시대를 지향하면서 자신은 요순과 같은 초월적인 군주가 되기를 희망하였고 삼대三代의 고제古制를 회복하려는 의지의 표현으로 국가전례를 재정비하였다. 영조대의 의례 재정비와 시행과정에서 커다란 특징 중에 하나는 국왕이 친히 의례에 참여하는 사례가 확대되었다는 점이다. 『속오례의』에서 국왕이 친히 참여하는 의례로 명칭상 '친親'이 표기된 의례들을 보면 서계, 전향축, 기우祈雨, 관예觀刈, 책冊·보寶·치사致詞·표리表裏의 전傳, 반교진하頒敎陳賀, 유생전강儒生殿講 등이 있다.

주목되는 의례로서 '친림서계의'와 '친림전향축의'가 있다. 두 의

레는 『속오례의』에서 영조대에 처음 시행하였는데, 서계와 전향축은 시행장소가 정전 이외의 공간을 활용하다가 영조대 새로이 시행되면서 정전 의례로 정착된 의례이다. 서계誓戒는 제사에 참여하는 집사관執事官과 배제陪祭하는 종친·문무백관이 7일전에 의정부議政府에서 모여 재계齋戒에 충실히 이행한다고 서약誓約하는 의례였다. 국왕이 친히 서계하는 제도가 없었는데 영조는 『대명집례大明集禮』를 근거로 친향親享에 7일전 법전法殿에서 친히 백관을 서계하는 것으로 항식恒式을 삼도록 하였다.

전향축례傳香祝禮는 제사에 사용될 향香과 축祝을 전달하는 의식으로, 국왕이 축문祝文〔축판祝版〕에 서署를 행한 후에 헌관獻官에게 향축香祝을 전달하는 절차로 구성되었다. 세종대에는 친압親押, 성종 말년에 병환으로 권의權宜로서 화압花押을 만들어서 찍었던 것이 연산군대에 상례常例가 되었고 중종대 이후 친전親傳이 재개되었다. 그런데 전향축 장소는 세종대 대사와 중사에서 주요 의례는 정전에서 그 외에는 내전에서 전하였으며 문종대에는 사정전으로 변경되었다. 이후 선조대 근정문으로 변경되었다가 영조대 정전 의례로 정례화되었다.

서계와 전향축 의례는 국왕의 친행과 궁궐 정전에서 거행하도록 재정비되어 영조대에 처음 시행되고 이후 정전의 주요 의례로서 정착되었다. 조선후기에 시행된 서계의와 전향축의는 고제회복을 위한 국가의례의 재정비와 함께 국왕이 직접 정전에 참여하여 제사에 임하는 경건한 자세를 보여주며 각종 제사의 중요성과 의미를 만천하와 공유하는 모습으로 볼 수 있다. 이러한 모습은 국왕이 주도적으로 국가의 풍요와 안녕을 기원하고 선왕대의 추모의식을 강화하는 것이며, 국가적 명분과 권위, 천하와 신민과의 소통을 위해 마련된 주요한 창구이자 매개체로서 운영되는 의례과정이었다고 여겨진다. 그 과정 속에서 천하와 선왕대의 권위 및 정통성이 국왕과 왕실의 정당한 명분과 권위를 부여하게 되고 국왕의 주도적인 국정운영에도 영향력을 주었을 것이다. 결국 서계와 전향축 의례는 일정한 정치성과 상징성을 담고 있는 의례의 대표적인 모습이며 이를 극대화하는 공간적 요소로서 궁궐의 정전을 활용하였다고 볼 수 있다.

영조대 정전운영의 또 다른 특징은 정전에서 의식 이외에 상참·경연·인견 등 시사기능이 행해지고 있었다. 상참은 영조 39년부터 경희궁의 정전인 숭정전에서 행해지고 경연은 영조 31년부터 창경궁 명정전과 경희궁 숭정전에서 시행되고 있었다. 상참과 경연이 편전이 아닌 정전에서 시행된 배경과 목적은 탕평정치와 연계된 정치적 활동의 정전 활용으로 볼 수 있다. 정전에서의 상참과 경연 시행은 광명정대하게 만천하와 공유할 수 있는 정전을 배경으로 삼아, 군신간의 질서를 재정립하고 군사론君師論에 기반하여 국왕이 교화의 주체임을 보여주는 정치적 연출이며, 영조 후반기 탕평파의 벌열화로 불안해진 탕평정국을 안정시키고 국왕의 권위를 바로 세우기 위한 정치적 의도가 담겨져 있다고 생각된다.

또한 관료·군인·유생·공신자손·백성 등 다양한 대상과의 인견이 정전에서 활성화되었는데, 이러한 만남을 통해 충절을 기리며 노인을 공경하면서 농사와 장사의 고충을 들어 해결해 주고 국가사업의 공로를 격려하는 다양한 대민활동이 이어지고 있었다. 영조는 정치적으로는 탕평책을 통해 정치적 안정과 국왕권을 강화하고자 하였으며 균역법과 준천사업 등의 민생정책을 통해 백성들의 안정된 생활에 기여하고자 하였다. 그리고 기우제·기곡제·친경 등을 중시하면서 친히 참여하여 국가적 안정을 위한 군주로서의 관심과 헌신을 보여주고 있었다. 이러한 모습은 국가의 책임자로서 국가 주요사업을 주도하고 의례 시행의 현장에 참여하여 대외적인 정치적 활동을 펼치는 모습이었으며, 그 연장선에서 국정운영과 왕실의 중심공간인 정전에서 다양한 계층과의 만남과 여론수렴, 위무慰撫 등을 통해 대외적으로 국왕의 권위를 드러내면서 국가적 책무를 다하는 군주상을 보여주고 있었다. 이 역시 백성과의 소통과 위무를 위한 정치적 활동이 왕실과 국가적 상징 공간인 정전에서 이루어졌다고 여겨진다.

결국, 조선후기 영조대의 정전운영을 통해 군신간의 정치적 관계 확립과 대민정책의 소통이라는 정치적 과제와 활동이 국가와 왕실의 상징적 공간인 정전을 매개로 해서 적극적으로 활성화되는 운영상의 특징을 확인할 수 있었다.

국왕의 청정활동은 궁궐의 편전에서 이루어졌다. 국정업무를 보고받고 신하들과 국정을 논의하며 경연과 인견 등이 행해졌다. 태종대까지 편전은 사적인 성격이 강하였지만 세종대부터 공적인 의례와 정무활동의 공간으로 변하였다. 시기적인 편전의 성격 변화는 『태조실록』과 『태종실록』의 내전·외전 구분에서 편전이 내전에서 외전으로 분류되는 모습에서도 확인할 수 있다. 그리고 편전 이외에 침전이 편전기능을 분담하고 있었다.

그런데 국왕의 근면한 정사와 야대, 인견 등의 강조, 침전의 인견 부담 등으로 침전과 편전 사이에 위치하며 편하게 편전기능을 수행하는 소침〔별전〕이 등장하였다. 편전과 별전은 모두 편전기능을 수행하지만 편전과 별전의 운영은 일정한 기능과 위계의 차이를 보이고 있다. 편전은 별전보다 위계가 높으며 의식과 함께 공식적·정규적인 정무활동 중심으로 운영되고 별전은 주로 비정규적이며 편의적인 정무활동 공간으로 운영되었다. 경연의 예를 들면, 조강·주강·석강의 법강은 편전에서만 시행되고 야대와 소대는 별전을 주로 이용하였다. 동일한 편전기능을 수행하지만 위계와 기능의 차이로 인해 본 편전은 큰 정치를 논의하고 처결하는 의미에서 대편전, 별전은 상대적 개념을 적용해 소편전으로 구분해 볼 수 있다. 한편 수렴청정은 소편전에서 시행되었는데, 소편전이 내외의 구분을 벗어나지 않으면서도 여성의 정치적 참여가 가능한 공간이라는 성격에 부합하여 시행된 것으로 여겨진다.

조선후기 소편전 발달 배경에는 우선 소편전을 편전으로 인식하고 있고, 산림정치와 비변사체제 하에서 보다 의례적이고 공식적인 대편전보다는 소편전이 국왕과 신하가 친밀하게 편의적으로 국정을 논의하고 접견이 수월하기 때문이다. 그래서 소편전에서 야대·소대·인견과 같은 실질적인 정무활동이 활성화되었다고 여겨진다. 한편, 편전은 고정된 기능을 수행하는 전각이 아니라 정무활동의 주체인 국왕이 어떤 임어장소에서 행하느냐에 따라 편전기능을 수행하는 전각이 편전으로서 이용되었다.

윤대는 대신·시종 이외 중간관료와의 인견을 통해 국정운영의 득실과 관리의 자질, 각 관청의 문제점 등을 진언進言하는 제도였다. 조선후기 윤대제의 정례화 재개는 숙종대 이후 왕권강화와 연계되어 국왕의 탕평정치 구현을 위한 국왕의 적극적인 정치참여와 함께 다양한 군신간의 관계 형성이 윤대제라는 창구를 통해 전개되고 있었다. 영조~정조대 윤대 시행은 소편전을 중심으로 대편전과 다양한 전각에서 시행되었다. 왕실가족 상례로 거처하던 곳, 왕의 병환으로 정섭靜攝하던 곳, 세자 거처를 방문할 때, 국정주도권을 위한 궁궐 내 공간운영, 전각의 중건 공사로 인한 이어 등으로 윤대가 다양한 장소에서 운영되고 있다. 이러한 윤대 시행을 통해 편전 기능이 편전으로 규정된 공간이외에도 국왕의 거처에 따라 다양한 곳에서 편전기능이 수행되고 있음을 알 수 있었다.

조선시대 국제질서는 사대교린을 근간으로 하여 중국과는 국력 차이를 인정하면서 국가 간의 주종관계가 규범화된 조공책봉체제를 형성하였다. 조공책봉체제의 국제관계는 각국의 자율성을 보장하면서 계서적 질서를 인정하고 상호간 협력과 교류를 지속하고 있었다. 이러한 국제관계의 협력과 교류 그리고 갈등의 협상과 해결에 중추적 역할을 사신使臣이 담당하였다. 사신은 황제(국왕)가 발행한 문서를 전달하는 고유의 역할 이외에 자국을 대변하는 실제적 외교창구였으며, 사신 파견과 접견을 통해 규범화된 계서적 국제질서를 상징하고 표현하는 외교방식을 보여주기도 한다.

조선전기의 명 사신접견은 입경入京 이후에 영접迎接〔모화관〕-수조칙受詔勅〔정전〕-다례-연회의 순으로 진행된다. 정전에서는 조서詔書와 칙서勅書를 받는 의식과 함께 다례 및 연회가 행해졌다. 조서와 칙서는 동시에 받는 것이 일반적이었지만 의례서에는 별도의 의례체계를 갖추고 있었다. 『국조오례의』「영조서의迎詔書儀」는 사자使者와 용정龍亭이 궁궐에 들어와 정전에 승전陞殿한 후에 조서안치詔書安置-칭稱(유제有制)-사배四拜-삼상향三上香-조서선포詔書宣布-환치還置-사배-삼무도三舞蹈-산호山呼-사배의 순으로 진행되며, 「영칙서의迎勅書儀」는 용정·사자의 승전陞殿 후에 칙서안치-사배-삼상향-수칙위受勅位 취위就位-칭稱(유제有制)-칙서전달-열람閱覽-환치-고두叩頭-사배로 진행된다. 양자의 큰 차이점은 조서는 선포를 하고 칙서는 국왕이 열람한다는데 있다. 그리고 정전 안의 배치도 칙서는 열람하기에 수칙위受勅位가 있지만 조서는 선포를 하기에 수칙위가 없고 대신에 전외殿外의 상월대에 개독위開讀位가 있다. 의례를 마친 후에는 양자 모두 재배再拜와 함께 다례를 거행하고 사신을 전송하는 절차로 진행된다.

사신접견은 궁궐운영과 관련하여 차이점을 보이기도 하는데, 명 사신의 접견례는 법궁인 근정전에서 행하며, 시어소가 경복궁이 아니면 경복궁으로 이어하여 사신접견을 행하였다. 반면에 명 사신이 아닌 조선 사신의 귀국편에 보내는 순부順付의 경우에는 법궁이 아닌 이궁에서도 외교문서를 맞이하였다. 그리고 일본의 막부 사신은 정전에서, 대마도주의 특송인特送人은 편전에서 접견하여 사신파견자의 위계에 따라 접견장소의 차이가 있었다. 왕비 책봉의 경우에 국서는 정전에서 받고 왕비에게 전달하는 흠사물欽賜物은 편전에서 받았다. 세자의 대리청정 시에도 동궁에 거처하더라도 법궁인 근정전에서 접견례를 행하였다. 국왕·왕비의 승하로 조문사신이 입경하면 국서전달과 함께 치제致祭를 지내는데 『국조오례의』에 사제賜祭·사시賜諡·분황焚黃은 혼전에서 지내고 사부賜賻는 정전에서 지내도록 규정되었다. 사물賻物은 살아있는 사람에게 전하는 것이므로 왕위를 계승한 사왕嗣王에게 전달하고자 정전에서 거행하였다. 한편 사제·사시·분황은 의례서에 혼전으로 설정되었지만 예종대부터 실제로는 혼전이 아닌 편전〔사정전〕으로 신주를 옮겨와 치제를 행하였고 창경궁 문정전과 창덕궁 선정전에 혼전이 설치된 경우에도 법궁인 경복궁 사정전으로 옮겨서 치제하였다.

조선후기 병자호란 이후에 조선은 청과 군신관계를 맺고 청 중심의 조공책봉체제에 편입되었다. 청에 대한 문명적 우월감과 중화의식이 강하였던 조선은 정묘·병자호란의 패배로 정신적 충격과 함께 반청反淸의식이 사회를 주도적으로 이끌어가게 되어 북벌론으로 나타나기도 하였다. 그러나 점차 청의 발전된 문물을 직시하고 활발한 교류가 이루어지면서 대청對淸의식은 긍정적으로 변하였다. 이러한 대외관계의 변화는 외교의식에 영향을 주어 사신접견례의 변화와 연계되기도 하였다. 우선 조선후기 사신접견의 의례양상을 살펴보면, 사역원司譯院의 관제官制와 업무를 정리한 『통문관지通文館志』에는 청 사신접견 의식으로 교영의郊迎儀, 인정전접견의仁政殿接見儀, 편전수칙의便殿受勅儀, 책봉의冊封儀, 조제의弔祭儀, 전부의傳訃儀가 정리되어 있다. 일반적인 청 사신접견의례가 정전과 편전으로 장소가 구분되어 정리된 것이 특징이다. 교영의와 인정전접견의는 연계되어 모화관에서 지영祗迎하고 정전에서 칙서열람과 선포 및 다례가 행해지는 절차이다. 편전수칙의는 사신접견의례가 약식으로 운영되어 모화관에서의 지영도 왕세자가 대신하며 국왕에게 칙서를 전달하고 열람하는 절차가 편전에서 이루어진다. 이후에 왕세자와 백관이 인정전에서 참여한 가운데 사신이 인정전으로 이동하여 칙서의 선포의식을 거행하였다. 책봉의에는 국왕과 왕비, 왕세자에게 고명을 전하는 의식이며, 국왕과 대비·왕비의 승하에 조문弔問하고 제祭를 지내는 조제의가 있다. 국왕 승하의 조제弔祭는 인정전에서 칙서 선포 후에 혼전에서 사신이 치제를 행하며 대비·왕비에 대한 조제는 왕세자가 국왕 대신에 최복衰服을 입고 자리에 나간다. 전부의는 청에서 황제와 황후의 부음訃音을 알리는 의식이다. 교외에서 사신을 맞이하여 궁궐에서 거애擧哀, 성복成服, 제복除服의 순으로 진행되며 각 의례는 사배-상향上香-거애-지곡止哭-사배의 절차를 따른다. 국왕은 황제에 대해서는 익선관翼善冠·백포白袍·오서대烏犀帶를 입고 황후에 대해서는 익선관·참포黲袍·오서대를 입어 차이를 보인다. 그리고 정조대부터는 전부傳訃사신의 접견례를 이궁인 경희궁 숭정전에서 행하였다.

궁궐운영과 관련하여 청 사신접견 의례가 명 사신접견과는 상당한 차이와 특성을 보이고 있다. 명과의 사신접견례는 법궁을 기준으로 의례가 행해졌지만 청과의 사신접견은 시어소를 중심으로 거처하는 궁궐 정전에서 사신접견례가 행해지는 모습이다. 다음으로 국왕의 창경궁 거처 시에 사신이 방문하면 시어소인 창경궁 정전(명정전)에서 접견례를 행하지 않고 법궁인 창덕궁으로 자리를 옮겨 인정전에서 사신접견 의례를 시행하였다. 세 번째로 조문을 위한 조사弔使가 입경하였을 때 혼전이 설치 또는 허설虛設된 궁궐 정전에서 사신접견례가 이루어지고 있었다. 네 번째로 청 황실의 부음을 알리는 전부傳訃사신 관련 접견의례가 정조대부터 경희궁 숭정전에서 정례적으로 행해지는 모습이다.

청 사신접견 의례의 또 다른 특징은 궁궐 편전을 이용하는 점이다. 인조대부터 국왕의 병환을 이유로 해서 청 사신접견 의례는 정전이 아닌 편전에서 행하기도 하였다. 국왕은 편전에서 칙서를 열람하고 칙서의 반포는 국왕이 불참한 가운데 정전에서 백관이 참여하고 있었다. 경우에 따라서 편전에서의 접견례는 약식으로 진행되기도 하였다. 편전의 사신접견 이용은 인조~경종대까지 나타나며, 의례로서 숙종대 간행된『통문관지』「편전수칙의」에 반영되고 있다. 그리고 그 배경에는 정묘·병자호란을 거친 후 청과의 조공책봉체계가 강제적으로 이루어진 상황에서 반청의식이 반영되어 외교의례상 사신접견을 간소화 또는 생략하게 되었다고 생각된다. 이후 경종대부터 사신접견에 대한 인식과 예우가 달라지게 되고 영조~정조대에는 정전에서만 사신접견 의례가 시행되고 있었다. 청 사신접견이 정전에서만 시행된 배경은 조선-청과의 관계가 개선되고 청의 발전된 문물과 국력신장을 통해 청을 바라보는 인식이 변화한 영향으로 여겨진다.

이상과 같이 조선시대 궁궐의 운영양상과 특징 그리고 변화와 그 의미를 살펴보았다. 궁궐은 법궁-이궁체제의 축을 중심으로 운영되며 공간은 내전과 외전으로 구분되고 있었다. 정전은 유교적 의례공간화로 정착되었다가 후기에 왕권강화와 연계되어 시사기능이 일시적으로 운영되는 특수성을 보이기도 했다. 편전은 정전 의식과 연결되어 분담·보조·대체적 기능을 수행하면서 고유한 의례를 행하는 의식 기능과 정례적 시사기능을 중심으로 운영하는 대편전과 비정례적이며 편의적인 시사 공간인 소편전으로 구분할 수 있었다. 이외에 국왕의 의지에 따라 일시적이거나 특정 전각 이용의 사례들을 살펴볼 수 있었다. 그리고 중국 사신접견을 통해 정전과 편전의 기능적 분담과 함께 명 사신의 법궁 정전 준수와 청 사신의 법궁·이궁 운영의 병행 및 편전 이용을 확인할 수 있었다.

이러한 궁궐의 운영양상은 궁궐과 궁궐 전각의 기능 및 성격이 정립되는 과정과 변화하는 모습을 보여주고 있었다. 그 과정과 변화는 시대적인 역사성을 담아내고 있는데, 성리학에 기반해서 국가이념의 의례적 구현을 정전에서 담아내고 있으며 성학군주의 환경조성과 군신간의 소통을 위해 다양한 편전 운영을 보여주고 있었다. 그리고 정치적 활동을 상징적으로 극대화하기 위해 정전이 이용되기도 하였고 명·청 교체 및 조선소중화의식과 연계된 사신 접견례의 원칙과 변칙적 운영이 구분되는 상황을 보여주기도 하였다. 결국 궁궐의 운영을 통해 시대적인 지향점을 궁궐 안에 담아내는 과정과 함께 궁궐운영 주체의 인식과 의지의 반영, 대내외적인 환경변화와의 대응 등을 살필 수 있었고, 궁궐이라는 공간을 통해 역사적인 보편성과 특수성을 이해할 수 있었다고 생각된다.

[부표 1] 조회(朝會)의식 중 수례(受禮)·행례(行禮)의 위치〈『국조오례의』〉

구분	수례(受禮)		행례(行禮)	
	설치	배치	설치	배치
正至王世子朝賀儀	御座	勤政殿北壁南向	王世子位 문관1품이하 종친무관1품이하	殿庭道東北向 왕세자 뒤, 道西
正至王世子嬪朝賀儀	御座	內殿北壁南向	嬪位	殿庭道東北向
正至會儀	御座	*상세기술없음	王世子位 문무2품이상위 宗親儀賓2품이상위 承旨位 종친6품이상 문무3품당상관위 侍臣정4품이상 종4~정5 종5~종6	御座東南西向 王世子位 少南 御座西南 西南隅北向東上 殿階上之東 殿階上之西 階上東西 南中階東西 南階下東西
中宮正至命婦朝賀儀	王妃座	正殿北壁南向	內命婦嬪以下位 外命婦位 公主以下 府夫人以下	殿庭道東 殿庭近南 在道東 在道西
中宮正至會命婦儀	王妃座	*상세기술없음	內命婦位 王世子嬪位 外命婦位 內命婦拜位 王世子嬪拜位 外命婦拜位	王妃座東南西向 王妃座西南東向 王世子嬪之後少南(重行)東向 殿庭在東 殿庭在西 王世子嬪之後(俱異位重行)北向(공주이하 東, 부부인이하 西)
中宮正至王世子朝賀儀	王妃座	正殿北壁南向	王世子位	殿庭道東北向
中宮正至王世子嬪朝賀儀	王妃座	正殿北壁南向	王世子嬪	殿庭道東北向
中宮正至百官朝賀儀	王妃座	正殿北壁南向	宗親文武百官位	正門外 (文官,東/宗親武科,西)
正至百官賀王世子儀	王世子座 王世子位	正堂東壁西向 (王世子)座前	문관2품이상배위 종친무관2품이상배위	堂內在南 堂內在北
朔望王世子百官朝賀儀	御座	勤政殿北壁南向	王世子位 문관1품이하 종친무관1품이하 諸方客使來朝	殿庭道東北向 王世子之後近東 道西 如正至朝儀
朝參儀	御座	勤政門正中南向	문관2품이상위 (문관)3품이하 종친·무관2품이상위 (종친무관)3품이하 諸方客使來朝_	永濟橋北道東 橋南 橋北道西 橋南 如正至朝儀
常參朝啓儀	御座	思政殿北壁南向	常參官拜位 啓事官2품以上位 (계사관)3품이하	殿庭東西北向 殿內東西相向北上 前楹間北向

[부표 2] 음복연(飲福宴) 주요 참여자 배위(拜位)·위(位) 설치〈『국조오례의』〉

구분	대상	설치 / 행례	비고
位/拜位	殿下	御座	
	王世子位	御座東南西向	
	侍宴宗親儀賓2品以上位	王世子之後少南	
	文武2品以上位	御座西南〔當大君位少南〕	
	諸享官 正3品位	殿階上東西	
	從3品以下位	殿庭東西	
	王世子以下拜位及執事官位	並如朝儀	

[부표 3] 음복연(飲福宴) 의주(儀註)〈『국조오례의』〉

구분	집례	행례	절차	비고
※3엄 후 입장/사배		殿下,承旨,史官,司禁 등	殿下,承旨,史官,司禁 등 입장	
		王世子,侍宴官,諸享官,客使	王世子,侍宴官,諸享官,客使 拜位입장	
			王世子,侍宴官,諸享官,客使 四拜	
饌案,花,膳을 올림	司饔院提調		司饔院提調가 酒器를 올림	
		왕세자이하	왕세자이하 跪	
	提調		提調가 饌案을 올림	
	近侍		近侍가 꽃을 올림	
		왕세자이하	왕세자 이하 俯伏,興,平身 / 왕세자 이하 跪	
	提調		提調가 膳을 올림	
		왕세자이하	왕세자 이하 俯伏,興,平身	
飲福	提調		提調가 爵에 복주를 따라 올림	*이하 배위 에서
		殿下	전하가 어좌에서 내려 西向후 俯伏,跪 전하는 술을 마시고 俯伏,興,陞座	
		諸享官	殿에 오름(3품 이하는 殿階 위) 부복, 궤 福酒 마시고 부복, 흥, 復位	
		王世子	酒亭으로 나감 (동편계를 거쳐)	
	提調		提調가 一爵을 따라 올림	
		王世子	왕세자는 爵을 받고 어좌 앞으로 나가 跪 왕세자가 爵을 올리고 俯伏, 興 왕세자는 내려와 復位	

		班首	酒亭으로 나감 (동편계를 거쳐)	
	提調		提調가 二爵을 따라 올림	
		班首	班首는 爵을 받고 어좌 앞으로 나가 跪 班首가 작을 올리고 俯伏, 興 班首는 내려와 復位	
		왕세자,시연관, 제향관,객사	殿內 및 殿階上, 殿庭으로 就位	
	副提調/輔德	왕세자	副提調는 왕세자에게 饌卓을 바치고 輔德은 꽃을 바침	*이하 위
	執事者	侍宴官,諸享 官,客使	執事者는 侍宴官,諸享官,客使에게 饌 卓,꽃을 돌림	
	提調	전하	提調가 湯을 올림	
		王世子以下	王世子 以下가 離位 후 부복, 進, 還位	
	副提調	왕세자	副提調가 王世子에게 湯을 바침	
	執事者	侍宴官以下	執事者는 侍宴官 以下에게 湯을 베풀 다〔設〕	
	提調	전하	提調가 셋째 작을 올림	
		王世子 侍宴官以下	副提調는 王世子에게 술을 바치고 執事者는 侍宴官 以下에게 술을 돌림 (내린 술이 처음에 이르면 왕세자 이 하는 모두 위에서 떠나 부복하고 꿇 어앉아 받아마시고는 부복하고 일어 나 위로 돌아간다. 別賜가 있을 경우 에는 어좌 앞 檻外로 나가 머리를 조 아리고 위로 돌아간다)	
			탕을 올리고 술을 올림 (모두 위 의식 동일)	
			술 아홉 번 돌림〔酒行九遍〕	
		殿下	提調가 大膳을 올림	
		王世子	副提調가 膳을 바침	
		侍宴官以下	執事者가 侍宴官 이하에게 膳 설치	
			饌案, 王世子卓, 시연관이하 卓 치움	
			왕세자 이하 내려와 復位	
			왕세자 이하 四拜禮	
			禮畢	
퇴장			殿下 降座乘輿 후 思政殿 還御	
			客使-王世子-侍宴官 以下순으로 퇴장	

[부표 4] 하의(賀儀)와 교서반강의(敎書頒降儀)의 위(位)와 의주 비교〈『국조오례의』〉

구분		賀儀	敎書頒降儀	비고
位	御座	勤政殿北壁南向 (遠遊冠,絳紗袍)	勤政殿北壁南向 (遠遊冠,絳紗袍)	(寶案_ 座前近東) (敎書案_ 寶案之南)
	王世子次	勤政門外道東近北西向	勤政門外道東近北西向	
	王世子位	殿庭道東北向	殿庭道東北向	禮服/??
	문관1품이하위	王世子之後近東	王世子之後近東	朝服
	종친무관1품이하	道西	道西	朝服
	代致詞官 /宣敎官	代致詞官位 _東階下近東西向	宣敎官位_東階下近東西向	
	賀詞/開讀	賀詞位_御座 前	開讀位_殿階上近東西向	
절차 (三嚴 後)		執事官 입장	執事官 입장	주요 참여자 중심
		종친문무관 3품 이하 就位	종친문무관 3품 이하 就位	
		왕세자 막차에서 나와 西向	왕세자 막차에서 나와 西向	
		殿下이동 (사정전→근정전)	殿下이동 (사정전→근정전)	
		承旨,史官 殿內 입장	承旨,史官 殿內 입장	
		왕세자 殿庭 就位 後 四拜	종친문무관 2품이상 就位	
		代致詞官 西偏階로 올라 어좌 앞에서 俯伏, 跪	왕세자 就位	
		왕세자 궤	왕세자·종친문무관 四拜禮	
		代致詞官 致詞 낭독	敎書 전달 (傳敎官→宣敎官)	
		代致詞官 俯伏 後 復位	敎書 전달 (宣敎官→展敎官)	
		왕세자 四拜禮	傳敎官 稱有敎	
		왕세자 퇴장	왕세자 이하 跪	
		종친문무관 2품이상 就位	宣敎官 교서선포 後 復位	
		종친문무백관 모두 四拜	展敎官 교서를 案에 놓음	
		代致詞官 西偏階로 올라 어좌 앞에서 俯伏, 跪	왕세자 이하 四拜禮	
		종친문무백관 모두 跪	왕세자 이하 三叩頭	
		代致詞官 致詞 낭독	왕세자 이하 山呼	
		代致詞官 俯伏 後 復位	왕세자 이하 四拜禮	
		종친문무백관 모두 四拜禮	禮畢	
		종친문무관 三叩頭	전하 사정전 還御	
		종친문무관 山呼	왕세자 퇴장	
		종친문무관 四拜	종친문무백관 퇴장	
		禮畢		
		전하 사정전 還御		
		종친문무백관 퇴장		

구분	집례	행례	내용
初嚴		兵曹	諸衛, 鹵簿半仗을 殿庭의 東西와 근정문 내외 배열 군사배치 (내금위,충의위,충순위,별시위 등)
			設 香亭於勤政門內 *中祀는 없음
			細仗於門外 *中祀는 없음
		종친·百官·執事官	朝堂 대기 (종친·백관_朝服 / 執事官_常服)
二嚴		종친·百官·執事官	門外位에 나아감
		護衛官·司禁	器服을 갖추고 사정전閤門밖에 나가 伺候
	判通禮		閤門 밖에서 跪 후 中嚴 계청
		殿下	遠遊冠·絳紗袍를 갖추고 자리에 나간다.
			徹扇, 侍衛 배치
		校書館	祝文을 받들어 올리고
		近侍	전해서 받들어 올리고
		殿下	署名
		近侍	받들고 나가 교서관에게 전달
		校書館	홍색 袱로써 祝文과 香合을 싸서 案에 둔다
		典樂	공인을 거느리고 들어와서 자리에 나감
		協律郎	擧麾位에 나감
三嚴		典儀,通贊,奉禮郎,監察	자리에 나감
	奉禮郎	종친·百官	나누어 인도하여 동편문과 서편문을 지나 배위로 나감
	奉禮郎	初獻官	인도하여 동편문을 지나 전계 위 동북쪽으로 나가 西向
			종소리가 그치면 內外門을 연다
	判通禮		외판을 알림(俯伏, 跪)
		殿下	出(乘輿)
			徹扇, 侍衛
		殿下	降輿(勤政殿西邊)
	判通禮	殿下	인도하여 배위에 나감
		諸護衛官	於拜位 뒤에서 列立
		承旨史官	(諸護衛官) 뒤에서 俯伏
		司禁	殿階上과 殿庭 東西에 分列
	典儀		再拜(曰)
	(通贊 唱)		전의의 말을 받아서 전하, 종친 백관 재배 唱
	判通禮		俯伏,跪 / 啓請_鞠躬,再拜,興,平身
		殿下	鞠躬,再拜,興,平身
		종친 백관	鞠躬,再拜,興,平身
	判通禮		啓請_跪 (通贊 唱)

		殿下	跪
		종친 백관	跪
		司香(二人)	進香案前, 跪, 三上香, 俯伏, 興, 退
		內直別監	進香祝案前,北向跪,取香祝由中門出,跪,授承旨
		承旨	傳捧, 東向跪, 전하에게 進
		殿下	향축을 받고 초헌관에게 전달
		초헌관	나와서 서향하여 꿇어앉고 받고 일어나 중문을 지나 다시 案에 놓고 향축안의 동남쪽에 물러나서 서향
	判通禮		啓請_鞠躬, 再拜, 興, 平身 (通贊 唱)
		殿下	鞠躬, 再拜, 興, 平身
		종친 백관	鞠躬, 再拜, 興, 平身
	判通禮		禮畢 (通贊 唱)
	判通禮	殿下	인도하여 조금 서쪽으로 가서 동향하여 서게 한다.
		初獻官	捧香祝 由中門 出
	判通禮		俯伏跪, 啓請_鞠躬
		殿下	鞠躬
	判通禮		過則啓請平身
		殿下	平身
			宗親百官同
	判通禮	殿下	인도하여 殿下가 西階에서 내려가 勤政門에 이른다
		初獻官	香祝을 香亭 안에 두고 門을 나간다.
		儀仗, 初獻官	儀仗이 앞서 나가고 初獻官이하 뒤따라 간다
	判通禮	殿下	인도하여 殿下가 還內
			侍衛如來儀
	奉禮郎	宗親 百官	종친백관을 나누어 인도하여 나간다.
	判通禮		俯伏跪, 啓_解嚴
		兵曹	교지를 받들어 의장을 해산

[부표 6] 전향축(傳香祝) 의주〈『국조오례의』〉

구분	집례	행례	내용
3刻		齊官	朝堂에 모임 (時服)
		殿下	卽座 (翼善冠, 袞龍袍)
		典校署官	祝版을 받들고 나가면
		近侍	전해 받아가지고 받들어 올린다. 〔만일 아울러 전할 때는 차례로 받들어 올린다〕
		殿下	署
		近侍	祝版과 香을 받들어 임시 案에 둔다
1刻	引儀	초헌관	인도하여 思政殿 閤門밖에 나간다.
時至		左通禮	욕위의 왼쪽에 들어와서 俯伏
		殿下	褥位로 나아가 南向
		초헌관	들어온다 〔만약 아울러 전할 때는 여러 초헌관이 차례로 들어온다〕
	左通禮		跪, 啓請_跪
		殿下	跪
		近侍	향과 축을 가지고 동쪽을 향하여 꿇어앉아서 올린다.
		殿下	향과 축을 받아서 초헌관에게 준다
		初獻官	서쪽을 향하고 꿇어앉아 받고 일어난다. 〔아울러 전할 때는 먼저 받은 자는 문안에 서쪽을 향하여 서고 차례로 북쪽으로 간다.〕
	左通禮		啓請_興, 鞠躬
		殿下	興, 鞠躬
			향축은 中門을 거쳐서 나간다
	左通禮		啓請_平身
		殿下	平身
		殿下	還 內殿
		初獻官	근정문 밖에 나가서 향과 축을 香亭에 둔다
			細仗이 앞에서 인도하고 香亭이 다음에 가고
			亞獻官이하는 初獻官을 따라서 闕門밖으로 나가 말을 탐
			齊坊 문밖에 이르러 말에서 내려 齋所로 들어가 향과 축을 탁자 위에 놓아둔다.

구분	집례	행례	내용
初嚴		兵曹	諸衛, 鹵簿, 儀仗을 正階와 殿庭의 동서 배열 및 군사배치
		司僕侍正	輿·輦(殿庭中道), 御馬(中道左右) 배치
		享官·百官	朝堂 대기 (4품이상_朝服 / 5품이하_常服)
二嚴		享官·百官	門外位에 나아감
		護衛官·司禁	器服을 갖추고 閤門밖에 나아가 대기
	左通禮		閤門 밖에서 俯伏, 跪 후 中嚴 계청
		殿下	遠遊冠·絳紗袍를 갖추고 內殿에 臨御
			繖扇, 侍衛 배치
三嚴			북소리 그치면 外門을 열다
	引儀	享官·百官	나누어 인도하여 배위로 나간다.
	左通禮		외판을 알림(俯伏, 跪)
		殿下	出(乘輿)
			繖扇, 侍衛
	左右通禮	殿下	降輿所
	左通禮		啓請 降輿(俯伏, 跪)
		殿下	降輿
	左通禮		啓請_執圭
		近侍	進圭(俯伏, 跪)
		殿下	執圭
	左右通禮	殿下	版位에 이르러 남향하여 선다.
		近侍·史官	좌우로 나뉘어 들어가 부복. 사관은 근시 뒤에 선다.
	典儀		四拜(曰)
	贊儀		鞠躬,四拜,興,平身(唱)
		享官·百官	鞠躬,四拜,興,平身
		讀誓文官 (冢宰) 刑判	동쪽 계단으로 올라가 誓文을 읽는 位에 나아가 서향(訖) 讀誓文官, 刑判은 모두 내려와 位로 돌아간다.
	典儀		四拜(曰)
	贊儀		鞠躬,四拜,興,平身(唱)
		享官·百官	鞠躬,四拜,興,平身
	左通禮		판위 앞으로 나가 부복, 궤 후 內殿 還御 啓請, 釋圭 啓請
		殿下	釋圭
		近侍	受圭(跪)
	左通禮		乘輿
		殿下	乘輿, 內殿 還御
		繖扇,侍衛	如來儀
	引儀	享官·百官	모든 향관,종친,문무백관을 나누어 인도하여 차례로 나감

[부표 8] 친림향축의(親臨香祝儀) 의주〈『국조속오례의』〉

구분	집례	행례	내용
初嚴		兵曹	諸衛, 鹵簿, 儀仗을 正階와 殿庭의 동서 배열 및 군사배치
		司僕侍正	輿·輦(殿庭中道), 御馬(中道左右) 배치
		齊官·應參人員	朝堂 대기 (常服)
二嚴		齊官·應參人員	門外位에 나아감
		護衛官·司禁	器服을 갖추고 閣門밖에 나아가 대기
	左通禮		閣門 밖에서 俯伏, 跪 後 中嚴 계청
		殿下	翼善冠·袞龍袍를 갖추고 內殿에 臨御
			撤扇, 侍衛 배치
三嚴			북소리 그치면 外門을 열다
	引儀	獻官·應參人員	나누어 인도하여 배위로 나간다.
	左通禮		外辦을 알림
		殿下	出(乘輿)
			撤扇, 侍衛
		尙瑞院	寶를 받들어 앞서 나가 寶案에 놓음
	左右通禮	殿下	降輿所
	左通禮		啓請 降輿(俯伏, 跪)
		殿下	降輿, 卽座
		香室官	祝版을 받들어 올림
		近侍	殿下에게 올림
		殿下	署[확인]
		近侍	祝版과 香을 임시로 案에 놓음
	左右通禮	殿下	전하를 인도하여 褥位에 나아가 남향하여 서다
	引儀	獻官	헌관을 인도하여 褥位의 왼쪽에 나아간다
	左通禮		啓請_跪
		殿下	跪
		近侍	香祝을 올림(東向, 跪)
		殿下	香祝을 받음. 獻官에게 전달
		獻官	香祝을 받음(西向, 跪). 일어남
	左通禮		啓請_興, 鞠躬
		殿下	興, 鞠躬
			香祝은 正門으로 나간다.
	左通禮		啓請_平身
		殿下	平身
		應參人員	동서로 나뉘어 서로 마주보고 鞠躬 (香祝) 지나가면 平身
		殿下	內殿 還御
		撤扇, 侍衛	如來儀
	引儀	享官·百官	應參人員을 나누어 인도하여 차례로 나감
解嚴	左通禮		啓請_解嚴
		兵曹	敎旨를 받아 의장 철수
		獻官	인정문 밖으로 나와 향축을 香亭에 싣다.
			細仗은 前導하고 香亭은 다음에 모든 齊官이 하은 헌관을 따라 궐문 밖에서 말에 오른다.
			齊坊門밖에 이르러 말에서 내린다.
			齊所로 들어가 香祝을 卓上에 안치

구 분		「五禮儀」傳香儀	「國朝五禮儀」傳香儀	『國朝續五禮儀』 親臨傳香祝
殿下	位	拜位_殿階上當中 北向 (勤政殿)	褥位_思政殿月廊 南 階下當中	御座_仁政殿近北南向 傳香褥位_殿南階下當 中(南向)
	衣服	遠遊冠, 絳紗袍	翼善冠, 袞龍袍	翼善冠, 袞龍袍
행례참석	대상 675)	宗親,文武百官, 校書館,初獻官, 司香,內直別監	齊官, 典校署官	獻官〔齊官〕,應參人員, 香室官,尙瑞院
	衣服	宗親百官(朝服) 執事官(常服)	齊官(時服)	常服
儀仗		鹵簿半仗	鹵簿細仗	鹵簿儀仗
		×(輿·輦·御馬)	×(輿·輦·御馬)	輿·輦(殿庭中道), 御馬(中道左右)
香祝案		勤政殿 正中	褥位 前 近西	褥位 前 近西
香 案		(향축안) 前	×	×
寶 案		×	×	御座 前
署		(二嚴 後) 內殿	(3刻 후) 思政殿 御座	(三嚴 後) 勤政殿 內
拜 禮		再拜	×	×
圭(執,釋)		×	×	○

---

675) 군사, 近侍(승지,사관) 등은 제외.

[부표 10] 조선시대 국왕의 승하장소, 빈전, 혼전

구분	승하(昇遐)		빈전(殯殿)	혼전(魂殿)	
	장소	비고	장소	장소	혼전명
太祖	昌德宮廣延樓 別殿		後別室廳	궐 외	文昭殿
定宗	開城 仁德宮	正寢	仁德宮	仁德宮?	仁德殿
太宗	蓮花坊新宮	別宮		궐 외	廣孝殿
世宗	永膺大君私邸	東別宮	永膺大君私邸	昌德宮報平廳	輝德殿
文宗	景福宮康寧殿	正寢	景福宮思政殿	景福宮資善堂	景禧殿
端宗	寧越 觀風軒	-			
世祖	壽康宮	正寢	壽康宮朝啓廳	景福宮資善堂	永昌殿
睿宗	景福宮紫薇堂	正寢	忠順堂	景福宮資善堂	景安殿
成宗	昌德宮大造殿	正寢		?	永思殿
燕山君	江華 流配	-	-	-	-
中宗	昌慶宮觀慶殿	小寢	昌慶宮通明殿	昌慶宮文政殿	景思殿
仁宗	景福宮淸讌樓	小寢	景福宮思政殿	昌德宮宣政殿	永慕殿
明宗	景福宮養心堂	小寢	景福宮慶成殿	景福宮	慕義殿
宣祖	貞陵洞 行宮 (慶運宮昔御堂)	正寢	-	慶運宮?	永慕殿
光海君	濟州 流配	-	-	-	-
仁祖	昌德宮大造殿	正寢	昌德宮宣政殿	昌慶宮文政殿	永思殿
孝宗	昌德宮大造殿	正寢	昌德宮宣政殿	慶德宮啓祥堂	敬慕殿
顯宗	昌德宮 齋廬	廬次	昌德宮宣政殿	昌慶宮文政殿	孝敬殿
肅宗	慶德宮隆福殿	正寢	慶德宮資政殿	昌慶宮文政殿	孝寧殿
景宗	昌慶宮環翠亭	別殿	昌慶宮宣政殿	昌慶宮	敬昭殿
英祖	慶德宮集慶堂	正寢	慶德宮資政殿	慶熙宮太寧殿	孝明殿
正祖	昌慶宮迎春軒	正寢	昌慶宮歡慶殿	昌德宮宣政殿	孝元殿
純祖	慶德宮會祥殿	正寢	慶德宮長樂殿	慶熙宮	孝成殿
憲宗	昌慶宮重熙堂	正寢	昌慶宮歡慶殿	昌德宮宣政殿	孝定殿
哲宗	昌德宮 大造殿	正寢	昌慶宮歡慶殿	昌德宮宣政殿	孝文殿
高宗	慶運宮咸寧殿	正寢	慶運宮咸寧殿	慶運宮咸寧殿	孝德殿

* 안희재, 2009, 『조선시대 국상의례 연구-국왕국장을 중심으로-』, 국민대박
사논문, 표Ⅲ-6를 참조하고 일부를 수정·보완하여 정리한 내용이다.

[부표 11] 영조대 야대(夜對) 시행일 및 장소〈『승정원일기』〉

일 자	시 각	창덕궁	경희궁	창경궁
즉위년 10월 2일(임신)		無妄閣		
즉위년 10월 9일(기묘)		無妄閣		
즉위년 10월18일(무자)		无妄閣		
즉위년 10월24일(갑오)		无妄閣		
즉위년 10월29일(기해)	初更三點	無妄閣		
즉위년 11월 3일(계묘)	初更	無妄閣		
원년 6월11일(정축)	初更			時敏堂
원년 6월23일(기축)	戌時			時敏堂
원년 7월 2일(무술)				時敏堂
원년 7월10일(을사)				時敏堂
원년 8월20일(갑신〔을유〕)				進修堂
원년 9월10일(갑진)	初更五點			進修堂
원년 12월17일(기묘〔경진〕)				進修堂
2년 3월10일(임인)				進修堂
2년 3월23일(을묘)	戌時			進修堂
2년 3월24일(병진)				進修堂
2년 11월 1일(기축)	初更三點			進修堂
2년 11월14일(임인)	戌時	熙政堂		
2년 12월16일(계유)	酉時	熙政堂		
2년 12월24일(신사)	初更	熙政堂		
3년 1월 6일(계사)	初更	熙政堂		
3년 2월 6일(계해)	二更	熙政堂		
3년 3월 2일(기축)	初更	熙政堂		
3년 3월14일(신축)	二更	熙政堂		
3년 3월23일(경술)	初更	熙政堂		
3년 3월29일(병진)	二更	熙政堂		
3년 7월 9일(계해)	初更	熙政堂		
3년 7월17일(신미)	初更	熙政堂		
3년 9월 7일(경신)		熙政堂		
3년 10월23일(을사)	二更一點	熙政堂		
4년 2월15일(병신)	二更	熙政堂		
4년 2월16일(정유)	二更	熙政堂		
4년 6월16일(신미〔을미〕)	二更	熙政堂		
5년 10월19일(경신)	二更	熙政堂		
5년 11월10일(경진)	初更	熙政堂		
5년 12월24일(갑자)	初更	熙政堂		
6년 8월 4일(경자)			德游堂	

일 자	시 각	창덕궁	경희궁	창경궁
6년 9월 7일(계유)	二更五點		德游堂	
6년 11월27일(임진)	初更			進修堂
6년 12월 9일(계묘)				進修堂
6년 12월18일(임자)	四更二點			進修堂
7년 2월 5일(무술)	酉時			進修堂
7년 5월 2일(계해〔갑자〕)				進修堂
7년 10월 5일(을미)	二更			時敏堂
7년 10월21일(신해)	二更			時敏堂
7년 10월27일(정사)	二更			進修堂
7년 11월13일(임신)	初更			進修堂
9년 5월 1일(신사)	三更三點	熙政堂		
9년 5월23일(계묘)		熙政堂		
9년 12월28일(을해)	初更	熙政堂		
10년 2월 1일(정미)	初更	熙政堂		
10년 6월 9일(계축)	二更	熙政堂		
10년 6월26일(경오)	初更	熙政堂		
10년 9월 5일(정축)	初更五點	熙政堂		
10년 11월22일(계사)		熙政堂		
11년 2월17일(무오)	二更	熙政堂		
11년 3월18일(무자)		熙政堂		
11년 3월23일(계사)	二更	熙政堂		
11년 4월14일(갑인)	二更	熙政堂		
11년 5월27일(병인)	二更三點	熙政堂		
11년 8월21일(정해)	戌時	熙政堂		
11년 9월27일(계해)	酉時	熙政堂		
11년 10월23일(무자)	二更	熙政堂		
12년 1월22일(정사)	二更	熙政堂		
12년 2월29일(계사)	初更	熙政堂		
12년 3월 2일(병신)	初更	熙政堂		
12년 4월24일(무자)	三更一點		興政堂	
12년 5월 3일(병신)	二更		興政堂	
12년 6월15일(무인)	二更		興政堂	
12년 6월26일(기축)	二更一點		興政堂	
12년 7월 5일(정유)	三更四點		興政堂	
12년 8월11일(임신)	二更三點		興政堂	
12년 8월22일(계미)	二更		興政堂	
12년 9월17일(무신)	二更二點		興政堂	
12년 10월 7일(정묘)	初更四點		興政堂	

일 자	시 각	창덕궁	경희궁	창경궁
12년 10월19일(기묘)	二更三點	熙政堂		
13년 5월25일(임자)	二更	熙政堂		
13년 9월21일(병오)	初更	熙政堂		
13년 10월15일(기해)	二更	熙政堂		
13년 12월28일(신해)	三更一點~ 四更五點	熙政堂		
14년 9월 2일(신해)	初更	熙政堂		
14년 11월 7일(을묘)	二更三點	熙政堂		
14년 12월18일(병신)	三更一點	克綏齋		
15년 6월11일(병술)	三更二點	熙政堂		
15년 7월12일(병진)	二更		興政堂	
16년 6월 5일(갑술)		熙政堂		
18년 8월20일(병오)	二更	熙政堂		
18년 9월17일(계유)	二更	熙政堂		
20년 12월15일(무오)	二更		興政堂	
22년 3월29일(을미)	初更	熙政堂		
22년 윤3월26일(임술)	三更一點	熙政堂		
22년 4월15일(경진)	二更三點	熙政堂		
22년 8월21일(갑신)	初更	熙政堂		
23년 11월20일(병오)	二更		興政堂	
25년 4월14일(신묘)	二更			歡慶殿
25년 6월29일(을사)	二更二點			崇文堂
25년 7월 4일(경술)	三更一點			歡慶殿
26년 1월 5일(기유)	二更二點			歡慶殿
26년 1월 9일(계축)	二更一點			歡慶殿
26년 1월21일(을축)	初更三點			歡慶殿
26년 1월25일(기사)	初更			歡慶殿
26년 2월30일(계묘)	二更			歡慶殿
26년 10월13일(임오)	初更	熙政堂		
27년 1월 2일(경자)	初更	克綏齋		
27년 5월15일(신해)	初更	熙政堂		
31년 12월21일(경신)	初更三點			崇文堂
34년 4월11일(병인)	初更			涵仁亭
34년 6월26일(경진)	初更			恭默閣
34년 6월29일(계미)	初更			恭默閣
34년 7월 2일(병술)	二更			恭默閣
34년 7월 3일(정해)	初更			恭默閣
34년 7월11일(을미)	初更			涵仁亭

일 자	시 각	창덕궁	경희궁	창경궁
34년 7월12일(병신)	初更			居廬廳
34년 7월26일(경술)	三更三點			恭默閤
34년 8월 4일(정사)	酉時			恭默閤
34년 10월16일(기사)	初更三點			恭默閤
34년 10월20일(계유)	初更			恭默閤
34년 10월29일(임오)				恭默閤
34년 11월17일(경자)	初更			恭默閤
35년 2월 8일(기미)	初更			恭默閤
35년 4월 5일(을묘)	初更			涵仁亭
35년 8월21일(무술)	初更	熙政堂		
35년 9월 5일(임자)	初更	熙政堂		
35년 9월19일(병인)	初更	熙政堂		
36년 1월28일(갑술)	初更			崇文堂
36년 7월20일(임술)	夜一更		景賢堂	
37년 11월 8일(임인)	申時		景賢堂	
38년 12월23일(신해)	初更		思賢閤	
39년 11월10일(계해)	初更		思賢閤	
44년 4월12일(기사)	初更四點		集慶堂	
44년 4월18일(을해)	戌時		集慶堂	
44년 5월 2일(기축)	五更二點		集慶堂	
46년 1월 4일(임오)	初更三點		集慶堂	
46년 2월 3일(경술)	二更一點		集慶堂	
46년 2월 6일(계축)	初更四點		集慶堂	
46년 2월27일(갑술)			集慶堂	
46년 5월12일(무자)	初更三點		集慶堂	

【참고문헌】

1. 자료

『朝鮮王朝實錄』
『承政院日記』
『經國大典』
『續大典』
『大典通編』
『國朝五禮儀』
『國朝續五禮儀』
『國朝喪禮補編』
『春官通考』
『通文館志』
『同文彙考』

2. 저서

강제훈 외, 2010, 『조선 왕실의 가례』2, 한국학중앙연구원.
국립문화재연구소, 2006, 『北闕圖形』.
국민대학교한국학연구소·문화재관리국, 1997, 『朝鮮時代 養老宴儀禮와 御宴儀禮의 研究』.
권오영 외, 2008, 『조선 왕실의 嘉禮』1, 한국학중앙연구원.

김문식, 2009, 『조선후기 지식인의 대외인식』, 새문사.

김문식 외, 2009, 「규장각」, 서울대학교출판문화원.

김백철, 2010, 『조선후기 영조의 탕평정치-『속대전』의 편찬과 백성의 재인식』, 태학사.

김왕직, 2007, 『알기쉬운 한국건축 용어사전』, 동녘.

김지영 외, 2013, 『즉위식, 국왕의 탄생』, 돌베개.

김한규, 1999, 『한중관계사』Ⅰ·Ⅱ, 아르케.

문화재청, 2008, 『창경궁의 건축과 인물』, 눌와.

민현구 외, 1996, 『조선시대 즉위례와 조하의례의 연구』, 고려대학교 민족문화연구소.

서울학연구소, 1994, 『(국역)궁궐지』1~2, 서울시사편찬위원회.

서울시, 2004, 『경희궁 영조 훼철관련 사료조사 및 활용방안 연구』, 명지대학교 국제한국학연구소.

심승구 외, 2003, 『조선 세종조의 조회의식, 상참의 고증연구』, 한국 문화재보호재단.

심재우 외, 2012, 『조선의 왕비로 살아가기』, 돌베개.

심재우 외, 2013, 『조선의 세자로 살아가기』, 돌베개.

오항녕, 2009, 『한국 사관제도 성립사』, 일지사.

오항녕, 2012, 『광해군, 그 위험한 거울』, 너머북스.

이 욱, 2009, 『조선시대 재난과 국가의례』, 창비.

이재철, 2001, 『조선후기 비변사연구』, 집문당.

정만조 외, 2012, 『영조의 국가정책과 정치이념』, 한국학중앙연구원출판부.

池斗煥, 1994, 『朝鮮前期 儀禮硏究-性理學 正統論을 中心으로-』, 서울 대학교출판부.

지두환, 조선왕실 시리즈 『국왕과 친인척 1~27권』, 역사문화.

지두환, 2004, 『조선왕실 통과의례 관혼상제』, 한국문화콘텐츠진흥원.

지두환, 2005, 『세계문화유산 종묘이야기』, 집문당.

지두환, 2013, 『조선시대 정치사』1~3, 역사문화.

최소자, 1999, 『명청시대 중한관계사연구』, 이대출판부.

崔承熙, 2002, 『朝鮮初期 政治史研究』, 지식산업사.

정옥자, 1998, 『조선후기 조선중화사상 연구』, 일지사.

정은주, 2012, 『조선시대 사행기록화』, 사회평론.

문화재청, 2009, 『조선시대 궁궐 용어해설』.

영건의궤연구회, 2010, 『영건의궤』, 동녘.

한국역사연구회 17세기 정치사 연구반, 2003, 『조선중기 정치와 정책』, 아카넷.

한형주 외, 2009, 『조선의 국가제사』, 한국학중앙연구원.

3. 연구논문

강제훈, 2004, 「조선 초기의 朝會 의식」 『조선시대사학보』 28, 조선시대 사학회.

강제훈, 2005b, 「조선 世祖代의 朝會와 王權」 『사총』 61, 고려대 역사연구소.

강제훈, 2004, 「조선 초기의 조회의식」 『조선시대사학보』 28, 조선시대 사학회.

구범진, 「19세기 전반 淸人의 朝鮮使行-柏葰(1844년)과 花沙納(1845 년)의 경우-」 『史林』 22, 수선사학회.

권연웅, 1989, 「朝鮮 英祖代의 經筵」 『東亞研究』 17, 서강대 동아연구소.

金暻綠, 2004, 「朝鮮時代 使臣接待와 迎接都監」 『韓國學報』 117, 일지사.

김경록, 2005, 「조선후기 同文彙考』의 편찬과정과 성격」 『조선시대사학보』 32, 조선시대사학회.

김경록, 2005, 「조선후기 사대문서의 종류와 성격」 『한국문화』 35, 한 국역사연구회.

김경록, 2009, 「조선시대 국제질서와 한중관계의 전개양상」 『中國學報』 60, 한국중국학회.

김경록, 2007, 「조선시대 대중국 외교문서의 접수·보존체계」 『한국사연구』 136.

김경록, 2008, 「조선시대 조공체제와 대중국 사행」 『명청사연구』 30, 명청사학회.

김경록, 2008, 「조선의 對淸關係 認識과 外交體系-조선후기 외교문서의 정리를 중심으로-」 『이화사학연구』 37, 이화사학연구소.

김동욱, 1986, 「仁祖朝의 昌慶宮 昌德宮 造營」 『문화재』 19.

김동욱, 1998, 「조선초기 창건 경복궁의 공간구성-고려 궁궐과의 관계에 대해서」 『건축역사연구』 제7권 2호(통권 15호).

김동욱, 1994, 「朝鮮時代 昌德宮 熙政堂의 便殿 轉用에 대하여」 『건축역사연구』 3권 1호, 통권 5호.

김동욱, 2002, 「조선초기 경복궁 수리에서 세종의 역할」 『건축역사연구』 32, 한국건축역사학회.

김동욱, 2005, 「순조즉위년의 창덕궁 선정전 혼전활용에 대하여」 『한국건축역사학회 추계학술발표대회 논문집』.

김문식, 2008, 「조선 왕실의 親迎禮 연구」 『조선 왕실의 嘉禮』 1, 한국학중앙연구원.

김문식, 2009, 「조선시대 國家典禮書의 편찬 양상」 『규장각』 21.

김종수, 2000, 「조선시대 궁중연향 고찰-進宴을 중심으로-」 『韶巖權五聖博士華甲紀念 音樂學論叢』, 민속원.

김종수, 2003, 「奎章閣 所藏 연향 관련 儀軌 고찰」 『한국학보』 113, 일지사.

김지영, 2004, 「18세기 후반 國家典禮의 정비와 『春官通考』」 『韓國學報』 114, 일지사.

김지영, 2007, 「英祖代 儀禮와 行次 그리고 기억」 『조선시대 문화사』 (상), 일지사.

김지영, 2012, 「조선시대 사위의례에 대한 연구」 『조선시대사학보』 61.

김 호, 2003, 「효종대 조귀인 저주사건과 東闕 改修」 『인하사학』 10.

나영훈, 2011, 「조선 초기 창덕궁의 경영과 위상 변화」, 한국학중앙연구원석사논문.

나영훈, 2011, 「조선 단종대 궁궐 경영과 그 정치적 의미」 『역사와 현실』 82.

박희용, 2007, 「창덕궁 정전 영역의 구성과 운영」, 서울시립대박사논문.

송지원, 2008, 「조선시대 음복연의 의례와 음악」『공연문화연구』16.

송지원, 2008, 「영조대 국가전례정책의 제 양상」『공연문화연구』17.

송지원, 2010, 「영조대 儀禮 정비와『國朝續五禮儀』편찬」『한국문화』50.

심승구, 2007, 「조선시대 왕실혼례의 추이와 특성-숙종·인현왕후 가례를 중심으로-」『조선시대사학보』41.

안태욱, 2014,『朝鮮後期 宮中宴享圖 硏究』, 동국대박사논문.

安晵材, 2009,『朝鮮時代 國喪儀禮 硏究-國王國葬을 중심으로-』, 국민대박사논문.

양웅렬, 2011, 「조선시대 대비전각의 변천」『창덕궁, 아름다운 덕을 펼치다』, 국립고궁박물관.

오현진·박언곤, 2005, 「조선시대 정전 영역의 비례체계에 관한 연구」『대한건축학회』창립60주년기념 학술발표대회논문집 제25권 제1호(통권제49집).

윤정현, 2000, 「朝鮮時代 宮闕 中心空間의 構造와 變化」, 서울대박사논문.

윤정현, 2000, 「朝鮮時代 原廟制 정비와 便殿의 魂殿 및 殯殿 설치」한국건축역사학회 춘계학술발표대회 논문집.

윤 정, 2005, 「18세기 景福宮 遺址의 행사와 의례-영조대를 중심으로-」『서울학연구』25.

윤 정, 2009, 「영조의 경희궁 改號와 移御의 정치사적 의미-思悼世子 賜死와의 상관성에 대한 분석-」『서울학연구』34.

윤 정, 2010, 「세종 초 上王(太宗)의 궁궐경영과 그 정치적 의미-壽康宮·豊壤離宮을 중심으로-」『서울학연구』41.

윤 정, 2011, 「仁祖 전반기의 舊闕(昌慶宮)의 중건과 궁궐경영-『承政院日記』인조 임어 기사의 분석」『한국문화』55, 서울대 규장각한국학연구원.

윤 정, 2011, 「선조 후반~광해군 초반 궁궐 경영과 '경운궁'의 성립」『서울학연구』42.

윤 정, 2011, 「광해군대 궁궐 경영과 '新闕'의 영건-慶德宮의 영건과 성격

변화를 중심으로-」『서울학연구』43.

이강근, 2008,「조선왕조의 궁궐건축과 정치-세자궁의 변천을 중심으로」『미술사학』22, 한국미술사교육학회.

이근호, 2001,『英祖代 蕩平派의 國政運營論 硏究』, 국민대박사논문.

이근호, 2006,「朝鮮時代 朝參儀禮 設行의 推移와 政治的 意義」『호서사학』43, 호서사학회.

이민아, 2008,「효명세자·헌종대 궁궐 영건의 정치사적 의미」『한국사론』54.

이영춘, 2007,「『通文館志』의 편찬과 조선후기 韓中關係의 성격」『역사와 실학』33.

이재철, 2005,「英祖代 次對의 傾向과 性格」『역사교육논집』34, 역사교육학회.

이재희, 1993,「朝鮮 明宗代 '戚臣政治'의 전개와 성격」『한국사론』29, 서울대.

이현진, 2006,「조선시대 종묘의 神主·位版 題式의 변화-明·淸의 교체를 기점으로」『震檀學報』101.

이현진, 2007,「조선 왕실의 혼전」『조선시대 문화사』(상), 일지사.

임민혁, 2005,「조선후기 영조의 孝悌 논리와 사친추숭」『朝鮮時代史學報』39.

임민혁, 2008,「조선시대 왕세자 冊封禮의 제도화와 의례의 성격」『조선왕실의 가례』1, 한국학중앙연구원.

임민혁, 2010,「조선초기 遙賀儀와 군신질서」『조선왕실의 가례』2, 한국학중앙연구원.

임혜련, 2003,「朝鮮時代 垂簾聽政 정비과정」『조선시대사학보』27.

장영기, 2009,「朝鮮時代 宮闕 便殿의 성격과 체제변화」『조선시대사학보』48.

장영기, 2010,「조선후기 輪對 정례화와 宮闕殿閣 運營-숙종~정조대를 중심으로-」『한국학논총』34.

장재혁, 2004,「朝鮮前期 景福宮의 建築型式에 관한 硏究」, 한양대석사논문.

장지연, 1997,「광해군대 궁궐영건-인경궁과 경덕궁(경희궁)을 중심으로」,

『한국학보』.

장지연, 2002, 「17세기 경덕궁(경희궁)의 수리와 그 정치적 의미」, 『한국학보』.

장지연, 2007, 「태종대 후반 수도 정비와 의미」 『조선시대 문화사』(상), 일지사.

장지연, 2007, 「태조대 景福宮 殿閣名에 담긴 의미와 사상적 지향」, 『한국문화』39, 서울대규장각 한국학연구원.

장희흥, 1998, 「朝鮮初期 輪對制의 施行과 運營」 『동국사학』 32.

정만조, 1983, 「英祖代 初半의 蕩平策과 蕩平派의 活動-蕩平基盤 성립에 이르기까지」 『진단학보』 56, 진단학회.

정만조, 1986, 「영조대 중반 정국과 탕평책의 재정립-소론탕평에서 노론탕평으로의 전환」 『역사학보』 111, 역사학회.

정만조, 2011, 「영조임금의 업적-'御製問業'의 6대사업을 중심으로-」 『영조대왕』, 한국학중앙연구원.

정옥자, 1998, 『조선후기 조선중화사상연구』, 일지사.

정유미, 2000, 「조선시대 궁궐의 상·장례공간에 관한 연구」 고려대석사논문.

정은주, 2012, 『조선시대 사행기록화』, 사회평론.

조옥연, 2008, 『조선 궁궐의 동조건축에 관한 연구-17~18세기 동궐을 중심으로-』, 경기대박사논문.

曹永錄, 1990, 「鮮初의 朝鮮出身 明使考」 『國史館論叢』 14.

조재모, 2004, 『朝鮮時代 宮闕의 儀禮運營과 建築型式』, 서울대박사논문.

조재모, 2005, 「英·正祖代 國家儀禮 再整備와 宮闕建築-朝賀儀式을 中心으로-」 『대한건축학회논문집』 21권 12호(통권206호).

지두환, 1996, 「朝鮮後期 英祖代 經筵科目의 變遷-朝鮮性理學 확립과 관련하여-」 『震檀學報』 81.

지두환, 1998, 「조선전기 경연관의 직제의 변천」 『한국학논총』 20, 국민대학교 한국학연구소.

지두환, 2003, 「朝鮮時代 宴會 儀禮의 변천」 『한국사상과 문화』 19.

지두환, 2005, 「朝鮮後期 經筵官의 職制의 變遷-山林 經筵官 贊善 進善을 중심으로」『韓國學論叢』 28, 국민대학교 한국학연구소.

지두환, 2005, 「朝鮮후기 進宴 儀禮의 變遷-仁祖代에서 高宗代까지」『조선후기 궁중연향문화』 2, 민속원.

최성환, 2009, 『정조대 탕평정국의 군신의리 연구』, 서울대박사논문.

한춘순, 2002, 「成宗 초기 貞熹王后(세조 비)의 政治 聽斷과 勳戚政治」『조선시대사학보』 22, 조선시대사학회.

허태구, 2009, 『丙子胡亂의 정치·군사사적 연구』, 서울대박사논문.

홍석주·이은정, 2007, 「조선조 궁궐의 월대에 관한 연구」『지역사회발전학회논문집』 제32집3호(통권67호).

홍석주, 2009, 「광해군 대의 경덕궁(경희궁) 창건」『서울학연구』 34.

홍순민, 1986, 「肅宗初期의 政治構造와 『換局』」『한국사론』 15.

홍순민, 1996, 『朝鮮王朝 宮闕 經營과 "兩闕體制"의 변천』, 서울대박사논문.

홍순민, 2006, 「조선후기 관원의 궁궐출입과 국정운영」『역사비평』 76, 역사비평사.

홍순민, 2007, 「고종대 경복궁 중건의 정치적 의미」『서울학연구』 29.

홍순민, 2011, 「조선후기 동궐 궐내각사 배치 체제의 변동-『어제 궁궐지』 및 『궁궐지』의 분석을 중심으로-」『서울학연구』 44, 서울시립대 서울학연구소.

홍순민, 2012, 「조선후기 동궐 궐내각사의 구성과 職掌」『서울학연구』 46, 서울시립대 서울학연구소.

【찾아보기】

(가)

(나)

(다)

※ 역사문화에서 나온 책

▌ 사상사 시리즈

한국의 사상사 시리즈는 문화의 발전과정이 그 당시를 대표하는 사상과 철학의 조류 속에서 정치, 경제, 사회의 발전과 의례, 미술, 음악 등의 문화가 형성됨을 알리기 위한 기획 시리즈이다.

조선성리학과 문화
朝鮮性理學과 文化

2009년 5월 20일 초판 발행

값 15,000 원

조선시대 사상사의 재조명
朝鮮時代 思想史의 再照明

1998년 7월 11일 초판 발행
값 12,000 원

※ 제1회 대산문화재단·교보문고 양서발간 지원 사업의 지원
대상 도서.

한국사상사
韓國思想史

1999년 9월 13일 초판 발행
2002년 9월 10일 2쇄 발행

값 15,000 원

조선시대 사상과 문화

1998년 3월 4일 초판 발행
2012년 3월 7일 2쇄 발행

값 7,000 원

▌한국의 인물 시리즈

저자가 한국사를 연구하고 강의하면서, 조선의 왕실과 그 친인척들을 정리하였
고 다시 각각의 인물에 대한 정리를 좀더 심도있게 할 필요를 느껴 기획한 인물
시리즈이다.

장희빈
張嬉嬪

2002년 12월 26일 초판 발행

값 8,000 원

■ 정치사 시리즈

조선의 정치사를 정리하는데 필수적인 요소가 되는 국왕 친인척을 조사하면서 정치사를 정리하기 시작하고, 이렇게 정리한 것을 강의하면서 일반 사람들은 정치사를 배우면서 역사에 흥미를 느끼고 역사가 중요하다고 평가를 하고 있다는 것을 알게 되었다. 왕위계승이나 왕실친인척과 연결하여, 그동안 왕조사관이라 하여 부정적으로 보아만 왔던 국왕 왕실 관계와 연결하여 설명해보려 하였다.

조선전기 정치사
朝鮮前期 政治史

2001년 9월 9일 초판 발행
2003년 9월 9일 개정 발행

값 8,000 원

조선시대 정치사 1·2·3(전체 3권)

2013년 9월 25일 초판 발행

값 각권 15,000 원

조선의 왕실 시리즈

조선의 왕실 시리즈는 한국학이나 역사를 연구하는데 있어 인물 연구가 중요하면서도 기초적인 것이라는 것을 알면서도 연구의 작업량이 워낙 방대하여 누구나 손쉽게 접근하지 못한 면이 많았다. 이에 역사의 중심이자 핵심인 왕실의 인척 관계를 정리하고, 역사 속에서 커다란 역할을 했던 각 인물에 대한 정리를 하기 위한 기획 시리즈이다.

연번	도서명	출간일	가격	비고
1	태조대왕과 친인척	1999년 2월 23일	8,000	
2	정종대왕과 친인척	1999년 9월 21일	10,000	
3	태종대왕과 친인척 1	2008년 8월 14일	15,000	
4	태종대왕과 친인척 2	2008년 8월 14일	15,000	
5	태종대왕과 친인척 3	2008년 8월 14일	15,000	
6	태종대왕과 친인척 4	2008년 8월 14일	18,000	
7	태종대왕과 친인척 5	2008년 8월 14일	15,000	
8	태종대왕과 친인척 6	2008년 8월 14일	15,000	
9	세종대왕과 친인척 1	2008년 8월 8일	15,000	
10	세종대왕과 친인척 2	2008년 8월 8일	15,000	
11	세종대왕과 친인척 3	2008년 8월 8일	15,000	
12	세종대왕과 친인척 4	2008년 8월 8일	15,000	
13	세종대왕과 친인척 5	2008년 8월 8일	15,000	
14	문종대왕과 친인척 1	2008년 8월 8일	15,000	
15	문종대왕과 친인척 2	2008년 8월 8일	15,000	

16	단종대왕과 친인척	2008년 8월 8일	15,000	
17	세조대왕과 친인척	2008년 10월 6일	18,000	
18	예종대왕과 친인척	2008년 11월 7일	15,000	
19	성종대왕과 친인척 1	2007년 5월 23일	15,000	
20	성종대왕과 친인척 2	2007년 5월 11일	14,000	
21	성종대왕과 친인척 3	2007년 2월 26일	15,000	
22	성종대왕과 친인척 4	2007년 2월 26일	14,000	
23	성종대왕과 친인척 5	2007년 2월 26일	13,000	
24	연산군과 친인척	2008년 11월 7일	18,000	
25	중종대왕과 친인척 1	2001년 6월 23일	8,000	
26	중종대왕과 친인척 2	2001년 7월 11일	10,000	
27	중종대왕과 친인척 3	2001년 7월 27일	12,000	
28	인종대왕과 친인척	2008년 11월 7일	15,000	
29	명종대왕과 친인척	2002년 2월 28일	10,000	
30	선조대왕과 친인척 1	2002년 10월 17일	11,000	
31	선조대왕과 친인척 2	2002년 10월 11일	12,000	
32	선조대왕과 친인척 3	2002년 8월 24일	11,000	
33	광해군과 친인척 1	2002년 11월 25일	9,000	
34	광해군과 친인척 2	2002년 11월 25일	9,000	
35	인조대왕과 친인척	2000년 11월 30일	10,000	
36	효종대왕과 친인척	2001년 3월 26일	10,000	
37	현종대왕과 친인척	2009년 1월 24일	18,000	
38	숙종대왕과 친인척 1	2009년 1월 24일	15,000	
39	숙종대왕과 친인척 2	2009년 1월 24일	15,000	
40	숙종대왕과 친인척 3	2009년 1월 24일	13,000	
41	경종대왕과 친인척	2009년 1월 24일	13,000	
42	영조대왕과 친인척 1	2009년 1월 24일	15,000	
43	영조대왕과 친인척 2	2009년 1월 24일	12,000	
44	영조대왕과 친인척 3	2009년 1월 24일	15,000	
45	정조대왕과 친인척 1	2009년 1월 24일	15,000	
46	정조대왕과 친인척 2	2009년 1월 24일	12,000	
47	순조대왕과 친인척	2009년 2월 14일	18,000	
48	헌종대왕과 친인척	2009년 2월 14일	12,000	
49	철종대왕과 친인척	2009년 2월 14일	13,000	
50	고종황제와 친인척	2009년 2월 14일	15,000	
51	순종황제와 친인척	2009년 2월 14일	12,000	
52	부록 - 색인집	2009년 2월 27일	15,000